CPTED:

Crime Prevention Through Environmental Design

셉테드: 범죄예방설계

저자: Timothy D. Crowe, Lawrence J. Fennelly / 번역: 한국셉테드학회 편찬위원회

헌사

이 책을 ASIS 2013의 지역 부대표인 레슬리 콜(Leslie N. A. Cole, Sr. CPP, CST)에게 바치게 됨을 기쁘게 생각한다. 그는 ASIS 멤버들의 발전을 위해 아낌없는 도움을 제공한 보안 전문가이자 범죄예방 실무자이다. 티모시 크로우도 이 책을 그에게 헌정하는데 동의할 것이라 믿는다.

티모시 D. 크로우(Timothy D. Crowe)

2009년 2월 21일, 팀의 죽음은 국제 사회에 큰 슬픔을 안겨주었다. 그는 국제적인 범죄학자이자 범죄예방 전문가였고 『범죄예방설계(Crime Prevention Through Environmental Design)』 초판과 2판의 저자이다. 이 책은 CPTED 분야에서 기본적인 교과서로 통하는 명저가 되었다. 티모시 크로우는 미국범죄예방협회의 수장을 지냈고, 혼자서 6천 명이 넘는 CPTED 전문가들을 교육시켰다. 그는 겸손함, 전문가적 완벽성, 날카로운 통찰력을 지닌 사람이었으며, 또한 우리의 친구였다.

건축환경의 적절한 설계와 효과적인 사용은 범죄에 대한 두려움을 완화하고 범죄를 감소시키며 삶의 질을 개선할 수 있다는 것이 CPTED의 개념이다.

—C. 레이 제프리(C. Ray Jeffery) 박사

감사의 글

이 책을 위해 호주의 릭 드레이퍼(Rick Draper)와 그의 팀이 쏟은 노력에 깊이 감사하며 다음 분들께도 감사의 뜻을 전한다.

Jill Fechner, Administration and Marketing Manager, Amtac Professional Servicces Pty. Ltd.(Illustrations)

Tony Lake, Senior Crime Prevention Advisor, Amtac Professional Services Pty. Ltd. and Chair of the International CPTED Association

Jessica Ritchie, Security and Crime Prevention Support Officer, Amtac Professional Services Pty. Ltd.

Judy Draper, Quality Assurance Manager, Amtac Professional Services Pty. Ltd.

Siobhan Allen, student, School of Criminology and Criminal Justice, Griffith University, Australia

추천 서문

범죄예방설계(CPTED)는 새로운 개념이 아니다. 1971년 레이 제프리(Ray Jeffery)에 의해 만들어진 명칭이지만 CPTED의 개념을 발전시키는 데 중요한 공헌을 한 사람은 보안산업계의 전설적 인물인 범죄학자 티모시 크로우(Timothy D. Crowe)이다. 그의 저서 『Crime Prevention Through Environmental Design』(1991)은 보안산업에서의 범죄예방 실무자들이 디자인과 인간행태와의 관계를 이해하는 데 도움을 주는 중요한 자료이다. CPTED는 범죄에 대한 후속적인 조치로서보다는 물리적 환경을 조정함으로써 범죄활동 및 범죄에 대한 두려움을 감소시키기 위한 선제적인 접근으로서의 특성을 갖는다.

미국범죄예방협회(National Crime Prevention Institute)의 책임자로 재임하는 기간, 티모시 크로우는 켄터키 주 루이빌에서 CPTED 교육 프로그램을 처음으로 시작했다. 이곳에서는 수많은 범죄예방 실무자, 경찰공무원, 보안전문가들이 배출되었으며, 이들은 지금까지도 이 교육을 받은 것에 자부심을 갖고 있다.

티모시 크로우의 저서를 재출간하는 것은 미국 내에서나 국제적으로나 CPTED에 있어 매우 중요한 일이며, 오랜 기간 지연되었던 사업이다. 티모시 크로우의 2판에 대한 수정본 출판은 보안전문가로서의 오랜 경력을 가진 사람이 담당해야만 했고, 그런 면에서 로렌스 J. 페넬리는 선제적(proactive) 개념을 누구보다 잘 이해하고 있는 사람으로 이번 3판에서는 범죄기회와 위험을 어떻게 감소시킬 것인가를 다루고 있다. 이는 범죄예방의 핵심이다.

오늘날의 학교는 끊임없이 벌어지는 여러 문제를 겨우 해결하는 데 급급하며, CPTED는 취약한 보안을 강화하고 아이들을 안전하게 지켜줄 수 있는 접근방법이다. 우리는 학교가 성장을 억제하고 공포를 주입시키는 "교육적인 감옥"이 아닌 개방적인 배움의 터전이며 성공을 성취할 수 있는 보호된 장소이기를 원한다. CPTED 개념은 보안에 대한 총체적 접근방안의 하나이며, 범죄발생 가능성을 줄이고 범죄의 두려움을 완화시키기 위한 물리적 보안방법과 자연스럽게 통합될 수 있다. CPTED의 자연통제, 자연적 감시, 영역적 강화 등의 개념은 학교환경에서 원활하게 작동하고 학교의 원래 목적인 교육을 위해 사용할 보호된 공간을 조성해 준다. CPTED가 범죄 및 기타 불법행위를 예방하는 유일한 방법은 아니지만, 종합적인 보안전략을 구성하는 요소라고 할 수 있다. 학교환경을 위해 특별히 디자인된 CPTED는 오늘날의 학교가 직면하는 여러 문제에 적용이 가능하다.

로렌스 J. 페넬리는 티모시 크로우의 원문을 보강하고 CPTED 적용의 성공사례를 활용함으로써 CPTED를 새롭게 재탄생시켰다. CPTED의 초기 단계에서부터 건축설계, 도시계획, 교육과정, 적용에 이르기까지의 전 과정을 소개하는 이 책은, CPTED 전략이 티모시 크로우가 책을 썼던 1991년보다 오늘날 더 필요하고 유용한 전략임을 증명하고 있다.

–마리아나 페리Marianna Perry, M.S., CPP

미국범죄예방협회 전임 디렉터

한국어판 저자서문

한국의 독자들에게 『범죄예방설계(Crime Prevention Through Environmental Design)』를 소개할 기회를 갖게 됨을 매우 기쁘게 생각한다.

이 책의 원 저자인 티모시 크로우는 존경하는 나의 스승이다. 나는 스승의 뛰어난 저작을 되살리고 더욱 발전된 3판을 출간하기 위해 2년 넘게 출판사와 씨름했다. 이전의 초판과 2판을 접한 독자라면 상당한 내용들이 더해진 것을 발견할 수 있을 것이다.

나는 최근 25개 우범지역의 범죄예방 프로젝트에 참가하면서, CPTED는 이론적 학문이기보다는 현실 세계에서 실제 작동하는 개념이라는 사실을 다시 확인했다. 이번 3판에서는 개념적 내용 외에 실질적인 사례나 적용 방안에 대한 내용을 제공하는 데 신경을 썼고, 특히 범죄에 대한 두려움을 다룬 장을 보강한 것은 상당히 중요한 진척이라 생각한다.

수정판을 진행하는 과정에서 자연감시를 위해 관목의 높이는 0.9m 이하, 지면으로부터 첫 번째 교목 가지의 높이는 2.4m 이상을 유지해야 한다는 등의 티모시 크로우와 다이앤 잔(Diane Zahn)의 글들을 발견했고, 이와 같은 구체적이며 중요한 내용들도 첨가하였다.

CPTED를 공부할 미래의 학생들에게는 부디 이 책을 여러 번 중복해 읽어서, 중요한 개념들을 체화하기를 당부한다.

로렌스 J. 페넬리

역자 서문

범죄예방설계(CPTED : 셉테드)라는 개념은 우리에게 더 이상 낯설지 않다. 지방자치 단체가 공공의 안전을 말할 때나 사기업의 공공관련 사업에서도 CPTED라는 개념은 흔히 들을 수 있는 일상적 단어가 되어가고 있다. 이 책의 내용에도 수차례 언급되지만 CPTED는 순수한 연구에 의해 상아탑으로 쌓아올려져 일반인들은 이해하기 힘든 특별한 학문적 성과라기보다는 이치를 따져보면 쉽게 이해할 수 있는, 주변 환경의 질서 구축에 대한 실제적 이해의 방법이다. 누구나 자신이 살고 있는 동네 골목의 조명이 어두운 것보다는 밝은 것이 안전하다는 것을 알고, 사람 하나 없는 밤거리보다는 사람이 북적이는 대낮에 범죄 위험이 적다는 것을 경험적으로 알고 있는 것처럼, 보다 안전하고 범죄를 예방하기에 유리한 환경에 대한 축적된 이해가 이론으로 정리된 것이 CPTED이다.

이 책은 CPTED관련 분야에서는 필독의 교과서로 인정되는 이론서이자 실질적 지침서인 "Crime Prevention Through Environmental Design"의 3판을 번역한 것이다. 학문 분야마다 반드시 공부해야 하는 기본적인 서적들이 있는 바, CPTED의 이해를 위해 필수적인 책이 이제야 독자들에게 소개됨은 늦은 감이 없지 않다. 3판은 초판과 2판의 저자인 티모시 크로우가 2009년 세상을 뜬 후, 로렌스 페넬리의 노력에 의해 수정판으로 나오게 되었다. 저자인 티모시 크로우는 미국의 범죄학자이자 범죄 예방 및 통제 전문가이다. 플로리다 주립대에서 범죄학 석사를 취득하였고, 루이빌 대학교의 미국범죄예방협회 (NCPI : National Crime Prevention Institute) 책임자로서 CPTED 교육 프로그램을 개설한 장본인으로, 35년간 공공기관과 민간 기관에서 보안관련 컨설팅과 교육 분야에 큰 족적을 남겼다.

수정저자인 로렌스 페넬리는 국제적으로 권위 있는 CPTED 전문가로 20여 년간 축적된 폭넓은 현장 경험을 바탕으로 수많은 강연과 컨설팅을 수행하며 공공 및 민간 범죄 예방 실무에 종사하고 있다. 그의 저서로는 본서 외에 "Effective Physical Security," "Handbook of Loss Prevention and Crime Prevention" 등이 있다.

한국셉테드학회는 CPTED 분야의 기본서이자 필독서인 이 책을 서둘러 한국독자에게 소개하기로 뜻을 모아 번역에 착수했고, 열다섯 분의 학회 소속 교수와 연구자들께서 참여하여 결실을 보게 되었다.

한국셉테드학회는 고려대학교 이경훈 교수와 서울과학기술대학교 강부성 교수 등을 주축으로 건축 및 경찰 관련 학과 교수들과 실무자들에 의해 설립된 단체로, CPTED 개념의 학술적 연구와 사회적 적용에 힘쓰고 있다. 주거단지나 업무시설 등을 비롯한 각종 공공시설에 대한 CPTED 인증을 실시하여 긍정적이고 성공적인 반향을 일으키고 있고, 대한민국이 범죄에 대한 두려움 없고 범죄 예방이 가능한 안전한 사회로 가는 길을 닦는데 힘쓰고 있다.

번역은 기본적인 단어들만 통일한 상태에서 각 역자의 역량과 책임 하에 진행되었다. 책의 내용이 실질적이므로 일반적 어휘나 문투 등의 다름에 대한 특별한 인위적 수정은 가하지 않았다.

이번 번역작업에 참여한 분들과 담당한 내용은 다음과 같다.

장	역자	
1	안준석	Ph.D. AIA 경기대학교 건축학과
2	하미경	Ph.D. 연세대학교 실내건축학과
3	박미랑	Ph.D. 한남대학교 경찰행정학과, p.32~55
	이형숙	Ph.D. ASLA, RLA 가천대학교 조경학과, p.55~76
4	강부성	Ph.D. 서울과학기술대학교 건축학부
5	서경욱	Ph.D. Northumbria University 건축학과
6	강석진	Ph.D. 경상대학교 건축학과
7	이민식	Ph.D. 경기대학교 경찰행정학과
8	안준석	Ph.D. AIA 경기대학교 건축학과
9,10	박준휘	Ph.D. 한국형사정책연구원
11	이경훈	Ph.D. 고려대학교 건축학과
12	이창한	Ph.D. 동국대학교 경찰행정학과, p.272~290
	박지연	Ph.D. 충남대/경기대, p.291~312
	이유미	Ph.D. 상명대학교 소비자주거학과, p.313~331
13	강 욱	Ph.D. 경찰대학교 행정학과
14	이도선	Ph.D. 신라대학교 법경찰학부
부록 A.B.C.	강 욱	Ph.D. 경찰대학교 행정학과
부록 D.E.F.	이도선	Ph.D. 신라대학교 법경찰학부

함께 수고해주신 교수님들께 감사드리고, 이 책이 독자 여러분께 환경설계를 통한 범죄예방이라는 개념의 이해를 충실히 전하고, 한국사회가 범죄로부터 안전해질 수 있는 환경을 조성하는 데 작은 디딤돌이 되기를 바란다.

안준석 Ph.D. AIA
경기대학교 건축학과

차례

PART 1

번역 | 안준석(Ph.D. AIA 경기대학교 건축학과)

1

CPTED(셉테드) 개론

장의 구성

범죄예방설계(CPTED : Crime Prevention Through Environmental Design)의 이론은 범죄 발생이 물리적 환경에 상당부분 기인한다는 간단한 아이디어에서 출발하였다. 이것이 사실이라면 물리적 환경에 변화를 줌으로써 범죄 발생을 줄이는 것이 가능할 것이다.

–로널드 V. 클라크

배경

이 책은 물리적 환경과 인체기능에 영향을 미치는 정책결정자들에게 문제를 제기하고 실질적인 도움을 주기 위한 목적으로 쓰였다. 이 책이 범죄예방이나 환경심리학에 대한 학문적 연구서는 아니지만, 범죄예방설계(CPTED : Crime Prevention Through Environmental Design)의 개념과 원리를 뒷받침하는 이론의 실제적 이해를 제공하고 있다. 광범한 CPTED의 잠재적 영향력을 고려하면, CPTED의 주요 주제들과 관련된 수많은 이론과 영역들을 한 번에 모두 다루는 것은 불가능할 것이다.

CPTED의 개념을 적용한 작은 사례들을 조사한 결과가 이론서에서 모두 다루어지지는 못했기 때문에 CPTED 개념의 적용을 위한 실재적 지침이 절실하다. 또한 CPTED를 명쾌한 이론으로 정립하기 위한 엄밀한 연구와 평가작업도 이루어져야 한다. 그러나 준비가 완벽하지 못해도 건물들은 계속 건설되어야 하고, 행사들은 치러져야 하며, 완벽한 과학적 지식의 혜택이 없다 해도 인간사회는 계속 성장해 나가야 한다. 따라서 이 책은 인간 기능과 독립적 프로젝트를 위한 결정을 내려야 하는 시공자, 계획가, 건축가 또는 경찰이나 치안요원들을 돕기 위한 단순한 개념들과 다양한 사례들을 제공하고 있다.

이 책은 건물을 디자인하는 방법이나 자산의 미래에 대한 결정방법을 설명하는 것이 아니다. 오히려 새로운 개념을 함께 나누고, 인간 행태의 관리와 디자인을 위한 보다 나은 결정과 더 큰 창의성을 자극할 것이라는 바람으로, 어쩌면 생각해본 적도 없을 의문을 갖게 하려는 의도에서 준비된 것이다.

이번에 출간된 3판은 범죄예방설계 개념에 대한 저자의 일생이 업적으로 완성된 것이다. C. 레이 제프리(C. Ray Jeffery) 박사가 그의 저서 『CPTED』를 통해 제기한 CPTED 개념은, 인공적 환경의 적절한 디자인과 효과적인 사용으로 범죄 발생률과 범죄에 대한 두려움을 감소시킴으로써 삶의 질을 향상시킬 수 있다는 것이다. 이러한 생각은 광범위한 환경조건에서 실질적이고 유용한 다양한 형태로 적용되었다.

이 책은 1, 2판에서 인용한 논평, 자문, 강연, 강의록과 2009년 2월 21일 슬프게도 세상을 떠난 저자가 생전에 집필해 놓은 내용들로 구성되었다. 또한 3판에는 저자와 알고 지내며 함께 작업했던 CPTED 실무자들이 참여한 새로운 내용들도 포함되었다.

적절한 의문 제기

이 책에서 사용된 CPTED의 개념은 명백한 사실을 바탕으로 하고 있다. CPTED의 도움을 받은 대부분의 사람들은 "진작 그런 생각을 했어야 했는데!"라고 말한다. 사람들은 이미 돌이킬 수 없는 일이 벌어진 후에, "그런 생각은 했지만 차마 말을 꺼내지 못했다."라고 한다. 여러 다양한 상황에서 경찰관이나 보안 관계자들마저도 자신의 업무영역 밖이라 느껴 자신의 생각을 말하지 못하는 경우가 허다하다. 건축가, 개발사업자, 시설관리자들은 자신에게 주어진 일만 신경쓰는 듯하다. CPTED의 원리를 한 번 이해하고 나면, "만약..?"이라는 의문 없이 주변 환경을 보기는 힘들다. CPTED 교육에서 강연자들은 흔히 다음의 세 가지 원리를 강조한다.

1. 절대 예전과 동일한 방법으로 환경을 보지 마라.
2. 아무리 사소한 것이라도 항상 의심하라.
3. 함께 일하는 다른 분야를 알면 그들의 의도를 이해할 수 있다.

색체와 조명 전문가이자 미국범죄예방협회(National Crime Prevention Institute : NCPI)의 초청강사인 엘리자베스 미핸은 인테리어 디자인의 문제를 지적한 바 있다. 조명 전문가들은 언제나 위를 쳐다보고, 바닥재 전문가들은 아래만 내려다보며, 벽지 전문가들은 벽만 바라보지만, 누구도 전체를 통찰하지는 않는다는 것이다. 각각의 직업을 가진 사람들은 각 분야의 특별한 대상에 집중하도록 훈련된다. 예를 들면 경찰관들은 문이나 창문 같은 개구부만을 주시하다가 CPTED 교육을 받고난 후에야 비로소 건물 전체를 보게 된다. 그래야 비로소 그들은 인체기능의 목적을 이해하고 훌륭한 범죄예방 경찰이나 치안요원 역할을 할 수 있게 되는 것이다. 절대 예전과 같은 방법으로 환경을 보지 말라.

"뻔히 일어날 줄 알았던 일이 실제 벌어질 때마다 돈이 생긴다면 부자가 될 것."이라는 말이 있다. CPTED를 하다 보면 항상 떠오르는 말이다. 설계자나 계획가는 작은 문제점들을 발견하는 데 도움이 필요하다. 예전에 켄터키, 루이빌의 강변 보행상가의 바닥재 일부를 큰 자갈돌로 교체한 적이 있었다. 물론 방문자들의 보행을 위한 시도였지만 의도와는 달리 넘어지는 사고만 자주 발생했다. 유사한 예로, 플로리다의 잭슨빌에서는 시내 강변의 보행로를 목재로 설치하여 보행자가 바닥 목재판 틈 사이로 흐르는 물을 감상할 수 있도록 미적 의도를 실현했다. 하지만 바닥 배수에는 도움이 될지 모르나 하이힐을 신은 보행자에게는 위험천만한 시도였다! 아무리 사소한 것이라도 항상 의심하라.

많은 직업들이 스스로의 영역에 집중하고 다른 분야와의 직접적인 충돌을 피하도록 교육된다. 비록 잡음은 좀 있겠지만 직접적인 충돌이 있다는 것은, 적어도 대화는 이루어지고 있음을 뜻한다. 누군가가 자신의 영역을 넘어서야 비로소 이해가 겹치는 영역이 발생한다. 이는 아마도 경찰관이나 보안책임자에게는 쉽지 않은 경험이 될 것이다.

안전에 대한 고려 없이 너무 쉽게 건물이 지어지고 행사가 계획된다. 인간의 기능과 행위가 일어날 수 있는 환경을 계획하고 디자인하는 과정에서 보안을 고려하자고 주장하는 것이 왠지 뜬금없다고 느끼는 경향이 있다. 게다가 이벤트 매니저, 건축가, 계획가들은 치안 전문가가 무엇인가를 바로잡기 위해 도우려는 사람이라기보다는 무엇인가 잘못될 가능성에만 집착하는 사람으로 여긴다.

CPTED를 이해하는 사람은, 미리 계획하여 올바른 방향으로 일을 진행시키는 것이 치안문제를 제거하고 감소시킬 수 있는 해결책이라는 점을 알고 있다. 다른 분야를 이해하라.

CPTED의 필요성

당신이 속한 행정구역에는 현재의 모든 물리적 변화들을 검토하고 승인하는 기구가 있는가? 당신은 행사계획의 아이디어 단계에 참여 중이거나, 이미 완료된 계획에 사소한 의견이라도 내놓을 수 있는 위치에 있는가? 당신은 새롭게 제안된 범죄예방안을 몇 년이나 끌다가 무산되었다는 소식에 짜증난 적이 있는가? 당신은 당신이 속한 단체나 커뮤니티의 장래가 약속된다면 예측되는 위험을 안고 갈 의지가 있는가?

C. 레이 제프리(C. Ray Jeffery)가 CPTED라는 용어를 처음 사용한 지는 겨우 40년이 되었지만, CPTED의 개념이나 원칙을 분석해보면 인간 행태에 영향을 미치고 뒷받침하기 위해 환경을 활용하기 시작한 것은 매우

오래 전의 일이다. 1970년대에 CPTED에 대한 초기 자각이 있은 이후 1980년대 말과 1990년대 초에 다시 관심이 급증하였고, 20여 년 넘게 일부 커뮤니티에서 CPTED와 연계된 정책이나 조례들이 시행되면서 CPTED에 대한 관심이 다시 일어나고 있다. CPTED 실무자들은 예전에 적용되었던 CPTED 원리들이 공간의 기능적 요구에 대응하기 위해 진화해 나가는 환경에 새롭게 적용될 수 있는 방법에 대한 요청을 받고 있다. 따라서 CPTED는 전 세계적으로 개최되는 많은 컨퍼런스나 세미나의 주요 주제로 다시 등장하고 있다. 예를 들면 미국산업보안협회(American Society of Industrial Security : ASIS)는 2012년 필라델피아에서 열린 컨벤션의 상점보안 분과에서 CPTED를 주제로 삼았다. 또한 ASIS에서 출판한 『물리적 시설보안방안*Facilities Physical Security Measures, ASIS GDL FPSM-2009*』에서 CPTED를 중점적인 고려사항으로 다루고 있다.

플로리다에서 CPTED와 연계된 법과 조례가 탄생한 이후, 말 그대로 전 세계 수천의 행정기관들이 그 선례를 따르고, 정책을 세우며, 법규와 조례를 제정하고, CPTED 개념과 원리의 폭넓은 상황에서의 확실한 적용을 위한 지침들을 시행했다. 플로리다의 게인즈빌 시에서 통과된 CPTED 관련 조례는 편의점에 적용된 CPTED 이론의 결과로 많은 이점들이 발생한다는 것이 증명됨으로써 가능해졌다. 그 조례의 내용 중에는 편의점들이 경비에 대한 교육을 실시해야 하고, 창문을 가리는 간판들은 떼어내야 하며, 오후 9시 이후에는 근무자의 수를 늘리고, 야간에는 실내의 조도를 높이는 등의 요구사항이 포함되어 있었다. 당시 이 조례의 시행으로 강도사건만 65% 이상 감소하는 의미 있는 성과를 거두었다. 다른 연구 자료들도 CPTED의 시행과 생산성 및 이윤 증가와의 관계, 나아가 그 커뮤니티에 거주하는 주민들의 삶의 질 향상과의 관계를 지속적으로 보여주고 있다.

이 책의 초판이 출간되었을 때 시내의 보행자 중심 상점들과 최악의 상태였던 시내 일방통행 도로들이 가장 먼저 도마 위에 올랐다. 그 다음 비판 대상은 전통적인 상업지역을 잃으면서까지 얻을 만한 가치는 없는 교통 흐름의 강화였는데, 노상주차와 우회도로를 없애는 바람에 주변 상업지역들이 영업에 타격을 입었다. 우리는 통근자들의 이동시간 단축을 위해 너무 많은 것을 잃고 있었던 것이다. 차라리 그들이 우회해서 다니도록 하면 안 되는 것일까? NCPI의 CPTED 스튜디오는 CPTED를 위한 팀 접근을 시작할 수 있도록 해주는 1, 2주 코스의 교육을 제공하고 있다. 시설관리자나 설계자에게는 사업 운영방법에 변화를 줄 수 있는 기회이고, 자신의 관심을 목표와 일치시키면서도 팀의 모든 사람들이 각자의 목적을 달성할 수 있도록 서로 돕는 방법에 대해 배우게 된다.

상충되는 범죄예방 전략들

여러 관련된 개념들이 CPTED의 운영 이론이나 응용과 혼동되곤 한다. 일부 개념들은 CPTED와 중복되는 부분이 있지만 그 외의 개념들은 CPTED의 상식적 접근방법을 재포장하고 재해석하려 시도한다는 점에서 매우 상이하다. 이러한 개념들의 사례를 고찰해 보자.

- CPTED 이론으로 조직화된 기계적 접근방식과 일반적 접근방식
  CPTED 운동 그 자체로도 약간의 혼동과 이견은 있으며, 이들은 궁극적으로 세 가지 전략 영역(조직적, 기계적, 자연스러운 접근방법)을 함께 사용하는 하나의 그룹으로 설명할 수 있으나 다른 전문가 그룹은 자연적인 접근방법을 강조한다. 전자가 범죄통제를 위한 모델이라면 후자는 계획을 위한 모델이라 이해할 수 있을 것이다.
- 방어적 공간(defensible space) 이 개념은 공공주거환경에서 발전되었고 오스카 뉴먼(Oscar Newman)의 작업에 힘입은 결과이다. 자연감시(natural surveillance), 자연접근제어(natural access control), 영역성(territoriality)이라는 기본적 성격을 공유한다는 점에서는 CPTED와 유사하다. CPTED는 방어공간 개념을 소매상업, 산업단체, 저밀도 주거환경으로 범위를 확장했다고 볼 수 있다.

- **환경적 보안**(environmental security) 이 개념은 CPTED와 유사한 원리에서 발전되었는데, 초기에는 주거환경에서 사용되었다. 환경적 보안이 CPTED와 다른 점은 사회적 관리, 대상의 공고화, 활동 지원, 법 집행 등을 포함한 광범한 범죄통제전략(crime control strategies)의 활용을 계획한다는 것이다.
- **디자인에 의한 보안**(security by design) 이 개념은 디자인 프로세스의 개선을 위해 보안공학, 물리적 보안, 절차적 보안조치 등을 재포장한 것이라 이해할 수 있다.
- **자연적 범죄예방**(natural crime prevention) 이 개념은 CPTED의 주안점 중 건설환경의 디자인과 활용을 위한 행태관리 및 제어와 같은 자연적 전략들을 발전시킨 것이다.
- **안전한 도시**(safer city) 이 개념은 CPTED에서 파생된 또 다른 범죄예방 접근방식으로서 전통적인 범죄예방과 법 집행 전략을 CPTED와 결합한 것이다. CPTED 계획가들은 CPTED가 다른 범죄예방 전략을 대체하지 않는다고 알고 있지만, 인간과 물리적 자원이 소요되는 방법으로부터 얻은 자연적 전략이 가장 중요하게 다루어져야 한다.
- **상황적 범죄예방**(situational crime prevention) 이 개념은 CPTED보다 한층 더 통합적이며, 특정 장소의 범죄문제에 중점을 두고 다른 모든 범죄예방 및 법 집행 전략들을 혼합시킨 것이다.
- **특정 장소 범죄예방**(place-specific crime prevention) 이 개념은 환경보안이나 상황적 범죄예방 개념의 또 다른 명칭이다. 이 개념들은 분명히 면밀한 고찰을 통해 서로 공유하는 부분들이 있으며 CPTED와 유사한 부분이 많다는 사실을 알 수 있다. 많은 개념들이 조직적이고 기계적인 전략을 종합하여 하나의 자립적인 모델로 구성할 수단을 제공하기 위해 개발되었다. 그러나 대부분의 경험 있는 CPTED 계획가들은, CPTED를 범죄예방 및 제어를 위한 모든 효과적인 방안들 중 작은 한 부분으로 생각한다. 범죄학자들은 통합적인 시스템을, 태아를 보살피는 것에서부터 인지능력이 저하된 노인까지를 모두 아우르는

연속적인 전략을 포함해야 한다고 생각한다. 너무나 당연한 논리이다.

- 제2세대 CPTED 이 용어를 만든 사람은 "제2세대 CPTED는 생태적이고 지속가능한 새로운 형태의 개발 개념"이라고 설명한다. 이 개념은 소규모 지역의 근린 건물에 중점을 두고 지역사회의 공공건물과 환경의 사회적 측면을 포함한다. 넓게 보면 이 개념은, C. 레이 제프리의 CPTED 모델을 재해석한 것으로서, 상당 부분이 사회환경과 건설환경의 설계뿐 아니라 행위에 대한 보상과 불이익의 중요성을 인식하는 것을 포함한다.

CPTED와 현대적 계획 모형

현대적 계획 모형들 중 CPTED의 역할에 대한 논란과 잘못된 정보들은 계속 있었다. 이 현대적 계획 모형들은 어번 빌리지(urban village), 교통중심 개발(transportation oriented development), 신전통적 계획(neotraditional planning), 살고 싶은 도시(livable cities), 신도시 구상(new urbanism) 등을 포함한다. 이러한 계획적 접근방법의 지지자들은 CPTED 계획가들이 하는 일이라고는 "도로를 차단하고 나무를 베어내라."라는 편협한 인식을 바탕으로 CPTED와의 갈등을 토로한다.

이러한 현대적 계획 모형의 개념 및 신념과 CPTED에서 강조하는 공간관리와 설계의 자연적 접근 사이에는 거의 대립되는 요소가 없다는 사실을 보여주는 연구결과도 있다. 게다가 이 개념들 사이에는 엄청난 호환적 요소들이 존재한다. 아마도 이 모든 계획적 접근방법에 대한 더 많은 교육으로 CPTED에 대한 잘못된 믿음을 없앨 수 있을 것이다. 대립에 대한 우려를 극복할 해결책은, CPTED가 계획결정을 개선하는 과정이라는 사실을 이해하는 것이다. CPTED가 과정이지 신념체계가 아니라는 사실을 이해한다면, 어떤 계획 모형을 바탕으로 도출된 결정이라도 CPTED를 편리하게 사용함으로써 개선이 가능할 것이다.

미국의 CPTED

지금은 CPTED라고 알려진 개념의 초기적 관심은 제인 제이콥스(Jane Jacobs)의 연구로 시작되었다. 1961년에 출판된 『미국 대도시의 죽음과 삶*The Death and Life of great American Cities*』은 도시설계와 범죄의 관계에 대한 다양한 관찰 사례들을 보여주고 있다. 제이콥스는 이 책에서 영역적 정체성과 자연감시 강화의 중요성을 강조했다. 오스카 뉴먼(Oscar Newman)은 1972년에 출판된 『방어적 공간Defensive Space』에서 자연감시, 접근제어, 영역성 문제의 중요성에 대해 역설하였다. 뉴먼은 공공주택환경에서 공간관리 및 디자인과 범죄 사이에 관계성이 존재한다는 사실을 증명하였다.

앞서 말한바와 같이 C. 레이 제프리 박사는 1971년, 그의 저서를 통해 범죄예방설계(crime prevention through environmental design)이라는 말을 처음 발표했고, 이 책에서 도시설계와 범죄의 상관관계를 다루었다. 그는 1968년, 미국 폭력원인예방위원회(U.S. National Commission on the Causes and Prevention of Violence)에서 발표한 보고서에서 도시설계와 범죄의 직접적인 관계에 대해 경고한 내용을 인용했다. 이 위원회는 1964~1968년까지 미국에서 발생한 심각한 도시 폭력과 인종문제에 대해 연구했다. 조경가이자 개발업자였던 리처드 가드너(Richard Gardiner)는 주거지역에 CPTED 개념을 성공적으로 적용하였다. 그가 1978년에 만든 안전한 주거지역 설계(Design for Safe Neighborhoods) 지침서에는 코네티컷, 하트포드 시의 주거지역에서 현저한 범죄율 감소와 주민생활의 질을 향상시킨 성공적인 프로젝트를 다루고 있다.

미국 역사에서 현재까지 이루어진 가장 중요한 CPTED 개발 시도는 미국 법무부의 지원으로 웨스팅하우스가 1970년대에 수행했던 대형 건설사업이었다. 웨스팅하우스는 공공주거환경, 상업시설, 교통, 교육환경에서 효과가 입증된 CPTED 개념을 적용할 대규모의 전문가와 하청업체들을 동원하였다.

이러한 노력들을 통해 많은 지식이 축적되었으며, 오늘날 미국 CPTED의 기반이 되었다. 1980년대에는 연방정부 차원의 관심은 많이 줄어들었지만, 지방정부나 주 정부를 중심으로 많은 성공적인 프로젝트들이 진행되었고 CPTED 원칙들은 건축법규에 반영되었다. 즉, 설계검토 조례는 건축설계에 CPTED를 이용하도록 수정되었고, 일부 주 정부에서는 교육시설이나 편의점 건축의 설계와 관리에 관한 새로운 입법과 규칙을 제정하였다. 이에 대해 가장 적극적인 행보를 보인 곳은 플로리다 주 정부로, 법규를 통과시키고 공공 및 민간 부문의 교육을 활발히 전개하였다.

루이빌 대학의 NCPI(국립범죄예방연구소, National Crime Prevention Institute)에서 1985년에 CPTED 교육 프로그램을 최초로 시작하였고, CPTED 개념 교육을 지원하기 위해 설계 스튜디오도 개설되었다. 지금까지 이 교육 프로그램에는 CPTED 개념을 자신의 커뮤니티에 적용하려는 참가자들이 전 세계에 수천 명에 이른다. 이 교육 프로그램의 내용은 1991년에 티머시 크로우(Timothy D. Crowe)가 저술한 본서 『범죄예방설계 : 건축설계와 공간관리 개념의 적용*Crime Prevention Through Environmental Design : Applications of Architectural Design and Space Management Concepts*』 초판의 기본 내용을 구성하고 있다. 이 책은 현재까지도 미국 내에서 가장 널리 사용되고 있는 CPTED 지침서이다.

세계의 CPTED

많은 CPTED 개념들이 세계적으로 널리 활용되고 있으며, 대부분의 경우 진행 과정이 종합적인 범죄통제계획 과정의 일부가 되는 간결한 CPTED 모형을 지향하는 진화 과정이 된다는 사실은 흥미롭다. 이 모든 활동들을 묘사하고 목록을 만들며 관련된 모든 사람들을 확인하는 것은 불가능하므로, 시행 중인 뛰어난 수많은 활동 중의 일부 사례를 다음에 제시한다.

캐나다의 여러 도시에서는 활발하게 CPTED 활동이 일어나고 있다. 1992년, 토론토 시에서 안전한 도시환경계획과 설계를 위한 실행지침(A Working Guide for Planning and Designing Safer Urban Environments)이라는 계획가들을 위한 설명서를 펴냈으며, 토론토 교외 필 지역의 경찰은 주거지역 설계, 교육시설 배치계획, 상업 및 산업 대지개선계획에 CPTED를 적용하고 있다. 또한 앨버타 지방의 캘거리 시에서는 시내지역과의 교통 개선을 위해 CPTED를 활용 중이며, 브리티시컬럼비아 주의 밴쿠버 시는 경찰 및 계획 활동에 CPTED 프로그램을 공식적으로 적용하고 있다. 영국 주택부는 미국 계획가들의 초기 활동에 동조하는 많은 시범사업과 평가를 주택 프로그램으로 진행하였다. 1987년에는 건축공무원을 위한 지침도 마련되었고, 스태퍼드에 있는 영국범죄예방센터에서는 1980년경부터 이들 공무원들을 위한 CPTED 훈련을 실시하고 있으며, 1987~1990년까지 켄터키 루이빌의 미국범죄예방위원회와 특별강사 교환 프로그램을 실시하였다.

1982년에 로널드 클라크(Ronald Clark) 박사의 『상황적 범죄예방 *Situational Crime Prevention*』, 1983년 건축가 배리 포이너(Barry Poyner)의 『범죄예방디자인*Design Out Crime*』, 1985년 엔지니어 그레이엄 언더힐(Graham Underhill)의 『건물보안*Security of Buildings*』이 출판되었는데, 이 저서들은 영국의 작가들과 설계자들의 연구개발과 성과에 도움을 주었다.

일본 법무부는 주거와 교통 연구에 CPTED를 활용하고 있다. 민간자금으로 운영되는 일본 도시보안연구소에서 CPTED를 주제로 다수의 논문을 발표했고 두 차례의 국내 심포지엄을 개최하였다. 1991년에 출판된 본서는 1994년에 일본어로 번역되어 출판되었으며, 지역사회의 영역성과 안정성을 향상하기 위해 3세대 주택사업에 CPTED 개념을 적용하기 위해 시도 중이다.

네덜란드의 학자들은 저소득층 주택과 소규모 근린주구의 높은 범죄율과 가난한 삶의 문제를 극복할 수 있도록 CPTED를 적극적으로 활용하고 있다. 암스테르담에 위치한 회사 Van Djk, von Soomeren, and Partners는 커뮤니티계획 과정에 CPTED를 적용하는 데에 상당한 성과를 거두었다.

호주범죄학회에서는 다수의 CPTED 관련 연구 프로젝트를 실시하고 있으며, 1989년에 범죄예방디자인(Design Out Crime)이라는 제목의 설명서를 펴냈다. 웨이벌리 시는 1990년대 초에 CPTED계획 지침서를 출판하였는데, 그 이후 호주 전역에서 CPTED 원칙을 적용할 개발사업에 대한 일정 형태의 규제지침들이 마련되었다. 1995년, 뉴사우스웨일스주의 철도위원회에서는 시드니 메트로폴리탄 지역의 200여 개 철도역사에 대한 CPTED 평가가 이루어졌다. 그 후 15년이 지나고 그 역사들에 대한 평가가 이루어졌는데, 이번에는 평가 팀이 CPTED 관련 조사를 현장에서 아이패드를 통해 실시간으로 실행하였다.

CPTED의 성과

CPTED 개념의 적용으로 범죄 발생률과 범죄에 대한 두려움을 감소시킨 방법을 설명하는 사례 연구들이 많이 있다. 주거지역, 편의점, 상가와 쇼핑센터, 정류장, 주차빌딩 등 다양한 장소에서 중요한 결과들이 도출되었다. 잡지와 신문지상에 그 결과들이 보도되었고, 범죄와 환경 간의 역사적 관계에 대한 서술적 연구들도 발표되었다. 미국 법무부에서는 이들 관찰 연구의 결과들에 대한 다수의 문헌과 자료들을 출판하였다.

중소규모 도시들도 CPTED 교통관리 전략의 직접적인 도움으로 괄목할 범죄 및 범죄공포의 감소를 보고하였다. 이 책에서 CPTED의 영향에 대한 관련 통계자료를 나열하는 것은 그 양이 너무 방대하여 불가능하다. 상세한 사례 연구와 연구결과들을 제공하려면 이 책 분량을 다 써도 모자랄 뿐 아니라 발표된 여러 논문들과 인용된 자료들이 중복될 것이다. 미국의 메릴랜드와 록빌에 위치한 국립형법자료보관소에서는 액티브 데이터베이스를 운용하고 있고, 또한 인터넷을 통해 전 세계의 공공 및 민간 정보자료들에 접근이 가능하므로, 결론적으로 CPTED의 역사적 근거가 그 개념들의 성공을 스스로 증명하고 있다.

다음의 사례들은 CPTED 개념을 적용하여 도출한 성공적인 결과를 보여준다.

- CPTED 개념을 적용한 편의점들은 50%에 이르는 매출 증대와 도난에 의한 손실 감소를 기록했고, 강도에 의한 손실은 65%까지 감소했다.
- 캘리포니아의 새크라멘토와 테네시 주의 녹스빌에 위치한 쇼핑몰은 CPTED 주차관리 개념을 이용한 이후, 사건 발생률이 24% 감소하고 비범죄(non-crime) 신고율이 14% 감소하였다. 캐나다 앨버타의 서부 에드먼턴에 위치한 세계에서 가장 큰 규모의 쇼핑몰은 성공적으로 CPTED 개념을 적용하였고 우수한 결과를 기록으로 남겼다. 미네소타 주 블루밍턴 소재의 쇼핑몰도 설계 초기단계에서 CPTED 개념을 적용하여 다른 많은 쇼핑몰들이 실현한 이상의 결과를 가져왔다.
- 웨스팅하우스, 모빌, 트리노바, 메이시백화점, 디즈니월드, 샘스/페이스 등의 회사들은 CPTED 전략을 사용하여 손실을 줄이고 생산성을 향상시켰다.
- 포트 로더데일, 탈라하시, 브리지포트, 녹스빌, 잭슨빌, 데이턴, 노스마이애미 비치, 캘거리, 토론토와 그 외의 많은 도시들의 주거지역이 약물판매, 도난 및 일반범죄를 15%~100%까지 극적으로 감소시켰다.
- CPTED를 사용한 전 세계의 학교들은 건설비 절감, 범죄 위반율 저하, 목표달성, 입학조건 상향 등의 효과를 얻었다.
- 업무환경에 대한 디자인 연구에 의하면, 업무공간의 영역적 정체성이 결여되면 근로의욕 감소, 생산성 감소, 동료직원 간의 불신으로 이어지게 된다.
- 워싱턴, 휴스턴, 토론토, 시드니(호주) 등에 위치한 교통기관들과 캐나다 퍼시픽 철도 등을 포함한 많은 기관들이 CPTED 원리를 이용하여 비용절감, 범죄감소, 승객들의 안전성에 대한 인식을 개선하였다.

• 미국, 캐나다, 일본, 독일, 프랑스, 호주, 뉴질랜드, 터키, 영국과 많은 다른 나라들이 CPTED 프로그램을 시행하고 있다. 주 정부와 지방정부에서는 관련 법적 조항들을 마련하였고 세계의 많은 도시들이 CPTED 설계 인증과정을 요구하는 조례나 규칙을 채택했다.

이 책의 내용과 범위

이 책의 목적은 인접한 환경에 대한 독자들의 인식을 바꾸고 확장하기 위함이다. 이를 통해 환경과 인간행태, 그리고 범죄와의 직접적인 관계를 이해하는 능력이 향상되며, 이러한 기본적 이해능력의 향상은 자기 자신과 환경에 영향을 미칠 결정에 대한 의문을 만들고 확신에 찬 결정으로 이어질 가능성이 크다. 이는 개인이나 가족, 이웃, 직장이 안전과 직접적인 관계가 있는 사람일수록 더욱 그러하다.

환경설계 및 관리와 인간행태의 직접적인 관계에 대해 이해하는 것은 범죄예방 노력의 성공을 위한 필수사항이다. 이는 시민들을 보호할 수 있는 물리적 환경과 삶의 질을 제어하는 능력을 부여하기 때문에 효과적인 지역사회를 구성하는 성공의 관건이라 할 수 있다. CPTED가 지역사회의 문제를 해결하는 완벽한 정답이 될 수는 없지만, 사회적·문화적·경영적 제어를 위한 환경적 장애를 제거하고 감소하는 수단이 될 수 있다. 상업 및 산업 부문의 생산성과 이익은 환경설계 및 이용과 그 환경에 대한 인간의 반응으로부터 분리될 수는 없다. 손실 감소와 이익은 명백히 연관되어 있다. 손실방지는 범죄예방과는 다른 개념이고 법적으로 규정된 범죄행위와는 거리가 멀다.

이 책의 내용은 저자 자신의 관찰과 경험을 바탕으로 하고 있다. 대부분의 역사적 논의들은 일반적으로 인정된 지식들로 구성되어 있으며, 추가적인 연구 자료가 필요한 독자들을 위해 선정된 문헌들을 포함하고 있다. 이 책은 CPTED 개념에 대한 실용적인 안내서로서, 또한 보안과 손실방지에 대한 사고방법에 의문을 제기하고 공간관리와 디자인 개념의 재평가를 독려하려는 의도를 포함하고 있으며, 독자들에게 도움이 될 수 있는 다양한 전략들을 공유하는 기회가 될 수 있을 것이다. 그리고 인간행태와 환경 간의 상호작용에 대한 실질적인 관찰결과를 포함하고 있으므로, 이러한 사례들과 아이디어를 자신의 인생 경험 및 관찰과 연관시킴으로써 그 유용성과 활용 가능성을 자신의 직업이나 전문적 활동에 비추어 결정하는 것은 독자들의 몫이 될 것이다.

번역 | 하미경(Ph.D. 연세대학교 실내건축학과)

2

자주 묻는 20가지의 질문들

질문 1 CPTED는 무엇이고, 범죄와 손실제어에 대한 전통적인 접근방법과는 어떻게 다른가?

CPTED는 범죄와 손실을 제어하는 자연적 접근방법이다. CPTED가 전통적 접근방법과 다른 것은, 인간의 활동과 그들이 어떻게 범죄와 손실에 노출되는가에 중점을 둔다는 점이다. 범죄제어에 대한 전통적인 접근방법은 범죄자, 범죄, 그리고 범죄자의 배경에 중심을 두는 것으로, 범죄자를 식별하고 체포함으로써 범죄를 제어하는 것이 목적이다. 또한 범죄예방으로 가장 기본적인 접근방법은 물리적 장벽을 이용해 피해자에게 접근하는 것을 막고 범죄자에게 집중하는 것이다.

지난 180년 동안 범죄학은 범죄사건, 범죄자, 범죄자의 행동에만 역점을 두었기 때문에 범죄에 효과적으로 대처하는 데 실패했다고 주장되고 있다. 범죄학자는 범죄자에게 초점을 두고 법적, 사회적, 심리적, 생물학적, 정치적 이론을 통해 범죄를 설명하려 했다. 일반적으로 범죄에는 많은 원인이 있지만 지금은 범죄자를 다루는 몇몇 성공적인 접근방법이 있다는 주장이 인정되고 있다. 그러나 대부분의 범죄자들이, 어떻게 공간이 설계되고 사용되는지를 파악하여 기회를 틈타 범죄를 저지른다는 주장 또한 인정되고 있다.

CPTED는 인간의 활동과 목적을 우선적으로 강조함으로써 주민, 기업, 정부 및 지역사회 지도자들 사이에서 큰 관심을 불러일으킨다. 범죄예방, 방범 및 법 집행 전문가들은 그들이 CPTED를 적용할 때, 범죄와 손실피해에 노출되는 것을 줄임과 동시에 삶의 질을 개선하며, 인간 활동의 목적 달성에 도움이 된다는 것을 알게 되었다.

질문 2 CPTED 개념은 절차적 · 물리적 방범(procedural and physical security) 같은 다른 접근방법들과 어떻게 다른가?

이 질문에 대한 가장 간단한 대답은, CPTED는 자연적 전략을 가장 우선적으로 강조한다는 점에서 절차적, 물리적 방범과 다르다는 것이다. 자연적 전략은 인간의 기능을 수행하기 위해서 필요한 모든 인적 · 물적 자원에 대한 디자인과 관리에 행태관리(behavior management)를 통합시키고 포함시키는 것을 목표로 한다. 절차적, 물리적 방범은 잘 정의된 정교한 과정이지만, 목표를 달성하는 데 도움이 되기보다는 사람, 정보 및 재산을 보호할 목적으로 의도된 자원의 지출에 의존한다.

질문 3 CPTED 개념은 생활안전과 장애인들을 위한 접근에 관한 건축법규 기준과 상충되는가?

아니오! 이것은 아마도 공공안전 전문가들뿐만 아니라 일반인들도 가장 오해하는 개념일 것이다. 이는 종종 방범과 안전문제를 다루는 것을 회피하기 위해 이용된다. CPTED, 방범, 생활안전, 그리고 접근성의 개념들과 기준들에 대해 본질적으로 이해한다면, 이런 프로그램들 사이에 호환되는 많은 해결책이 있음을 알 수 있다.

생활안전법규(life safety codes)에 대해 많이 오해하고 있는 것은 학교, 쇼핑몰, 그리고 오피스 빌딩에 비상구를 확보하는 것이 불법이라는 것이다. 일부 관할권에서의 법적인 해결방법은, 점유 및 화재 관련 법규에 따라 정해진 기간(예 : 15초)에 대한 피난을 지연시키는 자기잠금장치(magnetic locks)를 사용하는 것이다. 일단 탈출 시도를 하게 되면 지역적으로 경보가 울리고 선택적으로 모니터링 시설로 보내진다. 미리 프로그램된 지연시간(delay)이 끝날 때까지 일반 화재경보나 정전, 혹은 자기잠금장치가 연기를 감지하지 않는 한 문은 열리지 않는다.

또 다른 접근성 기준(accessibility requirements)에 대해 많이 오해하고 있는 것 중 하나는 경사로는 불투명한 벽으로 둘러져야 한다는 것이다. 이런 벽은 접근 경사로에서의 합법적인 사용자를 격리시키고 사용자들을 더욱 불편하게 만든다. 왜냐하면, 휠체어의 이동이나 목발과 지팡이를 지탱해야 하는 벽의 하단 가장자리를 따라 쓰레기들이 쌓이기 때문이다.

마지막으로, 많은 사람들이 쓰레기통은 화재와 연기의 원인이 되기 때문에 공공화장실이나 학교 화장실에 미로형 입구(maze entrances)를 설치하는 것은 불법이라고 생각한다. 지방법규 기준(local code requirements)에 따라 자동소화장치(sprinkler systems), 내화벽(fire-retardant walls) 또는 연기감지 시 내화문을 닫게 하는 자석장치(magnetic holders)를 갖춘다면, 이런 시설들이 있는 화장실에 개방된 미로형 입구(open, maze-type entrances)를 설치할 수도 있다.

질문 4 공간의 디자인과 사용, 그리고 범죄활동의 기회(opportunity) 사이에 관련성이 있는가?

있다! 범죄자나 부적절한 공간 사용자는 공간이 설계되고 사용되는 방법을 파악하고 기회(opportunity)를 노리다 범행을 저지른다. 인류의 역사에는 환경이 어떻게 특정 행동에 영향을 미치고 바람직하지 않은 행위들을 예방할 수 있는지에 대한 예들이 넘쳐난다. 초기 마야 문명은 침입자를 막기 위해 서식지 주변에 지그재그로 벽을 만들었다. 이 벽은 침입자들이 성벽을 기어오를 때 맞은편에 그들의 등이 노출되도록 되어 있다. 워싱턴 D.C의 지하철역에는 사람들이 접근하는 것을 불가능하게 하여 낙서를 방지하려는 차원에서 보행자 플랫폼 옆에 곡선의 벽을 만들었다. 폭행과 강간에 대한 연구에서, 은폐와 기습공격의 요소를 제공하는 아주 풍경이 좋은 오솔길을 범죄자가 잘 활용한다는 것을 보여준다.

질문 5 공간에 대한 물리적 환경의 설계와 사용이 일반 · 비정상 사용자들의 행동에 어떻게 영향을 미치는가?

상반된 영향을 미친다. 일반 사용자가 안전하다고 느끼는 환경적 단서는 비정상 사용자에게 반대적 영향을 미친다. 이 암시는 비정상 사용자가 감지나 체포의 위험을 더 크게 느끼도록 만든다. 비정상적 공간 사용자들은 다른 사람들이 어떻게 행동하는지 혹은 다른 사람들의 존재 여부에 따라 반응한다. 그들은 또한 인지된 장벽(barriers), 함정수사(entrapment), 그리고 소유증거(evidence of ownership)에 따라 반응한다.

일반적 · 비정상적 공간 사용자들에 비슷한 영향을 미치는 유일한 환경적 단서는 거리(distance)이다. 잠재적인 위협에서 멀어질수록 위협에 대한 관리는 쉬워진다. 이것이 CPTED 계획가들이 보편적으로 일반적 또는 바람직한 공간 사용자들이 더 멀리 떨어질 수 있도록 하는 이유이며, 이와 반대로 비정상적 또는 바람직하지 않은 공간 사용자들에게는 거리를 주지 않기 위해 노력한다. 그리고 그들에게 신원 확인이 쉽고 주시하고 있다는 것을 느끼게 함으로써 선택의 폭을 줄일 수 있도록 노력한다.

질문 6 범죄와 손실을 제어하기 위한 조직적, 기계적, 그리고 자연적 접근방법들 간의 차이점은 무엇인가?

방범에 대한 조직적 접근방법은 노동집약적으로서 다른 사람들과 재산을 보호하기 위한 인력 사용이 요구된다. 이 접근방법은 학교와 쇼핑센터에서의 인력 사용 또는 홀의 모니터나 경비원 등으로 설명될 수 있다. 이러한 방범에 드는 인건비는 일반적인 활동에 드는 평범한 인건비 이외의 비용이다. 이들은 사람들을 보호하기 위해 존재한다. 기계적 접근방법은 하드웨어적 또는 자본집약적으로서 사람들과 재산을 보호하기 위해 장벽, 경보 및 카메라 시스템에 의존한다. 반면에, 자연적 접근방법은 어쩌면 미래에 일어날 수도 있는 것에 대한 행태관리까지 고려하는 것이다. 똑똑한 계획가는 추가비용이 드는 조직적·기계적 접근방법을 찾기 전에 자연적 전략을 최대한 사용하려고 노력한다. 방범과 안전에 대한 조직적, 기계적 접근방법은 공간의 디자인과 사용에 있어 자연적 전략을 최대로 통합한 환경에서 더 잘 작동한다.

질문 7 범죄와 손실에 대한 자연적 접근방법은 이익, 생산성, 그리고 삶의 질 달성에 어떻게 기여하는가?

인간 활동의 목적 달성률을 높이기 위해 자연적 전략을 집중적으로 사용하면 이익, 생산성, 그리고 삶의 질은 증가할 것이다. 자신의 목적을 위한 인간 활동은 거의 대부분 범죄와 손실에 대한 노출을 줄인다. 왜냐하면, 공간과 인적 자원이 더 잘 관리되므로 비정상적인 행동이나 바람직하지 않은 활동이 일어날 기회가 줄어들고 감독과 통제력이 높아지기 때문이다.

질문 8 CPTED 개념과 전략을 사용한 역사적 전례가 있는가?

있다! 거의 20만 년 전, 게르만 부족들이 서식지를 보호하기 위해 공간위계를 사용했다는 것을 보여주는 고고학적 증거가 있다. 폼페이 유적과 약 1,000년 후의 미국 남서부지역의 유사한 유적에서 공간위계가 잘 정의되었음을 보여준다. 반사적 공간에서 공공공간으로의 명확한 전이는 누가, 언제, 무슨 공간에 속하는지를 정의해주므로 방범에 매우 중요하였다. 고고학적 그리고 역사적 계획에서 부족 또는 집단의 무리가 함께 조화를 이루며 살 수 있는 적정 수의 인구가 있다는 것을 인정했었다는 것을 보여준다. 너무 적은 수로는 자연의 혹독함을 이겨낼 수 없었으며, 너무 수가 많아지면 사회적 통제가 어려워졌다. 미국 원주민들은 한 지역에 사람들이 너무 많이 몰리면 천연자원이 급속하게 고갈된다는 것을 깨달았다. 그래서 그들은 큰 무리에서 적정 규모로 줄이기 위해 지속적으로 가려내는 과정을 거쳤다.

질문 9 CPTED 개념과 전략을 사용하면 미학적 측면이 희생되고 외관(appearance)이 나빠지는가?

당연히 아니다! 심각한 오해 중 하나는, 모든 CPTED 계획가들은 숲으로의 통로를 막고 도로를 폐쇄한다는 것이다. 그러나 CPTED의 계획가들은 오히려 디자인과 공간 사용계획에 행태관리를 통합함으로써 미학적 계획에 새로운 차원을 끌어들인다. 좋은 원예는 공간을 정의하고 바람직한 행태들을 유도하는 데 주요한 CPTED의 도구인 것으로 밝혀졌다. 색과 빛의 효과적인 사용으로 행태관리를 긍정적인 방향으로 향상시킬 수 있다.

질문 10 CPTED 개념과 전략을 채택하면 건물주나 관리자가 많은 비용을 부담해야 하는가?

아니다! 시설 기획단계에서 CPTED 개념이 통합될 때, 돈과 자원을 절약할 수 있다는 것을 보여주었다. 무엇이 공간에 적합한지를 결정할 때 CPTED 프로세스를 사용하면 효율적인 디자인을 많이 얻을 수 있다. 자연적 전략은 조직적, 기계적 방범(organized and mechanical security)에 드는 추가비용을 절감시킨다. 보강전략(retrofit strategies)은 관리비용과 방범비용의 절감에 도움이 되었다. 보통 CPTED 전략을 사용하면 초기 투자 비용이 상승하나, 수익 증가와 및 책임 감소 때문에 항상 상당한 투자이익을 얻게 된다.

질문 11 오직 시설을 계획할 때만 CPTED가 가치를 갖는가?

아니다! 모든 종류의 시설에서 그 유용성이 입증되었다. CPTED는 좋은 상식(common sense)에 의존하기 때문에 거의 모든 인간적 노력에 있어서 유용할 것임이 분명하다.

질문 12 CPTED 개념이 주요 행사(major events) 계획에서 사용될 수 있을까, 아니면 이런 전략은 건조환경으로만 국한되는 것일까?

CPTED 전략은 인류의 역사를 통해, 때로는 형식적인 속성 없이 행사 관리에 사용되어 왔다. CPTED는 1972년 미국의 공화당과 민주당의 전당대회 이후로 주요 행사에 사용되어 왔으며, 1970년대 후반부터 거의 모든 주요 행사에서 반드시 포함되는 핵심적인 부분이 되었다. CPTED는 1979년 팬 아메리칸 경기대회(Pan American Games)와 1982년 테네시 주의 녹스빌(Knoxville)에서 개최된 세계박람회에 사용되었다.

호주 시드니에서 개최된 2000년 올림픽대회에서는 교통, 주택 및 경기장소에 대한 거의 모든 계획단계에서 매우 신중하고 현명하게 CPTED를 포함시켰다. 이로써 이익은 증가하고 사건이 감소되었으며, 행사에 대한 접근성과 즐거움을 향상시키는 것으로 성공적임을 가늠할 수 있었다. 녹스빌에서 개최된 세계박람회에서 CPTED와 법 집행 서비스 계획을 신중하게 통합함으로써 $835,000였던 법 집행 서비스 예산에서 약 $750,000가 절감되었다는 것은 문서화된 사실이다. CPTED가 적절하게 사용된 곳마다 유사한 극적인 비용절감을 경험했다. 어떻게 이런 일이 가능한가? 그것은 간단하다. CPTED는 믿는 것(what is believed)이 아니라 대신 적합한 것(what is appropriate)을 한다는 약속(commitment), 그리고 좋은 계획에 그 근거를 두고 있기 때문이다. 주요 행사에서 나타난 방범의 주요 실패 사례들은 부실한 행사계획과 부실한 관리로 인한 직접적인 결과였음을 경험으로 보여주었다.

질문 13 지방정부의 계획, 주거, 교통통제, 그리고 도심재생과 같은 기능과 CPTED는 어떻게 연결되는가?

전적으로 연결된다. CPTED는 좋은 계획을 더 좋게 하는 품격 있는 접근방법이다. 따라서 CPTED는 기능적 계획, 살기 좋은 도시, 도시 마을, 신전통주의(neo-traditionalism), 뉴어버니즘(New Urbanism), 그리고 공공교통지향형 개발(transportation-oriented development)을 포함하는 모든 유형의 계획모델과 호환된다.

또한 많은 도시에서 안전한 지역사회 창조 프로그램(creating safer communities programs)에 CPTED를 도입했다. 예를 들어 오하이오 주의 신시내티에서는 CPTED를 통한 범죄감소 전술(Tactics to Reduce Crime Through : CPTED)이란 제목의 프로그램을 마련했다.

질문 14 CPTED 개념이 내부공간 디자인과 관리 면에서도 가치가 있는가?

있다! CPTED는 외부 또는 대지계획에 해당되는 개념이라는 또 다른 오해가 있는데, 이는 아마도 최근에 도시계획가들에 의해 고무되었기 때문일 것이다. 그러나 업무공간과 학교의 인테리어 디자인은 삶의 질, 생산성과 안전성을 향상시키는 데 성공적이었다. 이 중 편의점이 CPTED의 인테리어에의 적용에 있어서 대표적이다. 쇼핑몰과 쇼핑센터는 인테리어 용도를 획기적으로 변경해왔고, 매출은 향상되고 손실은 감소했다. 많은 설계자와 장식가들은, 거주하거나 방문한 공간에 대한 사용자의 반응을 인정한다는 점에서, 공간에서 조화를 촉진하는 중국의 풍수(風水)가 CPTED 개념과 유사하다는 것을 발견했다. 한 인테리어 디자인 연구에 의하면, 공동 업무공간을 공유하는 직원이 더 많고 덜 차별화될수록 도덕성과 생산성이 더 낮아지며 부정행위에 대해 관대해진다는 것을 보여주었다.

질문 15 CPTED 개념은 청소년 성장과 비행방지에 대한 관심에도 가치를 두고 있는가?

매우 그렇다! 방어공간의 개념으로 건설된 공공주택에 대한 CPTED의 원리는, 크고 획일적인 공간에서 자라는 아이들이 재산의 가치와 권리에 대한 존중심을 키워나갈 가능성이 적음을 보여준다. 즉, 그들은 학교에서 더 파괴적인 행동을 보이고, 성인들보다 더 적절하지 못한 경험을 하게 된다. CPTED에 의한 학교의 설계와 관리를 통해 학습 성과가 향상되고 문제행동을 감소시키는 데 극적인 효과를 가져왔다. CPTED는 아이들이 종종 부모의 관리영역에서 벗어나 상당한 시간을 보내는 공원, 오락시설, 그리고 소매환경에서 적용되었다.

질문 16 누가 CPTED 개념을 사용해야 하는가?

모든 사람! 누구든지 효율적이고 생산적인 공간 사용에 관심을 가져야 한다. 그리고 대부분의 사람들은 안전과 방범에 대해 염려해야 한다. 흥미롭게도, CPTED는 소년원, 그룹 홈, 그리고 교화시설의 설계 및 관리 면에서 매우 중요하다. 안전과 방범에 대한 책임과 관심이 없는 직업 또는 인간의 활동을 확인하기란 어려울 것이다. "CPTED 전문가(CPTED profession)"라고 할 전문가는 따로 없다. 오히려, 모든 분야의 전문가들이 자신의 고유한 전문영역 내에서, 그리고 다른 전문가들과의 상호작용을 통해 CPTED 개념을 사용하고 적용할 수 있는 기회를 가질 수 있다.

질문 17 제안된 단지계획들 혹은 기존 시설들에 대해 CPTED 검토를 수행할 때 요구되는 중요한 단계들은 무엇인가?

건축환경 또는 예정된 행사들을 평가하는 데에 "3-D(Three-D)" 접근방법이 가장 사용하기 쉽고 간단한 것으로 입증되었다. 이 과정은 목표의 지정(designation)과 함께 시작된다. 그것은 인간의 기능을 명명하는 것만으로는 충분하지 않으며, 기능 또는 활동의 행동 목적들은 명확하게 표현되어야 한다. 일단 행동의 목적들이 분명하면, 지정된 목표는 원하는 행동들을 강화하기 위한 규칙, 법률, 표지판, 문화적 실천의 관점에서 정의되어야(defined) 한다. 지정(designation)과 정의(definition)는 두 가지 차원에 의해 결정되는 설계(design)단계로 이어지며, 설계는 생리적, 심리적 기능 두 가지 차원에 의해 결정된다. 여기에서 생리적 기능은 인간기능의 수행을 지원하고 용이하게 하며, 심리적 차원은 행동제어에 초점을 맞추고 있다. 3-D 프로세스는 기존 시설뿐만 아니라 제안된 계획에 대한 평가에 사용될 수 있는 일련의 진단 질문들로 나누어진다.

질문 18 CPTED 평가를 수행하기 위해 어떤 유형의 데이터가 필요한가?

다섯 가지 유형(범죄·사건(crime/incident), 인구통계(demographics), 토지이용도(land use), 관찰(observations), 그리고 사용자 또는 거주자 입력정보(user or resident input)의 데이터가 필요하다. 이러한 유형의 데이터는 각각의 장점과 단점을 가지고 있다. 모든 데이터는 CPTED의 기본개념이 원하는 대로 작동하는 범위의 명확한 그림을 제공할 필요가 있다. 다양한 전문가로 구성된 팀에 의해 체계적으로 수행된 관찰은 측정할 수 없는 가치를 갖는다. 이 다학제적 팀은 최소한의 훈련과 오리엔테이션으로 CPTED 평가를 충분히 수행할 수 있다.

질문 19 CPTED 개념과 전략은 상업지역과 우범 주거지역의 문제를 제거하거나 제어하는 데 도움이 될 수 있는가?

예! CPTED 개념은 영역적(territorial) 제어 및 질서를 유지하기 위해서 법령과 법규를 효과적으로 사용한다. 조닝(zoning), 업무규정, 건축지침, 교통법, 주택법규, 그리고 생활안전기준은 모두 문제의 상황을 제어할 수 있는 도구이다. 예를 들어 법규위반 기록이 있는 건물은 침입법규 집행(intrusive code enforcement)이라고 불리는 한 프로세스에서 다학제적 팀이 지방정부의 권한을 행사하며 기회를 줄 수 있다. 문제있는 근린지역과 상업지역을 정화하기 위해 CPTED 팀이 지방 법규와 법령을 성공적으로 사용한 예는 말 그대로 수천 가지가 있다.

질문 20 CPTED 개념이 뉴어버니즘(New Urbanism), 신전통계획(neo-traditional planning), 살기 좋은 도시, 그리고 공공교통지향 개발(transportation-oriented development)과 같이 지속적으로 더 인기 있는 개발 프로세스와 상충되는가?

단호히 아니오! 핵심은, CPTED는 무엇이 개별 부지나 인간의 활동에 적합한가를 결정하기 위한 프로세스를 사용함으로써 좋은 계획에 대한 약속과 연결되어 있다는 것을 이해하는 것이다. CPTED 프로세스는 필요조건(requirement)을 세심하게 조율하고 모든 계획모델들의 장점을 통합하기 위해 사용한다. 동 시대의 오해들은 전략들에 대한 충돌과 CPTED가 계획 프로세스라는 것을 인식하지 못하게 되면서 시작되었다. 새로운 기술과 방법의 발전에 따라 전략은 변할 것이다. 하지만 프로세스는 항상 동일했고 앞으로도 동일할 것이다. 5,000년 전의 지역사회 계획가들과 건축업자들도 최근의 CPTED 프로그램에 포함된 것과 같은 상식적인 프로세스를 사용하였다. 이 프로세스는 인간 본성과 인간이 환경에 대응하는 방법에 대한 이해에 기초한다.

번역 | 박미량(Ph.D. 한남대학교 경찰행정학과, p.32~55)
이형숙(Ph.D. ASLA, RLA 가천대학교 조경학과, p.55~76)

3

CPTED 개념과 전략

장의 구성

사람들이 팀(Tim)의 작업을 사랑하는 이유 중 하나는, 그가 안전을 대하는 데 있어 항시 상식적인 접근을 사용하였고 희망하는 결과를 성취하는 데 있어 효율적으로 일하도록 장려하였기 때문이라고 생각한다.

–Marianna Perry, MS. CPP, 전 미국범죄예방협회National Crime Prevention Institute 단장–

배경

당신이 살고 있는 곳 주변의 교차로 부근이나 동네 골목길의 교통신호가 당신의 이웃보다도 당신과 당신의 친구들을 더욱 잘 통제할 수 있다는 것을 알고 있는가?

공원에서 열리는 청소년을 위한 행사와 이들의 활동 위치에 대하여 잘 알고 있는가? 버스 정류소 배치가 주변 상권의 흥망성쇠에 영향을 미치고, 그 지역을 안전하거나 불안하거나 안전하지 않은 곳으로 인식하도록 기여한다는 것을 알고 있는가?

모든 사람들이 알고 있다. 구획을 나누고 사업을 규제하는 것이 더욱 통제되고 안전한 지역사회에 기여하고 있다는 것을 알고 있다. 그러나 과연 그 크기, 모양, 조경, 그리고 지역 건물의 외부 디자인에서도 통제가 이루어지는 안전한 지역사회 유지 효과가 있다는 것을 알고 있을까? 주차장, 상점, 공원, 학교와 당신의 지역사회에 존재하는 모든 것의 디자인과 관리는 범죄와 범죄에 대한 두려움의 문제와 긴밀하게 연결되어 있다. 당신은 지역사회의 안전에 대하여 무엇을 할 수 있을까? 지역사회 안전을 이야기하는데 과연 환경과 비범죄적 사법 기관(noncriminal justice agencies)과 범죄 사이의 관계를 이해하기 위한 전문지식이 필요할까? 이러한 일련의 질문들에 대한 답변은 의외로 간단하다. 즉, 인간이 일상 속에서 자연스럽게 행하는 것과 그 상황 속에 존재하는 감시와 접근통제의 총합의 사이의 관계에 대한 인식이라고 말할 수 있다. 범죄자는 물론 그 공간의 사용자들은 모두, 소위 "이것은 안전한 공간이야, 혹은 안전하지 않은 공간이라"고 일컫는 환경적 단서를 파악한다.

우리의 커뮤니티를 안전하게 만드는 데 굳이 많은 전문가들이나 고도의 세련된 기술들이 요구되는 것은 아니다. 자연적인 기회를 활용할 필요도 없으며, 우수한 분별력만 있으면 된다.

범죄와 안전을 대하는 환경적 접근방식은 오스카 뉴먼(Oscar Newman)이 쓴 『방어적 공간*defensible space*』이라는 책을 통해 유명해졌다. 이러한 개념들은 학교와 상업지구, 거주지구, 교통영역에서 성공적으로 구현되고 있다. 범죄와 안전에 대한 환경설계적 접근방식은 현재 산업체 영역에서도 광범위하게 활용되고 있는데, 이는 안전한 환경이 생산성에도 공헌을 하기 때문이다. 시 정부에서는 범죄예방을 위해 환경설계를 먼저 고려하는 것이 이후에 추가로 경찰을 고용하거나 살기 좋은 곳이 아닌 방어적 요새로 만드는 데 불과한 보호를 위한 비용을 지불하는 것보다 경제적이라는 것을 발견하였다.

환경이 인간의 행동방식을 형성한다는 인식은 건축가, 도시계획가, 그리고 거주자들에 의해 공간에서의 바람직한 행동을 도출하는 과정에 매우 오래전부터 사용되어 왔다. 시칠리아 식민지하의 그리스 사원들은 빛을 제거함으로써 어둠속에서 두려움을 야기할 수 있도록 디자인되었다. 이탈리아의 플로렌스 도시와 같은 초기 도시국가에서는 의사결정을 빨리 유도하려는 목적으로 공공건물의 회의실을 지붕이 함몰되는 인상을 주도록 설계하였다.

현대의 상업시설들은 소비자들이 빠른 서비스에 대한 환상을 일으키도록 하기 위하여 소리, 색깔, 가구 디자인을 사용한다. 맥도날드는 물론 수많은 다른 상점들은 그들의 판매를 촉진하기 위하여 소비자의 느낌과 행동을 조작하는 데에 그들의 물리적 환경을 사용한다.

CPTED 프로그램은 미국 법집행 및 응용범죄학연구소(National Institute of Law Enforcement and Criminal Justice : NILECJ)에 의해 국가적 수준에서 수행된 초기 보고서, 조사, 그리고 연구들의 통합적이고 확장적인 결과물이다. 결국 많은 활동들이 NILECJ가 제공한 범죄예방과 환경설계와 관련한 자료와 보고서를 따르고 있다.

1969년부터 진행된 CPTED와 관련된 NILECJ의 이전 업적 중 가장 중요한 내용을 정리하면 다음과 같다.

- **연구** : 소상인에 대한 범죄, 범죄예방을 위한 지역설계기술, 도난방지 연구, 도시 주거에서의 공공안전, 범죄예방을 위한 건축디자인, 청원경찰, 공공주택, 강도 및 절도의 유형 연구, 가로조명, 하드웨어 수행능력 및 기준, 그리고 "방어적 공간(defensible space)"
- **프로그램** : 연방 범죄보험 프로그램(federal insurance program), 모델 보안코드와 가이드 라인 개발, 장비 기준 프로그램, 공공주택과 거주지에서 수직적 경찰 프로그램, 범죄예방 훈련교육(training).

이러한 선행(preceding) 노력들은 NILECJ가 CPTED 프로그램을 시작하도록 이끌었다. 그리고 이러한 CPTED 프로그램은 선택된 환경(거주지, 학교, 상업지, 교통)에서의 범죄를 줄이고 범죄에 대한 두려움을 감소시키는 등, 이러한 환경에서 삶의 질을 향상시키기 위한 환경설계의 시범을 통해 물리적·사회적 환경을 창조하기 위한 종합적인 노력이다. 이와 관련한 도움이 될 만한 참고문헌, 정보자료와 연구들은 이 글의 마지막에서 찾아볼 수 있다.

CPTED 개념

CPTED 프로그램의 개념적 요지는 물리적 환경이 범죄에 대한 두려움과 범죄사건을 감소시키는 행동효과를 양산하도록 조작이 가능하고, 이를 통해 결과적으로 삶의 질이 향상된다는 것이다.

이러한 행동적 효과들은 물리적 환경이 지니는 범죄행동을 유발하는 물리적 성향을 감소시킴으로써 달성될 수 있다. CPTED 프로그램에 사용된 것과 같이, 환경설계는 인간·환경 관계의 디자인에서 기인한다.

환경설계는 몇 가지 개념들을 구체화한다. 환경(environment)이라는 용어는 사람과 그들의 물리적이고 사회적인 주변 요인들을 포함한다. 그러나 굳이 설명이라는 실무적 필요성을 위해, 환경을 식별할 수 있는 영역과 시스템의 경계로 본다. 디자인(design)이라는 용어가 물리적,

사회적, 관리, 그리고 법 집행적 지시들을 포함한다는 것에 주목할 필요가 있다. 그 요인들은 인간이 환경과 상호작용하면서 긍정적으로 인간의 행동에 영향을 미치는 것을 추구한다. 이처럼, CPTED 프로그램은 환경과 그 자체로 매우 밀접하게 연관되어 있는 변수들을 조작함으로써 특별한 환경 속에서 발생하는 구체적인 범죄들을 예방하는 것을 추구한다.

CPTED 프로그램은 인간행동의 광범위한 보편적 측면에서의 범죄예방 해결책을 추구하는 것이 아니라, 특정한 인간－환경 관계에서 조작되고 평가될 수 있는 제한된 변수 속에서 해결책을 발전시키는 것이다. CPTED는 그 공간의 실질적 사용자의 물리적, 사회적, 심리적 요구의 맥락 속에서 물리적 공간의 디자인을 포함하며, 그 공간에서 일반적인 혹은 예상 사용자, 그리고 실질적인 사용자와 범죄자를 모두 예측할 수 있는 행동들을 포함한다. 그러므로 CPTED 접근에 있어서 올바른 디자인이란, 그 디자인이 의도된 공간 사용을 인식하고, 의도적인 사용과 비교한 적절한 해결책 및 불가피한 범죄문제를 정의하고, 그 공간의 효율적인 사용을 증진시키는 범죄예방 전략을 포함하는 것이다. CPTED는 물리적 그리고 도시 디자인뿐만 아니라 생동과 사회과학, 법 집행과 지역사회 조직에 있어 현대적 사고까지도 도출해낸다.

디자인과 사용을 강조하는 것은 범죄예방 접근방식의 목표물 강화(target hardening) 개념에서 벗어난다. 전통적인 목표물 강화는 벽, 펜스, 문, 열쇠, 창살 등과 같이 물리적이거나 인공적인 장벽 기술을 통해 범죄 대상으로의 접근을 어렵게 하는 것에 주로 초점을 맞춘다.

목표물 강화는 종종 강화된 환경의 사용을 어렵게 하거나 접근을 제한하고, 그 공간이 주는 즐거움에 제한을 가하기도 한다. 더욱이 전통적인 접근방식은 자연적인 접근통제와 자연 감시의 기회들을 간과하는 경향이 있다. 자연적(natural)이라는 용어는 정상적이고 일상적인 환경의 사용에 대해 부수적으로 발생하는 접근통제와 감시를 의미한다. 기계적이거나 인위적인 강화와 감시의 효과를 달성하기 위해 환경의 정상적이고 자연적인 사용을 차용하는 것도 가능하다. 그럼에도 불구하고 CPTED는 자연적 전략에 비교해 그 유효성을 시험하거나 혹은 과도하지 않은 수준에서 유효성을 기대할 수 있을 때 순수한 목표물 강화 전략을 사용한다.

예를 들어 향상된 거리조명 디자인 전략이 그 공간을 사용하는 모든 사람들(범죄자, 피해자, 혹은 다른 일상적 사용자들)을 고려하여 지역의 조명 사용을 증진하거나 부적절한 행동을 억제시키도록 계획되고 평가되어야 한다.

조명전략과 관련한 어떠한 전략이든(예 : block watch[1]), 911응급서비스[2]), 지역사회 경찰 순찰(COPs)) 모두 동일한 관점에서 평가되어야 한다. 이는 적절한 디자인과 물리적 환경의 효율적인 사용에 모두 초점이 맞춰진 CPTED 디자인 접근방식의 종합성을 의미한다. 또한 적절한 디자인과 효율적인 사용이라는 개념은 의도한 결과가 달성되도록 설계전략 간에 설정했던 관계들을 강조하고 있다.

우리는 시민들의 의식과 적극적인 지원 없이 경찰 단독으로 거리조명이 강화되었던 전략들은 범죄억제 효과를 보기 어려웠음을 경험적 관찰을 통해 알고 있다. 그러므로 CPTED는 디자인, 시민과 지역사회 활동, 그리고 법 집행기관들의 전략을 통합하는 노력들을 포함해야 한다.

CPTED 전략

CPTED는 서로 중첩되는 세 가지의 전략들을 갖는다.

1. 자연적 접근통제(natural access control)
2. 자연적 감시(natural surveillance)
3. 영역성 강화(territorial reinforcement)

---

1) 역자주 : 경찰과 마을사람들이 함께 주기적인 만남을 통해 정보를 교류하고 교육하면서 관련 범죄문제를 해결하기 위해 노력하는 프로그램 중의 하나
2) 역자주 : 한국의 119

접근통제와 감시는 물리적 디자인 프로그램의 핵심 디자인 개념으로 여겨져 왔다. CPTED 프로그램 초창기에는 접근통제와 감시의 개념이 주요 관심을 받았다. 접근통제와 감시는 상호 배타적으로 분류되는 개념이 아니다. 어떤 전략은 두 개 모두를 달성하기도 하고 하나의 구분에 속하는 전략들이 상호 뒷받침하기도 한다. 그러나 각 운영의 핵심은 명확하게 다르며, 그 차이들은 반드시 실행 분석(performing analysis), 연구, 디자인, 수행, 그리고 평가에 있어 다르게 인지되어야 한다.

접근통제는 범죄의 기회를 감소시키는 기본적인 감시 디자인 개념이다. 접근통제 전략은 조직적(예 : 경비원), 기계적(예 : 잠금장치), 자연적(공간 정의)인 것으로 분류된다. 접근통제 전략의 주요 기능은 범죄 목표물로의 접근을 막고 범죄자에게 위험을 인지시키는 것이다. 감시는 기본적으로 침입자가 지속적으로 관찰되고 있다는 것을 인지시키는 디자인 개념이다. 그러므로 비록 완전한 접근통제 전략이 아닌 위험 감지 상승으로 인해 침입자를 효과적으로 방어할 수 있지만, 감시전략의 주 기능은 관찰을 용이하게 실행시키는 것이다.

감시전략은 전형적으로 조직적(예 : 경찰 순찰), 기계적(예 : 조명), 자연적(예 : 창문)인 것으로 구분된다

이러한 전형적인 개념과 전략은 그림 3.1에 나타나 있다.

전통적으로 디자인 개념으로서의 접근통제와 감시는 기계적이거나 조직화된 범죄예방 기술들을 강조해온 반면, 물리적 환경의 태도와 동기 및 사용은 간과하거나 최소화하거나 덜 중시하였다.

그러나 최근에 범죄예방을 위해 환경에 의한 자연적 기회를 이용하려는 시도와 함께 물리적 환경설계에 대한 접근방식들의 중점이 자연적 범죄예방 기술로 이동하였고, 영역성(territoriality)의 개념이 만들어졌다. 영역성의 개념은 물리적 디자인이 영역성의 느낌(sense)에 기여할 수 있음을 시사한다. 즉, 물리적 디자인은 영향력의 범위를 만들거나 확대함으로써 사용자들이 소유권의 개념을 발전시키고 잠재적 범죄자들은 영역성의 영향을 인지하게 된다.

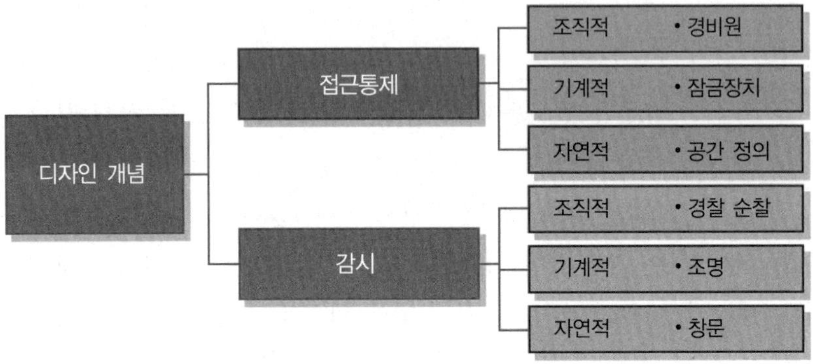

그림 3.1 전형적인 접근통제 및 감시의 개념과 분류

이와 동시에 자연적 접근통제와 감시가 범죄예방을 효과적일 수 있도록 한다는 영역성의 개념에 영향을 미치게 됨을 인지하게 되었다. 따라서 사용자들은 자연적 접근통제와 감시를 통해 그들의 영역을 보호하는 데 민감하게 대응하고(안전에 대한 인식, 신고, 반응 등) 범죄자에 의한 위험 인지도를 더욱 증가시킬 것이다.

유지관리(Maintenance)

마지막으로, 유지와 관리는 영역성 강화에 기여함은 물론 공간을 의도한 목적에 맞게 지속적으로 사용하도록 한다.

공간이 낙후되고 노후되는 현상은 사람들의 무관심과 의도된 공간 사용자에 의한 통제의 약화를 의미함과 동시에 무질서에 대한 관용의 지표를 의미한다. 적절한 유지관리는 공중보건, 안전, 그리고 복지를 보호하며(현재 존재하는 구조, 거주지와 비거주지, 그리고 최소한의 요구 기준과 수용할 만한 기준 수립에 의한 현존하는 전제들에 있어서), 유지관리는 소유자와 운영자, 점유자들 모두의 책임이다.

더 나아가, 범죄예방 디자인과 환경의 효과적 사용을 위한 디자인 사이에서 균형을 이루려는 노력은 조직적 · 기계적 전략으로부터의 관심을 자연적 접근으로 이동시키는 데 기여하였다. 자연적 전략들이 자연적,

일상적으로 접근통제와 감시를 가능하게 하기 위해, 그리고 환경을 사용함에 있어서 긍정적인 행동을 강화하도록 주어진 환경의 기회들을 이용하였기 때문이다. 그 개념은 현존하거나 새로운 활동을 강화하거나 환경 사용자들의 행동을 강화하여 범죄예방 전략을 자연스럽고 일상적으로 흐르게 하기를 선호하는 의견을 반영한다.

조직적이고 기계적인 것에서 자연적인 전략으로의 개념 변화는 CPTED 프로그램이 자연적 접근통제와 자연감시, 그리고 영역성 강화를 중시하는 계획을 발전시키는 것을 지향한다. 이러한 개념 이동에 의해 제안된 개념 관계는 그림 3.2에 잘 나타나 있다.

비록 개념적으로는 그 차이가 명확하다 하더라도, 이러한 각 전략 항목들이 실제 운용(적용)에 있어서는 중첩되는 경향이 있음을 알아야 한다. 아마도 영역성 강화를 우산 개념(umbrella concept)으로 생각한다면 매우 유용할 것이다. 예를 들어 영역성 강화는 자연감시의 원칙을 포함하고 접근금지의 원칙들도 포함한다. 영역성 강화, 자연적 감시, 그리고 접근통제를 각각의 독립적인 전략으로 생각하는 것은 실용적이지 않다.

왜냐하면, 접근통제는 전이구역을 구획하고 눈에 인지시키는 기능을 하는 것이지 뚫을 수 없는 장벽을 의미하는 것은 아니기 때문이다. 만약, 특정 공간의 경계구획을 통한 상징적·심리적 장벽에 특정인의 접근통제가 가능해져 잠재적 범죄자들의 불법적인 침입이 가해진다면, 합법적인 접근이 가능한 사람의 보호적인 영역적 반응이 나타날 것임을 인지해야 한다. 마찬가지로, 침입행위에 대한 자연적 감시가 비록 그 공간을 공식적으로 사용·관리하는 사람이 아닐지라도 관심을 가지고 주의를 기울이는 누군가에 의해 관찰될 가능성을 높이는 역할을 한다. 만약, 사람들이 부적절한 행동을 보고도 아무런 반응을 보이지 않는다면, 가장 신중하게 계획된 자연적 감시전략들조차도 범죄와 기물파손을 막는 관점에서는 소용이 없게 된다.

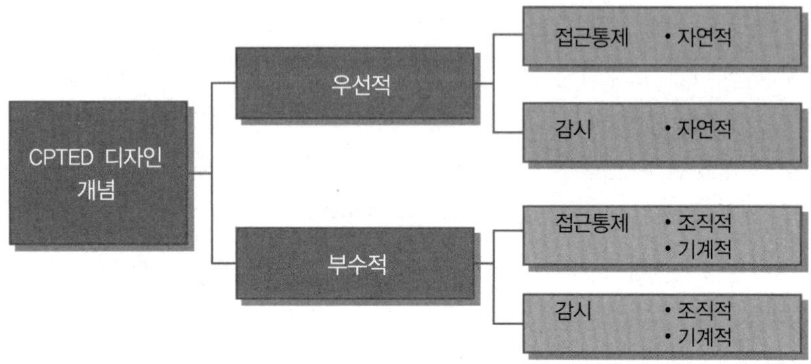

그림 3.2 조직적이고 기계적 개념으로부터 자연적 CPTED 개념으로의 변화

3-D 접근

CPTED의 성공적 운용을 위해서 공간의 일반적인 사용자들이 CPTED 관련 내용을 이해할 수 있어야 하며, 그들이 실제 적용할 수 있는 내용들이어야 한다. 즉, 이웃 주민들과 건물이나 상업지역에서 종사하는 사람들이 반드시 이러한 개념들을 이용할 수 있어야 한다. 왜냐하면, 이러한 사람들이 그 공간에서 무슨 일들이 발생하는지 가장 잘 알기 때문이다.

기술자나 전문가, 교통 기술자, 도시기획가, 건축가 혹은 보안전문가와 같은 사람들에게 안전과 보안에 대한 책임을 단독으로 지울 수 없다. 전문가는 때로는 잘못된 선입견이나 전문 분야의 경쟁 상대의 요구와의 충돌에 의해 중심을 잃고 흔들릴 수도 있기 때문에, 무엇보다 공간 사용자의 지시를 따를 필요가 있다.

공간평가에 대한 3-D 접근방식은 비전문가가 적절한 공간 디자인을 결정하고 공간 사용의 적절성을 판단하는 데 사용할 수 있는 간단한 가이드라인을 제공한다. 3-D 개념은 다음 세 가지 기능 또는 인간이 사용하는 공간을 기반으로 한다.

1. 모든 인간의 공간은 어떠한 지정된(의도된) 목적을 갖는다.
2. 모든 공간은 바람직하거나 수용될 만한 행동들을 규정하는 사회적,

문화적, 법적 혹은 물리적 정의를 갖는다.

3. 모든 인간의 공간은 바람직한 행동들을 지지하거나 통제하기 위하여 설계된다.

3-D 접근방법을 가이드라인으로 활용하면서, 우리는 다음과 같은 질문을 통해 공간을 평가할 수 있다.

지정(designation)

- 이 공간의 지정된 목적은 무엇인가?
- 무엇이 원래 의도된 사용 목적인가?
- 어떻게 이 공간이 현재의 사용을 지지하는가? 어떻게 의도된 사용을 지지하는가?
- 그 안에 충돌은 없는가?

정의(definition)

- 그 공간은 어떻게 정의되는가?
- 소유자가 명확한가?
- 소유경계는 어디에 있는가?
- 그 공간의 사용 방식에 영향을 미치는 사회적 혹은 문화적 정의가 있는가?
- 정책상 그 공간을 명확하게 규정하고 강화할 수 있는 법적 혹은 관리 규칙들이 있는가?
- 안내표시(signs)는 있는가?
- 지정된 목적과 그 정의 사이에 혼란이나 충돌이 있는가?

디자인(design)

- 물리적 디자인이 얼마만큼 의도된 기능을 잘 뒷받침하고 있는가?
- 물리적 디자인이 바람직하거나 허락된 행동들을 잘 뒷받침하고 있는가?

• 물리적 디자인이 그 공간의 생산적인 사용을 방해하거나 충돌하고 있는가, 아니면 의도된 인간 활동의 적절한 기능을 방해하거나 충돌하고 있지는 않은가?
• 물리적 디자인이 행동을 통제하도록 의도된 방식의 관점에서 혼란이나 충돌이 있지는 않은가?

영역성 강화, 자연적 접근통제, 그리고 자연적 감시의 세 가지 CPTED 전략들은 3-D 개념에 포함되어 있다. 그 공간이 명확하게 어떤 사람이나 집단에 소속되는가? 계획된 공간의 사용 용도가 명확하게 정의되는가? 물리적 디자인이 의도된 사용과 일치하는가? 그 디자인이 일반 사용자들로 하여금 자연적으로 행동을 통제하고, 출입을 통제하고, 감시를 제공하는 수단을 제공하는가?

기본적인 자가 측정이 이루어지게 되면, 3-D는 공간에서 무엇을 해야 하는지에 대한 의사결정을 안내하는 도구가 된다. 제대로 된 기능들은 영역적 정체성, 자연적 접근통제, 그리고 감시를 효과적으로 뒷받침할 수 있는 공간과 잘 매치되어야 하고, 의도된 행동들이 그대로 적용될 수 있도록 부인할 수 없어야 하며 또한 사회적, 문화적, 법적, 그리고 관리적 측면과 규범에서 강화되어야 한다. 디자인은 의도된 행동이 잘 작용하도록 하고, 직접적으로 행동의 통제(control of behavior)를 지원해야 한다.

실생활에서의 전략 예

오늘날 실생활에서 찾을 수 있는 CPTED 전략의 예는 수없이 많다. 각각의 예들을 살펴보면, 세 가지 CPTED 전략들을 혼용하여 활용하고 있고, 이러한 통합적 사용은 특히 안전이나 범죄예방과 관련한 환경에 적합하다. 어떤 예들은 CPTED 개념의 직접적인 적용을 통해 만들어졌고, 또 어떤 것들은 실생활 속에서 빌려오기도 하였다.

그들의 공통점은 자연성(naturalness)을 가장 중시했다는 것이다. 매우 인위적인 변화를 통해서가 아니라, 단순히 이미 가지고 있는 것을 활용하거나 조금 개선한 상황 정도로 말이다.

CPTED 전략을 활용한 활동들의 예는 다음과 같다.

- 통제된 공간에서 명확한 경계 정의를 제공한다.
- 공적공간에서 중간 공간, 사적공간에서 움직임을 알려주는 전이공간을 명확하게 표시한다.
- 자연감시와 접근통제가 가능한 공간으로 중심부를 이동하거나 잠재적 가해자의 관점에서 멀어지도록 옮긴다.
- 안전하지 않은 공간에 안전한 활동들을 유도하여 그들의 활동으로 자연적 감시를 이끌어 내거나 일반적인 사용자에게 안전감에 대한 개념을, 그리고 가해자로 하여금 위험에 대한 개념을 높이도록 한다.
- 안전하지 않은 공간 활동들을 안전한 공간으로 유도하여 자연감시와 접근통제를 통해 취약성을 극복한다.
- 행동들이 충돌하는 공간에 자연적인 장벽을 제공할 수 있도록 공간 사용을 재조명한다.
- 효과적이고도 적절한 강도의 사용을 허용할 수 있도록 공간 사용 일정을 조정한다.
- 자연감시를 높이거나 자연감시가 잘되는 곳이라는 인식을 높이도록 공간을 재설계한다.
- 향상된 커뮤니케이션과 디자인 효율성을 통해 거리의 고립성을 극복한다.

정보의 사용

모든 중요한 결정들은 좋은 정보에 의존해야 한다는 것은 매우 중요하다. 특히 물리적 환경의 설계와 사용이 위태로울 경우에는, 적어도 다섯 가지의 기본적 정보 유형들의 수집과 활용은 필수적이다. 만약 우리가 잘 아는 의사결정에 대하여 합리적인 기반을 갖지 않는다면, 본질적인 문제를 유발하는 동일한 실수는 계속하여 반복될 것이다.

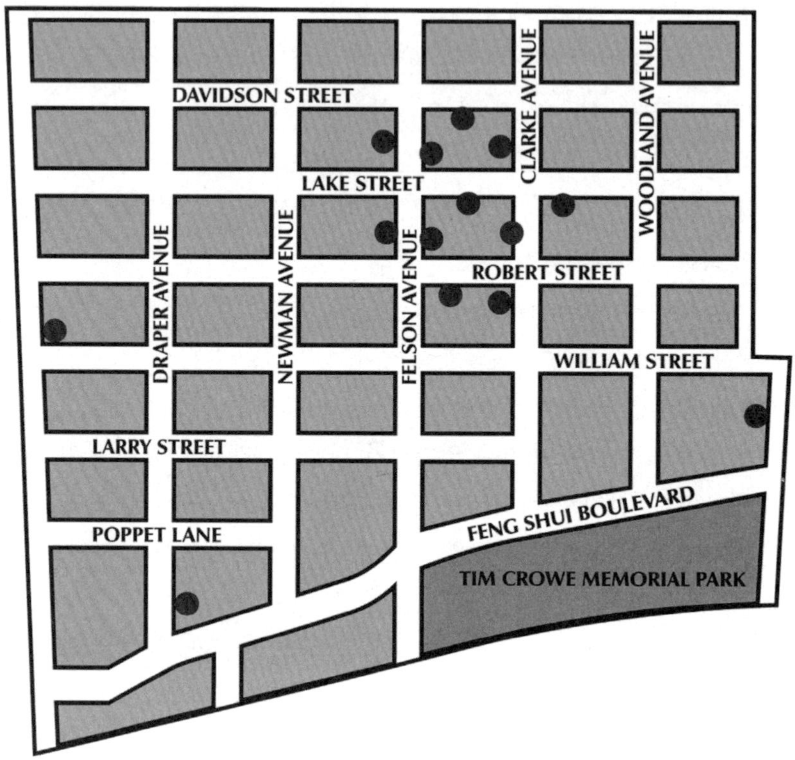

그림 3.3 지리적인 집중 유형

좋은 CPTED 계획에 필요한 다섯 가지 기본정보 유형은 범죄분석 정보, 인구학적 정보, 토지 사용 정보, 관찰, 그리고 거주자 혹은 사용자 인터뷰이다. 이러한 정보들은 굳이 세련되게 가공할 필요는 없다. 이러한 정보는 모든 지역사회와 모든 장소에서 기본적인 형태로 존재한다. 더욱이 가장 기본적인 형태로 존재할 수 없다면, 그것은 가치가 없다. 예를 들어, 침입범죄가 5%까지 상승했다는 통계적인 측정결과에 우리가 관여할 수 있는 것은 없다. 오히려 특정 구획에 침입범죄가 집중되어 있음을 보여주는 범죄지도(crime map)에서 우리가 할 수 있는 것들이 많다(그림 3.3).

침입자가 연속적으로 관련 범죄행위를 행할 때 그의 자동차를 가려

줄 수 있는 좁은 통로를 사용하였음을 발견하였다면, 우리는 더욱 많은 것을 말할 수 있다. 다시 말해, 필요한 정보들은 간단하고 사용 가능한 형태로 존재해야 한다.

다음은 각 정보유형에 대한 간단한 안내이다.

- **범죄분석**(crime analysis) : 이러한 정보는 모든 경찰서에서 분석이 가능하다. 지도에 범죄가 발생한 곳에 점을 찍은 형태로 제공될 수 있고, 범죄자의 행동 유형을 확인하기 위한 주요 목적으로 작성된 범죄 보고서에서도 확인이 가능하다. 두 가지의 유형분석이 가능하며, 구체적으로는 지리학적 유형과 유사 범행 유형이 있다.
- **인구학적 사항**(demographic) : 이 정보는 지정된 도시, 지역, 지역사회의 인구 특성 관련 정보이다. 도시계획부나 시청을 통해 정보 획득이 가능하며, 또 다른 출처로는 인구통계조사가 있다.
- **토지 사용** : 도시계획과, 토지구획위원회(zoning boards), 교통기술위원회(traffic engineering councils), 그리고 지방정부위원회(local councils of government)가 토지 사용에 관한 정보와 지도를 관리한다. 토지 사용과 관련한 내용들은 토지의 배치와 사용에 대한 정보를 제공한다. 지도들은 단순히 거주지역, 상업지역, 공업지역, 공원, 학교, 교통 흐름들을 보여주는데, 이는 물리적 환경을 이해하는 데에 큰 도움이 된다. 자연적 경계와 지역사회들도 지도를 통해 쉽게 파악되며, 특히 토지의 사용과 보행자, 교통 흐름과 관련한 내용들은 더욱 명확하게 파악할 수 있다.
- **관찰** : 누가, 공간을, 언제, 어떻게 사용하는지에 대한 문제는 어디에서 발생하는지에 대한 직접적인 정보를 획득하기 위하여 물리적 공간의 공식적이거나 비공식적인 시각적 검토 보고서를 작성하는 것이 매우 유용하다. 환경적 신호들은 일반적인 사용자와 가해자의 행동에 대한 암시이다. 우리가 해야 하는 관찰의 종류는 보행자, 자동차, 그리고 거리 주차, 들판과 펜스의 관리, 거주자와 사용자에게 금지된 독점행위의 정도, 통제하거나 기피하는 행동들의 존재, 그리고 다른 잠재적

영역성 대한 잠재된 지표들(창문 블라인드가 쳐 있는 집, 공원이나 학교를 내려다보는 사업체의 비율 등과 같은)을 모두 포함한다.

- 거주자 혹은 사용자 인터뷰(resident or user interviews) : 이 정보는 다른 출처의 자료와 균형을 이뤄야 한다. 사람이 어디가 안전하고, 어디가 위험하다고 느끼는지에 대한 선입견은 실제 범죄가 빈번히 발생하는 범죄지도의 위치와 다르기도 하다. 이는 거주자나 사용자들의 선입견과 그 공간을 동일시하는 정도를 결정하는 데 매우 중요하며, 주변 사람들의 움직임이 자신의 행동에 영향을 미치는 어떤 공간, 그리고 그들이 필요하다고 여기는 것들을 결정하는 데 매우 중요하다.
- 더욱 복잡한 형태의 정보수집과 분석을 위하여 기본적인 내용을 지나게 되면 전체적인 흐름을 제대로 파악하는 데 지장을 주게 된다. 때로는 전문가들이 복잡한 분석에 의존하여 거주자나 공간 사용자의 적극적인 참여를 억누르려 하기도 한다. 이러한 공간 사용자의 참여를 억제하는 것은 기본적인 생각이나 설명들이 간과될 수도 있으므로 매우 위험한 일이다. 공간 사용자의 진정한 적극적인 참여 없이 이룰 수 있는 것이 많지 않다는 것은 매우 자명한 일이다.

정보와 현재의 모습을 가장 잘 이해하고, 이를 잘 보여주는 방식은 가시적 수단을 활용하는 것이다. 지도와 투명 오버레이(transparent overlays)는 CPTED 계획 시에 요구되는 다섯 가지 정보들을 비교하는 데 있어 유용한 수단이다. 그림 3.4는 범죄발생 시간과 요일을 나타내주는 범죄지도의 예이다.

CPTED 계획 활동의 이득

범죄와 두려움에 대한 감소를 다루는 것 이외에도 CPTED 계획에는 다른 장점들을 가지고 있다.

- 범죄문제를 다양한 환경적 수준에서 다룬다 : 범죄·환경문제들을 파악하고, CPTED전략을 선택하고, 계획하고, 수행하고, 범죄 프로젝트를

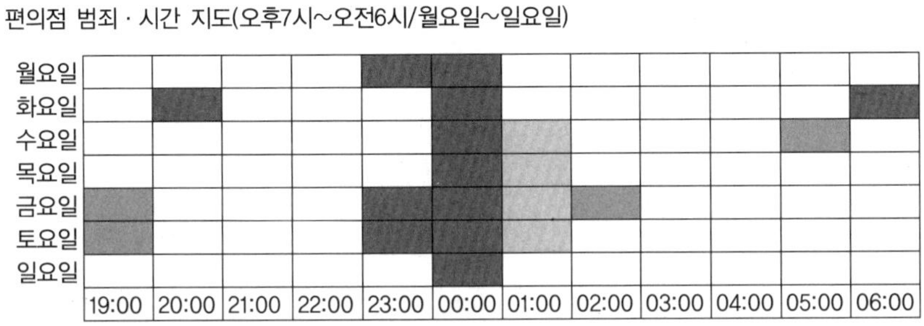

그림 3.4 1일 시간 분석

평가하는 일련의 CPTED 과정은 전체 지역사회는 물론 도시 내의 학교의 제도 수립에도 적용이 가능하다. 그 과정은 작은 지리적 공간이나 특정 기관에도 동등하게 잘 적용될 수 있다.

- **범죄예방 접근방법들의 통합** : CPTED 원칙들은 가해자의 행동들을 이해할 수 있고, 이 이해를 통해 이들의 범죄를 설명할 수 있다고 가정하는 범죄행위의 기회 모델(opportunity model of criminal behavior)에서 파생된다. 일단 기회구조가 형성되면, 관련된 적절한 전략들이 설계·관리되며 연속적인 프로그램으로 통합될 수 있다.
- **장·단기 목표의 정립** : CPTED와 같이 종합적이고 광범위한 프로그램들은 목표 및 성과를 달성하는 데 수년이 걸리는 경향이 있다. CPTED와 달리 많은 프로그램들이 단기적이거나 근접한 목표를 정립하는 데 실패하거나 프로그램의 성공을 측정할 수 있는 적절한 방식을 정립하는 데 실패한다. CPTED 접근방식은 접근통제, 감시, 그리고 영역적 강화와 관련된 구체적이고 근접한 목표들의 평가체제(framework)를 포함하기 때문에 목표 정립 및 평가도 유리하다. 이렇듯 CPTED가 구체적인 방식과 평가체제를 포함하는 이유는 장기적인 프로그램 성공도 궁극적으로는 단기적 목표 달성과 직접적으로 연결되기 때문이다.

- **문제에 대한 집단적인 응답(collective responses)의 장려** : CPTED는 개인이 아닌 여러 명이 집단적인 방식으로 반응하는 능력이 향상되어야 함을 강조한다. CPTED 전략들은 활발한 시민 참여와 사회 응집력 강화를 목표로 한다.
- **도시문제에 대한 융합적 접근** : 다른 분야와 융합적 영역의 구성원들로 이루어진 도시 관련 부서(예를 들면 공공정책, 사회복지, 경제부, 경찰, 기타)는 정책 수립에 있어 효과적인 협력이 가능하다. 각 참여자는 다른 사람들의 책임감, 관할지역, 그리고 기술에 노출됨으로써 이득을 얻을 수 있다.
- **더 좋은 경찰 · 지역사회 관계의 권장** : 핵심전략은 경찰과 지역사회의 관계를 개선시키도록 유도하고, 단독으로 법 집행기관에 의존하기 어려운 범죄 관련 프로그램들을 발전시키도록 하는 법 집행 서비스와 지역사회 서비스 활동을 조성하는 것이다.
- **보안 가이드라인과 기준 개발** : CPTED 프로그램을 통해 안전 관련 기준의 개발이 가능하다. 이러한 안전 관련 기준은 새롭게 건설되거나 환경개선작업이 이루어지는 곳에서 우연히 범죄의 기회를 제공하는 것을 방지하도록 도움을 줄 수 있다.
- **도시 활성화의 혜택** : 물리적, 사회적, 경제적 조건에 미치는 영향을 통해 CPTED는 도시 중심(다운타운) 지역을 포함한 지역사회를 활성화시키는 도구로 활용될 수 있다. 비즈니스 리더들, 투자가들, 그리고 다른 시민들에 의해 그 지역이 범죄와 범죄에 대한 두려움을 줄이기 위한 종합적인 노력들이 진행 중인 것을 인식하면 지역사회의 정체성과 응집력의 향상이 뒤따를 것이다.
- **발전기금의 취득** : 기존 프로그램과 CPTED의 통합은 추가적인 기금 조성, 대출, 그리고 지역사회 발전 기금에 대한 추가적 관할권을 제공할 수 있다.
- **범죄예방 정책과 실행의 제도화** : CPTED 프로젝트는 진행 중인 프로젝트를 관리하는 지역의 관리능력과 전문지식을 이끌어낼 수 있다. 기

존의 시민단체나 지역기관들이 이 기능을 함께 수행할 수도 있다. 그러나 이러한 모든 상황들이 관할지역에 동일하게 적용될 수 있는 것도 아니고, 앞서 보여준 예들로 막을 수 없으므로 추가적인 응용이 요구되기도 한다. 때문에 먼저, 지역의 의사결정자들이 그들이 CPTED 프로젝트를 통해 획득하려는 목표들을 설정하는 것이 중요하다. 그 목표들의 범위는 단일 목적에서부터 광범위하고 다양한 이익을 갖는 종합적인 목표까지 매우 다양하다. 이러한 이유로, CPTED 프로젝트와 설정된 목표는 CPTED의 시행, 관리 요구조건, 그 자원 투입, 그리고 유사한 정책 결정에서 주요 결정요소로 작용할 것이다.

작은 예방 : 지역사회 발전의 법 집행 지지를 위한 새로운 역할

벤저민 프랭클린(Benjamin Franklin)의 "예방은 치료보다 낫다(An ounce of prevention is worth a pound of cure)"라는 말은 지역사회의 공적·사적 활동을 지원하는 법 집행기관의 새로운 역할을 소개하는 데 적절하다.

법 집행기관들은 주요한 지역사회의 일부분이고 정부기관이지만 유일하게 계획, 구획, 교통, 그리고 환경설계 결정의 승인과 검토과정에 포함되지 않는 기관이다.

다른 도시를 방문한 경찰이 그 마을이나 상업기구의 문제점을 알아내는 것은 어려운 일이 아니다. 왜냐하면, 그 경찰은 특정 환경조건과 사회적, 경제적, 범죄문제들이 연관되어 있음을 배웠기 때문이다.

어떤 지역에 대한 매력의 정도는 그 공간의 소유자와 그 공간을 빈번히 이용하는 사람들의 유형에 대해 알게 해준다. 그러나 그 밖에도 관할 공공기관은 물론 개인사업체가 저지른 실수도 보이는데, 그 실수로 인해 거주자들이 피해를 겪게 된다. 해석이야 어떻든 간에, 어떤 지역의 분위기는 그가 안전한지 혹은 안전하지 못한지에 대해 개인에게 알려주는 환경적인 암시들을 제공한다.

결과적으로 CPTED 개념에 대해 다시 관심을 일으킨 사례가 있다. 플로리다 주는 "안전한 이웃법(Safe Neighborhood Act)" 법안을 통과시켰다. 그 법은 CPTED 전략의 수행을 위해 기금 조성과 법적 권의를 제공한다. CPTED 개념은 건물 디자인과 지역사회 계획에 있어서 범죄발생 이후에 대처하기보다는 범죄예방에 대한 통합적인 자연적인 접근을 요구한다. 이 "안전한 이웃법"에 대한 질문을 던져 보자. 이 법이 어떠한 성과가 있었는가? 무슨 권리로 법 집행기관이 계획, 구획, 건축 디자인 결정에 관여하는가? 법 집행기관은 이미 많은 다른 업무들을 수행하고 있지 않은가? 다른 업무의 사람들이 맡아야 하는 일이 아닌가? 효과 없는 변화를 제안한 경찰은 소송에서 자유로운가?

CPTED에 경찰이 관여해야 하는 강제적인 이유들은 수없이 많다.

1. CPTED 개념이 범죄문제를 감소시키는 반면 지역사회 활동을 강화시킨다는 내용이 증명되었다.
2. CPTED 개념은 지역사회의 올바른 기능을 보조한다는 차원에서 전통적 법 집행 가치에 필수적 개념이다.
3. CPTED는 법 집행 전문가들을 통해 획득해야 하는 지역사회 관련 정보와 고유의 정보들을 요구한다.
4. CPTED 문제들과 이슈들은 반복적인 안전 관련 서비스에 대한 범죄유발 환경과 직접적 관계가 있다.
5. CPTED 방법과 관련 기법은 직접적으로 지역의 세무기준을 강화하여 재산가치, 사업 수익, 산업 생산성을 향상시킨다.

법 집행기관들은 규모와 상관없이, 지역사회와 비즈니스 프로젝트의 승인과 검토작업에 공식적으로 참여해야 한다. 이들은 적극적으로 참여해야 하며 활동적이고 창조적이어야 하고, 소송과 연관 지어 이해해서는 안 된다. 왜냐하면, CPTED에 있어서 법 집행의 역할이 바로 환경변화에 책임이 있는 사람에게서 발생할 수 없는 추가적인 정보와 문제들을 제공하는 것이기 때문이다.

"지금 지불하는 것이 아니더라도 나중에 지불하게 된다(Pay me nor or pay me later)"라는 표현은 법 집행기관이 지역사회 프로젝트의 개념화와 계획단계에서 초기에 관여하는 것이 삶의 질을 향상시키고 범죄사건과 두려움을 감소시킬 수 있음을 시사한다. 이러한 초기 참여는 비용효과가 높은 가장 좋은 범죄예방 방법 중의 하나이다.

CPTED 정의들

CPTED의 주요 내용은 미국 국립범죄예방연구소(National Crime Prevention Institution, NCPI)에서 사용하는 정의를 기반으로 하는데, "적절한 디자인과 건축환경의 효과적인 사용은 범죄에 대한 두려움과 범죄발생률을 감소시킨다." 이 내용은 기본적으로 우리가 인간과 물질적 자료를 더 잘 활용할수록, 모두를 위한 더욱 좋은 결과가 도출될 수 있음을 말한다. 그리고 거주지역에서의 수익성 또한 재산가치의 보호와 거주조건의 강화에 따른 변화라 할 수 있다. 사업지구에서의 수익은 경제성장의 기회, 고용, 그리고 전반적인 매력(세금 혜택은 물론)으로 해석될 수 있다. 두 상황에서 범죄예방과 더 좋은 지역사회는 부산물로 따라온다.

CPTED 문제들

CPTED가 마주한 문제점 중 하나는 대중과 법 집행 관련자들 중 일부가 경찰의 역할을 단순히 "범죄자를 추적하고, 유죄를 밝히고, 교도소로 보내는 것"으로 제한하여 생각하는 것이다. 행정가들은 각 지역 정부기관들의 역할을 가장 명확한 업무로 제한시키는 처방을 내놓기도 한다. 이를 통해 통합에 의한 충돌을 줄이고 통제하기 어려운 전체적인 행동들을 피하려는 것이다. 만약 우리가 원하는 것이 소 잃고 외양간 고치는 상황이 아니라면 범죄와 범죄예방은 법 집행기관으로만 제한되어서는 안 된다. 대신에, 우리는 통합된 프로그램의 계획과 제도에 대한 지원의 필요성을 인식해야 한다.

경찰에 신고된 범죄들은 실제 범죄사건의 빙산의 일각에 불과하다. 어떠한 합리적인 분석도 도움이 안 되고 완전히 수동적 법 집행 형식의 반응도 적절하지 않다고 결론내릴 수밖에 없다. 공공교육과 도구 지향적 범죄예방 프로그램보다 더욱 근본적인 것이 요구된다. CPTED가 예측 가능한 미래를 위해 더욱 중요한 범죄예방계획 중의 하나가 될 것이라는 결론을 이끌었던 지난 40년 동안 많은 환경적 문제들이 대두되었다.

아마도 이러한 논쟁들의 가장 기본적인 것은, 우리가 받아들인 많은 환경적 요소들이 범죄와 관련성이 있다는 것을 발견한 것이다. 더욱이 많은 지역사회와 정부 기능들이 비록 협력관계로 보이지만 상호 배타적인 방식으로 공존할 것으로 관찰되었다. 예를 들어 도시계획가들과 교통기술자들은 새로운 상업 건설 프로젝트 승인에 참여하고 있다. 이 두 부서의 많은 조건들과 요구사항들이 의심 없이 받아들여지고 있으며, 때로는 그들은 다른 이유로 인하여 동일한 기준들에 동의하기도 한다. 많은 시간 동안 협력을 시도한 기획자, 교통기술자, 개발자, 공공주택 공무원 및 법 집행기관이 미묘한 충돌들과 마주하였을 때, 조정하고 협력하는 것으로 보이는 것은 매우 흔한 모습이다. 그러나 이는, 즉 이들이 대놓고 싸우기보다는 자신들의 영역을 형성하고 고수할 뿐, 다른 관할지역에 간섭하지 않음을 의미한다.

결과적으로, 많은 근본적인 문제들이 이를 통해 발생하고, 비즈니스 분야의 실패나 소통의 실패로 지역사회의 쇠락을 가져온다.

CPTED의 노력이 도움을 줄 수 있는 작은 예로서 지역이 안고 있는 환경적 상황과 문제들을 살펴보자.

- **일방향도로 시스템** : 일방향 도로 시스템은 교통 흐름을 향상시키지만 동시에 비즈니스 분야의 쇠퇴를 가져온다. 이는 발전적인 노력을 저해하는 범죄의 증가를 발생시키고 범죄에 대한 두려움을 유발한다.
- **이웃에 있는 통과교통**(through traffic) : 통과교통은 자연적 감시와 자연적 접근통제를 감소하는 근본적인 문제들을 양산하여 바람직한 사용자의 감소와 바람직하지 않은 사용자의 점유를 양산한다.

- **도심지 프로젝트(downtown project)** : 도심지 프로젝트는 자연적 감시와 자연적 접근통제를 감소시키는 근본적인 문제들을 양산하여 지속적인 실패를 가져온다. 결국 이러한 도심지 프로젝트는 바람직한 사용자를 감소시키고 적절하지 않은 사용자에 의한 점유로 확산된다.
- **요새화 효과(fortress effects)** : 요새화 효과는 컨벤션센터, 호텔, 은행, 노인주거, 그리고 주차장 구조 등에 의해 생성된다. 이러한 요새화는 주변의 토지이용을 파괴하고, "사람이 없는 땅(no-man's land)"의 개념을 형성시킨다.
- **노상혼합주차(bleed-off parking)** : 노상혼합주차는 상업지역과 거주지역의 충돌을 불러일으키고, 결국 모두에게 손해를 입게 한다.
- **상점 디자인과 관리** : 상점 디자인 유지와 관리가 잘되지 않는다면, 그 결과 사업이익이 감소하고 직원과 고객의 피해가 증가한다.
- **쇼핑몰(mall)과 주요 행사장 주차** : 엉망으로 계획된 접근통제와 배치는 교통체증을 유발하고 바람직하지 않은 행동들을 끌어들이는 원인이 될 수 있다.
- **학교와 기관 디자인** : 학교와 기관 디자인을 소홀히 할 경우 문제 있는 지역 형성에 일조하게 되며, 이는 행동과 범죄문제를 유발하고 전반적으로 성공적인 기관 운영에 방해가 된다.
- **공공주택과 알맞은 가격의 주택** : 이러한 프로젝트는 단기 거주자들을 끌어들이는 기능을 할 수도 있다. 이는 현지의 가난한 사람을 밀어낼 뿐만 아니라 기존 지역에서 해로운 효과가 나타나게 될 것이다.

거의 모든 환경적 상황이나 지역에서 CPTED 개념의 응용 프로그램을 따라야 한다. 법 집행기관은 날카로운 질문을 던지고, 지역사회에서 더욱 올바른 결정을 내릴 수 있도록 적절한 정보들을 제공하고 협조할 수 있다.

환경을 개발, 관리, 통제하는 데에 책임이 있는 사람들에 의해 자주 발생되는 문제는 일차원적 결정인데, 이러한 일차원적 의사결정에 정중

하게 이의 제기를 해야 한다고 말하는 사람도 있다. 또 어떤 이들은 이러한 결정들이 근본적인 문제 해결을 위해 노력해야 한다고 말하기도 한다. 수년 전에 미국의 북쪽 중서부 지역에서 발생했던 작은 예가 있다. 그 지역 경찰서에서는 수년 동안 달리기와 자전거대회의 인기로 인해 오랫동안 과도한 비용을 지불해오고 있었다. 이 행사 주최 측에서는 대회 경로와 활동 등을 먼저 계획하였고, 그 경로의 안전 확보는 경찰에게 의존하였다. 그러나 CPTED 훈련을 받은 경찰이 "왜 이러한 경로로 달리기를 해야 하는가?"에 대하여 개인적으로 질문하기 전까지는 이 경로에 대하여 아무도 의심을 품지 않았다. 그 경찰은 달리기대회에 참석하기를 희망하였지만 경찰청장이 그에게 달리기대회에 배치된 경찰팀 감독을 명령하였기에 참석할 수가 없었다. 그는 달리기 경로의 부적절성에 대한 질문을 던졌고, 그의 질문에 대한 답변은 "좋은 아이디어 같다!"라는 긍정적인 반응이었다. 경찰이 수년간 달리기대회의 안전을 떠맡아 왔다는 충격적인 사실을 인지한 이후, 그 경찰은 달리기대회 기획자들이 경찰인력을 절반으로 줄일 수 있는 경로를 선택할 수 있도록 도움을 주었다. 그리고 그 경기는 여전히 성공을 거두고 있다.

법 집행기관이 CPTED 검토를 당당하게 수행하려면 무엇을 해야 하는가? 사람들이 법 집행기관의 말을 듣고 법 집행기관이 우선적으로 CPTED 과정에 참여할 수 있도록 어떻게 해야 하는가? 첫째, 그 기관장이 참여해야 한다. 둘째, 누군가는 CPTED 개념을 연구해야 한다. CPTED는 처음에 보이는 것보다 훨씬 쉽고, 훌륭한 CPTED 훈련기관과 오리엔테이션 프로그램을 사용할 수 있다. 셋째, 그 기관장은 CPTED 개념을 소개하고 지역 내의 검토 및 승인과정에 법 집행기관의 공식적인 참여를 요청해야 한다. 이것은 교묘하기도 하고 꽤 전략적인 부분이다. 만약 CPTED 개념이 다른 기관에 도움이 되거나 개발자들의 목적을 충족시킬 수 있다면 CPTED 개념을 전파하고 판매하는 것은 쉬운 일이다. CPTED 개념이 단순히 다양한 범죄예방 활동들 중의 다른 형태의 하나로 보인다면 이 개념은 전파되기 어렵다. 법 집행 관리자는 반드시 다음과 같은 CPTED

관련 질문들이 반영된 시스템과 태도들을 갖춰야 한다.

1. 그 공간 혹은 그 프로젝트를 통해서 당신이 달성하고자 하는 것은 무엇인가?
2. 어떻게 하면 당신이 추구하는 것을 우리가 더 잘 도울 수 있을까?

법 집행기관은 다른 전문가 집단이 어떠한 일을 수행하는지 살피는 일을 하는 것이 아니다.

CPTED에 있어 법 집행기관의 역할은 건축가, 설계사, 기획자들이 하기 어려운 질문을 던지고, 아이디어를 공유하고, 관련 정보를 제공하는 것이다.

"깨끗하고 밝은 조명의 상점" : 상점 보안의 자연적 방법

머천다이징(merchandising, 상품계획) 및 사업회계에 있어 "판매될 것만을 진열한다(one to show and one to go)"라는 말이 있다. 판매될 양을 예측하여 어느 정도의 물품을 주문하고 보유해야 하는지에 대한 기술들이 계속 개발되고 있다. 일반적으로 머천다이징과 보안은 공존할 수 없는 것이라고 생각하는 경향이 많다. 어두운 조명과 지저분하고 정돈되지 않은 매장이 과연 수익률이 높겠는가? 물건을 적재하기 위한 높은 곤돌라와 선반들이 높은 판매율을 말해주는가? 물론 재고품을 꾸준히 보충하는 일은 지루하고 단순한 작업이다. 어딘가에 재고품을 쌓아두어야 한다는 것은 누구나 아는 일인데, 매장에 많은 물품을 전시하는 것이 왜 문제인지 의문을 갖는 사람도 있을 것이다. 일부 소매업 분야에서는 매장에서의 절품(shrinkage)을 당연한 것으로 받아들이고, 때로는 트레이드오프(trade-off) 분석이나 위험보유(risk retention)의 논리를 끌어들여 정당화하는 경우도 있다. 따라서 사람들은 사업에 있어서 완벽한 보안이 있을 수 없다고 생각하게 되었다. 보안을 위해 우유 한 통 사러갈 때마다 몸수색을 받거나 감시받는 것을 원하는 사람은 없다. 실제로 많은 소매업자들은 무장경비나 보안장치로 인해 손님들이 줄어들 것을 걱정하기도 한다.

오랜 기간의 실험과 실제 현장 적용을 통해 CPTED 개념은 모든 규모의 환경에 효과적이라는 것이 입증되었다. 즉, 상업공간에서부터 주거환경, 교통, 여가공간, 시설환경에 이르기까지 직접 적용될 수 있으며, 매우 작은 규모에서부터 지역사회 전체 규모에 이르기까지 효과적으로 적용된다. 상업공간이나 산업시설에 적용된 경우에는 사람과 물리적 자원을 잘 관리할수록 이윤은 많아지고 손실은 줄어든다고 하는 기존의 개념을 입증하였다. 확실히 효과적인 자원관리는 수익을 증가시키고 보안문제가 감소하는 결과를 가져온다.

밝은 조명의 매력적이고 개방적인 상점, 특히 편의점은 소비자들의 눈에 잘 띄므로 가던 길을 멈춰서 무언가를 사고 싶은 충동을 일으킨다. 사실 직원들이 열정적이고 헌신적으로 일할수록 상점의 수익이 올라가고, 직원들이 자신의 일과 환경에 대한 자부심이 커질수록 영역적 관심이 넓어진다. 고객과 직원들은 깨끗하고 밝은 조명의 상점에서는 시선이 가려지는 곳이 없기 때문에 다른 사람의 행동을 인지하고 통제할 수 있어서 보다 안전감을 느낀다. 이와 반대로 더럽고 관리되지 않은 상점의 직원들은 직장환경에 대한 자부심이 없기 때문에 주변 영역에 대한 관심을 줄어들게 만들며 회피행동을 조장한다.

이렇게 관리 · 정돈되지 않은 상점은 또한 시민들의 부주의한 행동을 부추길 수 있다. 소유주가 직원과 고객, 상점 물품을 보호하기 위한 합리적인 방법을 수립하지 않으면 소송뿐 아니라 합의에서도 불리한 입장에 서게 된다. 재고관리나 회계관리를 소홀히 하면 물품 훼손(tampering)이나 식중독 등 법적책임을 져야 하는 상황이 발생할 수도 있다. 직원과 고객들이 활발하게 움직이는 밝은 조명의 깨끗한 상점의 환경은 불법적인 행동이 허용되지 않는다는 것을 사람들에게 암시한다.

CPTED는 손실방지 및 자산보호와 관련된 큰 개념 중 일부분이라 할 수 있지만, 그럼에도 불구하고 CPTED가 판매사업 분야에 있어서 중요한 이유는, 보안직원 및 보안시설 확충을 위한 추가적인 투자를 하기 전 기존에 실행해 왔던 방법에 보안개념을 통합하는 것을 강조하기 때문이다.

CPTED 계획가는 보안전략을 세 가지 범주로 분류한다.

1. 조직화된(organized) : 노동집약적인 보안방법으로 기본적인 공간기능의 유지를 위한 필요조건보다 많은 비용이 소요된다(예 : 보안요원들).
2. 기계적인(mechanical) : 자본 또는 하드웨어 집약적 보안으로, 이 역시 기본적인 공간기능의 유지를 위한 필요조건보다 많은 비용이 소요된다(예 : 펜스, 경보장치, 카메라 시설).
3. 자연적인(natural) : 보안과 행태개념을 인간과 물리적 자원들이 이용되는 방법에 통합한 전략이다(예 : 공간적 정의, 작업공간의 위치, 창문의 위치).

CPTED 계획가는 고비용의 조직된 혹은 기계적인 방법을 사용하기 이전에 최대한 자연적인 전략을 사용하도록 노력해야 한다. 기존의 보안개념인 접근통제와 감시는 자연적인 보안방법을 강조하고 영역적 행태의 증가 및 소유주의 세심한 관심을 통해 더욱 강화될 수 있다.

이러한 행태적 접근방법에서는 CPTED 계획가가 소유주 및 공간 사용자의 영역적 관심을 넓히도록 하는 것이 중요하다. 일반적인 공간 이용자들이 안전함을 느낄 수 있도록 행태적, 환경적 단서를 제공하는 것도 역시 중요하다. 같은 암시가 비정상 사용자나 잠재적 범죄자에게는 위험으로 인식되어 반대효과를 가질 수 있다. 즉, 공간설계와 사람의 행동방식을 통해 비정상적 사용자에게 자신의 행동이 감시되고 있고 잡힐 수 있다는 느낌을 줄 수 있다. 이에 따라 CPTED 계획가는 다양한 공간 사용자들을 분류하는 방법을 배우게 된다. 상점 배치를 디자인 또는 재설계하는 경우 다음과 같은 유형의 이용자에 주의를 기울여야 한다.

- 일반 사용자 또는 특정 공간에 맞는 행동을 하는 사람.
- 비정상 사용자 또는 특정 공간에 기대되지 않는 행동을 하는 사람.
- 관찰자 또는 사람의 기능을 지원하기 위해 그 공간에 있어야 하는 사람.

상황에 따라 위 유형 중 하나의 유형 또는 모든 유형을 목표로 전략을 세워야 한다. 일반 사용자가 안전하게 느끼는 조건이 비정상 사용자들에게는 발각되기 쉬운 환경으로 인지될 수 있다. 반대로 일반 사용자를 불안하게 만드는 환경은 비정상 사용자에게는 발각될 위험이 적은 환경으로 인지될 수 있다. CPTED 관리자는 공간이 각 이용자들에게 어떻게 인식되는지 이해하도록 해야 한다. 판매자의 입장에서 볼 때, 3~4명의 청소년들이 방과 후 오후에 상점으로 들어온다면 일반적인 소비자로 인식되지만, 같은 청소년들이 교복이 아닌 이상한 옷을 입고 오렌지색 머리로 폐장 직전의 밤 9시 30분에 다시 온다면 불안감을 느낄 것이다. 다른 예로 편의점에 잠깐 들르려고 할 때, 불량하게 보이는 청소년들이 가게 앞에 모여 있는 상점과 밝은 조명의 매력적인 상점이 마주보고 위치하고 있다면 어느 상점을 선택할지는 분명할 것이다.

이는 환경이 사람들이 상점에 대해 느끼는 인식에 중요한 영향을 줄 수 있다는 것을 보여준다. 물리적 환경은 사람들의 행태와 인식, 태도에 영향을 줄 뿐만 아니라 생산성과 손실예방에도 영향을 준다. 상업 및 소매업 분야에서는 고객의 인식과 행동에 영향을 주기 위해 언제나 물리적 환경을 사용해 왔다. CPTED는 이러한 요소들을 공간디자인 및 관리에 통합시킴으로써 새로운 차원을 추가한다.

- **자연적 접근통제**(natural access control) : 공간은 사람들의 접근이 허용되는 곳과 허용되지 않는 곳을 사람들이 자연스럽게 인지할 수 있도록 해야 한다. 잠금장치나 보호장비에만 의존해서는 안 되며 공간 배치 시에는 보안을 고려해야 한다.
- **자연적 감시**(natural surveillance) : 적절한 조명과 같은 전통적인 요소가 중요하다. 또한 창문의 전략적인 배치, 직원의 작업공간 위치 등과 같은 자연적 요소도 간과해서는 안 된다.
- **영역적 강화**(territorial reinforcement) : 이는 자연적 감시와 자연적 접근통제의 원리를 포함하는 보다 포괄적인 개념으로, 소유의식 및 소유주 행동의 강화를 강조한다. 이 개념은 일반적으로 생각하는 것보

다 더 중요할 수 있다. 예를 들어 20년 동안 5개의 편의점을 운영하면서도 환경적 개념을 무시했던 사람이, 지역이 쇠퇴하면서 상점을 유지할 수 없는 상황에 이르자, 비로소 주변 환경에 대처할 수 있는 공간설계가 필요하다는 것을 깨닫기도 한다.

CPTED를 상업적 환경에 적용하는 방법은 매우 다양하다. 좋은 상점 디자인 및 머천다이징(merchandising, 상품계획)은 효과적인 보안과 양립되기 어렵다는 점은 매우 중요한 교훈이다. 이 두 가지의 목표는 공간계획과 행태적 개념을 통해 성취되고 강화될 수 있다. 그러한 예는 다음과 같다.

- 편의점들은 청소년이나 충동 구매자 등 소비자들을 구분하면서 그들을 끌어들일 수 있도록 건물을 디자인한다.
- 상점 안이나 내외부의 가시성을 높여 보안에 대해 안전함을 느끼고 매장을 매력적으로 보이게 하기 위해 곤돌라, 선반, 전시대의 높이를 낮춘다.
- 주차장은 상점 앞에 위치시키고 자동차나 포장면 등 미관상 좋지 않은 부분은 조경 식재를 함으로써 사람들의 안전한 접근과 자동차 보호에 대한 인식을 높인다.
- 야간에 이용하는 소비자가 보다 환영받는 느낌을 갖도록 밝은 조명을 사용한다.
- 감시에 대한 인식을 주고, 소비자 편의성 증진, 직원의 생산성을 높이기 위하여 직원의 작업공간 위치는 전략적으로 선택한다. 직원의 작업공간 위치와 방향은 소유주의 적극적인 관심과 직원들의 절도행위를 차단하는 데 도움을 준다.
- 특별임대나 상권 인센티브의 방법을 통하여 다목적 또는 인접 공공공간에 대한 주변 상점 소유주와 직원들의 영역적 관심을 높이고 특별행사로 판매수익을 올릴 수 있도록 한다.
- 쇼핑센터 주차장은 건물로 둘러싸이도록 하며 조경을 통해 매력적으

로 디자인한다. 그러면서도 출입구 수를 제한함으로써 비정상 사용자들에게 자신들이 감시되고 있으며 잡힐 수 있다는 인식을 심어준다.

- 쇼핑센터와 인접 사무실 단지는 이용자 수를 파악하여 영역화된 주차장을 설계한다. 하루 중 시간별, 날짜별 또는 다른 요인에 따라 영역을 체계적으로 폐쇄함으로써 계획되지 않은 시간에 이용되는 자동차를 감시할 수 있도록 한다.
- 상업지구에는 출퇴근 차량 또는 비간선도로나 차선이 많은 도로로 들어가는 통과 차량을 우회하도록 한다. 통과 차량은 속력을 내야 하는 압박감과 운전자들의 행태 때문에 충동구매(느린 운전 및 주차)를 억누른다고 알려져 왔으며, 이는 범죄발생 및 경찰 서비스 요청 전화가 증가되는 결과를 가져온다.
- 상업지구를 보호하려는 목적과 통근차량 이동의 필요성 사이에 보다 효율적인 균형이 강조되면서 도심의 일방통행 체계의 과다사용과 차량 중심의 도로설계에 대한 문제가 제기되어 왔다.
- 도심 백화점의 과도한 편의시설과 조경시설은 잠재적으로 범죄자를 끌어들이거나 반달리즘(vandalism, 기물파손 행위)을 유발시키고 상업공간 면적을 줄일 수 있기 때문에, 이를 요구하는 사회적 정책에 대해 의문을 제기하고 있다.

소매점 환경에 CPTED를 적용하는 방법은 무궁무진하다. 직원과 고객의 행동에 긍정적인 영향을 줄 가능성이 있다면 CPTED의 디자인과 이용전략은 어떤 규모에서든 적용될 수 있다. CPTED 전략을 통해 비정상 사용자들은 자신이 언제나 감시되고 있으며 통제되고 붙잡힐 위험이 높다는 것을 인지할 것이고 상점의 생산성과 수익은 증가하게 될 것이다. CPTED의 개념이 보다 창조적으로 적용되면 안전한 환경이 만들어지고 사업도 번창하게 될 것이다.

저소득층, 공공, 3세대 주거단지의 CPTED

공동주택의 범죄에 대한 문제는 대부분 외부로부터의 접근이 용이하다는 점이다. 관리와 거주자에게 무관심한 듯한 인상을 주는 공간관리와 디자인 결함, 조명은 잠재적인 문제적으로 지적되어 왔다. CPTED 개념은 공동주택단지에서 범죄를 줄이고 삶의 질을 높이는 데 기여한다는 사실이 증명되어 왔다. 또한 단지 내의 범죄와 약물 남용을 통제하기 위한 법 집행과 사회통제 메커니즘이 잘 적용될 수 있도록 하는 데 기여한다.

저소득층 공동주택단지에 대한 부정적인 인식이 더 악영향을 미친다. 이러한 지역에서 활동하는 마약 거래상이나 범죄자들은 해당 단지의 거주자가 아닌 경우가 많다. 공동주택 지역에 범죄가 많이 발생하고 범죄 행동이 묵인된다는 일반적인 인식 때문에 장물이나 마약을 거래하는 사람들이 이 지역에 모여들게 되는 것이다.

저소득층과 공동주택에 적용될 수 있는 CPTED 전략을 CPTED 기본 개념인 자연적 감시, 자연적 접근통제, 영역성 강화의 세 가지로 분류하면 다음과 같다(그림 3.5).

자연적 감시

- 주민들이 모일 수 있는 기회를 제공하고 외부공간(예 : 베란다, 마당, 정원)의 이용을 증가시킴으로써 주민들 스스로 외부인을 감시할 수 있도록 한다.
- 주민들의 외부감시 및 감시된다는 인상을 주기 위해 창문과 블라인드를 열어둘 수 있도록 침실 창문 쪽 가로등의 빛 공해를 감소시킨다.
- 건물 측면 벽에도 창문을 설치한다.
- 외부인의 얼굴을 식별할 수 있도록 현관 앞 공간에는 사람 높이 위치에 센서 조명을 설치한다. 빛 공해가 심한 높이의 대규모 조명기구는 사용을 자제하거나 및 빛의 강도를 줄인다.

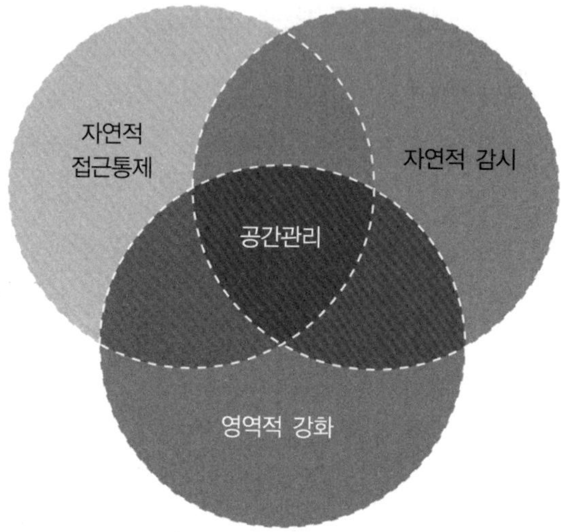

그림 3.5 자연적 감시, 자연적 접근통제, 영역적 강화의 세 요소가 동시에 적용될 때 저소득층 및 공동주택에 필요한 공간관리가 형성된다.

- 자동차 주차장은 주택 안에서 감시가 가능한 곳에 위치시킨다. 집 바로 앞에 주차할 수 있도록 하는 것이 이상적이다.
- 창문에 설치하는 개별 냉난방 시스템은 자연적 감시와 수상한 소리를 감지하는 데 방해가 되므로 중앙식 냉난방 시스템을 설치한다. 이는 거주자의 삶의 질을 개선시키는 효과도 있다.
- 자연적인 감시를 방해하는 벽과 차폐식재를 제거한다. 쓰레기장 칸막이와 주변 펜스는 안쪽을 감시할 수 있는 재료로 대체한다.

자연적 접근통제

- 도로차단, 일방통행 또는 다른 디자인적인 방법을 통해 외부인의 차량통행을 통제한다.
- 차량속도를 줄이고 보행자의 안전을 위하여 차선 줄임과 과속방지턱을 설치한다.
- 특정 지역사회임을 알리고, 공적영역에서 사적영역을 구분하고 인지

할 수 있도록 진입부에 조형물을 설치한다.

- 소수의 차량만이 주차할 수 있는 소규모 주차장을 만들고, 비정상적인 사용자가 갇히게 될 수 있다는 느낌을 주기 위해 일방통행 진입로를 설치한다.

영역성 강화

- 공동 현관이나 계단실을 공유하는 사람의 수를 줄인다.
- 공공 발코니나 갤러리를 공유하는 사람의 수를 줄인다.
- 공공 녹지영역을 공유하는 사람의 수를 줄인다.
- 공동 주차장을 공유하는 사람의 수를 줄인다.
- 마당을 여러 곳에 설치하고 활발히 이용되도록 한다.
- 보행자 통행로를 개별세대와 거리를 두고 배치하고 거주자들의 방어적 공간을 만든다.

마을 안에서의 CPTED 프로젝트 결과[3)]

CPTED는 학교, 편의점, 패스트푸드 음식점, 백화점, 쇼핑센터, 병원, 경기장, 환승센터, 공공단지, 호텔, 모텔, 공원, 박물관, 그리고 주요 이벤트 설비를 포함하여 거의 모든 환경에 성공적으로 적용되고 있다. CPTED는 복잡한 이론적인 디자인이 아닌 상식을 기반으로 하기 때문에 전 세계적으로 놀라운 성공을 거두고 선택되고 있다.

CPTED의 성공 사례는 많은 서적, 논문자료, 출판물들을 통해 소개되어 왔다. 미국 법무부는 마을재생, 주차장 건물, 백화점, 소규모 상가점포 등의 CPTED 사용에 관한 매뉴얼과 지침서를 출간해 왔다. 직업안전건강관리청(Occupational Safety and Health Administration : OSHA)은 플로리다 주 법이 요구하는 기본 CPTED 요소를 포함하는 소규모 사업장 가이드라인을 채택하였으며, 이는 상점 보안에 최소기준을 제공한다.

3) CPTED, General Guidelines for Designing Safer Communities, Jan.20, 2000, City of Virginia Beach, VA, USA.

미국 시장회의(U.S. Conference of Mayors)에서 회원들을 대상으로 한 설문조사에 의하면, 마을재생에 CPTED가 사용되었고 다음과 같은 일반적인 결과들이 성취되었다고 한다.

- 보존(retention)과 성장 등의 자산(property)가치의 안정화
- 소유주 점유의 증가
- 2세대, 3세대 가족의 증가
- 소유주 점유와 저소득층 주거 혼합 기회 확대
- 거주자의 주택 평균임대기간 증가
- 상업활동 증가
- 범죄 및 교통사고/불만의 감소

CPTED가 마을 활성화에 도움을 주는 이유는 CPTED가 범죄예방을 달성하기 위한 수단으로 좋은 도시계획(planning)을 강조한다는 점이다. CPTED의 핵심은 단순히 범죄예방만이 아니라 커뮤니티, 조직, 사업을 어떻게 운영할 것인가에 대해 바람직한 결정을 내릴 수 있도록 고안되었다. 좋은 도시계획은 인간 활동의 목적을 성취하도록 하고 범죄 및 손실의 위험을 줄이는 데 도움을 준다.

인터넷을 통해 CPTED에 관한 많은 자료를 구할 수 있으며, 이는 CPTED 프로젝트에 대한 안목을 제공한다. 문제지향 정책센터(the Center for problem-oriented policing) 웹사이트도 대표적인 곳이다.(www.popcenter. org/tools/cpted)

일반적 법적책임(General Liability)

많은 지방자치단체에서는 정부가 수명이 거의 다한 주택에 대한 소유권 및 그로 인한 의무와 법적책임(liability)을 줄이기 위하여 공동주택을 정책문제로서 적극적으로 다룬다. 이러한 주택들은 대부분 80년 전에 건설된 것이다. 지연된 유지관리 및 재정 개선 요구사항은 상당한 비용문제가 발생하기 때문에, 공동주택에 대한 예산 및 정책은 우선순위에서 밀려나는 결과가 초래되기 쉽다.

그림 3.6[4]

주택 거주자(Housing Recipients)

미국 공동주택은 역사적으로 저임금 소득층의 요구에 중점을 두었다. 다른 나라들은 저소득층뿐 아니라 근로자 가정에 공동주택을 제공함으로써 보다 사회적 안정성을 추구한다. 일부 지역에서는 주택담당기관이 중산층과 근로자 가정을 포함하도록 서비스를 확대함으로써 이러한 근로자 가정을 유인할 수 있는 커뮤니티 활성화와 보안 강화에 보다 많은 관심을 기울이도록 하고 있다.

마을계획(Neighborhood Planning)

공동주택 커뮤니티와 이와 인접한 마을은 경제적으로나 생활의 질 문제와 연계되어 있다. 이러한 연계에도 불구하고 공동주택은 종종 마을과 도시지역을 구분하는 "불평등의 섬(islands of despair)"으로 인식된다. 많은 마을개선 프로그램은 독립적으로 기능하나, 때때로 공동주택 커뮤니티와 경쟁적인 위치에 있다. 지방정부 내에서의 독립적인 기관들은 각자가 보호해야 할 별도의 지원예산을 가지고 있다. 때때로 저소득층 동네의 상황에 대한 잘못된 대중정서로 인하여 지방정부의 정책이 커뮤니티 개발에 대한 광범위한 투자에 있어 공동주택을 포함시키지 않는 방식으로 반영될 수 있다.

4) Diane Zahm, Using Crime Prevention Through Environmental Design in Problem Solving, Funded by COPS, ToolGuide No.8, 2007.

법 집행(Law Enforcement)

가정폭력사건은 경찰의 개입이 가장 애매하고 위험한 사건 중의 하나이다. 도시의 사회적 불안과 폭력은 도심에서 지속적으로 발생하고 있으며, 경찰은 저소득층과 공동주택 동네에 "점령군(occupying forces)"이라는 인식을 갖게 한다. 이 지역 커뮤니티의 경찰들은 자신이 위험을 무릅쓰고 무고한 시민들을 보호하기 위해 일하고 있다고 생각할지라도 마을에서 환영받는 느낌을 받기 어렵다. 또한 경찰전문가들도 일반적으로 공동주택 및 거주자들에 대한 선입견을 가지고 느리게 대응한다거나 심지어 이러한 커뮤니티를 기피하는 현상까지 일어나고 있다.

밀도(Density)

밀도가 제한되어야 하는 주택계획에는 다음과 같은 일반적인 원리가 제공된다.

• 모든 세대를 위한 적절한 채광, 공기, 사용가능 오픈스페이스
• 모든 커뮤니티 시설을 위한 적절한 공간
• 개방감과 프라이버시
• 토지 및 개선비용의 합리적인 관계
• 부지, 마을, 지리적 면적의 규모에 대한 관계

과밀한 상태는 많은 문제가 있으므로 고밀도는 피해야 한다. 그러나 밀도의 중요성은 부지에 따라 다르므로 부지특성에 기반하여 평가되어야 한다. 저밀도 환경에서는 건물 간의 관계 및 방향이 문제가 될 수 있지만, 고밀도 환경에서는 건물이 인간행동과 연계되어 적절한 위치해 있으면 활기찬 장소가 될 수 있다.

3세대 주택

대가족이 공동주택 환경에서 사는 일은 쉽지 않은 일이다. 젊은 가족들은 아파트를 찾아 다른 곳으로 이사해야 할지도 모른다. 자녀 수가 많아지면서 가족의 규모가 커지기 때문에 일반적으로 더 넓은 집으로

여러 차례 이사를 해야 한다. 그러나 자녀들이 성장하여 집을 떠나게 되면 그에 따라 공간의 필요성도 줄어든다. 3세대 주택의 개념은 2차 세계대전 이전에 하숙생들의 방을 공급하기 위해 기존의 주택공간을 분리했던 개념이 재탄생된 것이다.

3세대 주택개념은 아파트 크기를 넓히거나 한 구조물 안에서 임대 기회를 제공하기 위해 기존 구조물을 개조하는 건축적 옵션의 계획을 포함한다. 즉, 아파트는 다양한 크기의 2개의 아파트로 분리되도록 디자인된다. 또는 대학생이나 싱글 세입자가 단기 임대할 수 있도록 다락이나 추가 원룸을 제공하도록 디자인될 수도 있다. 공동주택에의 적용은 소유주에 따라 다양할 수 있다.

공동주택의 3세대 계획은 대가족이 가까이 거주할 수 있도록 하는 건축적인 옵션을 제공한다. 아파트는 침실 수를 늘리거나 줄일 수 있도록 개조시키거나 혹은 처음부터 디자인할 수 있다. 원 베드룸 유닛은 가족규모가 변화함에 따라 결합될 수도 분리될 수도 있다. 대형 아파트의 경우 두 개의 부엌은 대가족에게 유용하며, 이 아파트는 대가족이 이주하는 경우 분리될 수도 있다. 이러한 가변성은 오랜 기간에 걸쳐 변화되는 가족들의 다양한 요구를 수용한다.

3세대 주택은 잠재적으로 엄청난 가치가 있다. 노인은 다른 사람의 도움을 받을 기회가 생기며, 아이들을 서로 보살펴주기 때문에 나태(delinquency)해지거나 일탈행위가 줄어들 수도 있다. 또한 학교 출석률이 높아짐에 따라 학업 성취율이 증가할 수 있으며, 부모역할을 하는 사람이 많아지면서 학업습관도 달라질 수 있다. 결론적으로, 삶의 질이 긍정적으로 변화될 것을 기대할 수 있기 때문에 근로자 가정에 보다 인기 있는 주택 커뮤니티가 될 것이다.

CPTED 계획 및 설계 검토

계획

CPTED를 실행하는 데 있어 가장 우선시해야 할 것 중 하나는, CPTED를 조직이나 관할구역 계획과정에 포함시키는 것이다. 교육청, 주택담당기관, 교통체계, 지방정부는 모두 공공안전에 대해 기본적인 책임이 있으며 범죄예방과 도시계획 사이의 공식적인 관계를 설립하는 것이 필요하다. 개인기업과 공익사업(public utilities)은 광범위한 주택들과 많은 인력들을 관리할 수 있으며, 각각은 새로운 개발과 투자에 관한 결정을 위한 절차가 있다. CPTED 개념과 과정은 이러한 지속되는 절차 안에 통합되어야 한다.

커뮤니티와 조직에서의 CPTED 절차는 다음의 기능들과 관련되어 있으며, 이 중의 일부로 통합되어야 한다.

- 종합발전계획(comprehensive plans) : 이 계획은 토지이용 및 개발에 대한 미래의 패턴을 결정하며, 커뮤니티의 가치와 미래의 모습에 대한 비전을 제시한다. 종합발전계획은 향후 50년까지의 목적 및 목표를 수립한다.
- 범죄예방 요소는 커뮤니티의 종합발전계획 안에 명시되어야 한다. 여러 사안과 필요에 대한 일상적인 결정은 종합발전계획과 일관성을 가져야 개선될 수 있다.
- 구역지정 조례(zoning ordinance) : 이 조례는 토지이용의 위치를 공식적으로 지정함으로써 각 이용 활동들이 적합하고 상호 지지되도록 하며 주민들의 건강, 안전, 복지를 증진시키기 위해 만들어진다. 구역지정 조례는 토지이용, 개발밀도, 건물 이격거리, 녹지, 건물 높이, 위치, 주차대수, 관리정책 등에 영향을 미친다. 반면에, 이들은 범죄에의 노출, 감시 기회, 영역적 통제를 위한 공간 정의에 관련된 활동 및 일상 작업에 영향을 미친다.
- 구획단위 규약(subdivision regulation) : 이 규약은 부지 크기와 면적,

도로 및 공공도로 부지 의 위치, 보행로, 편의시설, 유틸리티, 위치 등을 규정한다. 이러한 요소는 마을로의 접근성, 보행자 및 차량 충돌의 감소, 가로등, 커뮤니티의 다른 영역과의 관계에 직접적으로 영향을 미친다.

- **조경조례(landscape ordinances)** : 이 조례는 펜스, 안내시설물, 식재위치 등을 다룬다. 공간의 경계, 감시, 접근통제, 길찾기 등을 개선시키는 데 사용될 수도 있으며, 반대로 주차장 및 개인주택에 대한 원치 않은 접근을 막을 수 있다. 또한 조경식재를 통과해 담벼락으로의 접근을 불가능하게 함으로써 벽 낙서를 줄일 수 있으며, 잘 조성된 화단은 삶의 질을 향상시키고 범죄에 노출되는 것을 줄이는 데 도움이 된다.
- **건축 디자인 지침(architectural design guidelines)** : 이 지침은 부지와 건물 기능의 목적을 구체화하며, 활동하는 위치와 공적 · 사적공간을 지정하는 데 영향을 준다. 건물 부지 결정과 계획은 자연적 감시, 보행자 및 차량접근, 길찾기 인접 마을 또는 토지이용과의 관계에 직접적으로 영향을 줄 것이다.
- **신체적, 정신적 장애인 접근** : 이 규정은 일반적으로 접근성과 길찾기를 향상시키지만 외진 곳의 출입문, 골목, 엘리베이터의 이용으로 발생할 수 있는 희생 위험을 거의 고려하지 못한다.

검토절차(Review Process)

건설업자, 설계자, 계획가는 보안문제를 제외하고 건축물에 대한 거의 모든 면에서 법규의 영향을 받는다. 지금까지 일부 관할구역에서는 보안에 관한 조항을 만들었으나 대부분이 창문, 문, 잠금장치에 대한 것이었다. 그러나 지금은 건물이 완성되기 전에 건물의 완전한 보안 또는 범죄예방 검토를 요청하는 지역 법이나 절차를 찾는 것이 일반화되었다. 그럼에도 불구하고 보안과 관련하여 건물이나 구조물이 영역에 어떤 영향을 미치게 될지 이해하려고 노력하기보다는, 여전히 미관, 배수, 화재안전, 경계석 절단(curb cuts), 주차 접근에 더 주의를 기울인다.

CPTED 디자인 검토과정은 바람직한 도시계획이 실시될 수 있도록 보장하기 위해 반드시 커뮤니티와 조직 내에서 수립되어야 한다. 물리적 공간이 설계되고 이용되는 방법은 범죄나 안전사고에 직접적인 영향을 준다. 최근에 CPTED 관련 국제회의에서 인간/환경 관계의 공통적인 특성을 밝힘으로써, 이제는 물리적 환경과 범죄 사이의 명백한 관계가 초문화적인(cross-cultural) 현상으로 이해된다. 즉, 정치적 · 문화적 차이에도 불구하고 사람들은 기본적으로 자신이 보고 경험한 환경에 대해 유사한 방법으로 반응한다. 어떤 장소는 사람들에게 안전한 느낌을 주고, 또 어떤 장소는 불안함을 준다. 범죄자나 수상한 사람들은 범죄를 위한 유사한 암시를 포착하며, 환경적인 조건과 사람들의 행태들을 관찰한다. 이러한 요인들은 자신이 상황을 조절할 수 있는지 또는 통제될 수 있는 위험을 감수할 수 있는지를 판단할 수 있도록 한다.

누군가는 설계, 개발, 이벤트 계획을 결정하는 데 있어 한번쯤 의문을 가져야 한다. 수많은 사상자가 발생한 캔자스시티의 다리 붕괴사고의 경우, 경찰이나 소방서에서 누군가가 추가적인 보강공사를 했었는지 확인했었는가? 1970년대 초 그러한 보행자 교량이 유행하였을 때 도심지의 보행자 전용도로에 미치게 될 영향이 무엇인지 설계자에게 질문을 던진 사람이 있었는가? 아니다. 중요한 계획에서의 실수는 그때나 지금이나 발생한다. 그 이유는 누구도 곤란한 질문을 던지지 않았기 때문이다.

비극적인 사실은, 설계나 계획에 관한 결정을 하고나면 우리는 오랜 기간 그것을 바꿀 수 없다는 것이다. 미국 국세청(Internal Revenue Service : IRS)은 일반적으로 건물의 감가상각(depreciation) 수명을 67년으로 잡는다. 그만큼 우리의 실수를 제거하는 데에는 오랜 시간이 소요된다. 범죄예방과 관련된 설계 및 개발계획에 대한 검토는 경찰당국이 반드시 해야 하는 중요한 단계이다.

모든 건물계획은 커뮤니티를 위한 잠재적 유산으로 생각해야 한다.

교통흐름 및 순환에 대한 결정은 사적인 지역을 보호하는 맥락 속에서 이루어져야 한다. 이는 범죄예방 설문조사의 수행 여부와 상관없이 모든 커뮤니티에서 결정될 것이다. 관계부처 간의 설계검토 절차를 통해 긍정적인 영향을 갖도록 노력하는 것이 커뮤니티가 해야 할 일이다. 이는 법 집행과 CPTED 아이디어를 소통할 능력을 갖추기 위해 건물 및 디자인 거래 및 전문성에 대해 배울 범죄예방 전문가를 필요로 한다. 이는 또한 모든 기관의 고위간부들의 강력한 의지(commitment)가 있어야 하며 경찰 서장은 이를 심각하게 고려해야 한다. 경찰 배지, 총, 성경책에 매달리며 남몰래 경찰기능을 리드하려고 하는 시절은 지나갔다. CPTED 설계검토 과정은 효과적인 커뮤니티 개발과 관리에 있어 핵심적인 부분이다.

커뮤니티와 조직이 CPTED 설계검토 과정에 참여하는 데 있어 순수한 당위성 외에 다른 어떤 타당한 이유가 있는가? 소송(litigation)과 비용이 큰 요인이다. 대부분의 소송이 보안담당자나 경보 시스템이 설치되었는지의 여부가 아니라 설계 및 관리에 대한 결정으로 귀결된다. 문제의 예측 가능성과 설계 및 관리 대응의 합리성과 적절성에 대한 의문이 제기된다.

미래의 보안 및 보안 관련 소송에 있어 중점을 두고 있는 것은 아마도 자연적인 보안일 것이다. 법정에서 판단하는 보안은 조직적이거나 기계적인 방법만이 아닌 사람과 물리적 자원을 관리하는 자연적인 접근을 포함하였는지에 대해 전반적으로 판단한다.

CPTED는 주택관리자들이 소송을 피할 수 있도록 하는 중요한 요소이다. 도시공원, 공동주택, 학교, 쇼핑센터, 중소기업, 산업공장, 병원 모두 소송에서 자유로울 수 없으므로 CPTED의 타당성을 주장할 수 있다.

만약 당위성과 소송이 커뮤니티와 기업 지도자의 관심을 얻지 못한다면 비용문제를 제기할 수 있다. 사람과 물리적 자원을 더 잘 관리할수록 이익과 생산성은 증가하고 보안문제는 줄어든다. 문제는 엉성하거나 잘못된 사업관리에서부터 발생한다. CPTED 개념은 기본적인 형태에서 우선 일들이 더 잘 작동하도록 만드는 자연적인 접근방법으로 지향되어 있다. 잘 운영되는 학교나 회사 건물은 공간과 운영비용이 필요하며, 보안이나 범죄문제에 크게 우려하지 않는다. 따라서 효율적인 관리, 이윤, 범죄예방 사이에는 서로 도움을 주는 직접적인 연관성이 있다.

법적 책임(Liability)

판례법(case law)에는 일반적인 건물의 법적 책임(premises liability)은 건물주와 사업주의 책임을 가중시켜 왔다. 사고나 사망 소송에서 법적 책임은 건축가, 엔지니어, 대출업체, 보안업체로까지 확대된다. 법원에서는 주차장은 본래 위험한 곳이라는 판단하에, 소유주나 운영자가 과거에 사고가 없었다 할지라도 사고를 방지할 책임이 있다고 보는 것이다. 마찬가지로 화장실 설계에 의해 위치가 고립되면 본질적으로 위험한 곳으로 판단된다.

건물주나 운영자를 판단하는 기준은 주의 의무(due diligence) 또는 사고를 방지하기 위해 합리적인 모든 일을 수행했는지를 증명하는 것이다. 학교는 부모를 대신하여 보호할 추가적인 의무를 갖는다. 따라서 불가능해 보이는 일이지만 학교는 집 밖에서 학생들을 보호할 책임이 있다.

그러나 실제로 이러한 책임은 학교 캠퍼스라 할 수 있다. 교직원, 학생, 부모에 대한 편의는 아마도 안전과 보안을 관리하는 데 있어 가장 큰 장애가 된다. 다른 위험보다도 편의성에 대한 관심 때문에 좋은 보안방안을 무산시킴으로써 더 많은 사고와 희생이 발생한다. 지켜지지 않는 절차는 처음부터 없는 것만 못하다. 새로운 자산과 운영은 기존의 것과는 다른 기준을 갖고 있다. 새 자산이나 운영의 설계자, 계획가, 소유주는 후에 발생될 상해 가능성에 영향을 줄 의식적인 결정(conscious decision)을 대해 책임을 가져야 된다. 따라서 자산에 대한 설계와 사용계획에 대한 최종 결정은 반드시 방어적(defensible)이어야 한다. 도난, 유해위험이 심각한 지역의 전문가의 의견들은 근본원인(proximate cause)

을 만들고 이를 통해 예측가능성을 보여준다.

민사책임(civil liability)의 근간이 되는, 소위 합리성 검증은 의식적인 결정을 내리는 데 있어 많은 요인들의 지원을 받는다. 미학, 교육적 사명, 생명안전, 접근성, 실현 가능성, 환경적 요소는 학생과 교직원들을 보호하기 위한 학교의 의무와 책임의 적절성을 최종 결정하는 데 있어 중요하게 다루어진다. 이는 CPTED가 민법에서 중요하게 된 이유로써 좋은 미학, 이로움, 안전이 혼합된 것이기 때문이다.

타협에 대한 의지는 존경할 만한 특성이며, 모든 사람이 노력해야 할 중요한 요소이다. 그러나 물리적 구조물의 디자인과 사용에 대한 결정을 내리는 데 있어서 타협은 단지 조화를 이룬다는 명목으로 절충하거나 부주의하게 생각해서는 안 된다. 한 예로, 소방차와의 추돌사고는 타협이라는 결정의 끔찍한 사례이다. 그 지역 소방서는 당시 소방차가 국가안전규정을 위반하고 있다는 사실에도 불구하고 소방관들을 위한 안전 보조좌석을 제공하는 소방트럭으로 교체될 것을 기다리고 있었고, 20만 달러의 경비를 절감시켜 주었다. 불행하게도 사고로 인해 두 명의 소방관이 사망하였고 두 명은 심각한 부상을 입었다. 불법행위에 의한 사망소송을 합의하는 데에 6~7백만 달러의 비용이 들었으며 불법으로 인한 상해는 이보다 더 비쌌다. 규정을 준수하는 새로운 트럭 역시 구입해야 했다.

1993년 미 서부의 한 도시는 악몽 같은 사건을 경험하였다. 초등학교의 차량 드롭 오프 존 (drop off zone)이 위치한 공공영역에서 부모들이 특정 장소에 차를 대고 아이들을 내려주는 것은 흔한 행태이다. 교사들은 습관적으로 아이들이 차에서 내려 문을 닫은 후 부모에게 손을 흔들어주는 것이 일상화되었다. 이는 길이 막히는 것을 줄이는 데 도움이 되었지만, 이러한 습관적인 행동이 불행을 초래하였다. 5학년 여자아이가 엄마 차에서 내렸고 교사가 차문이 닫히는 소리를 듣고 아이 엄마에게 손을 흔들었다. 그러나 여자아이 옷이 차문에 끼어서 아이는 달리는 차에 끌려가다 사망하게 되었다. 드롭오프 전용차선을 만드는 비용이 이 생명을 잃은 것보다 더 할 것인가?

이 사례가 단지 끔찍한 사고일 뿐인가? 아니면 다른 곳에서도 반복될 가능성이 있는가? 예방을 위한 비용 또는 최소한 합리적으로 행동하는 것이 잠재적 손실을 상쇄할 것인가?

법적책임을 결정하는 데에는 다음 네 가지 요소가 관련되어 있다.

- 책임
- 책임 태만(breach of duty)
- 상해 · 위해(Injury/harm)
- 우연관계(casual link)

이 요소들은 앞서 설명한 것과 같은 비극적인 사건에서 법원이 학교의 의무를 평가하는 데 사용될 것이다. 안전과 보안을 제공하기 위해 모든 학교들이 취해야 할 합리적인 시도의 기본 필수요건은 다음과 같다.

- 위협 또는 문제점 분석을 실시한다.
- 안전과 보안에 대한 공식적 계획을 채택한다.
- 그 계획이 실행되고 있음을 증명한다.
- 계획을 평가하려는 노력을 기록한다.

법적책임, 범죄예방, 그리고 마음의 안정을 위한 가장 완벽한 보호책은 이러한 기준을 만족시키는 실행계획을 갖는 것이다.

올바른 관점의 중요성

CPTED 개념을 사용하고자 노력하는 사람 중 경험이 부족한 사람이 저지르는 실수 중 하나는 목적을 잘못 설정하는 것이다. 그들은 CPTED 개념을 단순히 보안 목적으로 적용하려고 한다. 그렇게 하면 누구도 관심 있게 듣지 않는다는 사실을 바로 깨닫게 된다. 특히 사업가들은 손익에 민감하다.

예를 들어 루이지애나의 보시에 시(Bossier City)의 방범 경찰관은 고급 의료매장에서 보안 관련 설문조사를 실시하였다. 그는 고용주에게 모피 전시를 계산대의 가시권 안으로 이동하여 절도사고를 방지하도록 권장하였다. 고용주는 자신의 특별고객들을 모욕적으로 느끼게 할까봐 이를 거절하고 관심을 두지 않았다. 방범관은 CPTED 강의를 들은 뒤 매장으로 돌아가 다시 조언을 하였는데, 이번에는 고객들이 매장으로 들어서는 순간 매출을 향상시킬 방안에 대해 제안하였다. 판매원이 직접 관찰이 가능한 속옷과 모피 전시공간을 바꾸었고 상점은 판매가 향상되었으며 잠재적인 도난위험도 줄어들었다.

CPTED의 기본 목적은 보안 개선과 손실예방이라는 추가 부산물과 함께 다양한 원리들이 주요 목적을 이루도록 도와주는 것이다. CPTED 계획가는 반드시 다음과 같은 질문을 해야 한다. 무엇을 하려고 하는 것인가? 그것이 더 잘 운영되도록 어떤 도움을 줄 수 있는가? 이러한 개념을 성공적으로 사용한다면 언제나 다음과 같은 결과로 이어질 것이다.

1. 물리적 공간의 세심한 설계 및 사용
2. 인간의 의사결정과 행태
3. 생산성과 이윤 개선
4. 손실예방 또는 감소

사람들은 문제에 대한 분명한 해결책들을 간과하는 경우가 많다. 바로 눈앞에 있는 사물을 인지하지 못하고 다른 곳을 찾다가 나중에야 깨닫게 되기도 한다. CPTED는 환경을 다른 시각으로 바라보게 함으로써 우리가 이미 하고 있었던 일들 속에 내재해 있는 해결방법들을 깨닫고 이용하게 해준다.

믿기지 않을 것 같은 예를 들어보면, 어느 학교 교장이 1980년대 초반에 겪은 이야기로, 레코드 앨범에 큰 빨간 입술자국이 있는 KISS라는 록 그룹이 유명하였을 때였다. 학교의 젊은 여자가 빨간 립스틱을 발라서 화장실 거울에 입술자국을 만들기 시작했고, 청소부가 불평을 하자 교장은 걱정 말라고 하며 이것은 유행이라면서 곧 사라질 것이라고 말했다. 그러나 실제로는 계속적인 경고에도 불구하고 입술자국 낙서는 여러 벽과 문으로 번져나갔다. 낙서로 뒤덮인 복도를 걷는 사람은 불쾌함을 느꼈고 젊은 여성과 남성 및 교사들 사이에서 논쟁이 되는 사건으로 발전되었다. 30년 동안 청소부로 일했던 한 여성이 교장실 문을 두드리고 들어가 해답이 있다고 말했다. 그녀의 설명을 들은 교장은 시도해볼만하다고 동의했다.

다음날 아침, 청소부는 여자화장실에서 변기의 물을 양동이에 채워 거울을 닦았다. 학생들은 변기 물로 거울과 문을 하루 종일 닦고 있는 것을 보았으며, 그 후로 화장실 낙서는 멈췄다. 극단적인 해결방법이긴 하지만 이 사례는 물리적 공간과 환경을 사용하는 사람들의 인식과 보안에 직접적인 영향을 준다는 것을 보여준다.

번역 | 강부성(Ph.D. 서울과학기술대학교 건축학부)

4

CPTED의 행동적 사례 : 동굴에서부터 패스트푸드까지

장의 구성

동굴들
그리스 사원
중세 도시
바로크 매너리즘
루이 14세
나폴레옹 3세
현재의 양상

큰 도시의 매력은 지방에서 도시로의 인구이동을 유발한다. 마찬가지로 경제적인 가능성에 매료되어 외국에서 합법적, 불법적 이민자들이 유입되고 있다. 정치적, 행정적 관리의 역량을 발휘하여 인구유입 속도를 조절해야 하고, 적절한 행정적 대처와 전략적 방안을 만들어야 한다. 그렇지 않으면 인구과밀, 무질서, 높은 범죄율, 그리고 통제되지 않은 문제 지역이 급증할 수도 있다.

—Paul van Soomeren, 서울, 한국, 2008

동굴들

오늘날 우리가 새 집이나 새 사무실로 이사 갈 때 하듯이 동굴 거주자들도 자신의 동굴 앞을 청소했다. 그들은 자신의 것이라 주장하는 구역의 주변을 따라 돌을 잔뜩 쌓았고, 출입구와 내부공간에 그들의 과거에 대한 전설이나 이야기를 보여주기 위한 그림을 그렸다. 왜 그들은 이런 일을 했을까? 이는 분명히 그들의 공간을 만들기 위해서이다. 그들은 알람, 펜스 또는 기타 집을 보호할 장치들을 가지고 있지 않았기 때문에 숲이나 정글의 통행인에게 어떻게든 주변 공간으로부터의 차별화된 소유권을 표현해야 했다. 그녀의 선조로부터 세력권 행동을 배워

온 불법침입자는 이것이 통제된 공간이었다는 것을 알았다. 만약 그녀가 위반하려고 한다면, 빠를수록 좋다.

어떻게 이런 행동이 현대사회와 관련이 있을까? 왜, 어떤 스포츠든 간에 홈 팀이 원정 팀보다 이점을 가지고 있을까? 단지, 팬들이 크게 응원하거나, 그들이 자신의 영역을 방어하고 있기 때문일까? 사람들이 원정 경기가 얼마나 이기기 힘든지 알기 때문에 원정 팀의 손실은 일반적이다. 더욱이 일반적으로 직원들이 누구에게나 유용한 자산보다 개인적으로 자신에게 할당된 자산을 더 잘 관리하는 경향이 있다는 것이 분명해지고 있다.

대부분의 사람들이 새 아파트나 새 사무실로 이사 갔을 때 하는 가장 첫 번째 일은 공간을 자신에게 맞게 맞추는 일이다. 그들의 소지품과 개인적인 아이템은 그들의 편안함을 위해 놓이지만 모든 사람이 각기 다르다. 어떤 사람은 사무실을 옮기면 작업공간을 창문을 향해 재배치하고 어떤 사람은 벽을 향하지만, 여전히 많은 사람들이 문을 향한다. 어떤 사람은 똑바로 마주하는 것을 싫어하여 책상을 대각선으로 놓는다. 1970년대 초 오픈스페이스 사무실을 디자인한 설계자들이 오픈된 공간에 똑같은 색상의 책상을 똑같은 방향으로 배치할 때, 이들은 진짜로 이런 중요한 사항을 놓친 것이다.

경계의 정의와 상징적인 장벽은 초기의 인간들에게는 중요한 것이었다. 입구에 해골이 달려있는 막대기는 통제된 공간이라는 것을 상징하기 위해 전략적으로 배치되었고, 소리 전달이 가능한 공간까지 닫힌 공간임을 알리기 위해 끊임없이 북을 쳤다. 이와 마찬가지로 현대인들은 영구적·반영구적으로 공간을 식별해야 할 필요성을 느끼고 있다. 이 책의 뒤에서 세력권 행동을 다루겠지만, 여기에서는 지금으로부터 5,000년 전부터 인간의 근원적인 영토인 자연이 거의 변하지 않았다는 것과 행동 제어하에 강력한 요인이 남아있다는 것이 중요하다.

그리스 사원

약 2700년 전쯤 초기 그리스제국 시대의 사원 설계자들은 생활방식에 영향을 미치고 통제할 수 있도록 환경적인 개념을 이용하였다. 그 당시 그리스 식민지로서는 가장 큰 시칠리아에 지어진 그리스 사원들은 가능한 바다에서 가까운 해수면 아래에 있는 채석장에서 채굴된 돌들로 지어졌다. 설계자들은 해양 동물들이 수천 년 간 부패하여 만들어진 고밀도 인(P)이 함유되어 있는 돌을 발견하였다. 이 돌을 기둥으로 사용하면 새벽이나 해질 무렵에 금색 빛을 반사하여 금색기둥으로 보이게 된다.

이 설계자들은 환경을 이용해 인간의 생활방식에 영향을 미쳤다. 그들은 사람들이 새벽과 황혼이 물들어갈 즈음 예정된 예배를 드리러 사원에 이르렀을 때 이 금빛 스펙트럼에 의해 감명을 받을 것이라는 사실을 알고 있었다. 숭배자들의 신앙의 믿음이 제사장들의 권한을 강화시키는 심리적인 효과를 이끌어냄으로써 금빛 사원을 건립하게 된 것이 분명하다.

또한 사람들이 기둥에서 강렬히 반사되는 금색 빛은 눈에 생리적 영향을 미친다. 비록 새벽과 황혼에 주변 밝기의 정도가 상당히 낮더라도 기둥에서 반사되는 빛이 숭배자들에게는 특별한 반응을 일으킬 수 있다. 숭배자들의 눈동자는 강렬히 빛나는 빛으로 인해 제대로 바라볼 수 없을 것이다. 그들이 사원에 들어갈 때 무슨 일이 일어날지 생각해보라. 더운 여름 오후에 영화관에 들어가는 것과 같이, 당신은 발조차도 볼 수 없고, 말 그대로 당신에게서 빛을 빼앗아버려 두렵게 하는 전략적인 장소에 진을 치고 있는 제사장에게서 눈을 뗄 수 없게 된다.

빛은 인간에게 매우 중요하다. 빛은 심리적 · 신체적으로 이용되는 비타민 D의 원천으로써 치료로 이용된다. 우리는 현명한 사람에게 bright라고 말한다. 우리는 bright(현명)한 생각을 갖고 있다. 우리는 문제들을 밝게 밝힌다고 한다. 우리는 사람들에게 하룻밤 자고 문제를 생각하자고 말한다. 그 이유는 밝은 아침에 문제를 해결하기 쉽기 때문이다. 우리는 사람들이 기분이 안 좋을 때 '기운 내'라고 말한다. 어니스트 헤밍웨이는 『깨끗하고 불빛 환한 곳 *A Clean, Well-Lighted Place*』이라는 짧은 소설에서 빛은 우울을 위한 치료제라고 묘사했다.

사람들은 빛을 지향하여 "싸울 것인지 피할 것인지"하는 방어적인 반응에 우리 모두 사로잡혀 중요하다고 생각한다. 어둠 속에서 은근슬쩍 도둑맞았을 때 사람의 반응은 같은 상황이 한낮에 발생한 것과 근본적으로 다를 것이다. 그들이 문제를 해결하기 원한다면 우리는 사람들을 어둠 속에 계속 내버려 두지 않을 것이다.

중세 도시

중세 초반에는 건물의 높이가 방어 목적으로 사용되었다. 평범한 사람들은 해가 질 때 잠을 자러 갔고 해가 뜨면 일어났었다. 오직 비정상적인 사람들만이 밤에 돌아다녔다. 그래서 자연적인 방어벽들은 개인적인 방어 목적으로 사용되었다. 주거지의 1층은 오직 낮 시간대에 활동하기 위해 설계되었고 위층으로 올라갈 때 사용되는 사다리는 밤에 당겨서 올릴 수 있게 하여 침실이나 고부가가치 장소로의 수직적 접근을 제한할 수 있었다.

건물의 높이는 모든 주민들을 보호할 수 있도록 항상 광범위하게 사용되었다. 중세 유럽의 성이나 도시들을 방문한 관광객이라면 누구라도 이러한 규모에 대해 이해할 수 있을 것이다. 북동쪽 이탈리아에 위치한 산마리노(San Marino)의 아주 작은 국가가 그 대표적인 예로써, 이곳은 1제곱마일에도 미치지 못할 정도로 작지만 지리적으로 산꼭대기에 위치해 있어서 정복된 적이 없었다.

이러한 높이에 대한 개념이 동시대 사회에서는 어떻게 사용된 것일까? 교회 첨탑들과 성직자들의 설교단의 높이라든지, 법정에 있는 판사나 경찰서에 있는 상급자들은 전통적으로 높은 의자에 앉는다. 편의점 업계는 직원의 위치를 높이는 이점뿐만 아니라 매장 안 전체를 잘 볼 수 있도록 계산대의 위치를 높이는 것이 효과적이라는 것을 찾아냈다.

높이는 사회적으로 중요하다. 왕들은 사람들이 권위를 침범하는 것을 허용하지 않았다. 그래서 사람들은 복종에 대한 표시로 위해 무릎을 꿇어야만 했다. 몇몇 사람들은 그들의 우월함을 인지하는 설명의 의미로 "다른 사람들을 내려다본다."라는 일반적인 표현이 있다. 수영장에 있는 안전요원들은 높은 곳에 있다. 그리고 프로 테니스 경기에서의 심판도 아마도 그들의 안전을 위해서 높은 곳에 앉는다.

대부분의 경우 높이는 눈에 잘 보이게 하기 위해서 이용된다. 그러나 높이의 가치를 상징적인 힘과 우월함의 단어로 간과해서는 안 된다. 강단 위에 서 있거나 주차장 위에서 내려다보고 있는 경비원은 주차되어 있는 차량들 가운데 서 있는 경비원들보다 더 많은 영향을 미칠 수 있으며, 감옥 안의 교도관은 지상에 서 있을 때보다 더 많은 수감자들을 통제할 수 있다. 이것은 단순히 그가 더 많은 사람들을 볼 수 있는 무슨 장점이 있어서일까? 호텔에서 어느 방이 제일 비쌀까?

높이는 건물 설계와 도시계획에 상징적으로 사용된다. 워싱턴 D.C에서 건물 높이의 기준은 국회의사당이다. 이것은 높은 구조를 구축하기 위한 지역기준에는 반대한다. 그러나 현실적으로는 이 지역의 습지라는 지질학적 특성으로 인해, 어떤 방식으로든 가라앉을 것이다. 결국에는 이 장소가 그만한 땅의 가치가 없어서 한 국가의 수도로 자리 잡게 되었다.

높이는 권위와 위치를 나타내기 위해 상징적으로 사용된다. 어린아이들이 학급의 대표나 반장으로 성장하며, 경영 간부들은 조직 내 대표로 나아간다. 성공한 사람들은 일반적으로 삶의 가치를 상승시킨다. 그들은 인생의 사다리를 타고 올라간다. 반면에 어떤 사람들은 이러한 행운에서 멀어진다.

바로크 매너리즘

예술가와 철학자들은 수백 년 전에 지금과는 별다른 차이가 없었다. 사람들이 서로 경쟁하지 않는다는 것은 불가능한 일이다. 르네상스 건축, 바로크 스타일이 발전하는 동안(A.D 1500~1700) 몇몇의 예술가들은 이것들의 균형에 관한 부분에 불만스러움을 표했다. 그래서 그들은 균형을 무너뜨리거나 그들의 작품 일부를 혼란스럽게 배치함으로써 전통적인 스타일과 균형을 무너뜨렸다. 이전의 악곡은 항상 소리의 화음으로 끝났으며, 이야기들은 항상 해피엔딩으로 끝이 나고, 연극은 약간의 보충적인 가치를 가지도록 되어 있곤 했었다. 그리고 그림들은 보통 종교적인 주제의 2차원적인 평면적인 묘사를 하도록 되어 있었다.

그러나 매너리스트들은 그들 자신의 스타일을 정립하거나 기존의 관습을 뛰어 넘으려고 하였다. 한때 조화를 이루던 곳에 그들은 부조화를 나타내기 위한 급진적인 방식을 추구하였다. 그림과 프레스코(석회를 바른 벽에 그것이 마르기 전에 그림을 그리는 것)들은 새로운 태도나 철학을 전달하기 위한 메시지 또는 교육학적인 장치로써 anxiety(열망)을 보여주도록 만들어졌다. 현대의 심리학자들은 이를 태도 개선의 기본단계로서 인지적 지각에 균형을 방해하려고 시도하는 '인지 부조화'와 같은 유사한 효과라고 언급한다.

이 시기에, 마키아벨리는 플로렌스 도시 국가의 왕에게 유명한 작가이자 정치적 조언가였다. 플로렌스에 전해지는 오래된 이 이야기는 프레드릭 리치(Frederic Licht) 박사와 관련이 있으며, 그는 1968년에 이탈리아에 머무르는 동안 필자의 교수이기도 하였다. 마키아벨리는 그 당시에 왕이 다루기 힘든 심각한 문제를 도와주었다고 하였다. 분명한 것은, 왕은 작은 나라를 경영할 때 필요한 돈을 지배하고 있는 지역 상인 길드에게 일부의 투표권을 주어야만 했고, 그래서 그는 마키아벨리에게 이러한 정치적 문제에 대해 조언을 받곤 하였다. 그는 말했다. "마키아벨리, 나는 매우 심각한 문제에 처해 있습니다. 나는 이러한 상인들에게 투표권을 줘야만 했습니다."

그러나 마키아벨리는 상인들의 힘을 이길 수가 없었다. 그래서 그는 정치적인 능수능란함을 이용하여 명성을 얻었다. 그래서 그는 왕에게 두 가지의 전략을 제안하였다. 하나는 질서의 규칙을 이용하는 것이었다. 이것은 모든 사람들에게 공평한 것이기 때문에 사람들은 더 행복하다고 느낄 수가 있다. 그리고 두 번째 전략은 사람들이 들어가면 더 많은 스트레스를 받을 수 있으므로 들어가자마자 빨리 투표를 하고 나올 수밖에 없는 회의실을 디자인하는 것이었다. 어떻게 그가 이것을 할 수가 있었을까? 그는 기존에 있던 천장을 받치고 있던 원형 석조기둥을 가짜 벽 뒤에 숨겼다. 그리고 얇은 가짜 원형 석조기둥을 설치하였다. 이것은 벽이 약하게 보이도록 하였다. 여기에 덧붙여 그는 천장에 추가적으로 광선을 비춰 천장이 무거워 보이도록 하였다. 또한 조각상들을 설치하고 천장에는 무서운 인상을 주는 폭력적인 프레스코 벽화들을 그렸다. 이로 인해 이 미팅룸에 앉아 있는 사람들은 불안함을 느낄 수밖에 없었다. 그들의 머리 위로 천장이 떨어지기 전에 빨리 투표를 하고 나갈 수밖에 없었던 것이다!

이러한 계략은 교회의 성지나 법정, 공공 회의시설, 입법 회의실, 그리고 호텔 대연회장에서 공통적으로 사용된 디자인 방식이다. 하지만 현대적인 설계자들은 대부분 이러한 디자인 실행의 기원에 관해서 잘 알지 못한다. 그들은 이것들이 항상 이러한 방식으로 행해져 왔기 때문에 그저 하는 것이다. 그러나 만약 현대의 건축가들이 어떠한 공간을 휴식 또는 사색하는 공간을 의도하고 디자인할 때 무거운 천장을 사용하는 것이라면 문제가 될 수도 있다. 좋지 못한 공간은 가격이 비싸고, 비위생적이고, 보안문제를 발생시키기도 한다.

음악의 불협화음은 대중의 태도에 영향을 주기 위해서 현대 사회에서 사용되어지곤 한다. 1960년대 말의 전쟁반대 시기에는 음악이 사람들을 기쁘게 하는 것이 아니라 듣는 이로 하여금 불편하게 하는 의도를 가진 반체제 방식으로 만들어졌다.

듣기 싫은 소리들은 전통적인 기준과 믿음을 위협하는 가사들과 함께 결합되었다. 사람들의 기분을 저하시키고 위협하기 위해서 예술에서의 불협화음은 제2차 세계대전이 벌어지기 전부터 사용되어 왔다. 나치 독일인들은 비겁한 괴물들로 묘사되었고 일본인들은 피에 굶주린 동물들로 묘사되었다. 독일의 포스터들은 미국인들을 수감자들을 괴롭히는 것을 즐기는 뚱뚱하고 타락한 사람들로 나타냈다. 베트남 전쟁 시기의 포스터에는 엉클 샘 이미지와 미국 국기의 이상하고 불길한 국기 캐리커처가 포함되어 있다.

아티스트, 조각가, 음악가, 건축가들은 그들이 바라는 것들의 심리적·행동적인 효과를 성취하기 위해 그들의 미디어를 끊임없이 사용한다. 다른 이들은 본래의 목적이나 의도되 효과를 의식적으로 인식하지 못한 상태로 이러한 유형을 모방한다. 사람들은 이러한 그들의 목적에 아무런 의문점도 가지지 않은 채 이러한 디자인에 긍정적이거나 또는 부정적으로 반응한다. 미국의 동북쪽에 있는 주 경찰 아카데미는 훈련을 위하여 가장 최신 개념들을 이용하여 구축되었다.

인테리어 설계자들은 강조할 수 있는 색을 의도적으로 악센트 벽에 사용하였다. 이 벽을 마주한 학생들은 계속 깨어 있을 수 있으며 더 많은 주의를 기울이게 된다. 그러나 장식적인 부분에 있어서 획일성에 대한 갈망은 인테리어 설계자들의 사고과정을 능가하는 큰 힘을 갖는다. 그래서 동일한 색깔은 강사 사무실에 사용된다. 그러나 이러한 사무실들의 행동적인 요구사항들은 교실과는 정확히 정반대이다. 강사 사무실은 사색을 하고, 수업 자료들을 만들기 위한 공간이기 때문에 그 방의 색깔들은 강사들이 좀 더 효과적이고 조용히 일할 수 있는 시간을 보낼 수 있도록 구성되어야 하는 것이다.

아카데미의 직원들이 무언가 잘못되었다는 것을 알게 되는 데에는 오랜 시간이 걸리지 않았다. 당신이 그를 필요로 했을 때에는 여태껏 아무도 그의 사무실에 있지 않았다. 결국 만약 당신이 누군가를 찾기를 원했거나, 당신이 카페테리아나 도서관을 들렀을 때 이러한 사실은 명백해지는 것이다. 어떠한 주요 프로젝트를 완수해야만 하는 사람은 생산성을 확보하기 위해 평화로움과 안정감을 얻기 위해서 이러한 장소를 찾아갈 수밖에 없다.

루이 14세

루이 14세는 프랑스의 왕(1643~1715)이다. 그는 파리의 거리에 도시 재개발을 시도하였다. 그는 도시에 가로수가 늘어선 넓은 도로와 조경을 설치하였다. 루이는 그가 아침에 산책을 하면서 기물 파손자들에게 훼손된 것을 보기 전까지 그의 미적인 노력을 매우 자랑스러워하였다. 그래서 그는 1700~1701년 사이에 거리에 약 7,000개의 가로등을 설치하는 막대한 보안 프로그램에 착수하였다.

이것은 역사적으로 대규모의 야외조명을 처음으로 사용한 것이었다. 그러나 이러한 조명들은 본래는 재산을 보호하기 위해 설치된 것이다. 사람들은 보통 해가 뜨거나 질 때 침대에서 일어나거나 침대에 잠을 자러 간다. 사람들은 밤에 많은 질병을 옮긴다고 믿었기 때문에 밤공기를 무서워하였다. 그래서 사람들은 밤에는 외출하지 않았다. 그들은 심지어 더운 날씨에도 문을 꼭 닫았다. 흥미로운 사실은, 1980년대 중반에 존스 홉킨스 대학이 밤의 공기가 더 많은 바이러스를 옮기지 않는다는 사실을 확인하였다는 것이다.

현대의 외부 조명은 사람들을 보호하기 위한 기본적인 장치로 간주되고 있다. 루이 14세가 시작한 조명계획은 인류의 역사를 바꾸었을 수도 있다. 왜냐하면 일반 사람들이 밤에는 외출을 하지 않았기 때문에 재산을 보호하는 방식으로 그가 조명을 처음으로 소개하였기 때문이다. 외부 조명기술에 관한 자신감과 믿음은 오늘까지 삶의 질에 분명한 영향을 끼친 변화의 계기가 되었다.

사람들은 밤에 외출하기 시작했다. 그들은 밤에도 교회나 학교를 가기도 하고, 밤에 운동을 하기도 하며, 밤새 여는 골프연습장에 골프를 하러 가기도 한다. 사람들은 밤에도 조깅을 하고 어떤 사람들은 밤에

하는 많은 야외활동을 더 선호하기도 한다. 루이 14세의 이 기술은, 다소 이기적이고 비용이 많이 듦에도 불고하고 그것을 사용하고자 하는 인간의 의지가 인류의 역사를 상당히 변화시켰다.

그러나 대부분의 사람들은 빛의 존재를 당연하게 받아들인다. 조명 기술자들은 빛이 인간의 행동에 미치는 영향력에 대해서 많이 배워 왔다. 실내조명은 지상에서 자연조명과 인공적인 조명의 균형을 제공하기 위해서 일반적으로 디자인되었다. 조명은 복도나 로비의 천장 중앙에 배치되어 빛이 바닥 전체를 비출 수 있도록 하였다. 그러나 인간의 눈은 바닥을 향해 있지 않고 그들의 발이 바닥을 딛고 있는 것이다.

새로운 실험들에서는 전통적인 실내조명이 인간의 행동에 잠재적인 효과를 활용하지 못했을지도 모른다는 것을 보여준다. 복도와 현관은 빛이 바닥을 덮을 수 있게 중앙을 비춘다. 사람들은 4′8"(4피트8인치)~6′0"(6피트)에 해당하는 일정 범위 내에서 바라본다. 따라서 사람들이 중앙으로 빛을 비추는 복도를 따라 걸어갈 것이라는 것을 알 수 있다. 그들은 중앙으로 비추는 빛의 현관 중앙 가까이에 설 것이다. 그들이 남들과 가까이 있을수록, 예의와 불편함을 벗어난 행동을 피하는 행동을 나타낼 가능성이 높아지는 것이다.

빛이 복도와 현관의 벽을 향해 비춰진다면 사람들은 벽 가까이로 걷거나 설 것이다. 그들은 넓어진 거리 때문에 다른 사람들과 눈을 맞출 가능성이 더 많아질 것이다. 그리하여 그들은 좀 더 편하고 안전함을 느끼게 된다. 최근의 연구에서는 조명이 잘 비추는 복도와 현관에서의 소음이 30%나 감소하였다는 것을 보여주었다.

조명은 확실히 사람들의 공간에 대한 지각력에 영향을 미친다. 사람들은 잠재적인 위협들로부터 안전함을 느낄 수 있는 거리가 필요하다. 거리에 대한 인지는 실제로 생각하는 것보다 더 중요할지도 모른다. 조명은 거리에 관한 지각에 쉽게 영향을 미친다.

이러한 개념을 완전히 이해하기 위한 가장 쉬운 방법은 엘리베이터에서 하루 중 일부를 보내보는 것이다. 엘리베이터에 사람들이 적다면 사람들은 좀 더 넓은 거리를 두고 서게 될 것이며, 이것이 그들이 서로 눈을 마주칠 가능성이 높다. 반대로 엘리베이터가 복잡할수록 사람들은 눈을 피하는 행동방식을 나타냄으로써 다른 사람들과의 사회적인 거리를 유지할 것이다. 그들은 위나 아래를 볼 것이며, 복잡한 내부로 인해 서로 살갗이 부딪히게 되더라도 눈을 마주치는 것을 피할 것이다. 복잡한 장소에 있을 때의 접촉은 당연히 벌어질 수 있는 일이며 위협적인 것은 아니다. 그러나 엘리베이터의 무리들이 떠나고도 접촉이 계속된다면 사람들은 그것을 위협으로 인지할 것이다. 그리고 이것은 폭행으로도 간주되어질 만큼 충분히 두려움을 야기하는 것이 되기도 한다.

빛 전문가들은 행동적 영향력을 달성하기 위해 어느 때보다도 더 적극적으로 빛을 어떻게 사용할 것인지에 관해 생각하고 있다.

나폴레옹 3세

나폴레옹 3세(1808~1873)는 후에 히틀러, 무솔리니, 그리고 프랭클린 루즈벨트에 의해 채택된 개념들을 소개하였다. 그는 그가 권력을 쥐게 된 1853년에 경제적 위기와 사회적 불안 의 금융위기에 정부가 돈을 들여 빌딩들을 지어야 한다는 것을 배웠다. 경제적인 파동이 있을 때 오로지 정부만이 돈을 손에 쥐고 있는 것이다.

나폴레옹 3세는 도로와 빌딩들을 건설했다. 그는 사람들이 주변 환경을 즐기고 자연과 교감하기 위해서는 도시에 가로수가 늘어선 넓은 도로들이 필요하다고 주장하였다. 그의 근본적인 목적은 사람들이 모든 것이 잘 되어 있다고 계속 생각하도록 하는 것과 군중들을 제어할 수 있는 군대의 능력을 개선하는 것이었다.

이러한 후자의 점에서, 나폴레옹은 소수의 군중들이 좁은 거리에 방어벽을 칠 수가 있고, 건물들로 인해 측면에서 공격하지 못하는 많은 숫자의 군인들을 효과적으로 무력화시킬 수 있다는 것도 깨달았다. 넓은 도로는 방어하기에 어렵고, 군인들의 측면 공격에 대비해 좀 더 유리하도록 하는 것이다. 따라서 도시 재개발을 통해 나폴레옹은 거리의 개선계획을 시행함으로써 대중들을 제어하기 위해 시도한 것이다.

나폴레옹 3세의 또 다른 목적이 있었는데 이것은 CPTED 전문가들의 주요 목적이 되기도 하였다. 그는 경찰서장들에게 범죄의 은신처로 알려진 건물이나 구조물들을 완전히 파괴하거나 철거하도록 하는 권위를 주었다. 당시 파리의 경찰서장이었던 바론 하우스만은 그의 회고록에 그가 범죄의 장소로 사용되었던 좀처럼 보기 흉한 건물이나 구조물들을 제거하게 되어 매우 기쁘다고 썼다. 바론 하우스만은 많은 파리 사람들을 불안하게 해왔던 건축물들에 관하여 매우 안목이 있는 사람임이 분명했다.

히틀러와 무솔리니는 그들의 정부 내에서 모든 것이 잘 이루어지도록 개선하기 위해서 그들의 지지자들에게 필요한 막대한 양의 돈을 보냈다. 나폴레옹의 사례에 이어서 무솔리니와 히틀러는 건물을 세웠으며, 민간 부문에서는 지원되지 않았던 프로젝트에 정부기금을 쏟아 부었다. 히틀러는 군대에 사용되었던 과도한 지출에 대한 시선을 분산시키기 위하여 폭스바겐 자동차 캠페인을 착수시켰다. 무솔리니는 로마에 있는 킹 빅토리오 엠마누엘 기념비와 같이 못생겨 "마블 케이크"라 불리는 건물들을 건설하였다. 무솔리니는 조금이라도 마피아와 관련이 있는 사람들을 제거하기 위해 군대를 보내 시칠리아에 있었던 범죄들을 쓸어버리는 데에 능력을 발휘했다.

프랭클린 루스벨트는 필요에 의해 몇 가지 같은 수단을 채택했다. 공공사업진흥국(Works Progress Administration : WPA)와 민간자원보존단(Civilian Conservation Corps : CCC) 고용주들은 미국 전 영역에 걸쳐서 뿐만 아니라 워싱턴 D.C에 있는 전 쇼핑센터에 건물들을 지었다. 이러한 프로그램은 일부의 국내 자금 활동하에서 지탱되고 있었던 주요한 공공주택 지원 활동을 보충하였다. 대규모 군인 관사 프로젝트는 군대 서비스에 참여하기 위한 장려책뿐만 아니라 가격이 알맞은 주택의 간접적인 원천으로써 재정지원을 받았다.

프로젝트들 중 일부는 확실히 별로 필요하지 않은 작업들이었다. 북동쪽 플로리다에는 민간자원보존단(CCC) 무리에 의해 지어진 다리의 뼈대가 여전히 남아 있다. 불행히도, 근처에는 물도 없고 미래에 잠재적으로 필요할지도 모를 주를 횡단하는 바지선 이외의 목적 말고는 다리가 존재할 어떠한 이유도 없다.

이 세상의 어느 하나의 또 다른 것들과 연결된다. 도로는 사용되어야 하고 건물에는 거주해야야 한다. 다리들은 차량으로, 배들은 무언가로 채워져야 한다. 왜냐하면 우리가 그것들을 소유하고 있기 때문이다! 역사는 현재의 인류를 위해 유산을 생산해 왔다. 이것들을 아무런 생각 없이 당연하게 받아들여져서는 안 된다. 모든 것들은 왜 그런지 의문을 가지고 있어야만 한다. 왜냐하면 종종 우리가 하는 것들이 본래의 이유가 다를 때에도 오직 한 가지의 목적만을 위해서 정당화되기 때문이다.

여기에서의 문제는 습관이 아닌 실제의 역사를 통해서 배우는 것이다. 더불어, 우리가 진짜 이유들을 이해할 수 있도록 어떠한 행위를 위한 공식적인 정당한 이유를 찾는 것은 반드시 해야 하는 일이다.

현재의 양상

경쟁적인 상황에 놓여 있는 모든 사람, 특히 성공한 사람은 자신의 이득을 위하여 어떠한 기회든 이용할 것이다. 야구 메이저리그에서 뛰거나 이를 관리하는 사람들은 로켓 과학자가 아님에도 그들은 모든 투구와 타격을 기록하고 지도화 한다. 왜냐고? 그들은 모든 선수들의 성향을 알고 싶어하기 때문이다. 매번 유용하지는 않겠지만 마구잡이식 대응은 별로 가치가 없다는 것을 입증하는 데에는 도움이 된다. 어떠한 부분이든 중요하다.

패스트푸드 산업은 행동을 제어하기 위한 환경을 이용하는 것을 가장 최우선의 목적으로 해야 할지도 모른다. 표준 식품의 도입으로 신뢰받는 어떤 유명한 체인점은 환경문제 처리 전략을 개척했다. 이 회사는 그 유명한 드라이브 스루(drive-through)를 만들었다. 또한 충동구매를 유발할지라도 많은 소비자들이 계산할 때의 공포와 당혹스러움을 없앨 수 있는 버튼방식을 도입했다. 같은 또 다른 체인점에서는 한 창구에서는 돈을 내고 나머지 창구에서는 음식을 받을 수 있도록 하는 두 개의 윈도우 시스템(two-window system)을 도입했다. 고객 참여는 이 체인점의 모든 작업과정에 포함되어 있는 통신수단이다.

이 패스트푸드 체인점은 고객들이 특별한 주문을 하도록 유도했지만, 당신이 두 번째 창구에 갔을 때, 그들은 당신이 주문한 음식이 완료될 때까지 "멍청이"줄에 동참하라고 말한다. 만약 그들의 방식대로 주문을 했다면, 당신은 즉시 주문한 음식을 받았을지도 모른다. 왜 그들은 "멍청이"줄을 두 번째 창구 바로 앞에 놓았을까? 주문한 요리가 끝났을 때 매장 직원이 직접 가져다주는 것이 더 편리하지 않을까? 또는 당신 뒤에 줄서 있는 사람들이 당신이 기다리고 있다는 것을 알기를 바라는 것일까? 그들이 당신 뒤에 있는 사람에게 당신이 모든 것을 엉망으로 만든 특별 주문을 한 사람이라는 것을 상기시켜 주기 위해 당신 주위로 고개를 돌리게 한 것일 수도 있지 않을까? 당신은 분명히 특별 주문을 했음에 틀림이 없는 당신 주변의 일부 "멍청이"들과 균형을 맞추기 위해 한 손에 차가운 음료와 햄버거를 가지고 애가 탄 적이 있는가?

대부분의 패스트푸드 산업은 낮은 가격대를 형성할 것으로 예상되는 효율성은 최소한의 환상을 만들기 위하여 고객 참여에 의존한다. 고객들은 보통 가방에 음식을 넣기 전에 돈을 먼저 지불하는 것에 대하여 신경 쓰지 않거나, 비양심적인 고객이 돈을 내지 않고 도망쳐서 모두의 기분을 망칠 수 있는 경우를 방지할 수 있다. 이 업계에서는 고객들이 돈을 지불하는 동안 가방을 금전 등록기 옆에 두는 것에 대하여 거의 불평하지 않는다는 것을 발견했다. 고객이 그 가방이 자신의 것인 만큼 마음을 놓는 것이다.

대부분의 부모들은 자녀가 자신 다음으로 가지고 오도록 가르친다. 패스트푸드 산업도 마찬가지이다. 셀프 고객들이 음식물쓰레기를 잘 처리할 것으로 예상하지만, 당신이 쟁반을 두고 온 다음 다른 손님들이 어떻게 반응하는지 보아라. 아마도 처음에는 누군가가 당신을 바라보거나 눈을 맞출 것이다. 이 패스트푸드 산업은 손님들이 보통 일반적이지 않은 일이 발생하지 않는다면 다른 이들과 접촉하는 것을 꺼린다는 것을 발견했지만, 반면에 전통 음식점에서는 다른 손님들을 응시하거나 웃어주는 것이 쉬웠다. 왜 그럴까? 이유는 패스트푸드점에 가면서 외출하기 위해 격식을 차려 옷을 입는 사람들은 거의 없기 때문이다. 또는 최고의 식사 예절을 지키기에는 적절하지 않기 때문이다. 그래서 그들은 다른 사람들, 특히 아는 사람들과 시선을 나누는 것을 피하고 싶어 한다. 사람들이 원하는 것은 자기 전에 얼룩진 셔츠나 헤어 롤을 착용한 상태로 대충 만든 햄버거를 사람들을 의식하지 않고 먹는 것이다.

어떤 대기업에서 최근에 멋진 전략을 내놓았다. 청소나 보충·정돈이 필요한 소비층이 많은 지역에 주로 고령자를 고용하는 것이다. 기존에는 젊은 사람들이 이러한 기능을 수행해 왔고 대부분 소비자들의 눈에 띄지 않도록 되어 있었다. 그러나 누가 할아버지나 할머니들이 청소하는 데 어슬렁거리는 것을 기대할 것인가? 할머니와 할아버지는 아마도 더러운 사람, 시끄러운 무리에 소속된 사람, 또는 자신의 물건을 통로에 두고 가는 사람을 꽤나 마음에 들어 하지 않을 것이다. 사람들이 고령자들에 의해 불쾌해질 가능성은 적다. 그래서 그들은 노인들의 통제에 순종함으로써 체면을 잃지 않을 것이다.

대부분의 패스트푸드 체인점들은 긴장감에 중점을 둔 전반적인 환경관리 개념을 활용한다. 화려한 색상과 빠른 리듬의 음악은 활력을 주어 직원들이 신속하게 일을 처리하는 데에 영향을 준다. 음식은 확실히 맞춤 주문식으로 이루어져 큰소리로 반복된다. 가구는 편리성보다 모양이나 청소하기 편리하도록 설계된다. 쓰레기통과 재활용 쓰레기통은 고객의 참여를 적극적으로 유도하기 위해서 배치된다. 만약 그렇지 않다면, 그런 인상을 만들 수 있도록 환경이 설계되어 당신은 빠르게 음식을 먹어 치울 것이다.

직원들은 알맞은 유니폼을 입는다. 몇몇 가게는 새 직원에게 교육생이라는 것을 명시해주는 다른 유니폼을 입힌다. 이것은 그들의 일하는 속도가 늦거나 실수하는 것에 대해 관용을 베풀 것을 유도한다. 단지 업무를 배우고 있는 사람의 서비스에 대해서 불평하려는 고객은 정말로 머저리가 될 것이다.

음식은 매장에서 먹더라도 일반적으로 잘 포장되어 있다. 이것은 신선함을 유지하는 데 도움이 될 뿐만 아니라 카운터에서 구입한 물건을 검사하는 것을 방지한다. 고객들은 다시 줄을 서지 않고 주문음식을 받기 위해 다른 손님들을 밀치는 것에 대한 비난을 받을지도 모르는 상황에서의 실수에 대해 불평하는 것은 적절하지 못하다. 미리 준비된 음식은 색상 코드로 포장되어 배열되어 있기 때문에 고객들은 어떤 것이 즉시 이용 가능한지 알 수 있다. 다시 한 번, 고객은 미리 준비되어 있는 순서대로 패스트푸드를 제공하는 과정에 참여한다. 또한 고객들은 이따금씩 사람들 무리에 끼기 위하여 패스트푸드점으로 달려가는 자신을 발견할 수 있다. 누군가가 당신이 맥도날드로 가야 할 시간이 오전 11시 30분이라고 말했을 때, 점심을 먹으러 어느 곳으로 가야할지에 대하여 직장동료와 의논해 본 적이 있는가? 왜 우리는 패스트푸드점으로 가기 위하여 서둘러야만 하는가? 우리가 아침, 점심 또는 저녁시간대를 넘겨서 간다면 더 빨리 식사를 할 것이라는 것을 알기 때문이다.

마지막으로, 왜 몇몇 체인점은 공항이나 은행에서와 같이 일반적인 순차 대기선을 이용하는 것을 거부하는 것일까? 왜 그들은 당신이 카운터로 가기 전에 주문할 음식을 살필 수 있게 해주는 두 개의 외부 표지판을 사용하지 않는 것일까? 왜 점원은 앞에서 짐을 정리하고 있거나 줄에서 사라진 먼저 온 손님의 주문에 앞서 당신의 주문을 부르지 않는 것일까? 왜 고객들은 패스트푸드 식당이 무엇을 제공하는지 보여주는 벽에 붙은 메뉴판을 미친 듯이 훑어보는 것일까? 답은 긴장감이다. 속도감 있는 공간에 있는 고객들은 관리하기가 쉽고 충동적으로 구매하는 경향이 있다.

경쟁적인 사업을 하기에 앞서 사람들은 앞으로 나아가기 위하여 적절한 선택을 한다. 환경은 좋은 품질의 서비스를 전달하여 이윤을 추구하는 사업의 목적을 위하여 소비자들의 행동을 제어하고 관리하는 데에 이용된다. 다른 동시대의 산업들은 그들의 이익을 위해 환경을 이용한다. 편의점 산업은 새로운 매장 디자인과 절차들을 실험해보고 있다. 주유소는 급격하게 변화했다. 새로운 키오스크 주유소(매점형 주유소)에서는 몇 개의 주유기와 판매를 위한 편리한 식품, 그리고 세차장을 갖추고 있다. 이 모든 것은 기존의 주유소 외부에 있던 것보다 안전하고 환영해주는 공간 안에 있다.

번역 | 서경욱(Ph.D. Northumbria University 건축학과)

5

행태를 고려한 환경설계

장의 구성
인간과 환경의 관계
빛과 색의 활용
풍수

범죄예방설계 기법은 피해자를 스토킹하는 가해자의 의지를 무력화하는 다양한 방법을 제시한다. 여자화장실을 공중전화기로부터 먼 곳에 위치시키고, 범죄에 취약한 지역의 조명을 밝게 하고, 시각적으로 폐쇄된 곳을 개방시키며, 기존의 범죄발생 지역에 합법적인 업체들을 유치하는 것이다. 중요한 것은, 범죄자에게 기회를 주지 않도록 하는 것이다.[1]

—마르쿠스 펠슨(Marcus Felson)

인간과 환경의 관계

고대에는 인간이 환경에 의존하고 이에 순응하는 것은 당연한 일이었을 것이다. 환경은 삶에 필요한 것들을 제공해줌과 동시에 생존의 문제에 도전할 수 있는 조건을 제공하였다. 환경을 변화시킬 수 있는 방법과 규모가 제한적이었던 상황에서 사람들은 적응해야만 했고, 적응은 숙명이었다. 이후 반복적인 시행착오를 겪으면서 의복, 불, 음식의 저장에 관한 지식이 생겨났다. 초기 인류가 먹을 것을 발견하는 단계에서 수확하는 단계로 진입하면서 환경을 이용하는 첫 걸음을 딛게 되었다.

인간은 자연 그대로가 아닌 새로운 조합을 통해서 자연이 제공한 환경을 유용하게 이용할 수 있음을 깨달았다. 그들은 식물에서 향료와 치료제를 추출하였고 도구와 장식을 제작하기 위한 금속의 추출과 처리방

1) 마르쿠스 펠슨(Marcus Felson), 범죄와 본성(Crime and Nature), Sage Publications, 2006, p.240.

법을 습득하였다. 이런 과정에서 초기 인간은 재료들을 혼합하여 알코올을 만드는 화학작용을 발견하였다.

원시 인류가 습득한 환경을 통제하는 마지막 단계는 수력과 중력을 이용하여 자연을 동력으로 이용하는 것이었고, 더욱이 동물 이상의 지적 능력을 자연환경을 원하는 대로 이용하는 데 원동력이 되었다.

현대의 인간은 환경에 대해 대부분 무의식적인 반응을 한다. 이것은 타고난 신진대사적 반응이거나 자연스럽게 습득된 반응으로 대부분의 반응은 자동적으로 이루어지며 우리의 무의식 속에서 이루어진다. 이러한 대응을 위하여 주변 자극을 분석적으로 이해할 필요는 없다. 환경에 대한 우리의 반응은 순수한 생존적 관점에서는 유사하지만 그 밖의 다른 자극에 대해서는 훈련과 사회화의 정도에 따라 달라진다.

이 책의 앞에서 경찰들은 무의식적으로 창과 문과 같은 개구부를 관찰하고 조명 전문가들은 천장을 세밀히 살피는 경향에 대해 말하였다. 또 벽지 업자들은 벽에 관심을 보이고 바닥 시공업자는 아래쪽을 항상 살피며 엔지니어들은 구조적 실마리를 찾고 건축가들은 건물의 외관과 기능을 살핀다. 소방소장은 건물의 접근로를 눈여겨본다. 건물을 이용하는 일반인들은 처음 건물에 다다르면 자신이 갈 길만을 본다. 누구나 자신의 사회적, 직업적인 성향을 바탕으로 의식적이고 무의식적으로 주변 환경의 실마리에 반응하는 방향성을 갖는다.

그림 5.1은 인간과 환경의 상관관계를 보여주는데, 인간의 기본적 반응요소들을 신진대사, 인지, 골격·근육 시스템의 세 가지로 분류하고 있다. 또한 인간에게 영향을 주는 여섯 가지 환경요소인 온도, 압력, 중력, 소리, 빛, 습도를 보여주고 있다.

인간의 신진대사 작용은 생물학적 시스템에 기반하고 있다. 태어날 때부터 이러한 메커니즘을 통하여 주변의 환경을 감지한다. 주변의 환경이라 함은 우리의 손이 닿거나 닿는 거리에 있는 것으로 정의될 수 있다.

온도는 이러한 신진대사 메커니즘에 영향을 미치는 중요한 변수이다.

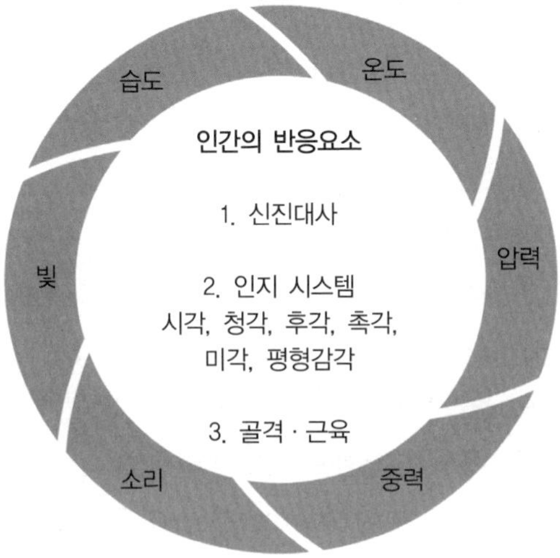

그림 5.1 인간과 환경의 관계

사람들이 있는 통제된 실험에서 절반만 온도를 급격히 변화시켰을 때, 사람들의 체온에는 큰 변화가 없는 것으로 나타났다. 그 이유는 항상성(homeostasis)이라는 인체기능 때문이다. 온도가 상승하면 인간은 자동적으로 땀구멍을 열어 습기(땀)를 배출함으로써 증발에 의해 피부가 시원해지는 느낌을 만드는 대응을 한다. 정맥은 확장되고 피부 표면 가까이 이동하여 내부의 열을 배출하게 되며, 자동적으로 신체의 특정 기능이 느려지게 된다. 꼬았던 다리를 풀고 팔짱을 꼈던 팔을 다시 펴게 된다.

이러한 현상은 보트가 전복되었을 때 발생하는 모순을 설명해준다. 즉, 수영을 잘하는 사람은 도움을 주기 위해 움직이고 수영을 조금 하거나 아예 못하는 사람은 보트와 함께 머물게 된다. 누가 살아남을까? 구조를 기다리며 본능적으로 웅크린 자세로 있는 사람이 항상 살아남는다. 이러한 자연적인 반응은 움직이지 않는 사람이 내부의 열을 보존시킬 수 있기 때문에 살 수 있는 확률이 높은 것이다. 수영을 잘하는 사람은 내부의 동력을 쓰게 되면서 내부의 열이 더 발산된다. 신체는 혼란을 겪게 되면서 혈관이 팽창되고 땀구멍은 열리면서 저체온증으로 사망에 이르게 된다.

온도는 인간 행태에 어떤 식으로 영향을 미치는가? 이러한 영향은 지속적으로 우리에게 작용한다. 시간과 공간의 관계가 중요하다. 점심시간 이후 기온이 올라간 교실은 학생들이 집중하기 어렵게 만드는 최악의 환경이다. 음식이 위장으로 들어오면 우리 몸은 피를 가슴부위로 보내어 소화에 필요한 근육활동에 필요한 연료를 공급하게 되는데, 이때 뇌로 가는 피의 양이 감소하게 되어 졸음이 오게 되고 집중력이 저하된다.

더운 방은 스트레스와 불안감을 일으키므로, 사람들은 할 일을 끝내고 더 안락한 곳으로 옮겨가게 된다. 그리고 추운 방은 또 다른 종류의 스트레스를 유발한다. 온도가 행태에 영향을 미친다는 것은 반론의 여지가 없는 사실이지만 각 상황의 특성에 따라 다르게 나타난다는 점에 유의해야 한다.

한 경찰관이 새로 지은 공공 안전 건물에 있는 부엌에 대한 이야기를 해준 적이 있다. 건물이 준공되고 나서 애초에 근무자들의 편의를 위해 만들었던 부엌이 사교의 공간이 되었는데, 경찰관 간부가 수시로 이곳에 가서 쉬고 있던 사람들을 밖으로 내보냈다. 이 간부는 노사갈등이 증폭되는 데 일조한 셈이 되었다. 이후 CPTED 전문가의 조언으로 이 간부는 비밀리에 공기조화 덕트 안에 특수 조절막을 설치하였다.

그 결과 부엌의 온도는 12도가 상승하였고 자동온도 조절장치로도 온도를 낮출 수 없었다. 결국 직원들은 부엌을 해결 불가능한 문제로 생각하였고 건축설계에 문제가 있다고 여겼다. 경찰 간부의 말에 의하면, 지금은 부엌에 3명 이상이 모이지 않고 있으며 보통 한 명 정도만 의자에 앉아 있다고 하였다. 나는 이 간부와 그의 고집 센 부하직원을 바로 이 부엌에서 면담한 적이 있다. 이 직원이 땀에 흠뻑 젖은 후에 나와 간부는 그의 프로젝트에 대한 평가를 말해주었고, 이 개선안에 대해서 그는 아주 긍정적으로 바로 수긍을 했다.

열, 빛, 온도, 압력, 소리, 습도, 중력 모두가 행태에 영향을 준다. 이 요소들은 언제나 자연환경 속에서의 인간의 반응과 성장에 영향을 미쳐왔다. 문제는 인간의 목적에 맞게 이들을 이용할 수 있는 방법을 찾는 것이다.

인간의 감각기관에는 시각, 청각, 후각, 촉각, 미각, 평형감각이 있다. 이들을 이용해서 사람 근처에 있거나 멀리 떨어져 있는 환경을 파악한다. 대부분의 사람들은 시각이 가장 중요하다고 믿지만 사실은 모든 감각에 고르게 의존한다. 시각이나 청각이 손상된 사람들의 놀라운 인지 능력을 우리는 주변에서 많이 볼 수 있다. 그들이 그 정도로 감각본능의 향상을 이루었다는 것은 매우 놀라운 일이다. 우리가 인식하지 못하지만, 모든 인간은 이러한 본능적 감각을 미세하게나마 활용하고 있다.

CPTED에서 활용하는 훈련방법의 한 가지 사례를 보면, 학생들의 눈을 가리고 창문을 연 버스에 태워 한 지역을 순회한 후 학생들에게 어느 곳을 거쳤는지 아는지 물어 본다. 대부분 처음에는 알지 못한다고 대답을 하지만 어느 정도 시간이 지나가면 그들이 감각적으로 인지했던 암시들을 조합하면서 예측하기 시작한다. 버스가 내뿜는 배기가스와 달리는 자동차들의 소음은 그곳이 시내 한복판이라는 것을 말해줄 것이다. 쓰레기 수거함과 음식냄새가 아이들이 뛰놀고 공놀이하는 소리와 섞이는 곳에서는 주거지역에 있다고 생각하게 될 것이다. 학생들은 이전에 경험하지 못한 종류의 음악과 음식냄새를 더 빨리 감지하게 된다는 것을 알게 될 것이다.

1980년대 초의 러시아 연구에 의하면, 갓 태어난 아기들이 성인과 같은 지적 능력을 가지고 있다고 한다. 다만, 다른 점은 아기들은 성인들이 주변 환경을 파악하는 데 이용하는 학습된 지식과 삶의 경험에서 얻은 수많은 정보가 없다는 것이다. 지적 능력이 있을지라도 이것이 프로그램되기 위해서는 시간이 필요한 것이다.

시각적 감각은 환경이 제공하는 정보를 수집한다. 이 정보들은 우선 잠재적으로 그 정보를 모은다. 시각영역 안에서 일어나는 물리적 현상들은 모두 눈을 통해 정보로 들어오지만 중요한 상황으로 인식하기 전에는 의식의 차원으로 올라오지 않는다.

사람들은 각자의 사회적 적응과정과 직업적 훈련을 통해서 시각적 정보를 판단하는 기준을 스스로 만든다. 그런데 경찰관들은 일반인들이 흔히 놓치는 것들을 포착할 수 있다. 특정 공간을 처음 이용하는 고객이나 사용자들은 현지 주민들이나 그곳의 직장인들이 너무나 익숙한 나머지 인식하지 못하는 환경적 단서에 민감하게 반응한다. 건설업자나 엔지니어들은 건물주나 경비원이 보지 못하는 것들을 본다. 직업에 따라 사람들은 환경을 바라보는 다른 시각적 틀을 가지게 된다.

소리를 감지하는 감각, 즉 청각은 사람들이 생각하는 것보다 훨씬 강한 능력을 발휘한다. 귀로 들어간 소리는 기록과 판단을 위해 뇌로 전달되고, 또한 음압의 강약에 따라 기록되고 뇌로 전해진다.

귀는 환경이 주는 데이터를 모아 무의식적으로 처리한다. 중요한 정보는 의식의 영역으로 전해져 행위로 연결되고 다른 정보들은 지워지거나 무의식적으로 저장된다. 사람들은 생소한 음악이나 소음에 의식적으로 귀를 기울이게 되며 불편함을 느낀다. 배경음악을 다루는 회사는 의도적으로 음악을 재구성하여 익숙하게 들리게 한다. 이렇게 함으로써 음악이 무의식이나 잠재의식 속에 남게 되기 때문이다. 그렇지 않다면 그 음악은 귀에서 걸러지게 되고 주위를 산만하게 하는 외부의 원치 않는 소음과 다르지 않을 것이다.

후각은 다른 기관에 뒤쳐지지 않는 강력한 능력을 가지고 있고, 미각과 연결되어 있으며 미각은 또한 시각과 연결되어 있다. 이러한 이유로 주방장들은 음식의 맛과 향기뿐 아니라 시각적 효과를 중요시한다. 어떤 공동주택 설계자들은 꽃과 꽃나무를 활용하여 시각적 경계를 표시하거나 불쾌한 냄새를 없애기도 하였다.

후각은 많은 인간의 문화적 현상을 규정하기 때문에 어떤 향취는 지속성을 갖는다. 수산시장에 생선냄새가 나지 않는 것을 상상할 수 있는가? 팝콘가게에서 캔에 담은 팝콘을 팔 수 있는가? 당연히 그럴 수 없다. 이것은 시각, 청각, 후각의 상호작용이 행태에 미치는 영향이 크기 때문이다.

루이빌(Louisville) 시내의 쇼핑몰에는 출입문 근처의 매장은 임대가 잘

되지 않는다. 그것은 출입문 근처에 화장실이 있기 때문이다. 이 화장실의 주 사용자는 부랑자들인데, 화장실 출입문이 부랑자들이 이용하기 좋은 공중전화 근처에 있기 때문이다. 소변냄새가 지독하기 때문이다.

부동산 중개상들은 냄새의 비밀을 알고 있다. 일부 주택이나 아파트에서는 급배수 관련 문제나 동물의 냄새가 나고, 곰팡이나 배수가 잘 되지 않은 배관은 발길을 돌리게 한다. 무분별한 쓰레기 처리나 애완동물들의 영역 표시와 관련된 화학적 배설 때문에 많은 문제를 만든다. 그렇다면 현명한 부동산 중개상들은 이 냄새를 어떻게 이용할까? 해결 방법은 냄새를 막거나 없애는 것이다. 냄새를 없애는 것은 비용이 많이 들기 때문에 주로 막는 방법을 이용하는데, 갓 구운 빵이 아주 효과적인 전략이다. 빵 냄새는 다른 냄새를 막아줄 뿐 아니라 사람의 기분을 좋게 해주는 아주 강력한 힘을 가지고 있다.

집을 보러 온 고객이 내외장 재료에 문제가 있는 건물을 보게 될 수도 있다. 이 고객은 실망하여 집이 엉망이라고 말할 것이다. 그런데 만약 신선한 빵 냄새가 더해진다면 고객은 이 집을 가족들이 살고 있는 아늑한 집처럼 느낄 것이다. 그래도 집을 사고 싶은 마음이 없을 수도 있겠지만 그가 느끼는 감흥은 좀 더 긍정적으로 바뀌어, 그 집에서 이전 가족들이 오랜 기간 살고 있었던 데에는 어떤 그럴듯한 이유가 있었을 것이라고 생각할 것이다.

이처럼 갓 구운 신선한 빵 냄새는 사람들이 많이 지나다니는 새로 단장한 일렬로 늘어선 쇼핑센터의 매력도를 높일 수 있을 것이다. 개발업자나 건물관리회사에서는 임대료나 대출 혜택을 통해서 빵가게를 유치할 수도 있다. 제빵업자는 기존 방식대로 한밤중에 빵을 굽기보다는 상가가 문을 여는 시간 동안이나 이른 저녁에 빵을 굽는 것이 바람직할 것이다. 빵가게를 보행자들을 끌어들일 수 있는 적절한 장소에 위치시킨다면 다른 가게들의 매출 신장도 기대할 수 있을 것이다.

촉각은 손가락으로 느낄 수 있는 것 이상의 기능을 가지고 있다. 촉각은 인지감각과 연결되어 있으면서 동시에 신진대사 메커니즘과 연결되어 있다. 촉각은 피부와 근육에 연결된 복잡한 신경망을 통해서 물질의 온도, 습도, 압력, 형태, 질감, 무게를 느낄 수 있다. 몇몇 사람들은 자신이 촉각을 통해서 산들바람이나 뒤에서 걸어오는 사람처럼 아주 가벼운 느낌을 감지할 수 있다는 것을 잘 알지 못한다. 질감을 느끼는 촉각은 푸딩과 벽돌면의 차이를 식별하도록 해주며, 미끄러운 표면과 마찰이 있는 표면을 구분하게 해준다.

사람들이 매끄럽고 젖은 지면을 걸어갈 때 주로 아래를 보고 짧은 보폭으로 걷는 등 다른 동작으로 걷게 된다는 것을 우리는 알고 있다.

이러한 지면을 걸을 때 사람들은 불안하여 서로 눈을 마주칠 수도 없다. 그러나 어느 영역을 미끄러워 보이게 함으로써 사람들이 그 공간에 모여들지 않게 할 수도 있다. 또는 미끄럽거나 고르지 않은 표면을 활용하여 민감한 작업이나 개인 작업영역에만 집중된 사람들의 주의를 전환시키게 할 수도 있다. 마지막으로, 자동차 광고에서 길이 항상 젖어 있다는 것을 눈여겨 본 적이 있는가? 그 이유는 자동차가 더 빨리 움직이는 것처럼 보이기 위함이다. 게다가 답답하고 건조한 바닥보다 더 좋은 느낌을 준다.

질감은 또 다른 측면에서 행태에 영향을 미친다. 필자는 최근에 규모가 큰 고등학교를 대상으로 설문조사를 했었다. 음악당 벽을 포함한 많은 고등학교의 큰 복도 벽은 거친 콘크리트 마감으로 되어 있었다. 이런 벽은 계속해서 매우 날카로운 위쪽 모서리가 길게 이어지는 형태를 가지고 있다. 설계자 입장에서는 이런 구조가 축조하기도 쉽고 미적으로도 호감을 줄 수 있다고 생각했거나 파손을 막기 위한 의도가 있었을 수도 있다. 그러나 결과적으로 사람들은 그 벽에 가까이 다가가는 것을 꺼리게 되었고 복도 중앙은 언제나 사람들로 혼잡했는데, 몸이 다칠까봐 두려워 모두들 가운데로 걷고 있었던 것이다. 벽에 스치거나 긁히는 경우 실제로 다칠 수 있는 상황이었다.

촉각은 문화적으로 규정되는 사람과 사람 사이의 관계로 확장될 수 있다. 인류학자들은 모든 인간의 행위와 관계에 필요한 최소최대의 공간 치수가 있다는 것을 알고 있다. 각각의 기능은 필요 요구조건을 가지고 있다. 사람들 사이의 거리는 관계가 개인적이지 않을 때 멀어지는 경향이 있다. 중동이나 아시아의 어떤 문화에서는 남자들끼리 함께 걷거나 이야기 할 때 손을 잡는다. 또 다른 문화에서는 일을 논의할 때 서로를 안는 경우도 있다. 남미 사람들은 논의할 것이 있을 때 매우 가까이 다가가 앉는다. 그러나 북미 사람들에게 이런 흉내를 내서는 절대 안 된다.

피부접촉은 특정 시간과 장소에서만 용인될 수 있다. 그렇지 않을 경우 두려움을 일으키고 회피하려는 행동을 할 수 있다. 엘리베이터에서의 행태를 관찰해 보자. 두 사람이 탔을 경우 서로 반대쪽의 벽 가까이 서 있게 된다. 서로 공손하게 고개를 끄덕이거나 가벼운 인사를 주고받을 수도 있다. 또 다른 층에서 사람들이 타게 되면 눈을 맞추거나 인사를 하는 경우는 흔한 일이 아니다. 엘리베이터가 꽉 차 서로 몸이 닿는 경우에도 사람들은 위를 보거나 아래를 보면서 서로 눈이 마주치는 것을 피한다. 사람들이 많은 엘리베이터에서는 친구들 간의 대화 목소리가 작아지거나 아예 대화를 멈추게 된다.

엘리베이터 안에서 이성간의 상호작용은 더 흥미롭다. 서로 알지 못하는 남자와 여자는 둘만 탔을 때 서로 접촉할 엄두를 내지 못하겠지만 혼잡해지면 거리낌 없이 이성간의 접촉이 사회적으로 용인된다. 사람들이 내리게 되면 둘은 다시 멀리 떨어진다. 이런 상황은 비행기, 버스, 승용차에서도 마찬가지이다. 당신이 앞으로 타게 될 자동차나 승강기에서 이런 점들을 생각해 보는 것도 좋다.

미각 또한 주위 환경에 반응하는 데 있어 중요한 기관이다. 이것은 후각과 연결되어 있다. 감기에 걸렸을 때 맛을 느낄 수 없었던 기억이 있을 것이다. 미각은 다른 음식을 구분하는 것 이상으로 복잡한 기능을 가지고 있다. 우리는 배출된 가스의 냄새를 맡을 수 있을 뿐 아니라 맛을 느낀다. 미각은 신진대사 메커니즘을 돕는다. 온도와 습도를 느끼는 감각도 미각의 도움을 받는다. 미각과 촉각은 질감을 느끼는 인간의 감각과 연결되어 있다.

인간의 자기수용성 감각(proprioceptive sense)과 평형감각은 촉각과 연결되어 있다. 평형감각은 인간의 신체 스스로의 내적 변화를 감지하고 해석하는 능력이다. 신체 여러 부위의 근육 수축과 긴장의 변화는 동작의 변화로 이어진다. 물론 이러한 근육의 움직임은 평형감각에 대한 직접적인 반응이다. 사람의 신체는 지속적으로 공간을 탐지하고 이에 반응한다.

사람들은 높은 곳에 서 있기를 꺼린다. 신체는 1, 2도 정도의 고도 차이를 감지한다. 누군가의 집에서 부엌 바닥이나 뒤편 베란다에 서 있을 때 함몰되었거나 낮아진 느낌을 받은 적이 있는가? 교사들은 강의실 앞쪽의 높은 단을 찾아 그 위에서 강의한 경험들을 가지고 있다. 이것은 학생들의 주의를 끌기 위한 무의식적인 시도이다. 사람들은 불규칙한 단을 가진 계단보다는 균일하고 가파른 계단을 선호한다. 앞으로 튀어나온 발코니보다는 뒤로 물러난 발코니에서 불안함을 적게 느낀다.

교감신경 반응은 우리의 다른 감각들이 자기수용성 감각으로 연결되는지를 보여주는 좋은 예이다. 높은 곳에서 뛰어내리는 사람이나 외줄타기 하는 사람을 볼 때 다리가 반사적으로 움직이는 것을 경험해보았을 것이며, 스턴트 영화를 볼 때 어지럽거나 매스꺼움을 느꼈을 것이다. 또한 옆에 있는 차가 정지신호에서 뒤로 천천히 물러날 때 이상한 기분을 경험한 적이 있을 것인데, 이것은 보통의 경우 정지신호에서 뒤로 가는 것은 거의 드문 일이기 때문에 우리의 운동감각이 순간적으로 혼란을 겪는 것이다. 서커스에서 줄타기 곡예사가 중심을 잃을 때 관중들도 곡예사와 함께 몸을 움직인다.

설계자들은 이와 같은 중력에 대한 우리 몸의 반응을 활용하기도 한다. 움직이는 공간에서 약간의 높낮이를 둠으로써 정체나 지체를 방지할 수도 있고, 대회의장의 측면을 따라 단이 높은 복도를 둠으로써 이용객들이 쉽게 보이도록 하고 한데 몰려있는 것을 방지할 수 있다. 무빙워크(moving sidewalk)나 불균일한 바닥면은 사람들의 머뭇거림을 막는 데 효과적이다. 앞서 언급했던 고등학교에서 사용한 거친 벽면은 공원이나 그 밖의 외부공간에서 벽에 기대거나 옆에서 잠을 자는 것을 방지할 수 있고 벽에 낙서하거나 공놀이 또한 막을 수 있다. 중요한 점은, 사용자가 어떤 유형이 어떤 행동을 유발시키고 억제하는지를 아는 것이다.

결론적으로, 인간은 의식적으로든 무의식적으로든 환경에 지속적으로 반응한다. CPTED 계획가의 역할은 이러한 인간과 환경 간의 상호작용을 유념하여 의식적으로 활용할 수 있도록 하는 것이다. 그럼으로써 이러한 상호작용은 CPTED 개념을 적용하는 전체 작업의 필수불가결한 한 부분이 될 수 있을 것이다.

빛과 색의 활용

시각은 환경에 관한 정보를 취합하는 가장 포괄적인 수단이다. 우리의 외부 세계에 대한 정보 중 90% 정도가 시각적 지각에 의해 파악된다고 볼 수 있다. 그러나 시각은 다른 감각들과 긴밀히 연결되어 있어 각각의 감각으로 분류해 생각하는 것은 쉬운 일이 아니다. 예를 들어 그것은 "당근처럼 보인다.", "모래처럼 보인다.", "좋아 보인다."라고 말하는 경우, 우리는 다른 감각으로 얻은 정보를 시각적으로 다시 풀어 이야기하는 것이다. 이처럼 후각, 촉각, 무게감, 미각이 정보를 취합하는 과정에서 작용했을 수 있다.

빛과 색은 환경의 필수적인 구성요소이다. 빛은 식물이 자라도록 도와준다. 빛이 없다면 숨쉴 수 있는 공기도 먹을 음식도 없다. 식물은 산소를 제공한다. 우리가 먹는 음식은 식물과 식물을 섭취한 동물에서 얻어진다. 빛은 자연 연료를 만드는 데 반드시 필요한 요소이며 태양빛은 지구를 덥혀주고 인간의 일상생활이 가능하도록 밝게 비춰준다.

인간은 야간에 어두운 곳에서 사용할 수 있는 전구를 개발했다. 빛은 우울증을 치료하는 데도 쓰이며 생물학적인 변화를 촉진하는 데에도 쓰인다. 예를 들어 닭장에 빛을 계속 비춰 닭들이 낮으로 생각하게 함으로써 달걀을 더 낳도록 할 수 있다. 교정 전문가들은 교도소에서 빛과 색의 조절을 통해 죄수들의 행태를 변화시킬 수 있는 방법을 연구하고 있다.

인간은 기본적으로 빛을 향하는 성향을 가진다. 빛은 주로 위에서 비춘다. 우리는 위에서 아래로 비추는 빛을 더 선호한다. 아래쪽에서 비추는 빛에 노출되었을 때 우리의 모습은 좋게 보이지 않는다. 할로윈 때 손전등을 얼굴 아래쪽에서 비춰 어린이들을 놀라게 하기도 한다. 공포영화나 비극에서도 빛을 아래쪽에서 비춤으로써 두려움이나 불길한 전조의 느낌을 강조하고, 코미디나 경쾌한 뮤지컬에서는 높은 위치에서 빛을 비춘다. 우리는 큰 성과를 이뤘을 때 밝게 비추고 어두운 조명으로 실패임을 암시해준다.

빛은 공간을 자유롭게 이동하는 에너지의 한 형태이다. 빛에너지는 복사에너지의 일종으로 적외선, 자외선, 엑스레이, 전자파가 여기에 포함한다. 빛은 붉은색에서 보라색까지 다양하게 구성된 가시광선이며 자외선과 적외선은 비가시광선이다.

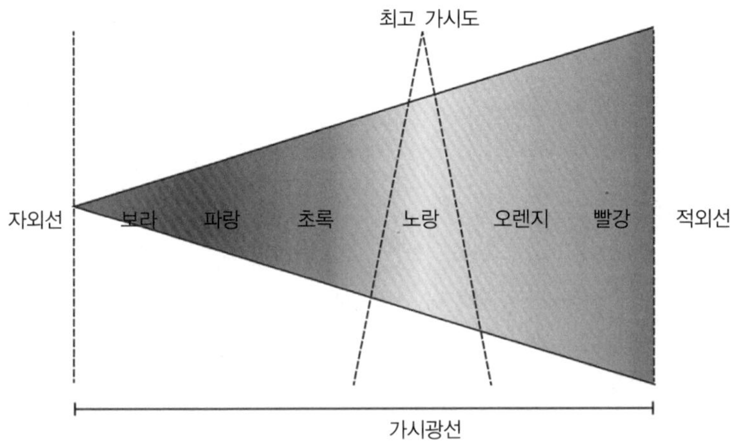

그림 5.2 가시광선과 색 스펙트럼

빛은 가열된 원자와 인광(phosphorescent) 원자와 같이 들뜬 상태의 원자 방출로 만들어진 에너지로 구성되어 있다. 들뜬 원자(excited atoms)들은 광자(photons)라고 불리는 미세한 원자들의 묶음을 이용해 에너지를 방출하거나 흡수한다. 빛은 이들 광자의 흐름으로 구성된다. 다른 색깔을 띠는 빛은 다른 에너지를 갖는 광자에 의해 만들어진다. 흰빛은 모든 단계의 광자 에너지를 합해 놓은 것이다. 일반적인 프리즘을 이용하여 흰빛을 분사시키면 다른 색들이 모여 있다는 것을 관찰할 수 있다.

그림 5.2와 같이 가시광선의 영역은 빨강, 오렌지, 노랑, 초록, 파랑, 보라의 기본 색으로 구성되어 있으며 각 색은 다른 파장을 갖는다. 가장 긴 파장을 가진 것이 빨강이고 가장 짧은 파장을 갖는 것이 보라이다. 적외선은 빨강보다 더 긴 파장을 가지며, 자외선은 보라보다 더 짧은 파장을 갖는다. 두 가지 파장은 우리 눈에 보이지 않는다.

빛은 인체기능에 영향을 미친다. 산업계의 연구에 따르면 빛의 양은 생산성과 사고율에 영향을 미친다고 한다. 따라서 작업이 복잡해지면 빛의 양도 증가해야 한다. “그 일을 좀 더 조명해 보자.”와 같은 생활

속의 표현이 이것을 잘 말해준다. 빛의 양은 중요도가 덜한 인간의 활동에는 반대의 영향을 미치기도 한다. 천천히 오랜 시간 식사하는 고급식당에서 강렬한 빛으로 조명한다면 그곳은 문을 닫아야 할 것이다. 이러한 이유로 식당 주인들은 천장은 어둡게 하고 촛불과 같은 테이블 위 조명을 활용한다.

대부분의 사람들이 한 번씩 겪는 극심한 우울증은 일반적으로 빛의 영향을 받는다. 가정이나 직장에서의 개인적인 문제나 건강문제 등으로 우울해지면 밤에 잠자기가 어려울 것이다. 많은 우울증을 겪는 사람들은 단지 잠을 청함으로써 그들의 문제를 잊으려 하지만 아무리 피곤하더라도 잠은 쉽게 오지 않는다. 따라서 몸을 뒤척이게 될 것이고, 몸을 뒤척일수록 스트레스의 양이 증가하게 된다. 배우자나 동거인이 취침에 방해를 받아 신경이 쓰일 수 있기 때문에 가만히 움직이지 않도록 노력해보기도 한다. 이때, 불안감은 최고조로 증폭되고 결국 잠을 잘 수 있겠지만 숙면하기는 어렵다.

꿈속에서도 불안한 방향으로 반복적으로 의식이 전개된다. 같은 실수를 저지르는 대화나 운동경기가 계속 반복적으로 나타나다가, 결국 시계가 아침 4시30분에서 5시30분 사이에 숙면에 들어가지만 6시30분 자명종에 눈을 뜨게 된다. 평균적으로 아침 4시30분에서 5시30분 정도에 잠이 들게 되는 이유는 주어진 표준시간대와 관계가 있다. 아침 4시~5시 정도의 시간대에 무슨 일이 생기는가? 주변의 빛이 밝아지기 시작한다. 해가 뜨고 새로운 날이 시작된다. 아침에는 모든 것이 더 나아 보인다. 사람들은 흔히 "너무 고민하지 말고 잠을 좀 자고나면 아침에는 상황이 나아지지 않겠니?"라고 말한다.

누군가 거실에서 텔레비전을 보면서 잠이 든다면, 누군가는 그를 깨워 침대로 가서 자도록 알려준다. 이것은 인간 본성이 만드는 아이러니이다. 거실에서 자는 것이 무슨 문제인가? 정작 문제는 그가 침대로 가려고 일어나는 순간 잠에서 완전히 깨서 다시 잠을 청하기가 어렵다는 것이다. 거실에서 자는 사람들의 입장에서는 텔레비전과 전등을 켜놓고

자는 것이 더 쉽게 잠이 들게 하는 요인이 되기도 한다. 이들이 게으른 성향일 수도 있고 혹은 느긋한 분위기에서 더 잠이 잘 오는 성향일 수도 있다. 이것은 무의식적인 우리의 스트레스와 우울증에 대응하는 방법일 수도 있다. 빛의 유무가 해결의 실마리가 될 수 있다.

당신이 다음에도 우울하거나 잠이 오지 않는다면 거실에 가서 텔레비전을 켜고 편한 자세로 앉을 것을 권한다. 이때, 배우자가 동거인에게 미리 이야기를 해서 당신이 가장 편안한 숙면을 취할 때 방해하지 못하게 하라. 이 방법이 심한 우울증을 치료하는 처방은 아니지만 잠을 잘 수 있게 도와줄 수는 있다. 헤밍웨이의 단편, 『깨끗하고 빛이 잘 드는 곳"*A Clean, Well-Lighted Place*』은 일시적으로 우울증을 겪는 사람들에게 빛이 필요함을 말해준다. 여기에서 그들은 술집 문을 닫고 조명이 밝은 방에 앉아서 아침을 기다리면서 잠이 든다.

빛이 인간 행태에 영향을 미친다는 것은 명백한 사실이다. 빛으로 사람들을 끌어들일 수도 있다. 편의점 업계에서는 더 넓은 공간에 높은 조도의 조명을 더했을 때 매출이 올라간다는 것을 발견했다. 너무 과하거나 부족한 빛은 반대의 효과를 가져 온다. 작업환경이 잘 갖춰졌을 때, 빛의 조도에 비례해서 더 나은 결과가 나타나고 피로도는 떨어진다는 것이 현재 일반적으로 받아들여지는 사실이다. 중요한 점은, 각각의 인체기능에 적정한 빛의 정도가 있다는 것이다. 최적의 효과를 얻기 위해서는 어떤 기능에 어느 정도의 조명이 필요한지를 파악하는 것이 필요할 것이다.

색은 이 세상을 아름답게 채워준다. 색이 잘 어우러졌을 때 마음이 편해지고 침착해지고반대의 경우 스트레스와 불편함을 초래한다. 색은 분위기를 묘사하는 데에도 쓰인다. 어떤 사람들은 우울한(blue) 기분에 젖어 있다고 말하고 또 누구는 설렘(pink)을 느끼는 경우도 있다. 색은 전통과도 결부되어 있어서, 아일랜드 사람들은 성 패트릭의 날에 행운을 빌기 위해 초록색 옷을 입는다. 장례식에서 슬퍼하는 사람들은 검은 옷을 입는다.

색은 보다 더 기능적인 목적으로도 쓰인다. 색은 상호 의사소통하는 데에 사용되는데, 빨간 불빛은 멈춤을 의미하고 초록은 이동해도 좋다는 뜻이다. 운동선수들은 팀별로 다른 색의 옷을 입고 심판들은 노란 깃발을 들어 페널티 킥을 알린다. 어떤 식물의 꽃 색깔은 벌레들을 유인한다. 과일의 다양한 색은 특정 과일을 먹는 동물들을 유인하여 그것을 먹은 동물들의 배설물을 통해 그 식물의 씨를 퍼뜨린다.

많은 동물들에게 색은 방어수단이 된다. 북극의 토끼는 겨울에 흰색으로 바뀌어 눈 덮인 주변 환경에 묻혀 위장이 가능하다. 이와 유사하게 새끼 사슴은 흰 점이 있어 보호를 받는다. 카멜레온은 숨는 장소에 맞게 자신의 색을 변화시킨다. 새의 암컷들은 땅 색과 비슷한 깃털을 통해 출산 시기에 자신들의 둥지를 보호하는 반면 수컷들은 고유의 밝은 색을 유지함으로써 포식자들의 주의를 끈다.

우리는 색을 실질적으로 잘 보지 못한다. 우리의 눈은 가시광선에 내에 있는 다른 파장과 자기장 에너지를 포착할 뿐이다. 텔레비전의 색은 수천 개의 미세한 점들이 빨강, 초록, 파랑을 비춤으로써 만들어진다. 우리는 이 색들을 조합해서 바라보고 우리의 뇌가 이것을 다른 색으로 인식한다. 파랑, 초록, 빨강이 만드는 조합으로 흰색을 만들 수 있기 때문에 흑백 영상을 볼 수가 있다.

색은 놀라운 효과를 만들어내지만 이러한 것에 너무 익숙해진 우리는 무의식적으로 이를 받아들인다. 종이의 반을 다른 밝은 색으로 덮어보자. 30초간 바라본 후 덮었던 종이를 다시 제거하면 무슨 일이 생기는가? 밝은 색으로 덮었던 부분이 다른 부분보다 더 밝게 보일 것이다.

우리의 눈은 잔상의 기능을 가지고 있어서 색이 있는 그림을 30초간 응시한 후 하얀 표면을 보면 같은 그림이 다른 색으로 그려진다. 빨간색의 잔상은 초록으로 보이고 초록의 잔상은 빨간 색으로 보일 것이다. 마찬가지로 파랑은 노랑으로 노랑은 파랑이 되며 검은 색은 하얀색과 서로 뒤바뀐다. 가장 일반적인 착각이 미국 국기를 노란 배경에 초록 줄무늬로 그린 것을 보여주는 것이 있다. 이 국기를 30초간 응시한 후

하얀 표면을 보면 무슨 일이 일어나는가?

완전히 검은 색이나 흰색의 표면에 잔상이 나타나는 경우가 있다. 텔레비전 화면이 위아래로 흘러갈 때 보이는 흑백 모양의 깜빡이는 그림에 이런 잔상이 나타나는데, 다른 색들은 검은 배경 위에 놓였을 때 더 밝게 보인다. 배경 색은 주된 색상을 인식하는 데에 영향을 준다.

색은 사람의 행태에 영향을 미친다. 빨간 빛이나 초록빛에 반응하는 것처럼 학습된 행태반응이 있다. 파란 색의 경찰 제복은 흔히 공권력과 연관되어 사회적으로 습득된 반응을 유발한다. 어떤 색에 대한 반응은 매우 자연스럽게 나타나기도 하고 반복된 자극에는 반응이 무뎌지기도 한다. 빨간 색은 집단 안의 행위를 보다 활성화시키므로 빨간 빛에 노출된 사람들은 활동적이게 된다. 또한 혈압과 호흡속도를 상승시키고 눈의 깜빡임도 빠르게 한다. 반면에 파랑은 행위를 억제시켜서 시간이 더 조용히 흐르는 것처럼 느껴지고 혈압, 호흡, 눈 깜빡임은 낮아지거나 느려진다. 이것은 마음을 진정시키는 효과도 가지고 있다.

일반적으로 파장과 세기가 증가할수록 빛의 신체적·심리적 효과도 증가한다. 따라서 도시의 홍등가(red-light district)에서 이를 이용하여 소통하고 행태를 유발시킨다. 빨간 색은 가장 파장이 길고 보라는 가장 짧다. 가시광선의 스펙트럼 중간 영역에서 시각적 인지가 가장 잘 된다. 스펙트럼은 빨강, 오렌지, 노랑, 초록, 파랑, 보라로 구성되는데 그 중간인 노랑-초록영역이 가장 잘 눈에 들어오며 빨강과 보라는 가장 가시성이 낮다.

그렇다면, 왜 모든 경찰차와 구급차, 그리고 소방차의 색을 노랑-초록으로 칠하지 않는 것일까? 일부는 그렇게 하고 있지만 많은 소방서와 경찰서는 전통적인 색을 사용하여 사회적으로 정착된 소통의 가치를 활용한다. 우리는 빨간 불자동차와 빨간 불빛을 위급한 상황으로 인식하도록 배웠다. 그러나 많은 경찰서가 빨강과 파랑의 조합을 비상등으로 바꾸었는데, 그 이유는 우리가 밤과 낮에 따라 두 가지 색 중 하나를 더 잘 인식할 수 있기 때문이다. 색은 또한 우리가 경찰차와 소방차를 구분할 수 있게 해준다. 일반적으로 전통적이거나 문화적인 가치는 예측되는 효과에 우선하여 인정되지만 그 경우는 그리 많지 않다.

CPTED 개념 모델에서 빛은 두 가지 목적을 갖는다. 하나는 인간의 행위를 보여주기 위한 것이고 다른 하나는 안전을 위한 것이다. CPTED 계획가는 보안등을 위한 예산을 집행하기 이전에 기존의 불빛을 활용했을 경우, 범죄나 손실을 막기 위한 어떠한 효과적인 행위를 수행할 수 있는지를 생각해 볼 필요가 있다.

빛은 우리에게 안전한 느낌을 주지만 대부분의 야외조명은 다양한 목적을 가지고 있다. 많은 가로등은 너무 높이 달려 있어 차도만을 비출 뿐 인도를 비추지 못한다. 자동차와 달리 사람들은 등을 달고 다니지 않지 않는가? 길에서 떨어져 있는 많은 공공주차장의 조명은 차가 다니는 곳을 비추고 사람들이 통행하는 곳은 비추지 않는다.

조명 전문가들은 창문으로 비치는 빛을 자연스럽게 이용하는 방법에 대하여 강조한다. 조명은 야간에 이용될 수 있어야 한다. 조명계획에서 가장 중요한 것은 최소한의 밝기를 가지고 해당 공간을 충분히 밝힐 수 있는 조명의 숫자를 산정하여 배치하는 것이다.

내 사무실에는 형광등이 가운데에 모여 있다. 조명은 사무실 바닥을 모두 비추고 있지만 내 키는 6피트가 넘고 앉은키는 54인치이다. 조명은 일반적인 책상에서의 작업은 문제가 없지만 벽과 책장의 높은 부분에 그늘이 진다. 이것은 사무실을 작고 답답해 보이게 한다. 만약 벽을 비추는 조명을 단다면 어떤 심리적 효과가 나타날까? 사무실 근무자인 나와 방문객 모두에게 시각적 안락함을 줄 것인가?

이러한 문제는 공간의 목적에 맞는 조명을 계획하는 것이 더 효과적일 것이다. 빛을 받는 벽이나 빛을 반사하는 거울로 된 벽 등은 공간을 크게 보이게 한다. 어떤 종류의 그림은 창문의 역할을 하기도 하는데, 그림은 가상의 공간이 들여다보는 느낌을 전해주기 때문이다. 그러나 조명계획은 해당 공간의 행태적 목표에 부합해야 한다. 그 공간에 바람직한 행태적 목표와 효과에 대한 명확한 지식이 없다면 어떤 조명 엔지니어나 전문가도 최적의 조명설계를 할 수 없을 것이다.

현관이나 복도는 전통적으로 천장 중앙에 조명하였다. 중앙에 위치한 조명이 전체 바닥을 비출 수 있다고 가정하는 것은 논리적인 것이다. 켄터키(Kentucky)주 루이빌(Louisville)에서 이루어진 연구에 따르면, 중앙에 조명이 달린 엘리베이터 대기 장소에서는 사람들이 중앙부에 모이고 서로 눈을 마주치지 않으려 한다고 한다. 이용자들에 대한 인터뷰 결과, 사람들은 로비가 불편하고 안전하게 느껴지지 않았다고 했다. 그래서 로비의 조명이 벽을 비추도록 하고 중앙부를 어둡게 바꾸자 사람들은 벽 가까이 서서 서로의 눈을 바라보기 시작하였다. 그들은 이제 그 공간이 편하고 안전하게 느껴진다고 대답했다. 심지어 기존 공간보다 더 크게 느껴진다고 하였다.

천장 중앙에 조명이 있는 복도는 사람들로 인해 복잡하게 느껴질 가능성이 크다. 사람들은 가운데로 걸어가며 서로 눈을 마주치지 않는다. 조명을 벽 쪽으로 바꾸면 사람들은 벽 가까이에서 걸어가며 다른 사람들과 더 자주 눈을 마주칠 것이다. 사람들은 더 빨리 걷고 더 안전하게 느끼며 복도가 더 넓어졌다고 생각할 것이다. 부수적인 효과로는 사람들이 빨리 걷게 되었음에도 30%의 소음 감소가 있다는 것이다. 그 이유로는 여러 가지 요인이 있겠지만 사람들이 걸을 때 발생하는 소음의 일정량을 벽이 흡수한 것이 주요 요인으로 보인다.

공항은 디자인을 통해 바람직한 행태적 효과를 만들어낸 좋은 사례이다. 즉, 이용객들을 공항 안쪽으로 이동시키는 튜브 모양의 보행자 통로가 밀폐되어 있는 것이 일반적이지만 지상의 이동 복도는 가시성과 채광을 위해 많은 창을 낸다. 지하나 완전히 밀폐된 복도의 경우는 벽이 온통 광고로 덮여 있다. 이러한 광고는 보행자의 시선을 끌고 막혀 있는 벽의 답답함을 해소하기 위해 필요하다. 물론 활동적인 사람들도 밝은 색과 조명이 벽 가까이에서 걷게 하고, 덜 답답해하고, 더 안전하게 느끼며, 더 빨리 걷게 된다는 것을 알게 될 것이다.

시카고 오헤어(O'Hare) 공항의 유나이티드 항공터미널을 리모델링한 설계자들은 지하 보행자 통로를 계획했던 다른 설계자들보다 한걸음 더 나간 계획을 하였다. 그들은 연속으로 달린 네온조명 시스템을 이용하여 보행자들과 같이 움직이도록 하였다. 조명은 빠른 속도로 설치되었다. 더 나은 효과를 위해 전자 풍경음(wind chimes)을 조명과 함께 동기화시켰다. 또한 조명과 음악의 효과에 더해 여성의 목소리로 "계속 걸어요, 계속 걸어요."라는 말을 삽입하여 잠재의식 속에서 작용하도록 하였다. 벽과 천장에는 패널과 매달린 장식을 연결하여 조명과 음악의 흐름을 따라 위아래로 율동하는 듯한 느낌을 주었다. 처음 이곳에 와본 사람들은 호기심과 흥미로움 느끼고 다른 사람들에게 전할 것이다. 하지만 이곳을 많이 이용해 본 일부 여행자들은 잠재의식적 메시지인 "계속 걸어요, 계속 걸어요."를 놀리듯 따라하며 발걸음을 옮긴다.

민간 보안책임자와 형사들은 심문을 할 때 환경이 미치는 효과에 대한 가치를 잘 알고 있다. 그들은 조명, 책상 크기, 의자 높이, 의복의 색깔, 충분한 휴식 등이 비협조적인 심문 대상자로부터 정보를 얻어내는 데 도움이 된다는 것을 경험으로 알고 있다. 심리학자들은 인터뷰나 상담을 할 때 여러 가지의 기술을 활용하며, 경찰들도 이와 같은 방식을 활용하여 고통받았거나 학대받은 피해자를 인터뷰할 때에는 심문할 때와 다른 접근방법을 취한다. 환경을 이용한 가장 고통스런 방법 중 하나는 사무실을 방문하는 사람이 햇빛을 직접 혹은 반사된 자리에 위치하도록 하는 것이다. 안경을 쓴 사람이 방문한 사무실에서 눈부심을 피해 안경을 벗고 햇빛을 등지고 앉아 있는 사람을 만나는 것은 불편한 일이다. 이때, 내가 할 수 있는 복수는 허락 없이 내 의자를 옮겨 편한 위치로 가서 앉는 것이다. 즉, 그 사람의 책상 안쪽 공간으로 침범해 들어가는 맞대응으로 초대한 사람의 신경을 슬쩍 건드리는 것이다.

아래의 예들은 색과 빛의 효과에 대한 연구를 통해 얻은 지식들이다.

- 수술실의 파랑과 초록의 색 배합은 눈부심을 막아주고 의사들이 붉은색과 핑크색의 신체에 집중하게 해준다. 노랑과 초록의 배합은 사람의 살에 반사되었을 때 창백한 느낌을 주기 때문에 피해야 한다. 환

자와 직원들의 심적 상태를 위해 색의 조합은 중요하다.2)

- 검은 색의 옷은 당신을 더 날씬하게 만들어 기분을 좋게 만든다.3)
- 밝은 빛 아래 있으면 시차를 극복하고 하루 주기의 리듬을 재설정하는 데 도움이 된다.4)
- 색의 밀도가 높을수록 고객의 신뢰를 더 얻을 수 있다. 밝은 오렌지와 라임의 초록색은 부정적인 의미를 함축하므로 피해야 한다. 빨강, 파랑, 노랑, 초록의 원색은 일반적으로 고객에게 잘 받아들여진다.5)
- 빛은 겨울철의 우울함이나 권태를 치료하는 데 도움을 주고 학습능력과 감정적인 장애를 치료하는 데 직접적인 효과를 미친다.6)

위와 같은 인간 행태에 영향을 주는 빛과 색의 활용에 관한 연구결과는 빙산의 일각에 불과하다. 공공도서관의 사서들을 통해서 이와 같은 주제의 자료를 굉장히 많이 접할 수 있을 것이다. 더 나아가서 실질적으로 모든 도서관에서 인간 행태에 영향을 미치는 공간 운영과 건축 디자인에 관한 좋은 문헌들을 만날 수 있다.

문제는 어떤 연구결과가 신뢰할 수 있는지 혹은 내 관심사와 연관이 있는지를 판단하는 연구자들마다의 각자 다른 기준을 가지고 있다는 것이다. 다양한 직업에서 해당 주제의 이름을 포함하는 분야에만 국한하여 읽을 책 리스트와 연구 분야를 제한하는 경향이 있다. 범죄 전문가나 학술적 범죄학자들은 그 직업 분야의 학술지만을 가지고 범죄 혹은

---

2) Birren, F., "Color and Psychotherapy," *Journal of Interior Design*, Dec. 1983, 166.
3) Malkin, N., "Nobody's Perfect," *Harper's Bazaar*, Jan. 1989, 90.
4) Pool, R., "Illuminating Jet Lag," Science, June 1989, 1256; Czeisler, A., "Bright Light Induction of Strong Type or Resetting of Circadian Rhythm," Science, June 1989, 1238; Fackelmann, K., "A Light Touch Changes the Biological Clock," Science News, June 1989, 374.
5) Tucker, J., "Psychology of Color," *Target Marketing*, June 1989, 40.
6) Zimmer, D., "Lighting Fantastic," World Press, April 1987, 55; Graves, B., "Faculty Planning: Shedding Light on Learning," American School and University, March 1985, 88; Pechter, K., "Heal Yourself with Light," Prevention, May 1984.

범죄예방 등의 단어로 검색하여 필요한 자료를 찾을 것이다. 한편, 교통공학 전문가는 범죄예방과 같은 제목에는 관심이 없을 것이며, 마찬가지로 계획가, 개발자, 건축가는 그들과 관련 있는 주제를 찾아볼 것이다. 역설적이게도 실험 심리학자와 산업 심리학자들은 수년 동안 실제 상황에 바로 적용할 수 있는 수많은 정보를 개발해 왔다.

풍수

풍수는 수백 년 간에 걸쳐 개발된 공간의 조화를 다루는 중국의 기술이다. 풍수에는 일부 신비주의적인 요소와 많은 실용적이고 상식적인 이론이 들어가 있으며 사람들의 공간 운영과 디자인에 대한 반응을 포괄하는 경험적 서술이 포함되어 있다. 신비주의적 요소들을 통해 공간의 조화에 대해 종교에 가까운 신념의 체계를 개발하였다. 그러나 현대적 적용에 있어서는 이러한 요소들은 환경 심리학적 기본 개념으로 사용된다.

풍수는 중국어의 방언에 따라 혹은 이것이 쓰이는 아시아의 언어에 따라 여러 가지로 발음된다. 일반적인 영어 발음은 fongue schway의 발음과 유사하다. 북미와 유럽에서 늘어나는 풍수에 대한 관심은 CPTED에 대한 관심과도 연관이 있다. 또한 현대 마케팅 연구에서는 공간 운영과 디자인에 대한 사람들의 반응을 연구하는 경우가 많다.

수 세기에 걸쳐 150권 이상의 풍수에 관한 지침서가 발간되었다. 용어의 사용이나 정의에 있어서 차이는 있지만 기본적인 풍수의 개념은 부정적인 힘을 제거하고 긍정적인 힘을 강조함으로써 공간의 조화를 도모한다는 취지에서 일치한다. 긍정적인 힘은 흔히 기(ch'i)라고 표현되고 부정적인 힘은 살기(sha) 혹은 부정적 기(ch'i)로 표현된다. 기는 인간과 자연을 연결하는 힘이다. 살기는 악성인 나쁜 에너지의 흐름으로 환경을 파열시킨다.

바람, 물, 빛, 색은 풍수의 중요한 요소이다. 풍수사(geomancer)라 불리는 풍수 전문가들은 해당 공간에서 이들 요소를 관찰하여 그 효과를 행태와 관련하여 예측한다. 환경적인 암시들은 공간을 어떻게 디자인하고 이용할지 결정하는 역할을 한다. 이러한 암시들은 긍정적 혹은 부정적인 방향으로 행태에 영향을 미친다. CPTED와 풍수는 부정적인 암시들이 공간 사용자들에게 두려움과 피하는 행동을 유발시킨다는 것을 관찰한다는 면에서 유사하다. 긍정적 암시들은 바람직한 반응과 행태를 유발한다. 긍정적 암시는 공간과 영역 행태에 있어서 우호적 상황을 만들어 준다.

다음 항목들은 풍수와 CPTED에 공통적으로 적용되는 많은 것들 중 일부이다.

- 교차도로는 직선의 외길보다 선호되는데, 그 이유는 부정적인 에너지의 방향이 분산되고 보행자가 길을 찾기 위해 시야를 넓게 가지게 되는 장점이 있기 때문이다.
- 쇼핑몰이나 쇼핑센터의 매장 입구를 유리로 처리함으로써 나쁜 기운을 굴절시키고 시각적으로 매장을 노출시켜 내부의 움직임과 특성을 보여준다.
- 베이(bay)형 창은 보행자들의 눈에 잘 띄기 때문에 시각적 편안함과 조화를 가져올 뿐 아니라 자연감시가 이루어지는 장점이 있다.
- 고속도로변에 연속적으로 설치된 방음벽은 나쁜 에너지를 반사시키고 운전자의 시야에 부담을 주어 터널효과를 유발시키고 안전의 방해요소가 된다.
- 창문 바로 앞에 등을 대고 앉는 것은 부정적 기운을 흡수하게 하며 불편함과 공간에 대한 회피를 초래하게 한다. 또한 자연감시가 이루어진다는 느낌을 저해한다.
- 선생님이나 상사가 학생들이나 직원들을 향해서 책상을 배치하면 나쁜 기운을 반사시키게 되고 접근하기 힘들고 우월하다는 느낌을 만들어 갈등을 야기한다. 그보다는 자신의 옆쪽 방향을 노출시킴으로써 좋은 기를 생성하고 좋은 팀 관계를 만들어 공간과 영역 행태에 긍정

적인 영향을 미친다.

- 극장, 회의실, 교실의 출입문이 바깥으로 열리면 나쁜 기운을 배출시킬 수 있고 위급한 대피의 순간에 퇴실을 쉽게 만들어 준다.
- 건물이나 복도의 날카로운 모서리는 나쁜 기운을 만들고 불안함과 불편함을 초래한다. 둥글고 곡면을 가진 모서리는 기를 만들어 편안함을 유발하고 시야를 넓게 확보해주며 자연감시가 가능하게 해준다.
- 침실의 문이 침대 머리부분을 향해 바로 열리면 나쁜 기운이 생기고 이로 인해 불안함을 유발하여 취침에 방해요소가 된다. 또한 침입자를 식별하고 대응할 수 있는 시간을 벌 수도 없다.
- 창을 가리고 보행자의 접근을 혼란스럽게 하는 조경계획은 혼란과 불안을 초래하며 자연감시를 어렵게 한다.
- 사방이 막힌 승강기는 불안과 회피를 만드는 나쁜 기운을 생성시킨다. 유리나 거울로 후면을 처리하게 되면 나쁜 기운을 굴절시키고 안락함을 유발시킬 수 있다. 또한 사용자가 내부를 볼 수 있게 하여 자연감시를 유발시킨다.
- 격자형태의 가로망은 나쁜 기운을 흐르게 하여 과속을 유발하고 해로운 사람들이 쉽게 접근할 수 있게 해주기 때문에 보행자나 거주자에게 불안함을 유발한다. 도로의 경관을 개선함으로써 나쁜 기운을 굴절시키고 기를 형성하여 차량의 속도 감소와 운전자의 시야 확보 및 안전한 느낌을 얻을 수 있다.

이와 같이 풍수가 CPTED 계획가들에게 인간과 환경의 상호작용을 이해하는 데 있어서 도움이 될 수 있다는 것을 확인하였다. 이러한 수단을 활용한다면 CPTED 계획에 있어서 환경과 행태의 개념을 보다 명확히 할 수 있을 것이다. CPTED를 실제 사용하는 사람들에게 풍수가 가진 공간에 대한 정의와 환경적 단서를 해석하는 방식은 무시할 수 없는 매우 의미 있는 문화적 차원의 해결책을 제시해 준다.

번역 | 강석진(Ph.D. 경상대학교 건축학과)

6

미적 요소와 환경적 단서, 영역적 행태 : CPTED계획에 대한 의미

장의 구성

형태와 기능 : 미적인 요소들과의 충돌

많은 사람들이 특정한 상황에서 물건이나 환경을 훼손시키려는 충동을 억제하지 못하는 경우가 있는데, 옷가지 등을 찢어버리거나 물건에 작은 흠집을 내는 행동에서부터 주변의 물건들을 완전히 부숴버리는 과격한 행동에 이르기까지 다양하게 시설물을 훼손하는 방법으로 충동이 표출될 수 있다. 현대사회의 필수품인 자동차 제조업체들은 차량 디자인의 변화를 통해서 이러한 시설물 훼손에 대한 유혹이나 시도를 차단하기 위한 노력을 계속하고 있지만 쉬운 일은 아니다.

기능을 강조하는 것으로 시작해서 궁극적으로는 어떻게 보일 지와 관련된 형태에 초점을 둔 디자인의 변화 주기는 결국 인간의 본성에 기인하는 것이다[1]. 사물의 형태나 미적인 수준은 소비자나 디자이너의 성향에 따라 변하는 경향이 있다. 사람들은 새로운 것을 만들거나 색다른 일을 시작하게 되면 경험에서 우러나오는 자신감으로 처음 계획을 거의 변화시키기 않는다.

1) 역자주 : 넥타이의 경우 넓게 매는 것이 유행이었지만 어느 순간부터 점차로 좁게 매는 경향이 나타나고 있다. 이 역시 형태에 초점을 둔 디자인 변화의 사례라 할 수 있을 것이다.

포드사의 머스탱(Ford Mustang) 차량의 역사는 형태나 미적인 측면과 함께 기능이 자연스럽게 진화된 좋은 사례가 되고 있다. 2차대전 이후 자동차 산업은 전쟁에서 필요한 군수물자를 충당하면서 입게 된 손실을 보전하기 위해서 저렴한 차량들을 대량 생산하는 방향으로 재편되었다. 경제성이 강조되고 다양한 재료의 활용이 가능하게 되자, 자동차의 전면과 후면에 상징성이 강한 장식물이 부착되는 등 디자인 측면에서 치열한 경쟁이 시작되었다. 1962년까지의 자동차 디자인은 기능보다는 형태적 측면이 강조된 특징이 있었다.

그 후 1964년 하반기에 포드사는 세련되고 효율적인 디자인이 반영된 머스탱을 출시하였다. 이 모델은 출시와 동시에 유행을 선도하는 디자인으로 정착하게 되는데, 1950~1960년대 초반까지 과도한 형태의 장식물을 자동차 후면에 부착하던 디자인 흐름을 극복한 특징이 있다.

1960~1970년대까지 기존 모델이 구형이 되도록 매년 의도적으로 새로운 제품을 출시하던 관행을 탈피해서 한동안 동일한 제품만을 출고하던 많은 자동차 회사들은 적자에 허덕이게 되었고, 포드사 역시도 적자 탈출을 위해서 트렌드를 선도하던 머스탱의 디자인 변경을 고민하기 시작하였다. 결국 1974년식 머스탱도 디자인에 많은 변화가 있었지만, 1964년식 머스탱 모델과는 전혀 다른 형태로서 해당 모델은 실패한 프로젝트가 되었다.

인간의 행위들은 처음에는 기능을 강조하다가 이후에는 형태에 집착하는 경향이 있는데, 이와 같이 기능이 간과된 행위들은 결국 실패하는 경우가 많다. 1960년대에 유행하던 장발 스타일은 1980~1990년대에 이르러 단발 스타일로 변하게 되었고, 1960년대 선원들의 상고머리 스타일을 따라했던 사람들이 이제는 장발 스타일을 하고 있다. 1960년대 상영된 Bufferfield Eight[2]라는 영화는 개봉과 동시에 자극적이고 노골적인 내

2) 역자주 : Bufferfield Eight는 1960년대 Daniel Mann 감독이 연출하고 Elizabeth Taylor와 Laurence Harvey가 출연한 영화로서 Elizabeth Taylor가 최초로 아카데미 영화상을 받은 작품으로 유명하다.

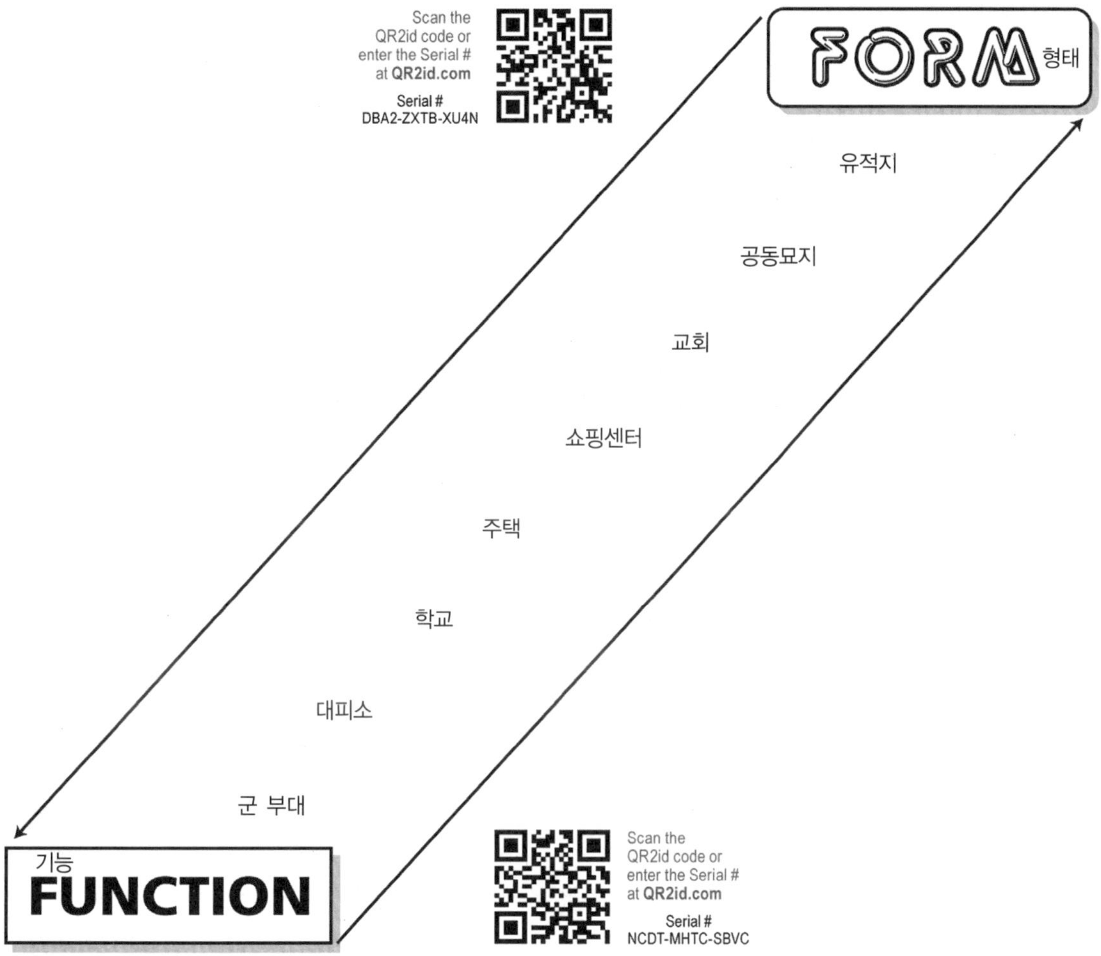

그림 6.1 기능과 형태

용들로 인해서 교회 목사들의 항의와 공분을 사게 되었는데, 필자 역시 몇 년을 기다린 끝에 접하게 된 영화 내용에 대해 실망한 기억이 있다. 그러나 세월이 흘러 1999년에 방영된 드라마는 1990년대 초기에는 상상할 수 없을 정도의 자극적이면서도 성적인 소재의 주제들을 다루었다.

사람들은 세상의 변화에 점차 익숙해지고 있는데, 인간의 본성이나 변화의 예측 가능성을 제외하고 세상의 모든 것은 항상 변하고 있다.

형태나 아름다움의 속성 역시 인간의 노력이나 의지에 따라서 기능이 강조되는 방향으로 변화될 것으로 예측되고 있다.

CPTED 개념은 사용자들이 모든 것에 의문을 가지도록 만드는 것이다. 즉 CPTED 개념은 사용하게 될 공간의 용도나 디자인과 관련된 사항들에 대해 고민하는 것에서 시작된다. 그러나 CPTED 계획가들은 기능적 측면에서 인간의 요구조건이나 미적인 측면의 요구조건을 모두 충족시킬 수 있도록 균형 있는 판단을 내려야 한다. 그렇지 않으면 인간을 위한 기능은 공간에 부여된 목적과 상충할 수밖에 없을 것이다.

그림 6.1은 기능과 형태 사이에서 발생하는 충돌에 대한 모델로서, 형태와 기능의 역 상관관계를 표현하고 있다. 군부대에서는 기능적 요구조건들이 증가할수록 형태나 미적인 측면의 요소들은 감소하게 된다. 그러나 모델에서 표현된 스펙트럼의 반대편에 위치한 유적지나 공동묘지와 같은 환경에서는 기능적 요구조건이 매우 적고 오히려 형태적으로 요구되는 사항들이 많다. 기념물이나 군부대에서는 인간행위에 필요한 기능조건들이 비교적 명확하지만 대부분의 환경에서 인간행위에 요구되는 기능적인 조건들이 명확한 것은 아니다.

사람에 따라 약간의 차이는 있지만 대부분의 인간의 행위는 일정한 한도 내에서 이루어진다. 인간행위에 필요한 기능적 요구조건이라는 것이 명확하지 않기 때문에 결국 최종 디자인 단계에서는 기능보다 형태가 강조될 수 있는 것이다. 학교, 주택, 사무실, 상점, 주요 상업시설들은 미적인 요소들이 크게 강조되지 않기 때문에 디자인 측면에서 잘못될 가능성이 적다. 어떤 환경이라도 미적인 요구조건에 의해서 인간에게 필요한 기능적인 요소들이 변경된다면 문제가 발생할 수 있다.

켄터키 주 루이빌(Louisville, Kentucky)에서 환경디자이너들은 보행공간계획 시 아스팔트나 평탄한 포장재료 대신에 자갈을 사용하였는데, 이는 보행공간의 목적을 잊은 디자인이라고 할 수 있다. 사람들이 자갈로 조성된 보행공간을 걷는 것은 쉽지 않다. 한편, 플로리다 주 잭슨빌(Jacksonville, Florida)에서 환경디자이너들은 인구의 51%가 야간에 하이힐을 신고 다닌다는 사실을 잊은 채, 해변 산책로를 "River Walk"라는 명칭의 특화가로로 조성하면서 보행로 하부의 수공간을 바라볼 수 있도록 원목판자를 사용하였다. 도시계획가들은 거의 모든 곳에서 사람들을 목적하는 위치에 어떻게 접근하도록 유도할 것인가의 문제를 중요하게 인식하지 못하는 경향이 있다. 많은 건물 전면에 보행자들의 시선을 끌 만한 디자인이 반영되고 있지만, 정작 대부분의 사람들은(실제 건물 사용자들) 건물 후면에 위치한 주차장으로 접근하고, 단지 일부가 걸어서 건물 전면으로 접근하게 된다.

CPTED 계획가들이 제공할 수 있는 가장 큰 서비스는 모든 것에 의문을 가지는 것이다. 이들이 인간의 기능적 요구조건들을 우선해서 수용할 수 있는 환경을 계획한다면 성공적인 CPTED 프로젝트로 평가받을 것이다. 그러나 이러한 CPTED 접근방법이 미적인 측면을 완전히 배제하는 것은 아니다. 미적인 요소들 역시 인간에게는 매우 중요한 요소이다. 평소에 미적인 요소들에 별다른 감동을 받지 않는 사람들도 결혼식이나 세례식, 성인식, 장례식 또는 각종 퍼레이드나 기타 특별한 행사가 진행되는 상황에서는 디자인과 관련된 미적인 요소나 형식에도 관심을 가지기 때문이다.

범죄예방을 위해서 가장 좋은 CPTED 접근방법은 (1) 개념을 공유하고 (2) 질문을 하는 것이다. 그리고 질문을 할 때 중요한 것은 "당신은 여기서 무엇을 하려고 합니까? 당신의 목적을 위해서 우리가 어떻게 해주기를 원합니까?"와 같은 내용이다.

따라서 어떤 환경이라도 인간의 기능적 요구조건들이 충족되어야만 한다. 인간의 기능은 보안과 관련된 문제가 적을 때 잘 작동될 수 있으며, 그렇지 않다면 보안상의 문제와 함께 그로 인한 손실도 가중될 것이다.

환경적 단서들

환경적 단서들은 일반 또는 비정상적인 공간 사용자 모두에게 중요한 영향을 미친다. 일반 사용자들에게 불안감을 조성하는 암시들이 비정상 사용자들에게는 반대의 의미로 전달될 수 있다. 이러한 조건에서는 동일한 환경적 단서라 하더라도 비정상적인 공간 사용자들은 그들에 대한 통제위험이 낮다는 징표로 받아들이기 때문에 오히려 그러한 환경을 편안하게 인식하게 된다. 이와는 반대로 일반 사용자들에게 안전하다는 인식을 주는 암시들은 비정상 사용자들에게는 위험하다는 인식을 가중시키거나 심리적으로 불안하고 초조한 느낌을 전하게 될 것이다.

공간을 이용하는 모든 사람들에게 동일한 효과를 나타내는 유일한 환경적 단서는 이격거리(또는 간격)일 것이다. 어느 누구라도 잠재적 위험요인으로부터 멀리 떨어져 있다면 해당 위험요인의 관리가 용이할 것이다. 예를 들어 도심지에 위치한 번화가에서는 가로에서 차지하는 보행자 공간의 비율이 낮기 때문에 술에 취한 사람이나 배회하는 청소년들을 마주하게 될 경우 이들을 회피하기 위한 적절한 간격을 확보하기가 어렵다. 한편, 차량이 많고 빠르게 다니는 곳에서는 소매치기 위험이 높기 때문에 이러한 곳을 피하려고 하는 것이 일반적인 사람들의 행태라 할 수 있다. 따라서 이와 같이 불가피하게 위험한 장소에 있어야 하는 경우 사람들은 잠재적 위험요인으로부터 멀리 떨어지거나 시선을 회피하게 되는 것이다.

경우에 따라서 거리라는 요소가 잠재적 범죄자들에게 안전한 요인이 되기도 한다. 범죄자나 비정상적인 공간 사용자들은 경찰이나 토지 소유주의 입장에서 위험하게 인식되는 요인들로부터의 거리가 멀어질수록 위험을 덜 느끼게 될 것이다. 이러한 거리라는 요소는 부적절한 행태에 대한 다양한 해명과도 관련이 있다. 예를 들어, "코치님, 나는 당신이 부르는 소리를 듣지 못했어요!", "경찰관님, 당신이 나를 향해 인사하는 것으로 생각했어요!", "나는 당신이 다른 누군가를 쫓고 있거나 다른 차량을 추격하는 줄 알았어요."와 같은 대화는 거리와 관계되는 전형적인 변명인 것이다. 따라서 이러한 사람들의 입장이라면 통제된 환경에서 다른 사람들과의 거리가 좁아지는 상황은 피하고 싶은 것이다.

CPTED 계획가들은 일반적인 공간 사용자들에게 긍정적인 영향을 줄 수 있도록 환경을 디자인해야 한다. 쇼핑센터나 쇼핑몰과 같은 다중이용시설은 수많은 일반 사용자들에 의해서 영향을 받는 공간의 좋은 사례라 할 수 있다. 운동시설이나 해수욕장도 마찬가지이다. 일부 다른 환경에서는 CPTED 계획가들이 비정상 사용자들의 행태에 많은 영향을 주는 계획을 할 수 있다. 공원의 경우 일과시간에는 일반 사용자들의 이용을 적극 유도하고, 야간에는 비정상 사용자들의 접근을 통제할 수 있도록 계획되어야 한다. 그러나 장소나 환경의 특수성으로 인해서 비정상 사용자들을 끌어들이는 전략들이 사용되기도 한다. 예를 들어, 위험지역이나 성인 오락실 등은 해당 환경에 내재된 범죄 취약성으로 인해서 사람들이 계층별 또는 선별적으로 접근할 수 있도록 계획되어야 한다. 한편, 소매점이나 상업지역, 또는 강변 선착장 주변과 같은 환경은 잠재적 위험인물들이 접근하지 못하도록 계획할 필요가 있는 것이다.

환경이 인간행태에 미치는 다양한 효과는 쉽게 관찰할 수 있는데, 특히 환경에 적용된 각종 디자인 요소는 인간행태에 영향을 미치는 중요한 암시가 될 수 있다. 환경이 사용되고 관리되는 방법 역시 인간행태에 영향을 줄 수 있으며, 사람들이 환경에 반응하는 방법 또한 다른 사람들의 공간에 대한 인식에 영향을 줄 수 있다. 쇼핑센터나 쇼핑몰은 늦은 오후나 야간시간대에 인간행태의 상호작용이 관찰되는 대표적인 장소들이다. 사람들은 다른 차에 인접해서 주차하는 경향이 있으며, 가급적 목적하는 공간이나 출입구에서 잘 보이는 곳에 주차하려고 한다. 주차를 한 뒤에는 빠르게 목적 공간으로 이동하게 된다. 그리고 이동시 어깨는 앞쪽으로 굽히고 얼굴은 바닥을 향하면서 다른 사람과의 시선 연결을 회피하는 행태를 보인다. 또한 이동경로에 있는 다양한 사람들은 상호간에 충분한 간격을 유지하면서 주변을 조심스럽게 관찰하며 이동한다.

이동 후 쇼핑센터나 쇼핑몰 출입구에 도착하면 행태적 유형에 변화가 나타난다. 급하게 이동하던 움직임에서 천천히 주변을 돌아보며 어깨를 다시 펴고 걷는 행태의 변화가 보이는 것이다. 그리고 주변에 있는 다른 사람들과의 시각적인 접촉도 나타난다. 다른 사람들을 응시하는 것이 허용되는 것이다. 사람들은 다른 사람들이 어떤 옷을 입고 있으며 어떻게 행동하는지 지켜보는 것을 즐기기도 한다. 만약 주차장에서 이렇게 행동한다면 그러한 행동이 유발하는 반작용이 있을 것이다. 이와 같이 통제되거나 가변적인 암시들에 의해서 일부의 사람들은 안전한 느낌으로 상황을 지켜보거나 아니면 부적절한 행위에 대해서 참지 못하는 행태를 표출할 수 있지만, 비정상 사용자들에게는 그러한 행태나 환경적 단서가 반대로 작용할 수도 있는 것이다.

주거지역에서의 환경적 단서들도 매우 중요하다. 깨끗하게 관리된 배수로나 주변을 항상 주시하는 거주자들의 행태는 외부인들에게 그들이 감시되고 있음을 알리는 역할을 한다. 잘 정비된 시설물들은 거주자들의 주택에 대한 자부심과 애착심을 높이고 외부인들에게는 지역의 환경관리가 잘되고 있음을 명확히 인식시켜 주는 표식이 될 수 있다. 이와 같은 다양한 상징들은 주인의식, 이웃 간의 밀접한 교류, 공동체 의식 등을 직·간접적으로 표현하는 수단이 된다. 이러한 행태가 이웃들을 하나로 묶어주는 역할을 하기도 하지만 기본 바탕에는 인간의 본성인 경쟁심과 질투, 시기심 등이 존재하고 있다.

보통 사람들은 거주자들에 의해 감시되고 있음을 느낄 수 있는 주거지역에서 안전하다고 판단하며, 그렇기 때문에 외부인의 존재도 더욱 쉽게 인식할 수 있다. 그러나 비정상 사용자들은 그들이 사람들의 감시에 노출되고 있음을 느낄수록 더 위험하다고 인식하게 된다. 이와는 반대로 일반 사용자들은 시각적인 노출이 적은 곳이나 사람들이 회피하는 곳, 주변과의 상호 감시가 어려운 곳에서 불안감을 느끼게 된다. 창문에 촘촘하게 드리워진 커튼은 거주자들이 주변에 대한 관심이 없음을 나타내는 것이며, 정돈되지 않은 잔디나 보행로 등은 가로가 활성화되지 않고 있음을 나타낸다. 결국 외부공간과 시선 연결이 가능한 창문이 많은 지역이나 잘 관리되고 있는 보행로 및 조경공간 등은 외부인들에게 지역주민의 책임의식과 환경에 대한 관심을 알려주는 암시가 될 수 있다.

각 공간에서 거주자나 외지인들은 서로 다르게 행동하며 환경적 단서에도 다르게 반응한다. 거주자들은 점차 변화하는 환경에 익숙해지지만, 외부인들은 그러한 환경들을 있는 그대로 바라볼 뿐이다. 초라한 식당이나 편의점이 거주자들에게는 매우 익숙하고 단골이 되는 이유는, 이러한 환경에 익숙해져 지속적으로 관심을 가지고 이용하기 때문이다. 결국 소비자들은 가격이 다소 높다 하더라도 그들 거주지 내의 편하면서도 선호하는 상점들을 자주 방문하게 되는데, 인간은 복잡하고 각박한 사회생활에서 받는 스트레스로부터 벗어나 편안함을 추구하려는 특성이 있기 때문이다. 따라서 외지인에게는 다소 거슬리거나 이상하게 보이는 환경조건들이라도 거주자 입장에서는 쉽게 적응될 수 있는 것이다.

외지인들은 장소를 있는 그대로 바라본다. 환경적 단서는 사람들이 어떤 영역으로 진입하게 될 때 나타나는데, 사람들은 그들이 느끼는 첫인상에 따라서 행태도 변하는 경향이 있다. 거주자와 외지인의 차이점은 CPTED 계획가들에게 매우 중요한 요소가 된다. 환경적 단서들은 사용자 집단을 정의하거나 확인하는 데 사용되며 프로젝트의 성공과 실패를 결정하는 요인이 될 수도 있다. 성공적인 CPTED 프로젝트를 위해서는 디자인과 공간관리가 사용자들의 잠재적인 행태변화와 일치하고 있는지 지속적으로 평가하는 것이 중요하다. 환경적 단서들은 지속적으로 모든 사람들에 의해서 관찰되며, 그러한 암시들은 인간기능의 목적을 달성할 수 있는 공간이나 삶의 질과 관련 있는 공간을 창조하는 데 필요한 의사결정 과정에도 중요한 요인이 된다. 이와 같이 환경적 단서는 소유와 관심을 나타내기 때문에 사람들의 영역적 행태는 환경적 단서와 직접적인 관련이 있다.

영역적 행태

동굴 거주자들은 그들의 개인적인 영역을 표시하기 위해서 동굴 앞 진입공간을 관리하고 정비하였다. 오늘날 이사할 때 제일 먼저 하는 일은 가재도구와 같은 개인물품들을 옮기는 것이다. 여행객들은 호텔 룸에 들어가면 가방의 짐을 먼저 풀고 옷가지를 옷걸이에 걸어두는데, 이는 본인이 입었던 옷의 주름을 펴는 데 도움이 되기도 하지만 침실을 개인화시키려는 목적도 있는 것이다. 여행객들은 이러한 행위 시 각자의 개성과 특징을 나타내게 된다.

자주 여행을 하는 입장에서 필자는 일반 여행객들의 다양한 특징들을 경험한바 있다. 일부는 여분의 침대 옆에 그들의 소지품을 차곡차곡 깔끔하게 쌓아두는 반면, 또 다른 사람들은 벽장이나 서랍 속에 소지품을 보관해둔다. 사업상 여행을 가는 사람들 대부분은 여행 가방에 가능한 많은 옷가지들을 빽빽하게 챙기고, 작업서류나 사업상 필요한 물품들은 간결하면서도 잘 보일 수 있도록 정돈할 것이다.

영역적 행태는 모든 인간과 동물, 생명체의 특징이다. 인간은 사적공간에서부터 반사적, 반공적, 공적공간에 이르기까지 구역이나 영역에 대한 위계별 체계를 정립하고 있다. 특히, 인간은 공간에 대해서 한시적이거나 영구적인 소유권을 확립할 필요가 있다. 개인의 주택이 각자의 영역으로서 요새화된 성곽과 같다는 것은 법률상의 관례이거나 보편적으로 인식되는 개념이라 할 수 있다. 어떤 일들을 중재하는 입장에 있는 전문가들은 힘없는 약자들의 허름한 거처라 할지라도 그들의 영역에 침입하는 것이 중대한 문제임을 잘 알고 있다. 경찰들은 각 개인의 소유물에 대해서 항상 신중을 기할 수 있도록 교육을 받으며, 그에 따라 사소한 절도범죄라도 발생하지 않도록 주의한다. 대부분의 사람들이 자신의 집 주변을 적극적으로 관리하고 보호하는 것도 지극히 상식적인 일이다.

인간과 동물들은 자신의 영역에 표시를 한다. 사람들은 소유권을 표시하는 방법 중 하나로서 주택 내부의 각 실에 그림을 걸기도 하며 외부공간에는 조경 수목을 식재하거나 화단을 조성하기도 한다. 동물들 역시 유사한 행태로 자연스럽게 각각의 영역과 먹이 공급처 등을 개체별 숫자만큼 할당해서 표시한다. 남미의 낙타들은 완벽한 정사각형으로 영역을 설정한다. 일반적인 다람쥐들은 1야드(91cm) 정도의 공간을 영역으로 설정하고 다른 다람쥐가 설정된 공간으로 침입할 경우 격렬하게 저항한다. 개들은 그들의 영역을 매우 강하게 표시하는데, 때로는 지나치게 넓은 영역을 설정하기도 한다. 흥미로운 것은 동물들의 경우 각각 다른 영역의 표시를 인식하는 성향이 있으며, 그에 상응하게 대응한다는 점이다. 인간은 그들의 영역을 담장과 표지판, 명료한 경계시설물 등으로 표시한다. 통상적으로 법률에서는 영역적 표시가 재산의 권리를 보호하는 필수적인 요소로 확인될 수 있음이 명시되어 있다.

모든 사람들은 매일매일 영역을 확인하고 인식하는 문제에 직면하고 있다. 사람은 아침에 일어나서 출근을 하고, 다시 퇴근 후 집으로 돌아올 때까지 수많은 영역적 전이공간들을 경험하게 된다. 가정주부들 역시 일상에서 영역과 관련된 상호작용을 경험하게 된다. 아이들을 감독하거나 잔디를 관리하는 것도 영역을 확보하는 과정 중 하나이다. "우리 집 마당을 벗어나면 안 된다." 또는 "남의 집 마당을 가로질러 다니면 안 된다."와 같은 아이들에 대한 훈계는 영역 정체성을 강화시키는 행위라 할 수 있다. 세탁물을 널어두는 행위 또한 간단하게 영역을 강화시키는 방법으로서 매우 당연하게 받아들여지고 있다. 차량이 주차된 곳은 더욱 직접적으로 영역이 표현된 것인데, 아파트단지나 공동주거지에서 넓고 획일적으로 계획된 주차공간이 비난을 받고 있지만, 영역적 측면에서는 성공적인 주거지 관리방법이기 때문에 계속해서 사용되는 것이다. 따라서 아파트단지에서 주차공간과 정원 또는 조경공간이 조화를 이루면서도 영역성을 강화시킬 수 있는 방법 중 하나는 주차공간을 쿨데삭(cul-de-sac) 형태로 배치함으로써 해당 공간이 자연스럽게 주거단지에 소속된 영역처럼 보이게 하는 것이다.

영역적 표시와 행태적 반응, 환경적 단서들은 모두 연계되어 있다.

실례로, 필자가 1985년에 루이빌(Louisville)로 이사를 간 뒤 인근에 있는 컨벤션센터를 촬영하기 위해 도심 번화가로 나간 적이 있었는데, 당시 그 지역은 도시재생을 위한 다양한 시도가 있었음에도 주변 상권은 축소되고 황폐화된 상태였다. 컨벤션센터의 동측에 주차를 하고 건물 전경을 촬영하기 위해 건너편 가로로 이동하는 동안, 길게 늘어져 있는 포르노 상점을 따라 지나가는 3명의 어린 청소년들을 마주하게 되었다. 그 어린 청소년들은 오렌지색 옷을 입고 머리는 초록색으로 염색을 했으며, 몸에는 체인을 감은 가죽 상의를 걸치고 화려한 장식물로 온몸을 치장한 상태로 어깨에 둘러맨 대형 오디오에서 나오는 음악을 듣고 있었다. 그 순간 필자는 망설임 없이 바로 방향을 틀어 시선을 돌려 건물들의 지붕선들을 바라보면서 길을 따라 내려왔다. 물론, 값비싼 카메라는 몸속 깊숙하게 숨겼다. 그밖에 내가 할 수 있는 일은 아무것도 없었다.

나의 경우 이러한 어린 청소년들이 내 영역으로 들어오는 것을 마지못해 허용하거나, 아니면 내 스스로 그들을 피하는 심리적 또는 물리적 행위를 통해서 영역적 행태를 강화시킨 것이다. 만약 이들과 유사한 젊은 사람들이 NCPI(National Crime Prevention Institute, 국립범죄예방연구소) 캠퍼스를 방문한다면 어떤 일이 발생할까? 이들은 내가 강의하고 있는 강의실 복도를 스스럼없이 지나갈 수 있을 정도로 대담할까? 그 젊은 사람들은 즉시 제지를 당할 것이며 오디오는 바로 꺼야 할 것이다. 이후에는 수업을 듣고 있는 학생들의 안내를 받아 캠퍼스 외부로 쫓겨나게 될 것이다. 젊은 사람들에 대한 나의 반응이 다른 이유는 단지 내가 위치해 있는 공간이 다르기 때문일까? 내가 경찰과 보안요원들로 가득 찬 교실 주변에서 더욱 안전하게 느끼는 것은 당연한 일이다. 이와 더불어 나는 내 자신의 영역을 방어하려고 노력할 것이며, 자동적으로 일탈행위들이 발생하기 이전에 적극적으로 제지하거나 아니면 그러한 상황에 대한 또 다른 대응책으로서 그 상황을 회피하는 방어적 행태를 보일 것이다.

그러나 도심지 가로에서 이러한 젊은 사람들에게 대항하는 것은 다음과 같은 이유로 인해서 어리석은 행동이 될 수 있다. 첫째, 나는 소유권이 없다. 두 번째로 나는 내 개인적인 문제들로 인해 지쳐 있다. 젊은 사람들의 거친 남성적인 정체성에 도전하는 것은 위험적인 요소, 즉 위험을 가중시키는 행위가 될 것이다. 젊고 거친 사람들은 그들의 소유권이나 영역적 특권의식을 강요하는 경향이 있다. 그렇지 않다면 그들의 입장에서는 자신만의 환경에 대한 안정감이나 존재의 이유를 잃어버리게 되는 것이다. 따라서 이러한 소유권이나 통제권이 공간 사용자들에게는 매우 중요한 일이 된다. 결국 불안감이라는 요인은 인간행태의 반응 메커니즘에 있어서 매우 강력하고 중요한 동기가 될 수 있다.

영역적 행태는 디자인이나 사용자의 반응을 통해서 나타나게 된다. 경계부 시설과 표지판에 의해서 잘 정의된 영역은 사용자들에게 그곳이 누군가의 소유이거나 통제된 환경임을 인식시킬 수 있다. 공간에 대한 영구적인 소유권은 법, 행동, 점유, 승인, 그리고 디자인에 의해 정의된다. 회의장 좌석에 대한 임시적인 소유권은 공간의 점유나 표식물 등을 통해서 정의될 수 있다.

임시적인 소유권에는 개인 소지품을(가방, 상의, 노트북 등) 얹어 놓은 공간에 대한 소유권을 표시하는 것도 포함한다. 신문이나 잡지는 본질적으로 개인화된 소유품이 아니기 때문에 공간에 대한 한시적 소유권을 주장하기에 충분하지 않다. 때로는 다른 형태의 물리적 표식들로 소유권을 표현할 수도 있다. 연회장 테이블 옆에 놓여 있는 의자는 저절로 테이블 옆으로 이동하지 못하기 때문에 누군가의 소유권 표시로 이해될 수 있을 것이다.

물리적인 소유권의 표시는 영역적 우선권을 표현하는 행위라 할 수 있다. 예를 들어 회의실에서 누군가가 커피 한잔을 마시기 위해 자리를 비운 동안 다른 사람이 겉옷 상의나 서류가방을 이동시켜 놨다면 자리로 돌아온 그 사람은 적극적으로 자신의 공간 소유권을 주장할 것이다. "실례하지만, 지금 제 자리에 앉아 계신 것 같습니다." 이러한 대화에 내재된 의미는 공손하면서도 단호하게 다른 사람이 본인의 영역을 침범하였음을 전달하는 것이다. 더욱 직접적이면서도 강한 표현방법은 다음과 같다. "당신이 내 물건들을 치웠을 때 이미 이 자리가 누군가가 먼저 잡아둔 곳임을 알고 있었지요!" 이러한 두 가지 대응방식 모두 공손하면서도 잘못된 것을 단순 명료하게 지적하는 행태라는 측면에서 공통점이 있다.

누군가가 이미 원하는 좌석에 앉아 있는 사람에게 접근하는 경우도 생각해볼 수 있다. "실례합니다. 저에게는 매우 중요한 일이어서 그런데 혹시 자리 좀 양보해주실 수 있나요?" 이러한 상황에서, 과연 누가 선뜻 호의를 베풀 수 있을까? 이러한 문장이나 표현은 원하지 않는 자리로 이동하는 것이 불편한 것임을 아는 심리가 반영된 것으로 부정의 의미를 내포하고 있다. 아무리 공손한 표현이라 하더라도 이와 같이 이미 선택된 좌석을 요구하는 것은 문제를 야기할 수 있는 것이다. 대부분의 경우 좌석을 먼저 점유하고 있는 사람은 그러한 요청에 거절하게 될 것이다. 그러나 마케팅 업무에 종사하고 있는 사람이라면 그러한 요청에 응하는 것이 언젠가 본인의 영업에 도움이 될 수도 있음을 알고 호의를 베풀 수도 있다. 이러한 사람들은 다른 사람들을 돕는 활동이나 자신들의 상품 판매를 위한 모든 활동이 결국 사람들의 긍정적인 인식에 영향을 줄 수 있음을 알고 있는 것이다. 따라서 소극적인 행동이 오히려 궁극적으로는 적극적인 행동의 효과를 발휘할 수도 있는데, 그것은 상황 논리에 달려 있다.

공간 사용자들은 상황에 대한 인식에 근거해서 반응한다. 광역적이거나 집중적 또는 미시적인 측면에서 영역성과 관련된 환경적 단서들은 비정상 사용자들에게는 위협요인이 되며, 일반 사용자들에게는 안심감을 제공한다. 올바르고 일반적인 공간 사용자들의 흥미를 유도하는 행태는 소유권을 의미하는 디자인 특징이나 영역적 표식의 강화와 밀접한 관련이 있다. 필자는 여러 지역에서 이러한 현상들을 시험해 보았다.

한 번은 미니애폴리스(Minneapolis)에 위치한 주거지역에서 운전을 하다가 좀 오래된 동네에서 잠시 멈춰 섰다. 인근의 배수로는 매우 깨끗했고 주택들은 잘 관리되어 있었으며 잔디밭 모퉁이의 화단과 작은 담장들이 눈에 띄었다.

몇몇 거주자들은 보행로 주변의 조경을 정리하면서 꽃들을 심고 있었다. 내가 차에서 내렸을 때, 잔디밭에 물을 주던 한 노인이 당황한 표정으로 과장된 몸짓을 하면서 차로 다가오기 시작했다. 그와 무슨 대화를 나누었을까? 내가 그에게 다가갈 때까지, 그리고 그 노인이 나에게 말을 걸기 전에 내가 무엇을 하고 있는지 알려줄 때까지, 왜 그 노인은 기다리지 못했을까? 그 노인은 이 거리가 매우 안전함을 느끼고 있으며, 주변에서 벌어지고 있는 일들에 깊은 관심을 가지고 있음을 자연스럽게 표현하고 싶었던 것이었다.

나는 그 노인이 들고 있던 호스에서 나오는 물을 피하면서, 그 블록의 거주자들을 잘 알고 있는 노인의 질문에 의도적으로 잘못된 답변을 했다. 이후 가로를 따라 걸어가는 나를 지켜보면서 그 노인은 이 점에 대해서 매우 명확한 어조로 반복해서 지적하기 시작했다.

"내가 말했죠, 젊은 양반, 스미스 씨는 거기 아랫집에 산다고!" 그는 무엇을 말하려던 것일까? 이러한 대화의 핵심은 영역 침범에 대한 것으로. 명확한 사실은 내가 스미스 씨 집을 정확하게 찾아가서 차를 그 집 앞에서 주차했어야 했고, 그 노인의 집 앞에는 주차하지 말았어야 했다는 것이다.

전반적으로 노후되고 관리되지 않은 또 다른 지역에서 내가 사진을 찍고 있을 때 그 누구도 나를 주시하거나 제지하는 행동을 하지 않았다. 단지 몇몇 사람들이 밖으로 나왔다가 사라졌을 뿐이다. 화단에는 꽃들이 없었고, 개인 마당을 표시하는 경계 시설물도 부족했다. 현관 앞에는 크고 낡은 가구들이 방치되어 있었으며 많은 주택의 뒷마당에는 주변과의 시선 연결이 어려운 담장이 설치되어 있었다. 이러한 지역에서의 공간이용 행태와 디자인이 의미하는 메시지는 무엇인가? 이곳 사람들은 주택 후면 가로를 이용하고 있는 것인가? 그들은 영역적인 규칙들을 포기한 것인가? 이러한 환경이 비정상적이거나 원하지 않는 사용자들로부터 이끌어내는 행태는 무엇인가? 이러한 상황에서도 안전하게 느끼거나 또는 직면할 수 있는 위험을 최소화할 수는 있는 것인가?

뉴저지 주 트렌턴(Trenton, New Jersey)에서 CPTED 교육 프로그램을 수행하는 동안, 나는 한 반의 팀원들과 주거지역 10개 블록의 위험도 평가 프로젝트를 수행하였다. 지역의 규모는 작았고 늘어선 주택들은 촘촘하게 인접해 있으며, 모든 길은 보행로로 연결되어 있었다. 그 지역에서 가로를 따라 걸을 때 사람들의 영역적 관심이나 태도에 큰 차이가 있음을 쉽게 발견할 수 있었다. 블록의 시작점에서 확인한 결과 가로에 인접한 각 주택의 창문은 커튼으로 가려져 있으며 창문 주변에는 화분도 없었고 현관 앞 주변도 정비되지 않았다. 물론 전반적인 가로의 유지관리 상태도 부실했다. 현관 주변에는 간이의자와 같은 편의시설도 없었고 보행로는 불규칙하고 어지럽게 방치된 상태였다.

거리를 더 내려오자 문 앞에는 차양물이 설치되어 있었고 창문이 매우 많았다. 창문에는 커튼이 산만하게 방치된 채로 걸려 있었다.

그러나 현관만은 정비된 상태였다. 조금씩 걸어갈수록 가로가 변화되고 있음을 느낄 수 있었다. 창문 주변이나 보행로에는 화분들이 놓여 있었고 의자는 집 앞의 잘 보이는 곳에 설치되어 있었다. 내가 걷던 블록의 마지막 주택에서는 화분들이 가지런히 놓여 있었고 보행로는 장식 벽돌로 정돈되어 있었다.

이러한 환경적 단서들이 정상 또는 비정상 사용자들에게 의미하는 바가 무엇인가? 그 블록 시작점에 살고 있는 사람들은 가로 뒤편 공간으로 다녀본 적이 있을까? 그들은 본인들의 거주지역에 있는 보행공간을 포기한 것인가? 블록 끝부분에 살고 있는 거주자들이 통행인들에게 직간접적으로 전달하려는 의미는 무엇이었을까? 대상지 평가를 수행하던 팀원들은 이러한 질문에 대한 답을 비교적 빠르게 발견할 수 있었다. 몇몇 소년들은 가로의 시작점에 있던 팀원들에게 마약판매를 시도하기도 하였고, 주택 주변을 산책하거나 소일거리를 하고 있던 주민들의 경우는 우리들의 수상스러운 행동을 목격한 순간 바로 신고하여 트렌턴 경찰이 출동하기도 하였다. 이러한 사례를 통해서 어떠한 지역에서 영역적 태도가 명확한지 아닌지를 추측하는 것은 어려운 일이 아니라는 것을 짐작할 수 있을 것이다.

공간에 대한 임시적인 감독이나 관리는 영구적인 소유권만큼이나 매우 중요하다. 언젠가 기회가 되면 약국이나 슈퍼마켓의 계산대에서 벌어지는 영역적 행태들을 관찰할 기회가 있을 것이다. 비행기 표를 구매하는 경우나 패스트푸드 식당, 또는 은행에서도 동일한 현상을 발견할 것이다. 누군가가 전시된 물건을 주시하거나 다른 물건을 집어 들기 위해서 차례로 늘어선 대기선에서 벗어날 경우 어떤 일이 발생하는가? 뒤쪽에 있는 사람들은 다른 사람들의 공간을 침범하지 않기 위해 간격을 유지하면서 앞으로 이동하는 경향이 있다. 사람들은 누군가가 돌아설 때 뒤로 움직이는 것을 매우 싫어하는데, 이러한 경향이 반영되어 사람들 간에는 일정한 간격이 유지되는 것이며 이러한 균형이 깨지는 상황에서는 불편한 심기가 표출되기도 한다.

운전자들은 다른 차량들이 자신들의 운전경로를 침범하는 것에 대해서 매우 민감하게 반응하는 경향이 있다. 뒤에서 다가오던 차량이 속도를 높여 진로를 침범해서 가로질러 가는 순간 과속으로 인해 발생한 충돌사고 상황을 목격한 적이 있다. 충돌사고를 당한 운전자의 마음은 어떤 것이었을까? 피해자는 다른 운전자가 공간을 침범하고 위험한 상황을 초래한 것에 대한 처벌을 위해서 어떤 일을 할 수 있을까? 오히려 피해자가 그러한 상황을 더 악화시킨 것은 아니었을까? 이러한 상황은 도로에서 일상적으로 벌어지는 일이다. 버지니아 주 페어팩스 카운티(Fairfax County, Virginia)에서 진행된 폭행사건에 대한 연구에 따르면 모든 폭행사건의 10% 이상이 운전자들 사이의 말다툼에서 발생한다고 한다. 운전자들이라면 일방통행로임에도 불구하고 반대편 방향에서 다가오고 있는 차량과 마주하는 경험이 있을 것이다. 만약 야간에 전방에서 다가오는 차량이 자신의 진행방향을 알리기 위한 지시등이나 주의 환기를 위한 상향등을 켤 때까지 사람들은 얼마나 기다릴 수 있을까? 자신의 부주의로 인해서 누군가의 안전을 저해하거나 위험한 상황을 초래한 것에 대해서 비난받는 것은 당연한 것이다.

일시적으로 공간을 관리한다는 것은 꽤나 흥미로운 함축적 의미를 내포하고 있다. 여러 해 동안 나는 CPTED 강의와 발표가 있는 경우 첫 번째 휴식시간에 습관적으로 사람들의 물건들을 이동시켜 두곤 했다. 이는 영역적 행태를 사람들에게 이해시키는 가장 단순한 방법이기 때문이다.

그러나 고령자들을 대상으로 하는 강의에서는 이러한 실험이 늘 성공하는 것은 아니었고 대부분 좋지 못한 상황으로 끝났다.

또 한 번은 사람들에게 차나 커피 한 잔을 권하면서 휴식시간을 가지기로 했다. 그리고 즉시 사람들의 핸드백과 재킷을 옮겼다. 잠시 뒤 사람들 사이에는 치열한 설전이 벌어졌으며 내가 중재에 나선 이후에야 정리가 되었다. 상황을 정리하면서 사람들에게 이러한 상황이 영역적 행태에 대해서 체험하고 인식할 수 있도록 연출된 것임을 알려주었다. 대부분의 사람들이 이러한 상황을 이해하고 큰 웃음으로 마무리되는 즈음에 갑자기 한 명의 노신사가 나타나 나를 향해, 이것은 결코 장난 같은 행위가 아니라고 호통을 치자 상황은 변하기 시작했고 다른 사람들에게 물건을 집어던지는 행동까지 나타났다. 그 노인은 이러한 상황을 받아들이지 못하고 이성을 잃은 상태였던 것이다.

공간 소유권에 대한 관심과 존중은 동기부여에서 비롯된 것임이 경험적인 사실을 통해 증명된바 있다. 편의점의 경우, 카운터 뒤에서 대부분의 시간을 보내는 사람보다 상점 안에서 이런저런 일들로 바쁜 종업원이 훨씬 적극적으로 그 상점을 보호하려는 의지가 있음이 밝혀졌다. 한 사업장에서 선반을 더 낮게 설치하고 통로는 더 넓게 만들었을 때, 종업원들은 더욱 자주 상품들을 보충해야만 하는 상황에 대해서 불평을 하였다. 선반에 있는 물건들이 다 소모되기 전에 상품들을 올려놓는 일이 번거롭기 때문이었으며, 이 때문에 종업원들이 원하는 것은 재고를 포함한 모든 물건들이 남아있지 않는 것이었다. 처음부터 높은 선반에 물건을 놓아두어야 하기 때문에 일은 두 배가 되었던 것이다. 물건들을 선반 위에 계속적으로 채워야 할 만큼 종업원들이 바빠질수록 시간은 빨리 가고 신규 상점에서는 손실이 더 줄어든다. 이는 날로 증가되고 있는 소유권(영역의식) 측면에서 공간관리의 중요성을 뒷받침하는 사례로서, 이러한 영역적 행위들이 모여서 이익이나 손실에 영향을 주는 것이다. 따라서 상점의 일정 영역을 맡아서 업무를 담당하는 정규직 종업원들은 임시직 종업원들보다도 주변환경에 대해 훨씬 더 주의를 기울이며 상품과 상점에 대해서도 더욱 보호적인 태도를 취하게 된다.

올덤(Oldham)과 프라이드(Fried)는 "작업장 특성에 따른 종업원의 반응[3)]"이라는 논문에서 종업원들은 다음과 같은 조건들이 제시될 때 불만이 높아지고 이직할 가능성이 높다고 밝힌바 있다.

- 작업공간이 어두운 경우
- 종업원 작업공간 주변으로 영역성 확보가 되지 않는 경우
- 종업원들이 인접해서 가까이 붙어 앉아 있는 경우
- 많은 종업원들이 작업공간을 공유하고 있는 경우

사람들이 소유권을 가지고 있는 토지나 공간에 관심을 갖고 관리하는 것은 당연한 일이다. 아마도 여기에는 생산은 증가하고 손실이 줄어드는 것에서 얻은 교훈이 있을 것이다. 사회 전반에 걸쳐서 이와 관련된 사례는 매우 많다. 예를 들어 경찰이 경찰서가 아닌 집으로 퇴근해서 관리하는 경찰차들은 카풀제로 운영되는 차량보다도 유지비가 훨씬 적게 든다. 목수나 기계 정비사들은 항상 스스로 만든 공구들을 사용하는데, 이러한 공구들이 기성 제품보다도 더 잘 관리된다. 이와 마찬가지로 공동으로 생활하는 지역에서 영역적 범위가 명확한 주택을 소유하고 있는 사람들은 해당 지역에서 발생하는 일들에 대해서 더욱 관

3) Oldham, L., and Fried, G., "Employee Reactions to Workspace Characteristics," Journal of Applied Statistics, Feb. 1987, 176.

심을 가지고 관리하는 경향이 있다.

소유권 측면에서 명확한 범위가 설정된 장소일수록 거주자와 비거주자 또는 방문객들이 쉽게 구분될 수 있다. 범위가 명확하게 지정되지 않은 공간을 최소화시키는 목적과 이유는 CPTED 관점에서 이해될 수 있다. 복합용도의 공간이라면 여러 사람들의 필요에 의해서 개별적인 공간이 사용되는 것을 고려하여 다양한 사용자 집단에게 공간을 적절하게 할당하는 것이 최선일 것이다. 복도, 현관, 계단실과 같은 공용공간은 거주자의 단위세대에 인접한 영역이라 하더라도 개개인이 소유권을 주장할 수 없는 장소이다. 인테리어 업자들이 건물 내부 공용공간에 필요한 가구나 색상을 동일한 디자인으로 추천하는 것은 당연하지만, 이런 환경에서는 소유권에 대한 개념이 희석될 가능성이 높아지는 것이다.

인간이 영역적으로 행동하는 것은 타고난 것이다. 모든 인간들은 매일매일 사적공간과 반사적공간, 반공적공간과 공적공간 같이 영역적으로 서로 다른 공간들을 반복해서 이동하거나 또는 이용하고 있다. 이것은 변할 수 없는 불변의 과정이다. CPTED 계획가들은 공간에 대한 의사결정을 하는 사람들에게 내재된 행태적 개념을 공유하기 위해서 이러한 경험적인 결과들을 인식할 필요가 있다.

시각적 환상과 조경, 그리고 예술

인간은 태어날 때부터 특정한 환경 자극에 자연스럽게 반응하게 된다. 다른 반응들은 문화, 교육, 훈련, 경험 등을 통해서 배우게 된다. 새로 태어난 아기와 동물에 대한 실험결과는 그들이 시각적 자극에 자연스럽게 반응하는 유전적 특징을 가지고 있음을 보여주고 있다. 예를 들어 새로 태어난 생명체들이 절벽의 끝부분에서 접근하는 다른 생명체의 시야에 들어오게 된다면 그 생명체들은 자동적으로 반대방향으로 이동해야 함을 인식하게 될 것이다. 시각적 자극은 인간에게 가장 중요한 것이지만, 시각적 자극이 다른 형태의 지각과 상호 배타적인 것은 아니다.

공간의 효과를 시각적으로 이해하는 가장 좋은 방법은 카메라를 사용하는 것이다. 카메라는 사람의 눈과 같은 기능을 수행하도록 디자인되었고, 렌즈는 사물에서 반사된 빛을 받아들이며 빛에너지는 사물에 의해 변화의 과정을 거쳐 그 이미지가 필름에서 재현된다. 이와 마찬가지로 눈의 후면이나 망막은 빛에너지를 흡수하며 빛의 다양한 파장은 3차원 형태로 해석된다. 이것은 카메라의 끝부분에서 시야의 폭과 범위, 깊이가 조절되는 것과 유사한 과정이다. 그러나 사람의 눈은 깊이에 대한 감각과 시야의 범위가 고정된 채로 환경을 지각하여 기록한다.

인간은 지리적 또는 영역적 범위에 따라서 폭과 높이, 깊이가 변화하는 "시각적 환상(시각적으로 과장된 환경)"을 경험하고 있다.

시각적 환상이란 환경 속에서 사람이 의식적으로 사물을 인식하는 공간을 의미한다. 만약 어떤 특정한 요소들에 의해서 다른 환경적 요소들에 대한 인식이 방해받지 않는다면 대부분의 환경적 단서들은 시각적 환상의 범주를 벗어나는 순간 무의식적으로 인식하게 된다. 예를 들어 뒷마당에 있는 불투명한 담장은 시각적으로 과장되어 외부 한계범위를 설정하게 될 것이다. 상징적 담장은 시각적으로 과장되어 영역으로 설정된 외부환경이나 다른 공간에서 발생할 수 있는 상황들에 대한 심리적인 장애물로서 작용할 수 있다. 따라서 불투명한 담장이 자신의 존재를 감춰주는 은폐공간이 된다고 생각하는 범죄자들은, 이러한 상징적 장애물도 담장과 같은 기능을 한다고 인식하고 거주자나 주변 통행인들이 본인의 행위를 감시하지 못할 것으로 판단하게 되는 것이다.

이러한 개념이 CPTED 연구에서 필요한 이유는 무엇일까? 이는 사람들이 당면하고 있는 생존이나 보호를 위한 정보수집을 목적으로 시지각을 통해서 주변환경을 면밀하게 관찰하기 때문이다. 환경적 단서는 인간의 모든 지각기관을 통해서 평가된다. 그러나 시각적 감각은 관심을 유도하는 요소나 환경에서 사물의 정체성, 길 찾기, 위험요소 등에 대한 정보를 제공하는데, 시지각 예술, 조각, 광고, 패션, 조경디자인, 안전 등과 직접 관계있는 전반적인 연구 분야가 이러한 특징을 가지고 있다. 예를 들어 고속도로 안전은 거의 모든 것이 시지각과 관련이 있다. 교통공학 전문가들은 교통사고가 많이 발생하는 특정 위치를 알고 있다. 고속도로변을 따라서 설치된 방음벽과 같은 장애물들은 운전자들에게 터널과 같은 시각적 효과를 만들어내며, 결국 이러한 환경이 교통사고를 유발하는 것으로 알려져 있다.

다음의 내용들은 CPTED에서 시각적 공간계획의 중요성을 나타내는 사례 중 일부를 정리한 것이다.

- 이론적으로 도심지 내의 보행자 전용도로나 상점가에서는 사람들을 끌어들이기 위해서 휴게공간이나 조경요소를 적극 활용하고 있으며, 이러한 요소들이 상업지역 영향권에 위치해 있다면 소비자들의 구매욕구를 더욱 자극시킬 것이다. 그러나 소비자들의 시각적 범위(시야에 들어오는 정보를 습득하는 범위)는 상점의 특징적인 요소들에 의해 영향을 받으며, 상점 그 자체만으로는 시각적 관심을 끌기가 어려울 것이다. 특히 소비자들이 전략적으로 선택할 수 있는 기회가 제한될 경우는 안전하지 못하다는 인식의 확산과 함께 판매율 하락이라는 결과도 초래할 수 있다.
- 골목길에 있는 주차장과 인접한 일방통행로나 동시에 작동하는 교통신호기는 차량의 속도가 갑자기 빨라지거나 느려지는 상황이 발생하지 않도록 유도하는 시설이다. 그러나 실제로는 이러한 환경조건이 운전자의 시각적 범위를 축소시킴에 따라 운전자들은 속도를 높이게 되고, 이에 따라 위험은 가중되며 주변에 대한 주의력은 감소하고 결국 주변시설이나 행위에 대한 감시 가능성도 저하될 것이다.
- 복도나 회의실의 천장높이는 주의력이나 이동행태와 직접적인 관계가 있다. 낮은 천장은 사람들의 행동을 제약하며 높은 천장은 반대로 행동이나 집중력을 촉진시키는 경향이 있는 것이다.
- 보행로와 자전거도로의 경계부분에 식재된 조경은 시각적 깊이를 증

가시키며, 이에 따라 공간 사용자들에게 범죄의 위험이나 안전사고에 대한 더 많은 정보를 제공할 수 있다.

- 상점 앞 현관을 넓게 계획할 경우, 소비자들은 다른 사람들의 방해를 받지 않으면서 편안하게 더 많은 상품을 고를 수 있기 때문에 불량 청소년들과 마주치기를 꺼려하는 성인 소비자들의 상품 구매력을 증가시키는 요인이 될 수 있다.
- 도로의 모퉁이나 교차로에 위치한 건물에 부착된 첨탑이나 탑 모양의 시설물은 사람들이 길을 찾을 때 방향이나 목적지를 확인하거나 거리를 가늠하는 데 있어 발생하는 불안감을 해소하는 데 도움을 준다.
- 고속도로 주변에 설치된 불투명 재료의 방음벽은 운전자에게 터널현상을 형성하여 교통사고를 증가시킬 수 있다.
- 쓰레기수거장이나 물품하역장에 사용되는 불투명 구조의 차단막은 보행자의 시야 범위에 영향을 준다. 따라서 이러한 곳에 투명한 재료의 담장을 설치한다면 시각적 범위가 넓어져 작업에 도움이 될 수 있다.
- 훼손하기 어렵게 식재된 조경은 유지관리비용 절감에 도움이 되며 출입구 주변에서 발생할 수 있는 낙서와 같은 일탈행위 예방에도 도움이 될 것이다.
- 조경은 공공공간과 사적공간 사이의 경계를 명확히 하는 데 도움이 되며, 이동 목적으로 정의된 공간에 식재된 조경은 불필요한 행태를 예방하고 올바른 공간 사용을 유도할 수도 있다.
- 미술품과 조각상과 같은 예술작품은 공간에 대한 소유의식과 영역적 행태를 강화시킬 수 있으며, 이러한 시설들은 공간에 대한 주의를 환기시키고 사람들이 방향이나 길을 찾는 데에도 도움이 된다. 거리의 예술작품이 가치가 있는 이유 중 하나는 공간의 영역의식 형성과 관련이 있기 때문인데, 이러한 시설들로 인해서 사람들은 심리적으로 공간의 범위를 인식하게 되며, 이에 따라 영역성과 통제력도 강화시킬 수 있다.

7

번역 | 이민식(Ph.D. 경기대학교 경찰행정학과)

범죄와 손실예방

장의 구성

개요

사회에 대한 범죄의 위협은 문명화의 진전, 특히 기술의 진보와 함께 변화한다. 기술의 발전은 더 큰 기회와 안락함을 가져다준다. 그러나 그것은 또한 인간의 탐욕과 이를 채울 새로운 기회도 가져다준다.

올리브 트위스트(Oliver Twist) 원작의 서문에서 디킨스(Dickens)는 19세기 런던 범죄자들에 대해 다음과 같이 묘사하였다.

나는 도둑들에 관한 다수의 책을 읽었다. 책에서 그들은 대개 매력적이고 친절하며, 옷을 잘 입고 돈을 잘 쓰며, 여자도 잘 만나고 대담하며 노래도 잘하는 친구들이다. … 즉, 나는 한번도 그들이 비참한 현실에 있는 것을 본 적이 없다. 그러나 범죄자들을 현실 그대로 묘사하는 것이 중요하다고 생각한다 — 예컨대 그들은 대개 결함이 많으며, 비열하고 비참한 삶을 산다. 이렇게 사실을 있는 그대로 묘사하는 것은 매우 필요한 일이며, 사회적으로 도움이 되는 것이다.

디킨스는 자신이 영국의 범죄(자) 상황에 대해 대담하고 공개적인 묘사를 한데 대해 강력한 대중적 비판이 있은 후에, 자기 책 서문에서 위와 같은 방어의 글을 썼다. 디킨스가 범죄의 실제 상황을 공개적으로 묘사하였지만, 그의 작업은 범죄행위가 사회의 하층계급들에만 한정되는 것이라는 잘못된 관념을 강화하는 역할을 하였다는 점에서 충격적이다. 비록 디킨스의 작업이 상류층 계급들에게 (사회의) 범죄적 조건의 존재를 인식하게끔 해준 점은 있지만, 이러한 (왜곡된) 생각이 20세기를 지배하도록 한 데에도 일조하였다. 범죄에 대한 사회적, 과학적 개념은 주로 나쁜 사람들 혹은 경력범죄자들의 반사회적 행위와 관련된다. 범죄행위에 대한 심리적 설명을 선호하는 이들도 있지만, 범죄행위를 가난한 인구집단의 열악한 물리적, 사회적 조건과 연관시키는 경우는 우리 사회에서 여전히 흔하다. 많은 사회과학자들이 범죄행위의 원인을 기회의 부족과 부적절한 교육에서 찾는 것을 고집한다.

일부 (이론적) 시도는 중상류층 계급들이 누리는 삶에서의 기회가 자신들에게도 주어졌다면 의당 법을 준수하는 시민이 되었을 사람들이 생계를 위한 유일한 수단으로써 범죄행위를 선택한다고 정당화하는 데 사용되었다. 급진범죄학(radical criminology)이란 관념과 일정한 관계가 있는 소수의 학자들은 범죄가 상류층 계급들에게만 허용되는 합법적 기회가 차단되는 불평등체제(the military-industrial establishment)에 의해 유발된다고 믿는다. 미국 사회에서 인기 있는 뮤지컬이자 영화인 웨스트사이드 스토리(West Side Story)가 비행행위를 열악한 환경의 산물로서 특징지음으로써 이러한 관념을 일정 부분 심어주었다. 불행히도, 범죄행위와 갱생에 관한 많은 현대적인 이론들이 인간행위에 관한 불완전한 견해에 초점을 두고 있다. 범죄행위에 대한 많은 다양한 사회학적, 심리학적, 생물학적 이론들이 모든 사회, 계급, 지위에서 만연하는 부정직함, 속임, 의무위반과 관련 있는, 알려지지만 공식적으로 인정되지는 않은 범죄행위 영역에 대해서는 설명하지 않는다. 화이트칼라범죄, 조직범죄, 보험사기, 금융사기, 탈세 등 의무회피의 문제들은 전체적인 사회적, 경제적, 정치적 결과란 맥락에서 볼 때, 그 부정적 영향이 일반적인 범죄보다 실제로 더 클 수도 있다. 개인의 부정행위에 대한 연구들은 우리 사회의 더 큰 다수가 부정한 경향이 있다는 놀라운 사실을 드러내 주었다.

브리검 영 대학(Brigham Young University) 경영대학의 스티브 알브레이트(W. Steve Albrecht) 박사는 화이트칼라범죄에 관한 많은 연구를 수행하였다. "붉은 깃발"(Red Flags)이란 제목의 영화에서 알브레히트 박사는 다음과 같은 일반 대중의 정직성에 관한 연구의 결과를 인용하였다.

- 대중의 30%는 일상적으로 훔치거나 부정행위를 한다.
- 대중의 30%는 상황에 따라서 훔치거나 부정행위를 한다.
- 대중의 40%는 상황과 무관하게 절대 훔치거나 부정행위를 하지 않는다.

범죄행위의 정의는 어디에서 시작하고 어디에서 끝나는가? 사법당국에 신고된 범죄를 저지른 사람들과 보통 유형의 범죄로 체포된 사람들에게만 우리의 관심을 한정해야 할 것인가? 우리 사회에서 (일반적 유형의) 범죄행위와 사기(와 같은 화이트칼라)범죄의 실상과 그것이 우리의 삶에 끼치는 영향을 밝히는 것이 바람직한가? 그렇게 하는 것이 모험을 할 만한 가치가 있는 것인가?

범죄

범죄는 우리의 삶에서 아주 흔한 것이며 따라서 자연스런 것으로 받아들여진다. 즉, 모든 사람이 그것이 무엇인지 알기 때문에 특별한 정의를 필요로 하지 않는다. 그러나 일반 대중이 범죄가 무엇인지를 진실로 아는가? 입법부와 정부의 사람들은 어떠한가?

극소수의 사람들만이 범죄와 범죄적 행위의 참된 성질과 범위에 대한 명확한 생각을 가지고 있다. 웹스터(Webster)의 『신 대학사전New Collegiate Dictionary』에 나오는 범죄에 대한 다음의 정의는 그 문제에 대한 보다 폭넓은 이해를 위한 일정한 통찰을 제공해준다. 이 사전에 따르면, 범죄는 "금지되는 행위 또는 행위를 범하는 것, 혹은 위반자를 처벌할 수 있는 공적인 법으로 명령되는 의무를 이행하지 않는 것"이다. 이 정의는 법으로 금지되는 행위뿐만 아니라, 법으로 요구되는 행위의 불이행도 포함하는 범죄에 대한 포괄적 규정을 제공해준다.

각 사회에서 범죄의 정도와 심각성은 어떠한가?

제임스 윌슨(James Q. Wilson)의 책 『범죄와 인간의 본성Crime and Human Nature』에서 세계적인 범죄의 추세에 관한 보고는 개도국과 선진국 간 범죄율에 있어서의 명확한 차이를 보여 주었다. 개도국에서는 대인범죄(43%)와 재산범죄(49%)의 비율이 엇비슷하나, 선진국은 대인범죄(10%) 대비 훨씬 더 높은 재산범죄율(82%)을 경험한다. 그러나 약물관련 범죄의 비율은 개도국과 선진국 간 그 차이가 크지 않다.

10년 이상에 걸친 이와 같은 추세는 21세기에 들어서도 유효할 것으로 본다.

미국에서의 침입절도 개관

- 미국에서는 2010년에 2,159,878건으로 추산되는 침입절도 사건이 발생하였다. 이는 2009년 대비 2.0% 감소한 수치이다.
- 2010년의 침입절도 건수는 2001년 대비 2% 증가한 수치이다.
- 이는 또한 2010년도에 발생한 총 재산범죄의 23.8%에 달하는 수치이다.
- 모든 침입절도 사건 중 60.5%에서는 강제적인 침입이 이루어졌고, 33.2%에서는 완력이 개입되지 않은 불법적인 침입이 이루어졌으며, 나머지 6.3%는 강제적인 침입미수사건들이다.
- 침입절도 범죄의 피해자들은 2010년도에 모두 46억 달러로 추산되는 재산손실을 입었는데, 각 건당 평균 손실은 2,119달러였다.
- 모든 침입절도사건의 73.9%가 주거시설에 대한 침입절도였다.[1)]

---

1) *Crime in the United States*, 2010, US Department of Justice, Federal Bureau of Investigation, released Sept. 2011.

이상의 수치들이 미국에서 발생하는 침입절도 범죄의 완전한 실상을 보여주는 것은 아니다. 그것은 공식통계에 잡히지 않은 범죄와 경미한 범죄들은 포함하지 않기 때문이다. 미국의 공식통계는 2010년에 거의 1,500만 건의 심각한 범죄들이 발생하였음을 보여주었다. 이들 심각한 범죄에는 살인, 강간, 강도, 중폭행, 침입절도, 경절도, 자동차절도가 포함된다.

소매업을 운영하는 사람들은 범죄와 부정행위가 특히 소비재의 가격에 미치는 부정적 영향에 대해 전통적으로 더 잘 이해하고 있다. 그러나 빈틈없는 사업가들조차도 범죄와 부정행위가 자신의 사업에 미치는 부담의 정확한 크기는 잘 알지 못한다.

범죄의 정도

범죄에 대응하여 무엇을 할 것인가 하는 결정은 우선, 당국에 신고된 범죄 및 보안위해 사건들이 어느 정도인가 하는 판단에 달려 있다. 범죄자에 대한 지식은 체포된 사람들과 그들이 저지른 범죄나 그들이 형사사법당국에 밝힌 내용에 한정된다.

범죄가 우리 공동체에 끼친 부정적 영향을 이해하고 공적 대응을 위한 합리적 판단을 하기 위해서 고려해야 할 네 가지 범죄 수준이 있다.

1. **신고된 범죄**는 FBI의 표준범죄보고서 및 보안사건보고서에 의해서 측정된다. 2008년에는 2,100만 건 이상의 주요 범죄가 보고되었으며, 약 20%의 사건 해결률을 보였다. 대부분이 재산범죄이지만, 그것들 역시 범죄에 대한 두려움을 낳는다.
2. **신고되지 않은 범죄**는 범죄피해조사에 의해 측정된다. 이들 조사는 모든 개인적 피해의 대략 35%만이 형사사법당국에 신고됨을 알려준다. 나머지는 다양한 이유로 신고되지 않는다. 범죄피해조사들은 가장 경미한 범죄로부터 가장 심각한 범죄에 이르기까지 대부분의 종류를 포괄한다. 이 연례적 조사의 결과는 법 집행의 전체적 성공률이 신고되

지 않은 범죄들을 감안될 때 거의 7%에 불과함을 증명해준다.

3. **인지되지 않은 범죄**는 개인과 조직에 대하여 행해지는 또 다른 큰 범주의 범죄이다. 이 범죄들은 비록 불충분한 것이지만 회계 및 재고통제 시스템으로 보존되는 "손실(shrinkage)" 자료에 의해 측정된다. 손실의 정도는 막대하다. 자산목록에서 흔히 인정되는 손실수준은 10%이다. 즉, 모든 상품과 재화의 약 10%가 목록에서 사라진다. 가게들치기와 직원에 의한 절도가 이 영역에서 대표적인 것이다. 가게들치기 대비 직원절도의 비율은 상품의 계열에 따라서 7 : 1에서 5 : 1로 다르다. 신고된 범죄와 신고되지 않은 범죄의 비용이 매년 약 370억 달러에 달한다. 인지되지 않은 범죄는 또 다른 1,000~2,000억 달러의 비용을 대중에게 전가한다.
4. **발견되지 않은 손실**은 아직 밝혀지지 않은 손해이다. 시간의 절도와 피보험자로부터 허가 받지 않은 보험증권의 불법적 대부는 너무나 빈번하게 발생하는 범죄의 예들이다. 이 범주에서의 손실로 인해 네 가지 범주 모두에서의 총 손실 수준은 매년 약 6,500억 달러에 육박한다. 미국의 대중에 끼치는 악영향이 어마어마하다. 이러한 손실은 소비재 상품(의료보험, 자동차보험 등)의 가격을 올리는 요인으로 작용한다. 대부분의 사람들이 신고된 범죄는 알지만, 신고되지 않은 피해뿐만 아니라 인지되지 않거나 발견되지 않은 손실을 포함하는 범죄의 실제적인 규모는 거의 알지 못한다. 많은 나라에서 범죄피해조사는 상당한 규모의 범죄가 다양한 이유로 신고되지 않는다는 것을 보여준다. 이 문제에 관한 몇 가지 일반적인 사실을 소개하면 다음과 같다.
    - 미국 국세청은 소득세 탈루로 인한 손실이 매년 약 1,000억 달러에 달하는 것으로 추산한다.
    - 1990년에 출판된 '미국의 민간보안에 관한 Hallcrest 보고서'는 "시간의 절도"가 미국의 산업에 끼친 비용이 매년 거의 1,250억 달러에 달하는 것으로 추산하였다.

- 보험사기는 전 세계적으로 지불되는 보험료의 10~20% 범위에 달하는데, 유럽에서는 1인당 연간 48~96 US달러의 손실이 그리고 미국에서는 1인당 110~220달러의 손실이 이로 인해 발생한다. 사업체 특히 소매업체에 대한 범죄 및 부정행위의 비용은 많은 직·간접적인 결과를 초래한다. 직접적인 결과는 "손실량" 및 명백한 사업쇠락의 맥락에서 측정될 수 있다. 간접적인 손실은 감소된 생산성, 증가된 간접비, 직원의 계획적 결근, 근태로 인해 발생한 장비 및 건물의 수리를 위한 자본비용 등의 맥락에서 측정될 수 있다.

고객 및 직원의 피해비용이 총비용에 추가될 수 있다. 긍정적인 대지역사회 이미지와 마케팅 기회가 타격을 입을 수도 있다.

마지막으로, 쇠퇴하는 사업(체)은 지역의 세수를 감소시키고, 이는 나아가 공적 서비스의 감소와 정부에 대한 신뢰의 상실을 초래한다. 따라서 쇠퇴하기 시작하는 업무지역은 그들의 "깨끗하고 밝은" 이미지를 상실하게 되고, 결국 잠재적인 투자자들에게 부정적인 인상을 심어주게 된다.

물론, 범죄로 인한 손실과 부정행위에 있어서의 이러한 충격적 경향은 미국 문화에 독특한 것일 수도 있다. 그럼에도 불구하고, 일정 수준의 신고되지 않거나 발견되지 않은 경제범죄는 모든 국가와 사회에서 공통적으로 존재한다는 점도 인정되어야 한다. 몇 가지 중요한 결론이 아래의 발견들로부터 도출될 수 있다.

- 대부분의 범죄통계는 더 많은 신고되지 않거나 인지되지 않거나 발견되지 않은 범죄들을 고려함이 없이 신고된 범죄에만 한정된다.
- 범죄행위와 범죄통제에 관한 공공정책과 대중의 태도는 폭력범죄와 흔한 재산범죄에 대한 대중적 관념에 여전히 한정되고 있다.
- 공식통계를 넘어선 실제의 범죄수준이 우리의 경제와 삶의 질에 미치는 영향력은 생각보다 훨씬 더 부정적일 수 있다.

- 일반 대중과 정부 관료들의 부정행위와 속임수를 계속 용인하는 것은 이런 행위들을 정당화해 줌으로써 결국 미래 세대에 대해 공적 부패, 개인의 부정행위, 높은 범죄율을 지속적으로 보장해주는 역할만 할 뿐이다.
- 범죄 및 범죄행위에 대한 현대적인 사회학적, 심리학적, 생물학적 이론들도 모든 수준의 사회와 문화에서 경제범죄가 만연하는 현상을 설명해 주지는 못한다.

범죄의 설명

범죄학자들은 범죄와 비행에 대한 설명력을 향상시키기 위해 오랫동안 노력해왔다. 많은 이론들이 범죄행위의 원인을 설명하기 위해 개발되었다. 일부 이론들은 치료와 갱생에 대한 접근방법을 확인하는 데 사용되었다. 어떠한 단일 이론도 범죄 및 비행에 대한 포괄적인 이해를 제공하는 데는 성공하지 못하였다. 따라서 공공정책도 범죄의 원인에 관한 다양한 부분적 지식들에 근거해 왔다. 그러한 지식의 대부분은 대략 다섯 가지의 범주들로 조직되고 요약될 수 있다 : 법(학)적, 사회(학)적, 심리(학)적, 생물(학)적, 정치(학)적

법(학)적 이론가들은 범죄를 저지르고자 하는 결정이 합리적인 것이라는 점을 오랫동안 주장해왔다. 즉, 범죄자는 상황을 저울질하며 처벌의 위험 대비 수익의 크기에 대한 자신의 지각에 기초하여 범죄의 결정을 한다는 것이다. 이러한 믿음은 소위 쾌락-고통의 원리에서 그 토대를 갖는다. 이 모델 하에서의 범죄통제는 처벌의 확실성과 범죄에 비례하는 처벌이란 관념에 맞추어진다.

사회(학)적 이론가들은 범죄행위가 사회적 조건과 관련 있으며, 사회적 조건의 결과라고 믿는다. 범죄학자들과 형사사법체계는 범죄에 대한 사회학적 설명의 타당성을 확보하기 위한 시도에 많은 시간과 자원을 투입해왔다. 이들 이론 중 많은 것이 정당한 기회의 결여, 부적절한 교제, 열악한 환경적 조건과 같은 사회적 조건들이 사람들로 하여금 범죄

를 저지르게 한다고 강력하게 주장한다. 사회학적 이론들은 도시 개조와 현대적인 공공 주거프로그램의 실행에 도움을 주었다. 이제는 사라진, 모델 도시 및 기획된 변화(Model Cities and Planned Variations) 프로그램은 거대한 사회 공학적 실험이었다. 비록 이들 프로그램의 실패로 관심이 다소 약해졌지만, 사회학적 이론은 정책입안자들에게 범죄의 설명으로서 가장 큰 호소력을 갖는 것 같다.

사회학자들이 집단 역학과 인구의 단편들에 초점을 두는 것에 반해, **심리(학)적** 이론가들은 개인적 맥락에서 범죄를 설명하는 것을 더 선호한다. 심리학자는 범죄를 저지르고자 하는 개인의 선택 또는 역기능적 행위를 초래하는 정신병리와 관련된 설명을 추구한다. 학습이론들이 이 연구영역에서 나왔으며, 특정 행위를 치료하고 통제하는 데 있어서 일부 긍정적 전망을 갖는다.

범죄행위에 대한 **생물(학)적** 설명들은 기상천외한 것에서부터 과학적으로 타당한 것에 이르기까지 다양하다. 19세기부터 초기 20세기에 연구자들은 체형과 범죄행위 간 관계를 입증하려고 시도하였다. 이러한 시도는 근육조직의 발달 정도에서부터 머리 "혹"의 수와 위치에 이르기까지 모든 것을 포함하였다. 일부 현대적인 생물학적 연구자들은 화학적 결함과 행위 간 관계를 탐구하였다. 다른 연구자들은 폭력적인 아버지와 그들 자손 간의 유전적 관계를 설명함으로써 소위 "나쁜 혈통"이란 낡은 믿음에 대한 다소 놀라운 지지를 보여주었다.

정치(학)적 이론가들은 행위에 대한 설명은 건너뛴다. 그들은 범죄와 범죄행위가 억압적인 자본주의 체제에 대한 자연적인 사회적 반응이라고 믿는다. 소위 불평등체제가 잘못이다. 이들 급진범죄학자들은 사회가 범죄행위를 처리하느라 시간을 허비하고 있다는 마르크스주의(Marxist)의 견해를 신봉한다. 무정부상태와 체제의 폭력적 전복이 범죄예방을 위해 선호되는 방법이다. 일부 다른 정치적 이론들은 계급 또는 권력 갈등, 유산자와 무산자 간 충돌이 범죄행위의 원인이라는 신념에 기초한다. 연구결과들은, 적어도 우리가 좋아하는 이론의 타당성을 확보하기 위한 증거를 찾고 있다면 음울하다. 일부 약한 증거는 여전히 존재한다. 심리학적 우산 아래 포섭될 수 있는 학습이론에 대한 증거는 보다 강력하다. 대부분의 정치학적 이론에 대해서는 수사적(rhetorical) 지지만이 있을 뿐이다. 우리 형사사법체계의 근간을 이루는 법학적 이론들의 경우, 수백 년을 경험해 보았지만 범죄의 원인에 대해서는 어떠한 대답도 제시해 주지 못했다. 그러나 비록 우리가 법적 구속과 감시를 통해 행위를 통제하는 방법은 알지만, 비행을 다루는 방법과 비행을 유발하는 원인을 예방하는 방법은 쉽사리 알아내지 못한다는 점은 이러한 연구들로부터 분명해졌다.

범죄학자들과 공공정책입안자들은 범죄행위와 그로 인한 손실의 전체적 수준을 파악하지도 그것들을 해결하지도 못하였다. 공공정책은 자신들에 대한 환경적 제약 때문에 대체로 낮은 사회경제적 지위에 머물러 있는 사람들이 저지르는 "보통의" 범죄(즉, 화이트칼라범죄에 대비되는 개념인 거리범죄)에 지속적으로 초점이 맞추어진다. 자기보고식 연구와 상식적 지식은 범죄행위가 사회의 모든 수준에서 대체로 비슷한 비율로 발생함을 알려준다. 유일한 차이는 범죄의 유형과 결말이다.

공공정책에 대한 함의

먼저, (범죄에 대응하는) 프로그램들이 사실에 근거해야 한다는 점은 명백하다. 협력적 노력을 증진시키기 위해 정보가 사용되어야 한다. 프로그램의 접근방법을 결정함에 있어서는 사실이 입증되지 않은 신념을 대체해야 한다. 둘째, 우리 사회의 모든 수준에서 다양한 범죄행위를 설명하는 영향력 있는 사회학적, 심리학적, 생물학적 이론들이 실패/성공의 맥락에서 검토되어야 한다. 이것은 과학으로부터 얻어지는 더 많은 정보를 기다리는 동안에는 우리가 기 취득한 정보를 사용해야 한다는 것을 의미한다. 감시, 통제, 기관 간 협력, 그리고 환경의 관리가 알려진 방책들이다.

마지막으로, 공동주거지에서의 범죄와 피해에 관한 통계치들은 범죄 문제에 관한 실재적 이해란 맥락에서는 빙산의 끝부분에 불과한 것으로 이해되어야 한다. 이것은 또한 개발활동과 인접근린 간의 관계가 기획 단계에서 정의되고 고려되어야 한다는 것을 의미한다. 공동지역, 특히 주거지역에서 통제되지 않는 범죄행위는 그 지역의 삶의 질에 영향을 미친다. 또한 그곳에서 자라는 아이들의 지각과 태도 및 행동 발달에 영향을 미친다. 그것은 근린에도 영향을 미친다. 건강한 근린이 공동 주거단지를 빨아들이고 그것을 자기 사회조직의 한 부분으로 만들 수 있는가? 특정 단지가 문제 있는 근린과 접촉하고 근린 발달을 위한 핵심 포인트가 될 수 있는가? 이러한 질문들은 잘 통제된 그리고 기본적으로 CPTED 방식의 근린 프로젝트로 답해져야 하며 답해질 수 있다. 젊은이들은 전통적인 범죄 및 피해 개념을 초월하는 문제들을 경험한다. 24세 이하의 젊은이들이 모든 체포의 약 51%를 차지한다. 18세 이하의 젊은이들은 모든 체포의 17%를 차지하고, 심각한 재산범죄로 인한 모든 체포의 약 40%를 차지한다.

몇 가지 더 놀라운 사실을 열거하면 다음과 같다.

- 18세 이하의 사람들이 가장 많은 피해를 입는 인구집단이다.
- 18세 이하의 사람들은 범죄피해를 가장 잘 신고하지 않은 인구집단이다.
- 18세 이하의 사람들은 성인들에 의해서 보다 다른 젊은 사람들에 의해 7배나 더 많이 피해를 입는다.
- 근교지역의 젊은이들은 25%의 학교 중퇴율을 보이는 데 비해, 도시지역의 젊은이들은 35%의 중퇴율을 보인다.
- 아동학대와 남용은 측정이 불가능하지만, 1986년에는 방임의 결과로 1,100명의 아이들이 사망한 것으로 추산된다.
- 약물과 알코올의 사용은 초중고 학생들에게 흔하다–8학년 학생들의 7%가 6학년 무렵까지 마리화나를 사용하였으며, 코카인을 사용한 적 있는 것으로 보고한 8학년 학생들의 62%가 7학년 무렵에 그것을 처음 시도하였다고 말하였다.

- 고등학교 상급반 학생들은 1986년의 조사에서 57%가 약물을 사용한 적 있다고 보고하였다.
- 모든 18세 이하 소년들의 35%가 적어도 한 번은 체포될 것이고, 이 젊은이들 중 18~21%는 경력범죄자가 될 것이다.[2)]
- 18세 이하의 젊은이는 미국 전체 인구의 27%에 불과하다. 그러나 이 연령집단은 흔히 공동 주거단지 인구의 50% 이상을 차지한다. 상습범죄자 대상 프로그램들은 공식적으로 확인된 상습 청소년범죄자들의 불균형적으로 많은 수가 다른 형태의 주거보다도 공동 주택에 더 많이 거주하는 것으로 추정하였다.

현대적인 범죄예방과 '기관 간 협업(interagency)'의 개념

지난 30여 년은 범죄예방, 비행통제, 지역사회조직 프로젝트 또는 프로그램들이 확산되어 온 시기였다. 이들 프로그램 중 많은 수가 영향력 있는 사회이론들에 근거한 것이었지만 실행단계에서는 성공하지 못하였다. 따라서 지역 정부, 형사사법기관, 공공주택당국들은 많은 시험적 프로그램 접근들과 원리들로 지쳐버리게 되었다.

다행히 두 개의 범죄예방 및 통제영역이 평가와 유사한 경험을 통해 긍정적으로 부상해왔다. 그 둘은 '기관 간 협업' 프로그램 접근과 CPTED이다. 이는 다른 프로그램들이 성공적이지 않았다는 것을 의미하기보다, 이 두 영역이 여타 프로그램들보다 성공할 기회를 더 많이 제시해준다는 것을 의미한다.

게다가, 이 개념들은 다른 보다 사회적으로 지향된 프로그램들에 더 좋은 성공적 수행의 기회를 줌으로써 그러한 프로그램의 사용을 위한 조직적, 환경적 토대를 제공해준다.

정신건강 및 청소년 발달 분야 전문가들 가운데서는, 대규모의 획일

2) Wolfgang, Marvin E., "Delinquency in Two Birth Cohorts," American Behavioral Scientist, 1983, 37(1), 75-86.

적인 환경에서 자란 젊은이들은 재산과 자산의 가치에 대한 존중을 배우지 못한다고 하는 믿음이 커져 가고 있다. 이러한 아이들은 또한 감독과 통제를 거의 받지 않기 때문에, 성장하면서 자신들의 행위를 통제하는데 더 큰 어려움을 갖게 될 것으로 생각된다. 행동통제를 위한 영역성 강화와 자연적 접근에 대한 CPTED의 강조는 최근에 만들어진 아동발달의 개념들에 잘 들어맞는다. 관계 기관 간 협력과 협동에 중점을 두는 것은 이러한 전략들을 향상시킨다.

형사사법 : 잘못 인식된 개념

공적 · 사적영역의 많은 사람들이 법 집행 및 보안작동에 관해 잘못된 생각을 갖고 있다. 주요 석유회사의 한 고위 임원이, 최근에 자신은 보안업무에 종사하는 사람들이 소속 직원들을 조사하고 테러리스트로부터의 공격을 막기 위해 항상 그 시설을 지키고 있는 것으로 생각했다고 필자에게 말했다. 많은 범죄학자들과 형사사법 실무자 및 보안행정가들이 같은 미망에 빠져 있다. "도둑을 잡는 것"은 법 집행 및 보안 작동에 있어서 가장 가시적이고 중요한 일의 하나이다. 범죄에 대항하여 싸우는 것은 항상 범인을 잘 잡는, 만화 속 "사냥개 탐정(hound-dog detective)"의 이미지와 같은 것이다. 맥그루프(McGruff)의 "범죄 물어뜯기(taking a bite out a crime)"는 도둑의 바지를 악물어 그를 잡는 전통적인 집지키는 개(감시원)를 상징한다. "나쁜 사람"을 잡는 일은 대부분의 법 집행 및 보안 프로그램의 핵심임에 틀림없지만, 아직은 실패하는 경우가 많다.

체포에 중점을 두는 것은 분명 잘못이다. 실제로 우리는 모든 심각한 범죄의 약 20%만 해결한다.[3] 전국범죄조사(National Crime Surveys)는 전체 피해의 약 38%만이 당국에 신고 된다는 것을 보여주었다. 아이들

3) Federal Bureau of Investigation, *FBI Uniform Crime Reports*, Washington, DC: US Department of Justice.

은 어떠한 다른 연령집단보다 더 빈번히 피해를 입는다.

젊은이들이 저지르는 범죄의 대부분을 상습적인 청소년 범죄자들이 저지른다. 우리가 이 사실을 알지만, 그것이 전반적인 공공정책과 그 정책들의 우선순위에 많은 영향을 미치는 것 같지는 않다. NCPI의 범죄예방에 대한 정의는 법 집행 및 보안 프로그램을 위한 새로운 핵심에 대한 일정한 통찰력을 제공해준다. "특정 범죄의 위험에 대한 예감, 인지, 평가와 그러한 위험을 제거하거나 줄이기 위해 어떤 조처를 시작하는 것(NCPI의 범죄예방 정의)"은 그 위험을 말하는 한 가지 선부른 방법일지 모르지만, 그것은 나에게 "체포보다는 예방이 더 중요하다."라고 말해 준다.

법 집행과 보안의 범죄 관련 국면들은 적어도 6가지 주요한 기능을 포함한다. 각각이 범죄예방과 관련되는 방식을 알기 위해서는 개별 요소를 하나씩 살펴보는 것이 유용하다.

1. 제한된 맥락에서의 **범죄예방**은 범행의 기회를 제거 또는 줄이거나 범죄 표적에로의 접근을 저지하는 과정이다.
2. **탐지**는 알려진 범죄자들의 활동과 제휴에 관한 정보를 모으고, 인지되지 않은 범죄행위를 확인하고 발견하는 지역사회의 활동과 기능을 조정하는 중요한 과정이다. 이 과정은 범죄예방과 범죄통제에 있어서 기초적인 것이다. 범죄에 관한 정보가 없으면 범죄를 예방할 수 없다.
3. **억제(또는 진압)**는 범행의 가능성이 있는, 또는 알려진 범죄자의 활동을 억제하고 통제하는 행위나 방법이다. 진압의 예로는 상습적인 청소년 범죄자들에 대한 감독과 집중감시, 그리고 특히 성인 상습범죄자들에 대한 상시(active) 영장서비스의 실시가 있다. 이러한 지역사회 통제전략의 목적은 범죄를 예방하는 것이다.
4. **수사**는 범죄를 해결하기 위해 범죄사건을 추적 조사하는 절차이다. 현대적인 사건관리 시스템은 범죄의 원인적 상황을 해결하고 재발을 예방하기 보다는 범죄자를 체포하여 범죄를 해결하는 일에 한정된

다. 현대적인 사건관리 시스템은 해결되지 않을 80%의 범죄에 대한 효과적인 해결은 덮어두고, 해결 가능성이 있는 20% 미만의 심각한 범죄에 유효한 요소들에 중점을 둔다. 사건 해결과 피해자 추적은 좋은 범죄예방이다.

5. **체포**는 기소된 범죄자에게 법적 제재를 적용하는 첫 단계이다. 전통적인 경찰은 범죄를 예방하고 억제하는 것을 중요시하며, 체포-기소 과정은 처벌이 요구되는 곳에서만 사용한다. 즉, 전통적으로 체포와 기소는 일차적 해결책이 아니라 다른 방법의 범죄통제가 실패할 때 사용되는 마지막 수단으로 보인다.
6. **기소**는 한 개인의 범죄행위를 이유로 그의 기본적 자유권을 박탈할 의도로 법정에 범죄 관련 사실을 공식적으로 내놓는 것이다. 법정은 다른 사회적 통제가 실패할 때 찾는 곳이다. 범죄예방은 경력범죄자임이 입증된 상습범죄자들을 더욱 더 적극적으로 기소함으로써 제고될 수 있다.

범죄자들을 무력화하는 것이 반드시 구속하는 것일 필요는 없다. 중요한 것은 근접감시 또는 거주제한 치료 프로그램 등을 통해 그들을 효과적으로 통제하는 것이다. 상습범죄자들을 효과적으로 통제하는 것이 훌륭한 범죄예방이다. 기소 프로그램이 범죄예방에 도움을 줄 수는 있다. 그러나 범죄예방은 이제 법 집행 및 보안 프로그램의 기본적인 비효과성으로부터 대중의 관심을 돌리기 위해 특별한 집단의 사람들이 하는 어떤 것으로 인식될 수 있다. 이것이 계속되는 한, 범죄예방은 여전히 도구 지향인 것으로 평가될 것이다. 법 집행 또는 보안작동에 관한 객관적 연구가 범죄 관련 서비스의 일차적 요건이 가장 포괄적인 의미에서의 예방이라는 사실을 밝혀줄 것이다. 우리의 현재 활동을 계속하고 우리의 조직들이 범죄예방의 역할에 대한 부족한 이해 속에서도 전진하도록 하기 위해 우리 각자는 다음 세 가지 질문을 해야만 한다.

1. 우리의 서비스에 대한 요건은 무엇인가?
2. 우리는 시간과 자원을 어떻게 소비하는가?
3. 결과는 무엇인가?

범죄예방 및 보안직원들은 자기 조직이 부서를 포괄하는 범죄예방 프로그램을 개발할 수 있도록 도와야 한다. 이러한 프로그램은 재산범죄를 겨냥한 비밀 정보수집 활동과 공·사 간 정보공유 및 억제 노력의 통합을 포함한다. 목표지향 순찰과 같은 순찰생산성 강화 프로그램들과 함께, 다양한 해결방법을 사용하여 100% 추적 가능하게 설계한 확장된 사건관리 시스템들이 창설될 수 있다. 비행청소년들에 대한 감시와 감독을 강화하기 위해 기관 간 협업 프로그램들도 개발될 수 있다. 본질적으로, 범죄예방은 보다 가시적이고 단호해질 필요가 있으며, 예방, 탐지, 억제, 수사, 체포, 기소의 기능 중 가장 중요한 것은 예방의 기능이다.

범죄 및 손실예방 전문가를 위한 생산성 도구

손실 또는 범죄예방 전문가로서, 당신은 당신의 프로그램을 확장하거나 개선하기를 바라는가? 당신 조직의 구성원들이 당신의 프로그램을 진지하게 받아들이기를 희망하는가? 때때로 당신이 하고 있는 것이 "피라미드 쌓기(pyramiding)"라고 느끼는가? 즉, 당신이 더 열심히 일할수록, 일이 점점 더 많아지는 것 같은가? 이러한 질문들에 대한 당신의 답변이 "그렇다"라면, 당신은 아마도 "특별팀증(special-unit-itis)"이란 민감한 병증으로 애먹고 있는 것이다. 이 질병의 몇 가지 증상은 다음과 같다.

- 어둠 속에 갇혀 "조직의 쓰레기"를 먹고 자라는 버섯처럼 느낀다.
- 다른 모든 것이 실패하면 그들이 당신에게 해결책을 제시해 줄 것이라고 느낀다.
- 추종자들(audience)이 전령을 보낼 것이 분명한 상황에서 조직을 대표한다.

• 당신 조직의 모든 구성원들이 뇌사상태이거나 당신의 일과 관련된 무언가를 망치기 위해 음모를 꾸미기 때문에 어쩔 수 없이 당신이 그 일을 떠맡아야 할 것이라고 느낀다.
• 조직에 대한 당신의 헌신이 범죄예방의 컨설턴트 또는 "아이콘"으로서 개선된 삶을 가져올 것이라는 가정하에서 일한다.

이러한 증상들이 인지되는가? 만일 그렇다면, 당신은 아마도 범죄 또는 손실예방 전문가가 될 감탄할만하지만 비현실적인 특성을 갖는 말기 환자일 것이다. 당신에게 신의 가호가 있기를 바라나, 당신의 임무는 끝나게 될 것이다. 범죄 및 손실예방 분야는 우리 직업기술의 발달 연도를 과거로 돌려 조직과 지역사회를 운영하는 방식에 예방의 개념을 통합할 필요에 직면해 있다.

1968년에 풀타임 경찰 인턴이었던 나는 공적인 법 집행 기술에 있어서의 수많은 주요한 변화들을 직접 경험할 흔치 않은 기회를 가졌다. 직원들의 행동을 통제해야 할 필요성이 나머지 인력은 경찰서에 잔류시키고 특별 편성된 팀이나 기능으로 하여금 문제에 대응토록 하는 관행을 가져 왔다. 이것은 아주 잘 작동하였고, 그래서 많은 서장과 보안관들이 1960년대 후반부터 2000년대에 이르기까지 그 관행을 유지하였다.

불행히도, 특별 팀들은 조직의 주요 부분인 운영부서(경무부서)의 점진적인 생산성 하락으로부터 관심을 딴 데로 돌리기 위한 것이었다. 특별한 문제를 위해 특별 팀을 운영하는 것은 나머지 조직원들로부터 순응 행위나 개선된 수행을 이끌어내는 것보다 더 간단하고 쉬웠다. 공적 · 사적영역들은 조직의 이러한 사고의 전환으로 인해 고생하였다. 엄중한 보안절차는 사적영역의 생산성과 노동관계를 방해한다. 공적영역에서의 다량의 실제 서비스는 여전히 7대 1의 압도적 비율로 운영부서 전문가들에 의해 수행된다. 전문가들은 85~92%의 생산성 수준을 달성하는 데 반해, 운영부서 직원들은 10~40%의 기능을 한다. 그러나 시간 및 과업에 대한 분석은 범죄예방 서비스가 일반적임을 보여준다. 즉,

법 집행기관의 운영부서나 회사의 작업부서만으로 실제로 수행할 수 있는 범죄 및 손실예방 서비스의 가능한 양이 그러하다.

전문가들의 역할에는 아무런 문제가 없다. 1970년대 초에 있었던, 일반인들의 역할과 전문가들의 역할을 비교하는 어리석은 논쟁은 두 집단이 모두 필요하다는 점을 보지 못했다. 그러나 전문가들의 역할은 서비스를 전하는 것보다는 관리하고 조정하는 것일 필요가 있다. 프로그램 관리의 개념 및 역할정의는 인간은 저항이 가장 적은 길을 택할 것이라는 깨달음으로부터 출발하였다. 어떤 특별한 팀이 준비되고 특정 문제를 떠맡을 의사가 있는 한 왜 걱정이겠는가! "현장을 보존하고 똘똘한 친구들을 기다리며" 빠져나갈 길을 마련함으로써 개인적 책임을 경감하는 것은 쉬운 일이다. 프로그램 관리체계를 채택하는 것은 특별 팀 대 운영 팀 간 갈등의 (부정적) 결과를 제거하거나 약화시키는 데 도움이 될 것이다.

특별 편성 체제의 관리는 대개 네 가지 단계를 경험한다.

1. 어떠한 문제나 공공정책 결정에 대응하기 위해 특정 팀이 구성되고 임무가 주어진다. 팀원들이 선정되고 그들은 즉각 필요한 프로그램을 개발한다. 조직의 높은 수준까지 연결되고 상당한 영향력이 주어진다.
2. 팀의 통상적인 전직, 승진, 소진으로 인한 결원은 논쟁적이지 않고 카리스마가 적은 사람들로 채워진다. 이것은 팀을 정상 작동시키고 어떤 내적 균열을 치유하기 위해 행해진다.
3. 축소 운용이 모든 특별 편성과 주변 프로그램에서의 자원 삭감을 강요한다. 대개 조직개편이라는 명목하에 형식적 직책들은 유지되고 팀의 책임은 축소된다.
4. 핵심적인 팀원이 은퇴하거나 물러난 후에 팀 또는 기능은 조용히 사라진다.

현대적인 행정가들은 조직에 대한 보다 기능적 관점을 개발해야 한다. 도시 혹은 시장 전체의 서비스 요구는 대규모의 서비스를 생산하는 조직적 접근을 필요로 한다. 생산 잠재력의 주요 원천이 가장 큰 자원투자가 이루어지는 곳에 있어야 한다.

마지막으로, 조직의 능력이 시민의 만족감과 소비자의 지지를 높이는데 있어서 주요한 요인이다.

다음의 예를 생각해보라. 12명의 범죄예방 경관들이 18만 가구에 대한 (안전) 조사를 실시하려 하고, 집주인들은 (그것을 조건으로) 보험할인을 받을 수 있다. 이 과업이 얼마나 오래 걸릴까? 각각의 경관들은 15,000가구를 조사해야 할 것이다. 통상적으로는 10년 내지 15년이 걸려야 그 일이 끝날 것이다. 시의 관리자가 이러한 추산에 대하여 말한다면 당신은 어떻게 생각할까? 순찰부서가 그 일을 맡는다면 얼마나 걸릴까? 확실히, 생산성에 있어서 중요한 것은 자원을 수요에 맞추는 것이다. 이처럼, 특별 팀의 프로그램 관리 역할이 가장 중요해진다.

프로그램 관리는 특정 단일 지점에서 각각 주요한 활동을 조정하는 책임을 확인함으로써 조직의 효과성을 개선하는 접근법으로 정의될 수 있다. 이러한 활동은 조직의 최우선 사항이거나, 흔히 팀 경계를 가로지르는 서비스를 위한 요건들이다. 프로그램 관리의 배후에 있는 개념은 주요한 기능 혹은 서비스 요구 영역이 프로그램으로서 공식적으로 확인된다는 것이다. 특별 팀이나 개인들은 프로그램 영역의 목적과 목표를 완수해 나감에 있어서, 조직의 수행을 계획, 관리, 감독하는 일에 할당될 수 있다.

특별 팀의 임무는 그것이 프로그램 관리 기능을 떠맡을 때 중대하게 변화한다. 시간이 다음 기능들을 위해서 적당하게 배분되어야 한다.

- 프로그램의 기획, 관리, 감독
- 전문가의 관심을 요하는 고도로 복잡하거나 독특한 서비스의 전달
- 내 · 외부의 연락과 문제해결 서비스의 수행

큰 사건을 떠맡으려는 유혹은 피해야 한다. 프로그램의 규모와 실질적 요건에 따라서 일이 적당하게 분배되는 것을 확실히 하기 위해 명백한 지침과 절차들이 개발되어야 한다. 프로그램 관리팀은 현장직원에 의해 평가적 역할 대신 협력적 역할을 위해 존재하는 것으로 인식되어야 한다. 분명한 목적, 목표, 수행보고는 프로그램 관리의 성공적 이행을 위한 핵심적 요소라는 점이 경험을 통해 명백해졌다.

조직 내에서 지위가 그렇게 높지 않은 사람도 다음 전략들의 전부 혹은 일부를 시도할 수 있다.

- 범죄 및 손실예방을 위한 장기 프로그램 계획을 세운다.
- 당신 직원의 현재 생산성 수준에 대한 분석을 수행하고, 시간을 절약하거나 회복시켜 줄 대안을 확인하라.
- 범죄 및 손실예방 서비스를 증진시키고 개선해주는 새로운 프로그램이 기존의 접근법에 대비하여 갖는 가치에 대한 비교분석을 제시하라.
- 당신의 조직에서 믿을 만한 사람을 찾아 도움을 구하라.
- 당신의 업무 수행방식을 바꾸어라. 모든 일을 떠맡으려고 하지 마라.
- 욕구의 충족을 지연시켜라. 당신 프로그램의 미래를 위해 매일 무언가를 하라.

범죄 및 손실예방 전문가가 CPTED 과정에서 자신의 역할을 증진해야 한다는 것이 저자가 주장하는 바이다. 그 디자인의 공간적, 조직적 검토과정에 참여하고 우리가 조성한 환경을 사용하는 것이 생산성을 높이고 손실을 줄여줄 것이다.

이러한 단계들을 따르는 것은 분명 버섯을 어둠으로부터 꺼내줄 것이며, 범죄 및 손실예방을 특수한 기술서비스라기보다는 프로그램 관리 기능으로서 재정의하는 데 도움을 줄 것이다.

범죄예방 대 손실예방

범죄예방과 손실예방이라는 용어는 많은 사람들에게 중복되는 것으로 보일 것이다. 범죄학자들과 형사사법전문가들은 범죄예방과 손실예방 개념 간의 차이를 인식하지 못한다.

일반 대중도 아마 이 용어들을 구분하지 못할 것이다. 게다가, 사회과학자들과 범죄학자들 가운데서도 범죄예방의 정의에 관한 상당한 논쟁이 있다.

일부 범죄학자들은 범죄예방의 정의들을 분류하려는 시도를 해왔다. 다음은 범죄예방에 대한 접근법들을 구분하는 흔한 설명들이다.

1. **징벌적 접근**들은 당해 범죄에 적합한 처벌을 통해 범죄가 통제되거나 예방될 수 있다고 하는 법적 가정에 근거하고 있다. 이 이론은 범죄자들이 범죄행위로부터 나오는 즐거움이나 값어치의 양보다 더 많은 고통을 받는다면 죄를 범하지 않으리라는 것이다. 이 개념은 범죄자가 죄를 범했기 때문에 반드시 체포되고 처벌받게 하는 시스템을 만들 수 있느냐 하는 것에 달려 있다. 이것은 범죄가 탐지되고 처벌이 신속히 이루어질 것이라는 인식에 의존하는 고전적 형사사법 모델이다.
2. **기계적 접근**들은 범죄자가 죄를 범할 기회를 차단하기 위해 취해지는 방법들로 정의된다. 이러한 방법들은 취약한 자산이나 개인들에 대한 접근을 차단하는 것일 수 있다. 그것들은 또한 잠재적 범죄자를 막기 위해 감시와 접근통제의 인식을 증가시키는 자연적 전략을 사용하기도 한다.
3. **교정적 접근**들은 범죄를 저지르고자 하는 동기를 제거하는 것을 목표로 한다. 이 개념들은 대개 범죄의 사회적, 경제적, 정치적 원인들에 관심을 집중시키는 것과 관련된다. 범죄의 근본적 원인에 관심을 갖자는 주장들은 항상 사회적으로 바람직한 것이었다.

일부 범죄학자들은 이러한 범죄예방 유형론을 일차적, 이차적, 삼차적 접근으로 칭하면서 그 순서를 역전시켰다. **일차적 접근**들은 범죄행위에 대한 장벽 또는 장애물들을 만드는 것에 관심을 갖는다(즉, 기계적). **이차적 접근**들은 범죄자에 대한 탐지, 체포, 처벌의 가능성을 보장하는 형사사법 및 범죄통제체계의 완성을 강조한다(즉, 징벌적). **삼차적 접근**들은 범죄행위의 원인과 범죄자의 치료 및 갱생을 다루는 것에 초점을 둔다(즉, 교정적).

범죄예방을 정의하는 이상의 두 가지 접근방법에서 보면, 교정적 및 삼차적 접근들이 가장 사회적으로 바람직한 것이라는 점이 명백하다. 그러나 많은 시간이 흘렀지만, 범죄행위에 대한 통제와 치료가 그렇게 성공적인 것 같지는 않다. 범죄의 원인과 치료에 관한 많은 이론들이 우리 지역사회와 기관들에서 발생하는 다양한 범죄행위와 부정행위를 포괄적으로 설명하는 데는 실패하였다.

NCPI는 범죄예방에 대한 다음과 같은 정의를 채택하였다.

범죄예방은 범죄의 위험을 예기, 인식, 평가하고, 그것을 제거하거나 줄이기 위해 어떤 행위를 시작하는 것이다.

이 정의는 다소 어색한 것 같다. 그것은 일차적 및 기계적 접근에 한정되기에 사회적으로 바람직하지 않은 것 같다. 결국, 이러한 접근들은 범죄행위의 근본적 원인을 다루기보다는 그것에 대한 장벽을 만드는 것에 불과해 보인다. 그러나 이 정의는 범죄행위의 원인에 대한 정연치 않고 불완전한 이해, 즉 범죄와 부정행위는 모든 사회경제적 수준에서 만연하며 사람들의 범죄예방행위는 자신의 안전욕구에 의해 동기화된다는 지식을 인정한다.

많은 사람들이 정말로 우선시되어야 할 것은 범죄의 통속적인 근본원인, 즉 사회적, 경제적, 정치적 원인을 다루는 것이라고 믿는다. 일부는 지역 야경단과 지역사회 조직들을 성인들의 젊은이들에 대한 억압의 수단이라고 비판하였다. 자조적 방법들(예컨대, 개인의 안전을 위한 습관, 추가 자물쇠나 알람시스템의 사용)은 증상을 다루기는 해도 원인을 다루지는 못하는 것으로 평가자들로부터 비판받아 왔다. 이러한 비판은 인간행위의 자기중심적 특성을 고려하지 못한다. 행동변화는 개인으로부터 시작하며 가까운 집단을 거쳐 궁극적으로 집합적, 사회적 반응으로 나타난다. 그들이 자신에게서 벗어나서 가족, 이웃, 지역사회에 이르는 일련의 단계들을 통해 전진할 때까지는 특정 지역사회의 시민들 혹은 특정 조직의 직원들로 하여금 그들의 관심을 전 지구적 변화나 광범한 사회적, 경제적, 정치적 변화에 쏟도록 요구하는 것을 상정하기는 어렵다.

우리는 일하러 가기 위해 집에서 차로 이동하는 동안 안전하다고 느끼는 한은 "시청(city hall)"에 대한 평가를 수정하려 신경 쓰지 않을 것이다. 우리가 집세를 내고 아이들을 학교에 보내는 기초적인 비용을 부담함에 있어서 안전함을 느끼는 동안은 세상의 경제적 형편에 대해서 걱정하지 않을 것이다. 우리가 집이 안전하고 이웃이 믿을 수 있다고 생각하는 한은 근린에 관해서 걱정하지 않을 것이다.

의학적 치료의 한 가지 기본원리는 치료를 시도하기 전에 상황을 통제하고 안정화하는 것이다. 비상사태가 해결되기 전에 상황부터 통제되어야 한다는 것이 기본이다. 범죄자는 갱생 이전에 사회의 통제하에 있어야 한다. 파손된 자동차조차도 그것이 수리되기 전에 진단되어야 한다. 어떤 조처들은 인간활동을 다룸에 있어서 절대 건너뛸 수 없다. 사람들이 바뀌어 공동체를 바꾸는 일에 착수하고, 그래서 그들의 욕구가 충족되기 전에는 세상은 바뀌지 않을 것이다.

대부분의 사람들이 자신과 자신의 재산을 보호할 수 있을 때까지는 전 지구적인 변화에 영향을 미칠 수 없을 것이라는 점은 자명하다. 따라서 범죄행위의 원인과 처우에 대한 해법을 찾기 위해 교정적 혹은 제3의 접근법을 지지하는 한편으로, 범죄통제를 위한 징벌적, 기계적 접근법에도 초점을 두는 것은 너무나 당연하다. 행위에 대한 통제는 어떠한 경우이든 처우에 선행해야 한다.

손실예방이란 용어는 그것이 법률적으로 범죄로 정의되는 것 외에 더 넓은 범주의 행위를 포함하기 때문에 범죄예방보다 더 포괄적이다. 손실은 어떤 가치 있는 대상물이나 자산을 제거당하거나 잃는 것으로 정의될 수 있다. 손실은 범죄, 부족한 생산성, 무능함, 비효율성, 혹은 관리상 주의 부족에 기인할 수 있다. 또한 직원들의 사기 부족과 과업을 완수하려는 혹은 자원을 적절하게 사용하려는 동기의 결여에서 발생할 수도 있다. 가치의 상실은 재정적으로 측정될 수 있거나 정서적인 맥락에서 평가될 수 있다. 재능의 부적절한 사용과 관리 또한 손실의 한 범주가 될 수 있다. 손실은 폭풍이나 지진과 같은 자연적 원인들을 통해 더 큰 규모로 발생할 수도 있다.

손실과 손실예방은 인간의 역할 및 목표 달성과 직접 관련 있다. 이 개념은 단순히 범죄행위로 인한 손실에 대해서보다 CPTED 방법들의 실용적인 사용과 관련하여 더 중요하다. 순수한 범죄행위를 자원의 지출과 사용에 대한 적절한 관심 부재와 그것에 대한 책임으로부터 구분하는 명확한 선이 존재한다.

NCPI는 범죄예방에 대한 정의를 다음과 같은 손실예방의 정의로 다시 쓴다.

손실예방은 손실의 위험에 대한 예기, 인정, 평가이며, 그 손실을 줄이기 위해 일정한 행위를 시작하는 것이다.

예방의 비용이 때로는 손실 그 자체보다 클 수도 있지만, 제2차적, 3차적 비용을 고려할 때 정당하다. 직원을 절도로 체포하는 것보다 직원이 훔칠 기회를 차단하는 편이 더 낫다. 손실 또는 범죄의 발생을 예방하는 것이 사건이 발생한 이후에 처리하는 것보다 더 낫다. 범죄와 손실은 상품과 용역에 대한 비용을 증가시킨다. 그것들은 불편을 초래하며 때로는 가치 있는 필요한 서비스를 제거하게 만든다. 손실의 결과로 초래되는 고통, 수고, 거부는 모든 사람들에게 부정적 영향을 미친다.

의료비용은 더 크다. 불필요하고 고통스런 의료절차가 보험체계의 남용에 대한 법원 및 배심원의 결정 때문에 책임질 것을 두려워하는 의사들로부터 생기며, 그것은 종종 보험청구에 대한 비양심적인 처리를 승인한다.

위험의 두 가지 유형

범죄 특히 손실예방은 위험관리 개념에 따라 달라진다. 대부분의 개인과 조직은 두 가지 유형의 위험－순수한 위험과 역동적 위험－에 직면한다. **순수한 위험**(pure risk)은 이득의 가능성은 전혀 없으면서 가치 있는 것을 상실할 잠재성만 갖는 것을 의미한다. 즉, 위험이 전부이다. **역동적 위험**(dynamic risk)은 사람들이 잠재적인 이득을 위해 돈이나 자원을 잃을 가능성을 기꺼이 감수한다는 점에서 도박과 상당히 유사하다. 복권 구매자는 당첨 가능성을 위해 복권 구입비용을 기꺼이 감수한다. 가게 소유자는 이윤을 내기 위해 임대료, 직원의 급료, 상품 구입의 위험을 무릅쓴다. 경찰서는 경찰관의 시간투자 대비 가장 많은 가치를 끌어낼 수 있는 지역들을 예측하여 에너지를 투입한다.

위험의 인지와 관리는 자원의 관리에 고유한 것이다. 성공적인 관리자는 위험관리가 성공의 일차적 요소라는 점을 당연한 것으로 여긴다. 무능한 관리자는 위험이 생존에 위협이 된다고 여긴다. 불행히도, 이러한 무능한 관리자들 중 상당수가 관료제하에서 성공하고 있다.

위험관리

국제기준인 ISO 31000은 위험관리 영역에서의 상세한 지침을 제공해준다. 그러나 넓은 의미에서는 위험관리의 책임이 있는 이들이 사용할 수 있는 다섯 가지－위험회피, 위험감소, 위험분산, 위험전이, 위험수용－의 옵션이 있다.

위험회피(risk avoidance)는 손실의 기회를 제한하거나 제거하는 과정이다. 이것은 손실 가능성이 있는 활동과 손실에 대한 노출의 수를 줄임으로써 달성된다. 그것은 또한 위험에 취약한 활동이나 기능의 완전한 변경 또는 중지를 통해 달성된다. 이것은 어떤 활동을 지속함으로써 얻을 수 있는 이득과 잠재적 손실의 크기를 비교하는 것을 의미하는 비용－이윤 분석을 통해서만 정당화되는 부정적인 접근법이다.

위험감소(risk reduction)는 일반적으로 절차적 보안(procedual security)이라는 것을 통해 이루어진다. 손실 가능성은 인간의 역할을 계산하고 통제하는 과정의 극적 변화를 통해 상쇄된다. 검열(check)과 대조(balance)가 위험의 노출 가능성을 증가시키기 위해서 또는 누군가가 절도를 하거나 법을 어기는 기회를 감소시키기 위해서 이루어진다.

위험분산(risk spreading)은 손실에의 노출 수준을 낮추기 위해 자원이나 자산을 다양화하는 것이다. 다양한 거리, 위치, 시간이 자산의 분산을 위해 사용된다. 장벽 또한 이러한 위험관리 개념에 포함된다. 보안공학과 물리적 보안 접근방법들은 이러한 분산과 접근 거부에 있어서 고유한 것이다.

위험전이(risk transfer)는 보험의 기본적 모습이다. 개인들로 구성된 큰 집단은 재산이나 상해피해와 같은 공통된 위험을 갖는다. 건강보험은 위험전이의 한 가지 직접적인 형태이다.

위험수용(risk retention)은 잠재적 손실을 의식적으로 수용하는 것이다. 잠재적 손실이 보험이나 다른 보안수단에 의해서 반드시 보호되는 것은 아니다. 소유자나 개인은 손실의 가능성을 단순히 가정할 뿐이다.

위험관리는 어떤 종류의 사업을 하든 불가피한 것이다. 그것은 또한 특정 공동체나 근린의 작동에 있어서도 본질적인 것이다. 그것을 인정하지 않는다면, 대부분의 사람들은 범죄피해의 위험을 가정해야 한다. 그러나 일단 그들이 피해를 당하게 되면 그 위험을 계속해서 당연한 것으로 여길 것 같지는 않다. 범죄에 대한 두려움과 근심은 대개 우리와는 상관없는 멀리 떨어져 있는 다른 공동체의 문제인 것으로 여긴다. 이처럼 어떤 특정 장소가 안전하지 않다는 인식을 지속하면서 회피적 행위가 계속해서 이루어진다.

결론

범죄학자들과 공공정책 입안자들은 범죄와 범죄행위에 대한 완전한 정의와 이해에 도달하지 못하였다. 범죄의 원인에 관한 많은 신화가 그것들이 사회적으로 바람직하기 때문에 존재한다. 그러나 범죄행위는 사회의 모든 수준에서 편재하며, 따라서 흔한 범죄와 흔한 범죄자에 초점을 두는 것은 대중적이다.

손실이란 개념이 범죄 및 범죄행위에 추가된다. 그것은 또한 범죄 및 손실에 대한 기존의 대응적 접근들이 실패하고 있는 현실에 부가된다. CPTED의 개념은 보안 및 손실예방에 생산성과 이익을 가져다 준다. 근린에 주는 이익은 삶의 질이다. 행복한 근린은 범죄와 손실문제를 경험하지 않으며, 잘 운영되는 사업체는 손실이 거의 없다. 좋은 학교는 더 높은 수준의 성취율을 보이고 파괴적 행위나 범죄적 사건의 발생이 낮다. 고객 유치에 성공한 도심의 쇼핑센터는 이윤은 많고 손실은 적다.

범죄와 손실예방에 대한 관심은 여러 이익을 낳을 것이다. 범죄와 손실예방은 경찰 및 보안인력들만이 하는 어떤 것이 아니라 인간의 고유의 기능과 활동이다.

번역 | 안준석(Ph.D. AIA 경기대학교 건축학과)

8

CPTED(셉테드) 전략과 적용 사례

장의 구성

CPTED(셉테드) 전략

CPTED(Crime Prevention Through Environmental Design, 셉테드) 전략은 지나온 역사와 현대적인 범죄예방 실험의 결과로 이루어진 것이다. CPTED전략은 단순하고 명쾌하여 누구든 내용에 대해 들어보면 아마도 이미 아는 사실이라 생각할 것이다. 이 단원에 포함된 전략과 사례들은 기본적인 것이며, 어디든 적용이 가능하다.

CPTED 개념은 공동주택 프로젝트에 널리 적용되어 왔다. 학교나 대학 캠퍼스에서는 연방정부의 지원으로 플로리다, 브로워드 카운티(Broward County)에서 처음 시작된 CPTED 프로그램을 적용하고 있다(부록A에 이러한 개념의 모형들을 요약한 자료를 제시하였다.). CPTED 적용이 잠재적으로 가능한 목록을 만들려면 끝이 없다. CPTED 개념을 적용함으로써 개선이 불가능한 인체기능은 없을 것이다. 따라서 결론은, 어떠한 새로운 관점에서 모든 사물에 의문을 품으며, 지역사회를 위한 수많은 결정을 내리는 여러 전문분야의 언어를 배우는 자세로 환경을 바라보느냐의 차이이다. '언어를 배운다'는 말의 뜻은 다른 이들과 소통할 수 있고 그들의 목표를 이해하는 것을 의미한다. 이것이 바로 CPTED 계획가가 CPTED의 개념을 공유하며 누구도 의문을 갖지 않는 사실을 의심하도록 교육받는 중요한 이유이다.

CPTED 계획가는 단순히 보안과 범죄예방에 국한된 문제로부터 조직이나 기관의 목표 강화까지 광범하게 자신의 생각을 재프로그래밍하도록 교육을 받는다. 그것은 CPTED의 모토인 "당신이 하려는 일은 무엇이며, 당신의 더 나은 결과를 위해 우리가 해야 할 일은 무엇인가?"를 기억하라. 그 목표가 달성되면 범죄나 손실의 잠재적인 가능성도 줄어든다. 인체기능을 제대로 발휘하면 범죄와 손실의 감소로 이어진다는 사실은 자명한 이치이다. 범죄와 손실은 인체기능이 제대로 작동되지 않은 결과라 할 수 있다.

다음은 서로 다르게 조합하면 어느 상황이든 적용이 가능한 9가지 주요 CPTED 전략이다.

1. **통제된 공간을 규정하는 명확한 경계를 형성한다.** 재산권을 보존하려면 반드시 공간의 경계가 명확해야 한다는 것이 불문율이다. 경계는 물리적으로나 상징적으로 인지가 가능해야 하는데 펜스, 관목, 표지판은 명확한 경계로 인정된다. 기본 원리는 "분별력 있는 합리적인 인간"이 공공공간에서 사적공간으로 이동할 때 반드시 그 경계를 인지할 수 있어야 한다는 점이다. 가구배치나 색체의 사용이 내부공간을 규정하고 복도 벽에 걸린 장식이나 그림이 공간의 소속을 나타내고 일반 사용자, 비정상 사용자 각각의 행동에 영향을 미치는 강력한 환경적인 암시가 된다.
2. **분명히 명시된 전이영역을 제공한다.** 공적영역에서 반공적영역, 반사적영역, 사적영역으로 이동하는 분명하게 명시된 전이영역을 제공하는 것은 중요하다. 명확하게 규정된 전이영역이 많아질수록 부적절한 행동에 대한 변명의 여지는 줄어든다. 사람들이 통제된 공간에 들어갈 때 반드시 스스로 인지할 수 있게 해주어야 한다.
3. **군집이 이루어지는 장소를 재배치한다.** 사람이 모이는 장소는 자연감시가 용이하고 접근통제가 가능한 공간을 공식적으로 지정하는 것이 좋다. 캠퍼스에서 군집이 일어나는 영역은 잠재적 범죄자의 흥미를 끌지 않기 위해 그들의 시야를 벗어난 곳에 배치될 수 있다.
4. **안전하지 않은 장소에서 안전행동을 유도한다.** 이 전략은 학교 캠퍼스, 공원, 사무실이나 단체의 위치적 불리함을 극복하기 위해 사용가능하다. 안전행동이라는 것은, 일반 사용자가 비정상 사용자들을 빤히 쳐다보는 등의 도전적이고 통제적인 행동을 통해 그들이 감시와 간섭을 받고 있다는 신호를 보냄으로써, 다른 일반 사용자들이 함께 안전함을 느낄 수 있는 행동을 의미한다. 보호받기 힘든 부적절한 상황에서는 그런 안전행동이 위험할 수도 있다는 경고가 반드시 필요하다.
5. **위험한 행동은 안전한 장소로 유도한다.** 위험한 행동은 거주공간의 창문 근처나 통제가 가능한 장소에서 일어나도록 유도하여 위험을 극복하고, 이용자들이 더 큰 안전감을 느끼도록 한다.

6. **자연스러운 보호막 제공을 위해 공간의 용도를 규정한다.** 갈등을 야기하는 행동은 공간적 거리, 자연지형, 충돌회피 기능들을 이용해서 분리시킨다. 예를 들어 거리의 농구코트에서 발생하는 격렬한 움직임 소리는 노인이나 어린이들의 모임과 놀이에 불안감과 두려움을 줄 수 있다. 그 장소를 원하는 일반 사용자에게 그런 위협이 실재적 위험으로 인식되게 만들 필요는 없다.
7. **공간이용 일정을 효율적으로 계획한다.** 생산적이고 효율적인 공간이용이 실질적인 위험과 일반 사용자의 위험인식 감소에 도움이 된다는 것은 잘 알려진 사실이다. 반대로, 그런 상황에서 비정상 사용자들은 감시와 간섭의 위험 속에 있다고 느낀다. 면밀하게 계획된 시공간적인 관계는 행동규제와 함께 이익과 생산성을 높인다.
8. **자연감시의 인식을 증가시키기 위해 공간을 재디자인하거나 개조한다.** 감시를 인식함으로써 얻는 효과는 감시의 실제 효과보다 더 강력하다. 일반인들은 숨겨진 감시카메라 정도로는 안전하다 느끼지 못하므로, 차라리 이런 장비가 있다는 사실을 모를 때 더 안전에 유의해 행동한다. 마찬가지로, 이상행위자는 감시의 가능성을 명백히 인지하지 않는 경우 들킬 위험성도 크게 느끼지 못한다. 창문이나 확보된 시야 등의 자연스러운 감시 가능성은 종종 기계적이고 조직적인 방법(경비원 등)의 사용만큼이나 효과적이다.
9. **공간적 거리와 고립감을 극복한다.** 소통과 디자인 효율성의 향상은 자연적 감시와 규제에 대한 인식을 향상시킨다. 학교 관리자들은 업무능률 향상을 위해서 뿐만 아니라 즉각적인 도움을 요청하는 것이 가능하다는 사실을 인지시키기 위해서 휴대용 무전기를 소지해야 한다는 것을 경험으로 알고 있다. 화장실의 위치와 입구는 디자인은 편의성을 높이고 공사비와 유지비를 절감하도록 설계되었을 것이다.

CPTED의 적용

CPTED의 적용 사례는 매우 풍부하다. 아래의 사례들은 각자가 처한 환경적 상황에 적용해보도록 고안된 것이다. 각 상황들은 독특한 성격을 지니고 있고 각각이 다른 CPTED 개념의 적용을 필요로 한다. 동일한 기능을 갖는다 해도 서로 다른 환경적 상황이 완전히 같을 수는 없다. 따라서 각각의 다른 장소에 가장 적합한 CPTED 전략을 사용해야 한다.

상업환경을 위한 목표

1. **접근통제** : 건물, 외부공간, 출입이 제한된 내부구역으로 허가 없이 접근하는 것을 방지하기 위해 안전한 경계를 설정한다.
2. **물리적 디자인을 통한 감시** : 물리적 디자인 메커니즘을 통해 감시 가능성을 향상시켜 범죄자의 적발 가능성을 증대하고, 잠재적인 피해자들의 회피행위를 가능하게 하며, 경찰의 개입을 용이하게 한다.
3. **기계적 감시장비** : 사업장에 불법적인 출입 시도를 감지하여 신호를 보내는 보안장비를 설치한다.
4. **디자인과 시공** : 보안 강화와 질적 향상을 위해 건물과 건물 부지를 설계, 건설, 보수한다.
5. **토지이용** : 부정적인 영향을 줄 수 있는 무분별한 토지 및 건물의 용도를 방지하기 위해 적절한 정책을 수립한다.
6. **소유 · 관리행위** : 업무적, 상업적 자산이 범죄에 취약해지지 않도록 소유자와 관리자에게 안전조치의 시행을 권고한다.
7. **사용자 보호** : 쇼핑객이 범죄로부터 보호받도록 안전조치를 시행한다.
8. **사회적 상호작용** : 사회적 결속과 통제성을 조성하기 위해 사업가, 사용자, 상업지역 거주자들의 사회적 상호작용을 장려한다.
9. **사설경비 서비스** : 상업시설의 경비를 강화하기 위해 요구되는 적절한 서비스를 결정한다.
10. **경찰 서비스** : 범죄문제에 효율적, 효과적으로 대응하고 시민의 범죄 신고를 장려하기 위해 경찰 서비스를 개선한다.

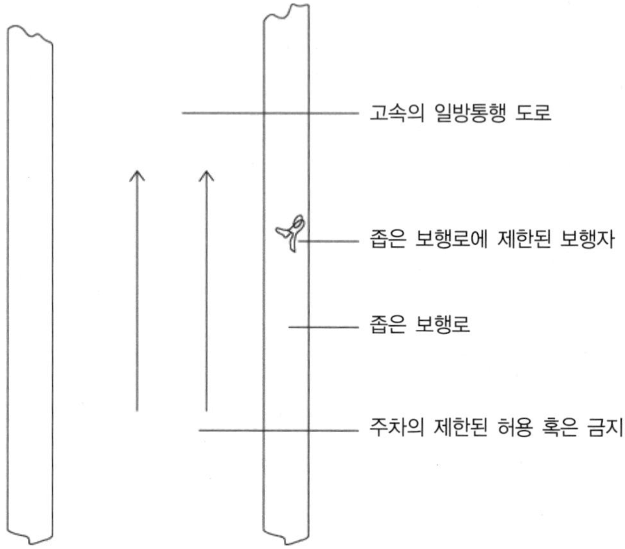

그림 8.1

11. **경찰 · 지역사회의 관계** : 범죄예방 및 신고를 위한 시민의 협조 장려를 위해 경찰과 지역사회의 관계를 개선한다.
12. **지역사회 인식** : 상업지역의 범죄 퇴치를 위해 지역사회의 범죄예방 인식을 조성한다.
13. **영역적 정체성** : 잠재적 범죄자의 침입을 막기 위해 사적영역과 공공영역을 분리한다.
14. **지역 이미지** : 사용자와 투자자의 확신을 고양하고 지역경제를 활성화하기 위해 상업지역의 긍정적 이미지를 개발한다.

도심 거리와 보도구역

도심 거리

좋지 않은 디자인(그림 8.1과 8.2)

1. 차량의 급작스런 성장은 노외주차, 일방통행로, 연동 신호체계(synchronized traffic signals), 차와 트럭에 공간을 내주기 위해 보행로

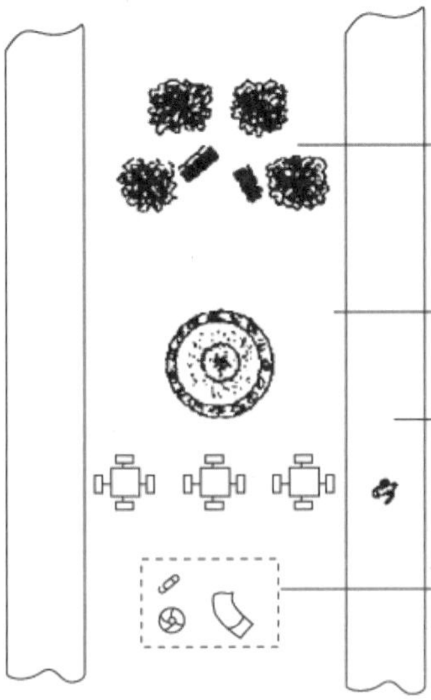

그림 8.2

가 좁아지는 결과를 낳았다.

2. 보행자 중심의 보행가로 상업시설은 쇠퇴하고 쇼핑센터와 쇼핑몰로 옮겨간 고객들을 쫓아 움직인다. 상점들이 이전함에 따라 보행가로의 보행자 활동이 줄어들면서 더 많은 상점들이 지역사회를 떠나는 결과로 이어졌다.
3. 좁은 보행로는 부랑자와 다른 비정상 사용자 간의 갈등과 두려움을 증가시켰다. 일반 사용자는 이런 길을 피하고, 그렇게 함으로써 상업과 도심에서의 평범한 활동은 더욱 쇠퇴되었다.
4. 밤과 주말의 도심 거리는 "무인지대"가 되었다.
5. 보행중심 상가(pedestrian mall)는 차 대신 사람들로 가로를 북적이게 할 의도로 계획된다. 그러나 이러한 시도는 대부분 실패하였는데, 그 이유는 설계자가 3-D[1] 접근방식에 실패했기 때문이다. 사람들이 살아가는 장소에서는 아름다움을 통해 사물이 조화를 이룬다.

1) 역자주 3D : Designation, Definition, Design, 3장 40페이지 참조

6. 편의시설이나 조경과 같이 환경을 강화하는 요소들은 예기치 않은 비정상 사용자들도 끌어들인다. 버려진 쓰레기나 새의 배설물 등은 일반 사용자들이 옥외에 마련된 앉을 자리를 꺼리게 만든다.
7. 그림과 같은 장소에서 일반 사용자는 불안함과 위협을 느끼지만 비정상 사용자는 들킬 위험이 적어서 안전함을 느낀다. 행정당국은 특정 이익단체의 압력이나 일반 사용자의 이용 부족으로 이러한 장소들을 불가피하게 부랑자에게 내어주게 된다.

좋은 디자인(그림 8.3, 8.4)

1. 노상주차, 넓은 보행로, 양방통행, 비연동 신호체계(nonsynchronous traffic signals)를 도입하여 고의적으로 도로의 차량 수용량을 줄이는 것도 좋은 방안이 될 수 있다. 이 방법은 통근자나 통과 차량의 우회를 수반하게 된다.
2. 보행자의 수용량을 증대시키려면 도심블록에 위치한 목표지점까지 차량의 접근을 제한해야 한다.
3. 또 다른 방법은 정해진 쇼핑날짜와 축제기간에 일시적으로 도로를 폐쇄하는 것이다. 필요시에는 이동 가능한 편의시설들을 사용하고 필요 없을 때에는 운영하지 않는다. 주변 상점들이 노점을 운영할 수 있도록 법이나 조례의 예외를 허가하여 상업활동이 가로로 확장되도록 한다.
4. 계획에 따른 일반 사용자의 증가는 실내 쇼핑몰에서와 같이 일반 사용자들을 더 안전하게 느끼게 하고 통제적이고 적극적인 행동을 취할 수 있는 환경을 만든다.
5. 비정상 사용자들은 더 큰 심적 부담을 느끼게 될 것이다.

갈등의 차단

좋지 않은 디자인(그림 8.5)

1. 노약자의 휴식공간과 대비되는 성격의 농구장과 인접해 있다.
2. 농구장에서 일어나는 행태는 공격적이고 소음이 심해서 노인이나 유

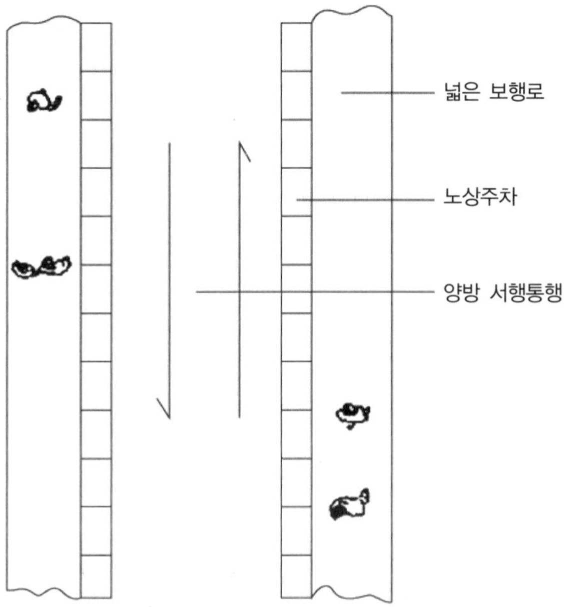
넓은 보행로
노상주차
양방 서행통행

그림 8.3

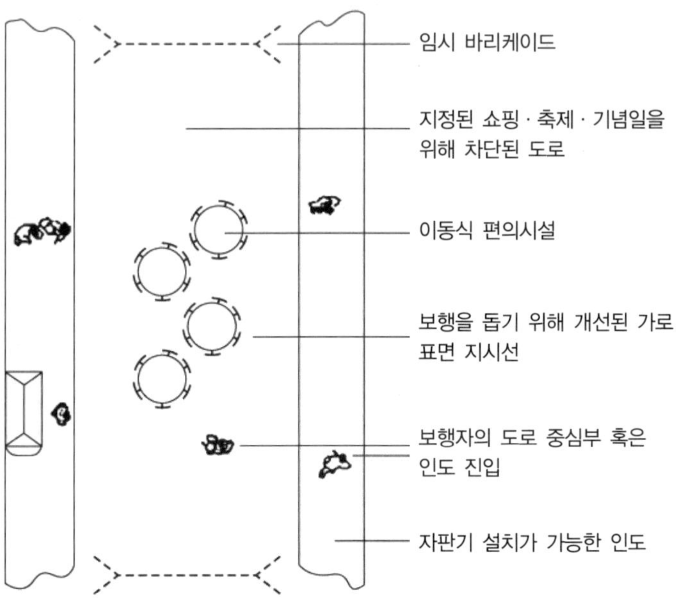
임시 바리케이드
지정된 쇼핑 · 축제 · 기념일을
위해 차단된 도로
이동식 편의시설
보행을 돕기 위해 개선된 가로
표면 지시선
보행자의 도로 중심부 혹은
인도 진입
자판기 설치가 가능한 인도

그림 8.4

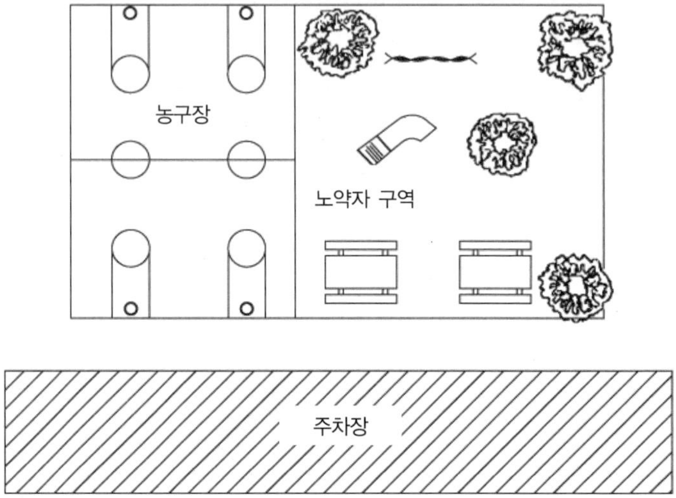

그림 8.5

아를 보호하는 부모들에게 성가시고 위협적이다.

3. 운동공간 영역은 때로는 비정상 사용자들을 끌어들이는 역할을 할 수 있다.
4. 운동공간 영역에서는 일반 사용자들에게 위협이 되는 욕설과 물리적 학대 등의 공격적인 행동이 정당화될 수 있다.

좋은 디자인(그림 8.6)

1. 적당한 거리, 높이차, 주차장 등의 자연적으로 형성된 장애물은 충돌을 피할 수 있는 요소로 작용한다.
2. 모든 자연적 장애물은 비정상 사용자가 인접공간을 장악하려는 경향을 줄여주는 역할을 한다.
3. 비정상 사용자들은 넘어야 할 명백한 장애물은 있을 때 훨씬 더 큰 심적 부담을 느낀다.

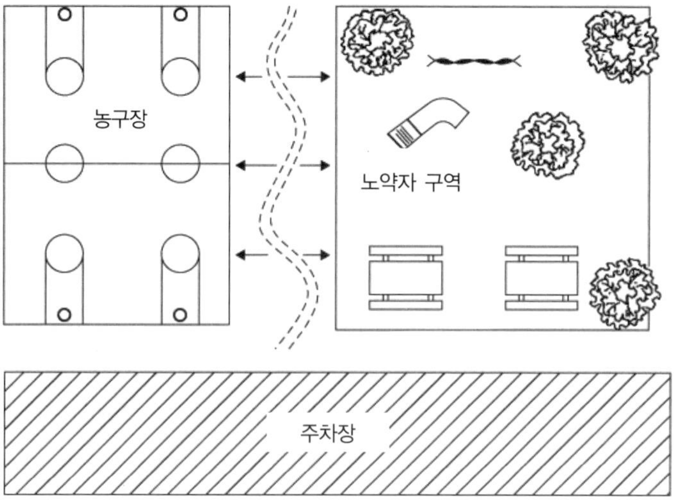

그림 8.6

외부의 앉을 자리

좋지 않은 디자인(그림 8.7)

1. 일반적인 벤치나 피크닉 테이블을 대신하여 야외에 담의자(sitting walls)[2]가 많이 설치되고 있는데 담의자는 뒤에 숨을 공간이 만들어지고 감시를 방해하는 요소로 작용한다.
2. 움푹 들어간 낮은 공간이나 계단식으로 형성된 자리는 자연감시를 어렵게 하므로 비정상 사용자들이 점거하기에 좋은 공간으로 여기게 한다.
3. 이 공간에서 점심을 먹으려는 여행자나 직장인, 혹은 저녁 산책을 하려는 일반 사용자들은 부랑자들의 흔적(쓰레기, 분뇨 등)이 있으면 발길을 돌리게 된다.
4. 쓰레기는 악취를 동반하고 각종 벌레가 모여들게 한다. 시각적, 후각적으로 나쁜 환경은 휴식의 자리로 이용될 리가 없다.

2) 역자주 : 담의자(sitting wall)는 의자 역할을 하도록 만들어진 낮은 담을 의미한다.

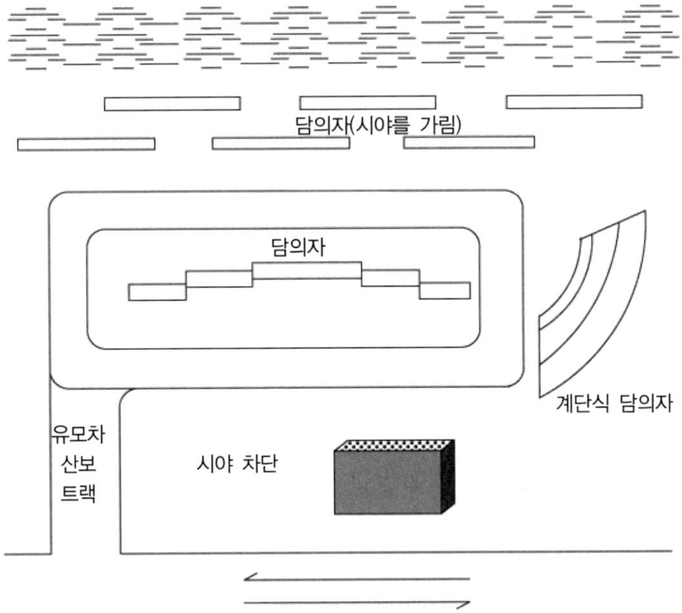
담의자(시야를 가림)
담의자
계단식 담의자
유모차
산보
트랙
시야 차단

그림 8.7

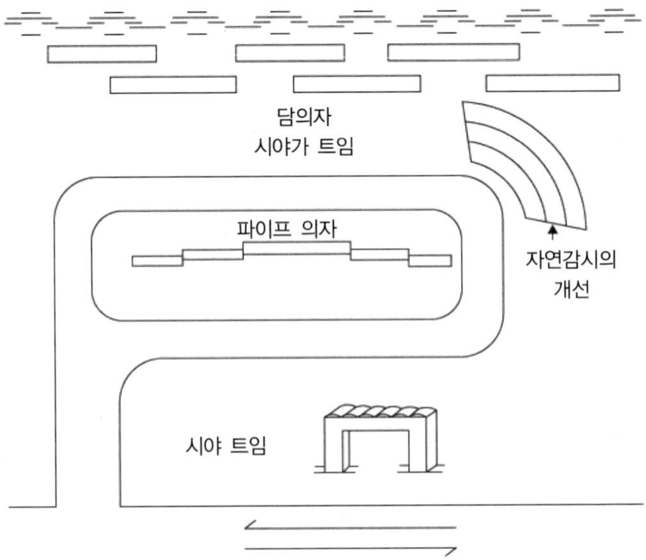
담의자
시야가 트임
파이프 의자
자연감시의
개선
시야 트임

그림 8.8

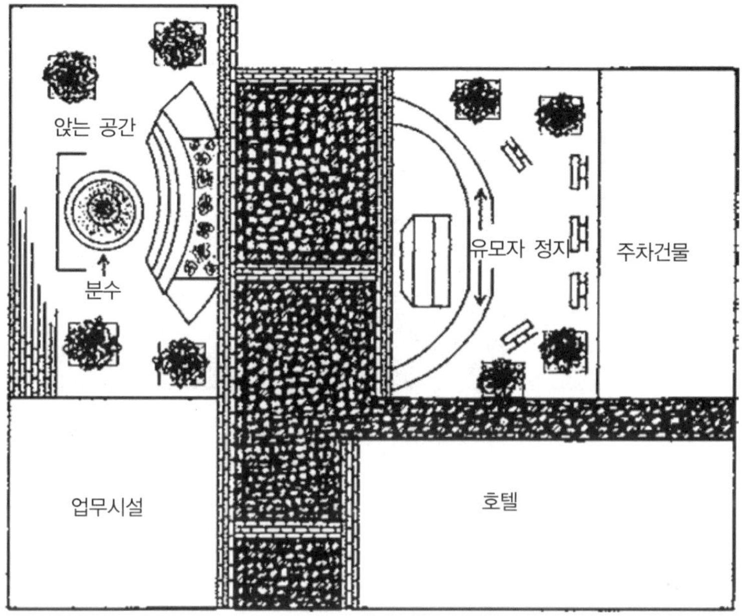

그림 8.9

좋은 디자인(그림 8.8)

1. 비싼 담의자보다는 철재 파이프로 벤치를 제작한다. 파이프 벤치는 의자의 기능과 외부공간에 적합한 미적 역할을 하면서도 자연감시에 지장을 주지 않아 부적절한 용도로 사용될 위험을 방지한다.
2. 계단식 담의자는 도로를 향한 시야를 차단하지 않고 완전히 노출되는 방향으로 배치한다.
3. 야외공간은 CPTED 개념을 준수하면서 공사비까지 절감할 수 있는 방법으로 건설이 가능하다. 일반 사용자들은 비정상 사용자들이 배제된 공간을 방문하는 것을 선호한다.

광장

좋지 않은 디자인(그림 8.9)

1. 재생된 업무지역의 일반 광장은 조경이나 미관에 관한 법적조건을

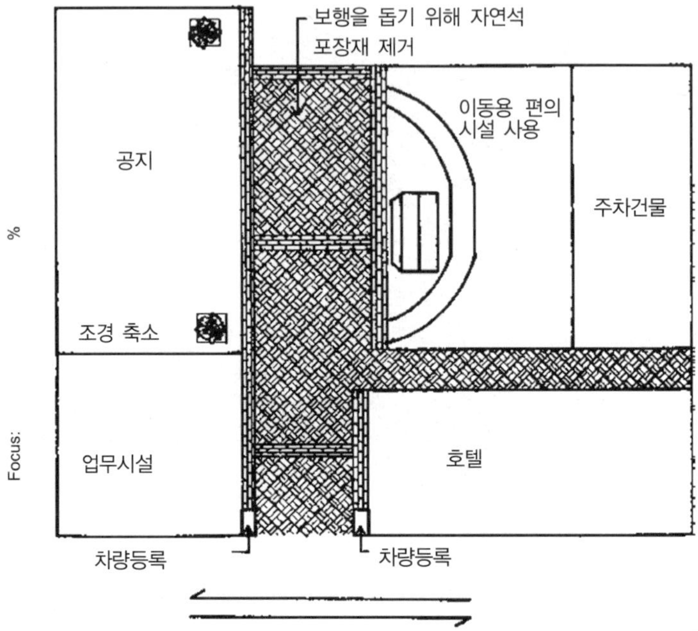

그림 8.10

모두 준수하기 위해 사용가능한 면적이 줄어드는 경향이 있다.

2. 바닥포장재를 자연석으로 교체하는 것은 기능보다는 미적, 형태적 가치에 무게를 둔 선택이다. 자연석의 고르지 못한 표면은 보행에 지장을 준다. 특히 하이힐을 신은 여성이나 노약자에게 불리하다.
3. 벤치, 테이블, 분수가 있는 영역은 부랑자들이 점거하거나 비둘기들이 배설하기 좋은 환경이다.
4. 일반 사용자는 불안을 느끼지만 비정상 사용자들은 안전하게 느끼는 장소가 된다.

좋은 디자인(그림 8.10)

1. 형태와 기능의 적절한 타협이 이루어져야 한다. 자연석보다는 보도블록이 보행하기 쉽다.

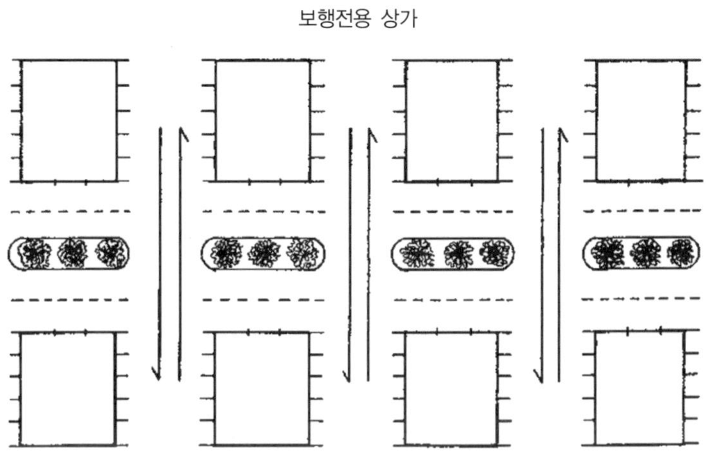

그림 8.11

2. 조경이나 편의시설도 이동이 가능한 형태를 사용하여 외부공간의 행사에 따른 유연성을 부여한다.
3. 경찰의 순찰이나 다양한 용도를 위해 차량진입을 제한적으로 허용한다.
4. 대중에 의해 원활하게 사용되는 광장은 일반 사용자들을 끌어들이고 안전감을 제공한다.

보행전용 상가

좋지 않은 디자인(그림 8.11)

1. 이러한 디자인과 차량 흐름은 주차를 힘들게 만든다.
2. 보행공간과 넓은 중앙분리대는 매우 훌륭하지만 이 모든 공간이 일상생활에 반드시 필요한 요소인가? 항상 이용되는 공간인지 아니면 휴일이나 주말에만 있어도 괜찮은 요소인지 확인한다.
3. 이 디자인은 고령의 쇼핑객이 멀리 위치한 곳에 주차를 할 경우 문제가 되며 평행주차방식도 역시 노인들에게는 문제가 된다.

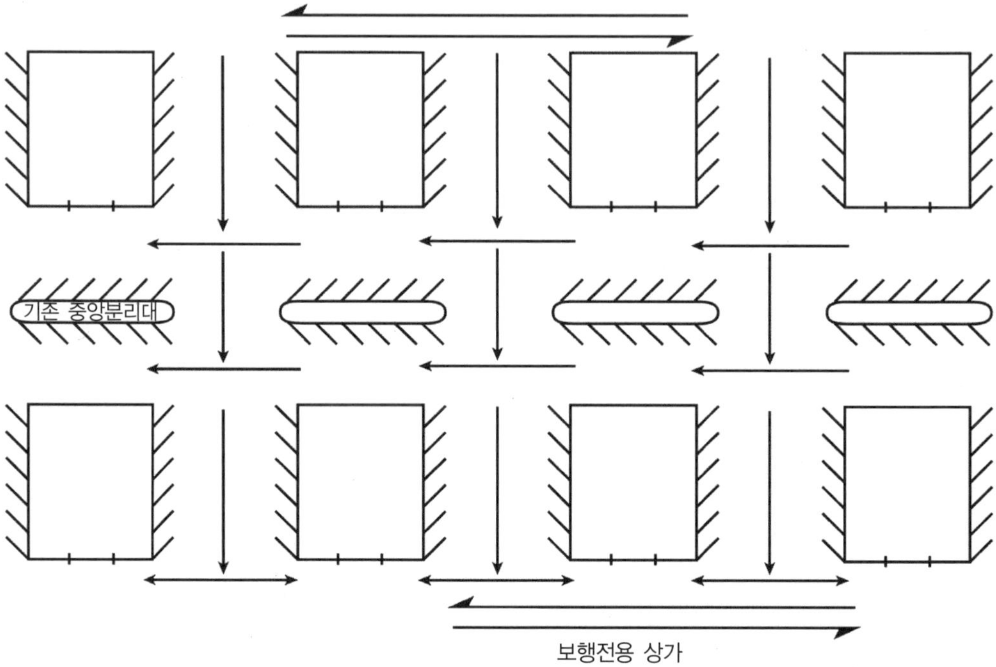

그림 8.12

좋은 디자인(그림 8.12)

1. 상점에 가까이 주차할 수 있도록 사선주차를 채택하고 교통을 다소 통제한다.
2. 보행자의 편의를 위해 차량의 속도를 제한한다.
3. 보행자의 움직임이 많고 적은 특정한 시기에 차량을 통제하기 위해 바리케이드를 이용한다. 디자인에 유연성이 있고 상업 혹은 홍보를 위한 계획에 적용할 수 있는 다양한 패턴을 가능하게 한다.

좋은 디자인 (그림 8.13)

1. 더 많은 주차 대수를 제공하고 상점을 향해 주차할 수 있도록 사선주차를 채택하고 교통을 다소 통제한다.
2. 보행자의 편의를 위해 차량의 속도를 제한한다.
3. 보행자의 움직임이 많고 적은 특정한 시간에 차량을 통제하기 위해

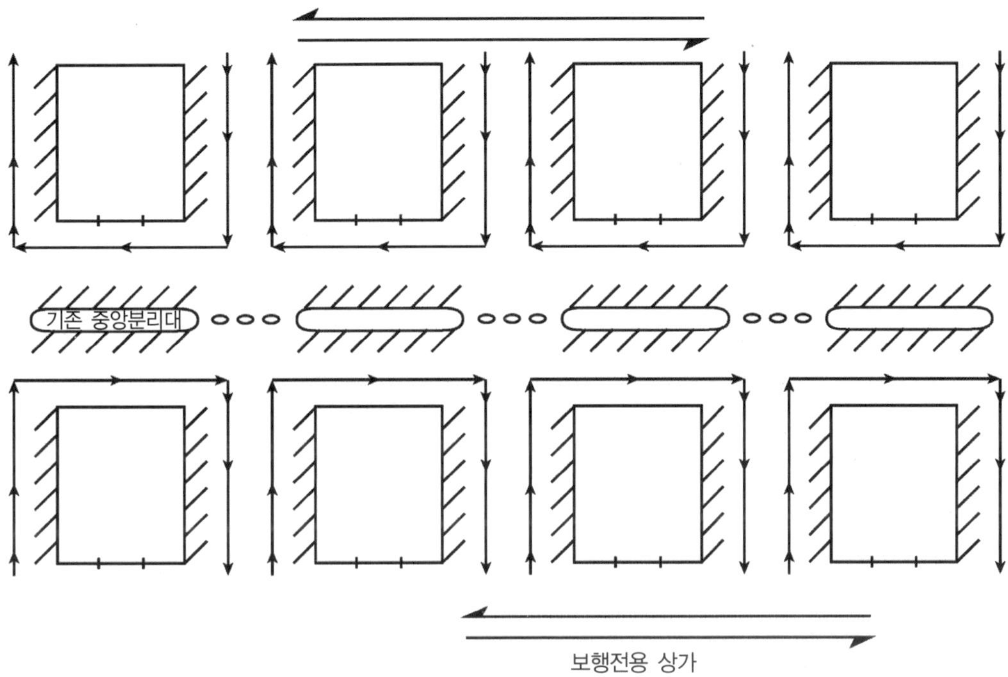

그림 8.13

바리케이드를 이용한다.

4. 차량접근을 통제하기 위해 영구적 혹은 일시적으로 바리케이드를 이용한다.

주차장과 주차건물

주차장

좋지 않은 디자인(그림 8.14)

1. 지상에 마련된 주차장과 도로에서 떨어진 주차건물의 일반적인 주차 배치이다. 늦게 오는 차가 잘 보이지 않는 덜 좋은 자리에 주차를 하게 된다. 일찍 들어온 차가 가장 안전하고 좋은 주차구역을 차지한다. 또한 주차요원이 근무 중인 가장 안전한 시간에 가장 먼저 주차장을 떠난다.

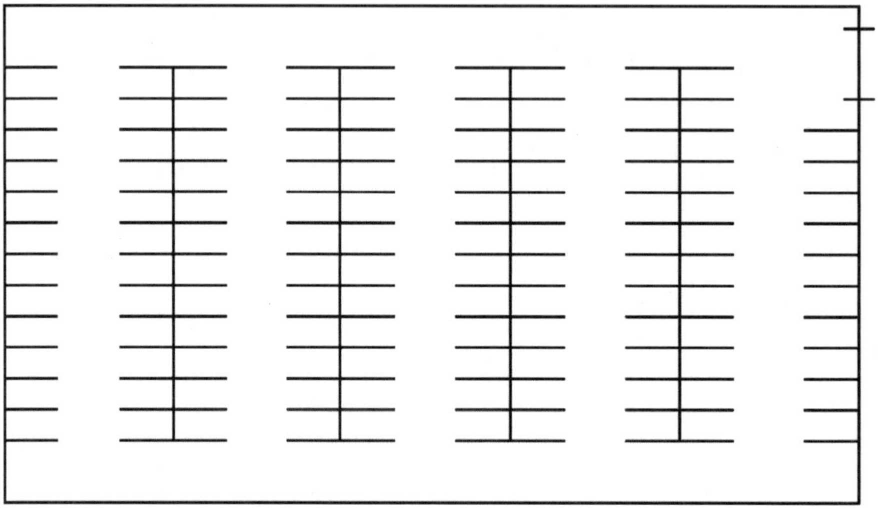

그림 8.14

2. 가장 나중에 주차장에 들어온 차량이 주차장이 텅 빈 시간에 가장 늦게 주차장을 떠난다.
3. 보통 먼저 온 사람이 좋은 자리에 주차하는 것이 당연하게 받아들여지기 때문에 이러한 상황의 문제가 오랫동안 간과되어 왔다. 늦은 쇼핑을 하는 쇼핑객과 오후 근무를 하는 직장인들이 있는 상황에서는 두려움, 범죄대상이 될 위험, 안전 등의 문제가 대두되기 때문에 이 상황을 당연하게 받아들여서는 안 된다.

좋은 디자인(그림 8.15)

1. 주차장에 늦게 도착한 차량들을 위해 안전한 주차구역을 형성하는 차선분리용 장애물 사용된다.
2. 주차 필요성 평가에 따라 다양한 계획이 가능하다. 층을 번갈아 가며 닫거나 통로를 일부만 열 수도 있다.
3. 주차장에 일찍 도착하는 운전자와 늦게 도착하는 운전자의 요구사항 간의 적절한 균형이 필요하다.
4. 주차관리원이나 경비원들이 주차하고 싶은 자리가 있는데도 통과 지

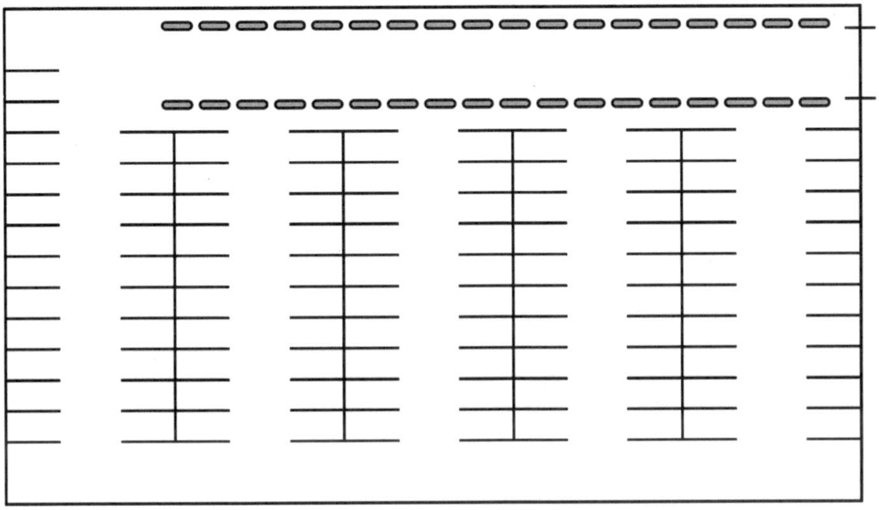

그림 8.15

시를 하는 것보다는 물리적 차단물(바리케이드나 콘 등)의 사용이 운전자의 기분을 덜 상하게 한다. 하지만 규칙을 집행하거나 기능을 강화하는 면에서는 주차관리원이나 경비원들이 효과적이다.

주차장 진입로

좋지 않은 디자인(그림 8.16)

1. 주차관리자의 위치는 직원주차장 구역의 자연감시가 불가능한 위치이다.
2. 조경 역시 자연감시에 장애로 작용한다.
3. 직원들은 안전하지 않다 느낄 것이고 비정상 사용자들은 감시에 허점이 있다고 느낄 것이다.
4. 직원과 그들의 차량을 보호하기 위해 경비원이 필요하다.

좋은 디자인(그림 8.17)

1. 주차관리자의 위치에서 주차장의 모든 영역은 자연감시가 가능하다. 직원들은 안전하다고 느끼지만 비정상 사용자들은 감시로 인해 위험

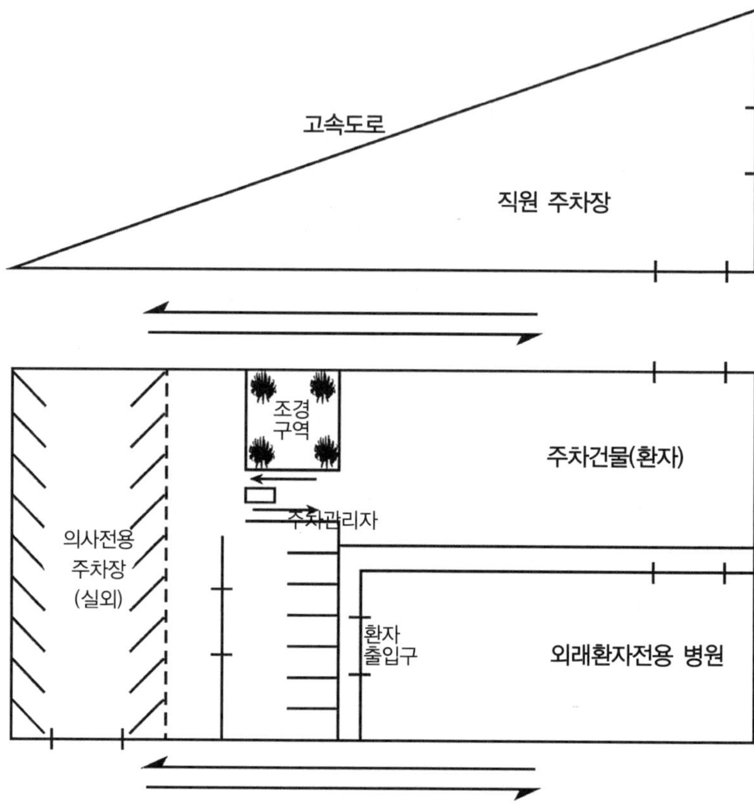

그림 8.16

을 느낀다.

2. 직원들은 안전하다 느낄 것이고 비정상 사용자들은 감시당할 위험이 있다고 느낄 것이다.
3. 이런 디자인은 순찰을 위한 경비인력이 필요 없다.

주차장 건물

좋지 않은 디자인(그림 8.18)

1. 지면 레벨의 주차공간은 이용량이 적고 주차건물에 면한 보행로와 주변에 성벽 같은 느낌을 준다.

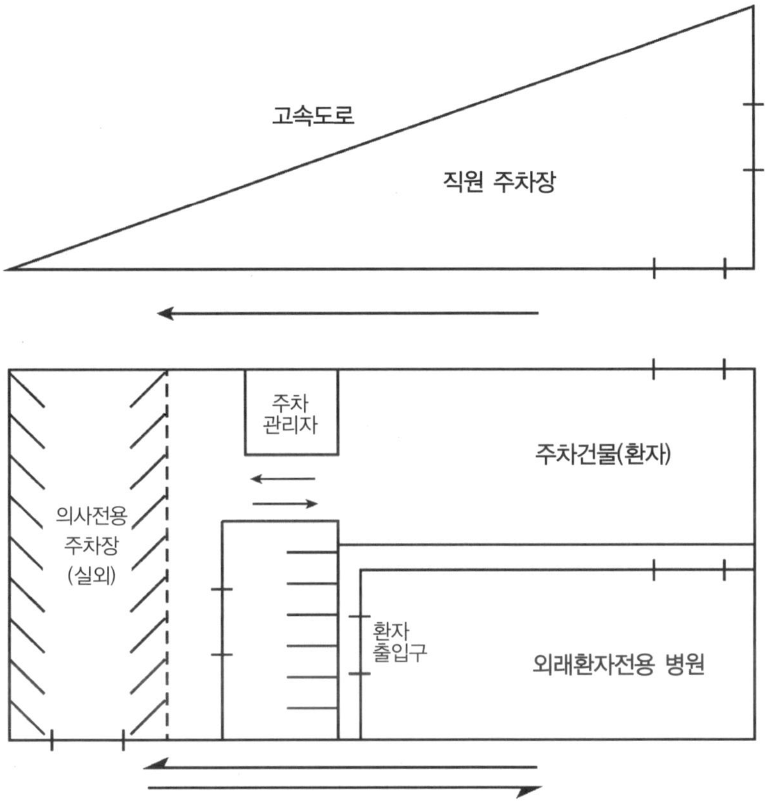

그림 8.17

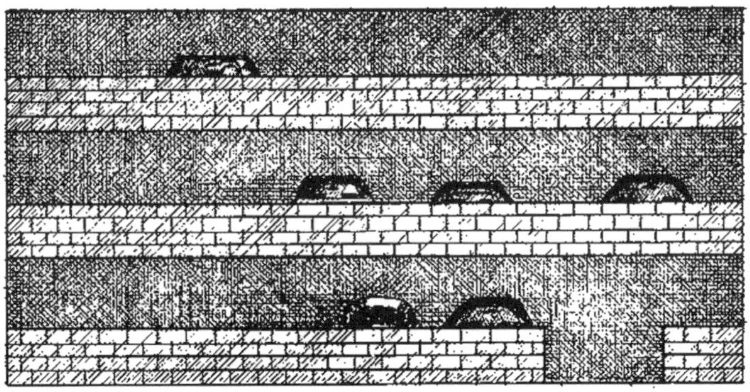

그림 8.18

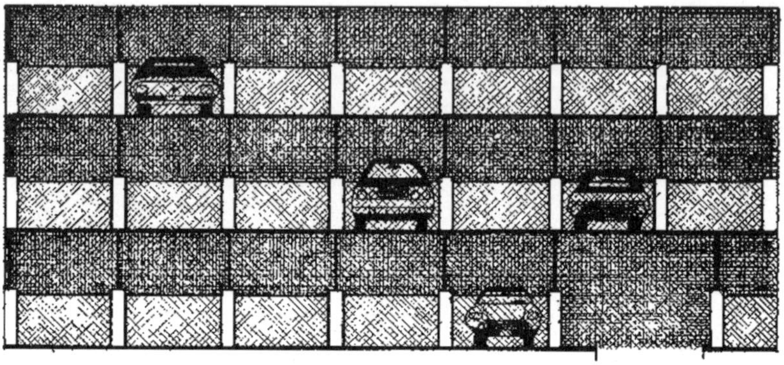

그림 8.19

2. 일반적으로 이러한 벽에는 콘크리트가 사용되는데 이는 자연감시의 가능성을 저하시킨다. 따라서 일반 사용자들에게는 불안감을 주는 반면 비정상 사용자들을 편하게 만들어준다.
3. 콘크리트벽은 주차된 차의 안전을 보장하기보다는 은폐효과를 가져다준다. 설계자와 지역 계획가들은 이런 벽체의 목적에 대해 잘못 이해하는 경우가 많다.
4. 일반적으로 주차장의 내부조명은 운전자들이 차에서 내리는 장소이자 가장 안전이 취약한 주차지점을 비추기보다는 차량이 운행되는 차로 위에 설치된다. 차에는 자체적인 조명이 장착되어 있지만 사람은 그렇지 않다!

좋은 디자인 (그림 8.19)

1. 지상 1층 공간은 보행중심의 영업과 활동을 위해 활용되어야 하고, 지상에 떠 있는 상부를 차를 위한 공간으로 이용해야 한다. 이러한 구성은 주차장 건물과 주변 가로공간의 영업 매출에 도움이 되고 자연감시 기능과 출입통제를 강화할 것이다.
2. 콘크리트 벽체는 케이블이나 철망 등으로 된 것으로 교체하여 최대한 감시와 조명이 용이하도록 함으로써 건설비의 절감과 일반 사용자들의 안전감이 향상될 수 있다.

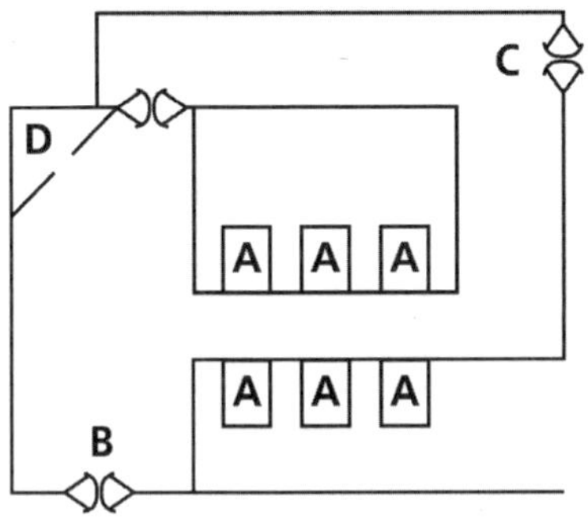

A. 지하층에서 지상층까지 전체 운행되는 엘리베이터
B. 주출입구
C. 부출입구
D. 경비실

그림 8.20

3. 반사 페인트나 재료는 내부에만 사용하고 보행구역은 조명을 설치하여 안전감을 높인다.

업무시설과 산업시설

사무실 출입

좋지 않은 디자인(그림 8.20)

A. 엘리베이터는 지하층에서 지상의 업무층까지 운행되어 사람들이 모든 층으로의 출입이 허용된다.
B. 주출입구를 통과한 사람은 아무런 등록절차 없이 엘리베이터로 진입이 가능하다.
C. 부출입구로 진입한 사람이 안내데스크나 경비원의 감시를 피해 직접 엘리베이터로의 진입 가능하다.
D. 경비실 · 안내데스크가 중앙에 위치하지도 않았을 뿐 아니라 출입하는 사람을 직접 감시할 수 있는 위치에 있지도 않다.

좋은 디자인(그림 8.21)

A. 로비와 상부층만 운행하는 엘리베이터
B. 로비와 지하층을 운행하는 엘리베이터의 분리
C. 출입구에서 관찰이 가능한 화장실

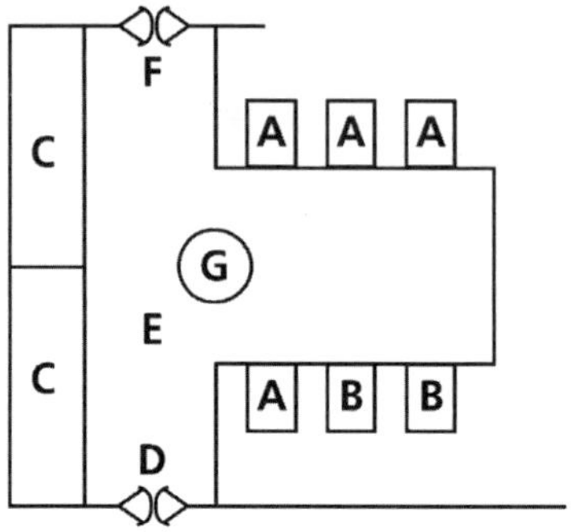

A. 로비와 특정한 층만 운행되는 엘리베이터
B. 로비와 지하층만 운행되는 엘리베이터
C. 화장실
D. 건물 주출입구
E. 주복도
F. 통제하의 출입 · 피난출구
G. 안내 · 경비데스크

그림 8.21

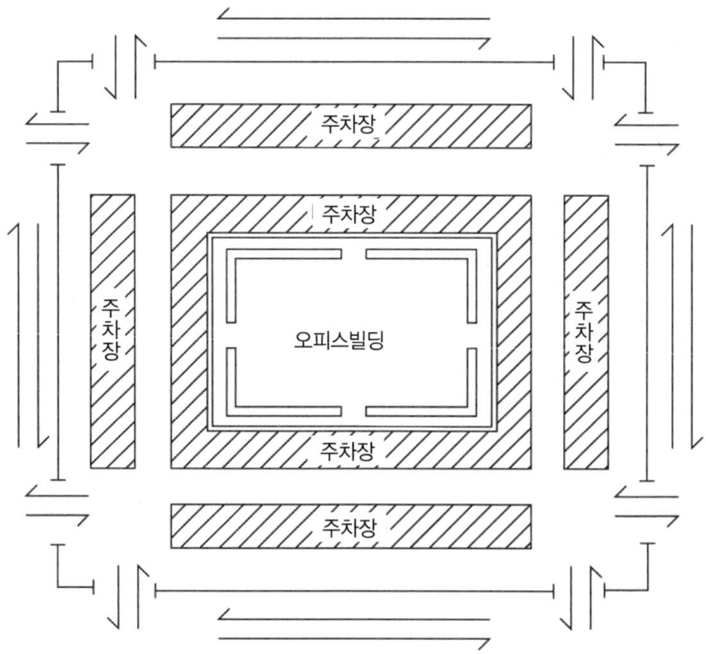

그림 8.22

D. 주출입구

E. 출입구에서 관찰 가능한 주복도

F. 통제하의 출입 · 피난출구

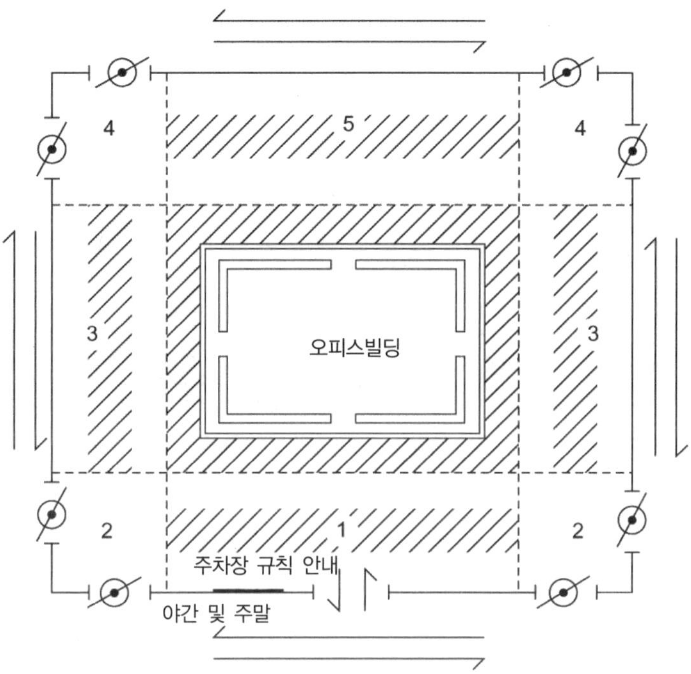

그림 8.23

G. 출입 검열을 위한 안내 · 경비데스크

업무시설 배치와 주차장 계획

좋지 않은 디자인(그림 8.22)

A. 주차장은 하루 중의 시간대별, 일주일 중 요일별 구분 없이 계획되었다.

B. 통과차량과 야간이용자들이 명확하게 규정되지 않았다.

C. 자동차를 어디에 주차하건 그것은 경비원, 경찰, 건물관리자 누구도 상관하지 않는다.

좋은 디자인(그림 8.23)

A. 주차는 구역(zone)을 나누어서 배치하고 주차 가능 지역과 일시주차

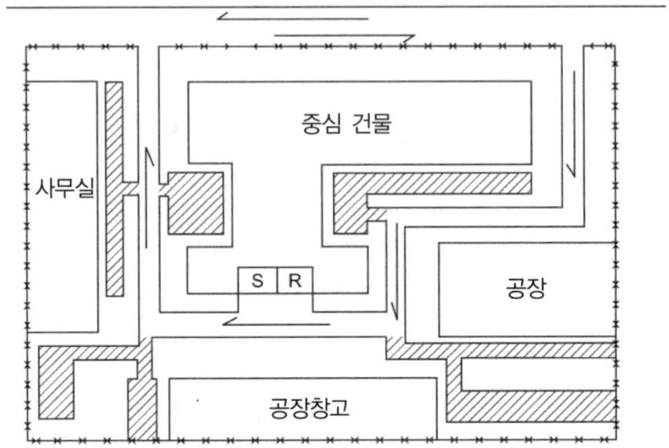

그림 8.24

용도로 명확히 규정되어 있다.

B. 적절하지 않은 장소에 주차된 차량은 경비원과 경찰에게 경고를 받고 관찰대상이 된다.

C. 나누어진 구역은 상황에 따라 폐장될 수도 있다.

배송업무 관련 차량의 진입

좋지 않은 디자인(그림 8.24)

1. 외부차량이 혼란과 깊은 내부까지 진입하는 문제
2. 외부차량과 직원차량의 혼재
3. 시설에서 직원의 차량까지 다양한 진입 가능성이 존재
4. 일부 장소에서는 배송작업 때문에 사람들이 박스를 소지한 채 드나드는 것을 허용
5. 출입과 화물 검열을 위한 경비원이나 감시요원이 필요
6. 부적절한 행위를 허용하는 다양한 원인을 제공함으로써 경비원이나 배송책임자들의 업무가 과중하게 된다.

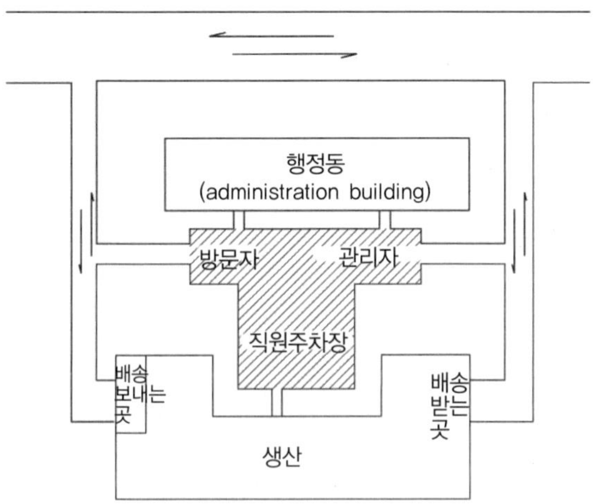

그림 8.25

좋은 디자인(그림 8.25)

1. 주차장은 배송 및 판매업자들의 차량과 분리되어 있다.
2. 건물에서 모든 직원 · 방문자의 주차에 대한 완벽한 관찰이 가능하다.
3. 배송을 보내는 곳과 받는 곳을 거리를 두고 분리시켜 실수를 줄인다.
4. 각 구역에 따라 적절한 행동양식을 세밀하게 규정한다.
5. 안내표지, 구매 · 배송순서, 정책에 따른 규정을 준수함으로써 이동 경과에 따른 상태가 명확히 구분된다.

공장 설계

좋지 않은 디자인(그림 8.26)

1. 내부차량 동선의 혼란
2. 건물 입구로 진입하는 외부차량의 진입로가 지나치게 많아서 직원, 판매업자, 하청업자들과의 사고가 발생한다.
3. 배송 보내는 장소와 받는 장소가 동일한 위치에 있어 손실발생의 원인이 된다.

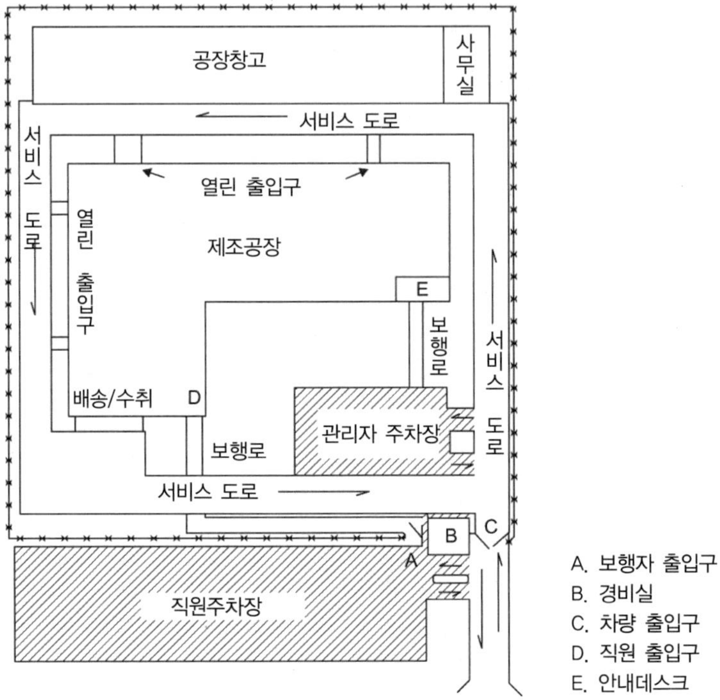

그림 8.26

4. 늘어나는 직원 주차구역과 경비인력에 의한 엄격한 출입제어는 직원의 사기와 노동교섭에 영향을 미친다.
5. 사무실 건물의 안내데스크 위치는 매우 협소한 자연감시만이 가능하다.
6. 외곽의 경비용 펜스는 매우 넓은 지역을 아우르기 때문에 건설경비와 허점만 증가한다.

좋은 디자인(그림 8.27)

1. 이 회사의 캠퍼스 배치는 개방감을 강조하고 침입자에게 자연감시의 압박감을 강하게 느끼게 하도록 계획되었다.
2. 편리하게 건물 전면에 배치된 직원주차장은 건물 안에서 직원들이 관찰하고 있다는 인식을 증가시킴과 동시에 직원주차장이 동떨어져

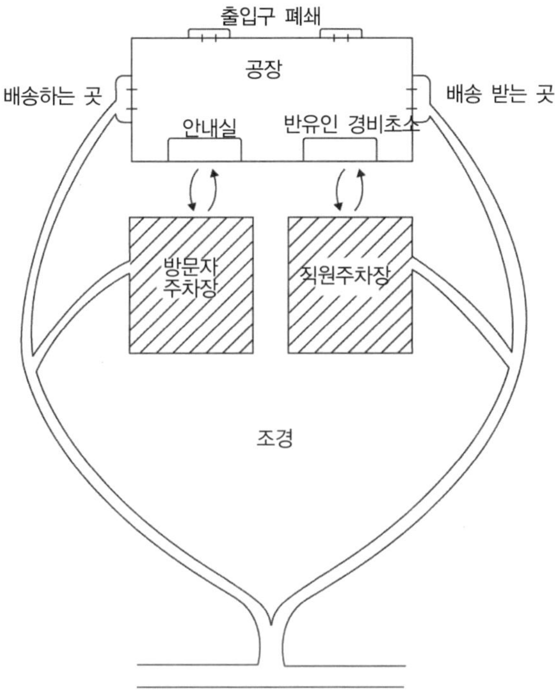

그림 8.27

있을 경우 느낄 수 있는 불안감을 해소한다.

3. 격리된 배송·수취공간은 도난위험을 감소시킨다.
4. 경비초소는 적은 인원으로 운용하거나 자연스러운 출입통제와 감시가 가능한 안내데스크 등의 자연적인(기관적 성격을 띠지 않는) 기능으로 대체하면 완전히 배제할 수도 있다.
5. 외곽 경계를 위한 공사규모와 공사비의 감축이 가능하다.
6. 직원주차장은 공공도로 입구로부터의 거리와 안내실로부터의 직접적인 감시에 의해 보호받는다.
7. 대지 개발과 건축비가 절감된다. 내부공간 요구 면적 역시 감축이 가능하다.

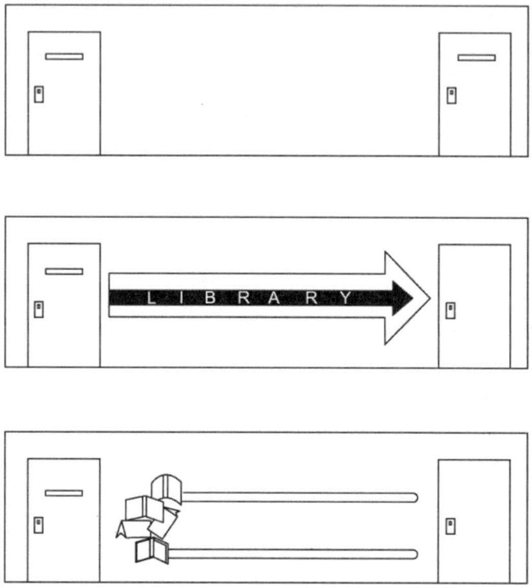

그림 8.28

복도와 화장실

복도

좋지 않은 디자인(그림 8.28)

1. 학교, 병원, 사무실의 대부분 복도들은 특별히 구별되지 않는다. 복도에서는 벽 반대쪽 공간이 무엇인지, 그 공간에 누가 있는지 확인되지 않는다.
2. 복도에 라커나 가구들을 배치함으로써 그 용도에 혼란을 일으키게 된다. 복도는 군집행위가 일어나는 곳이 아니라 이동하는 공간이다.
3. 임대인이나 실내의 일터를 점유하는 사람들은 그 공간을 능동적으로 제어하지만 인접한 복도공간에 대해서는 거의 소유감을 드러내지 않는다.
4. 복도와 면한 바로 옆 공간은 극히 사적이라 해도 복도는 매우 공적인 공간이다.

5. 신축 건물들 중에는 임대인의 실내 인테리어와 유사하게 복도공간을 장식하는 것을 엄격히 금하는 경우도 있다.
6. 다목적 교실 혹은 회의실은 소속감 부족이 문제가 되기도 한다.
7. 일반 사용자들은 이와 같이 소속 없는 불확정 공간을 회피하는 경향을 보이지만 비정상 사용자들은 이런 곳을 안전하다 느끼고 점유하려 한다.

좋은 디자인

1. 복도공간을 인접한 실내공간의 임대인에게 귀속시킬 수 있다. 사용자들은 영역을 나타내기 위해 표시를 하게 된다.
2. 경계나 영역을 나타내는 암시는 소속감이 없거나 차별화되지 않은 공간으로 확장되어야 한다.
3. 복도나 홀웨이(hallway) 공간의 사용은 규정이나 안내 사인에 의해 정당성을 확보한다.
4. 움직임이나 방향을 나타내기 위해 그래픽 요소의 사용이 가능하다.
5. 공공공간과 사적공간을 구분하기 위해 바닥재나 색체의 사용이 가능하다.
6. 일반 사용자는 다른 사람의 영역표시나 소유권 암시를 지각하고 존중한다. 일반 사용자는 이런 공간에서 안전함을 느끼고 적극적인 혹은 통제하려는 행태를 보이고 비정상 사용자는 이러한 영역 암시를 회피하는 행태를 보인다.

화장실 위치와 출입구 디자인

좋지 않은 디자인(그림 8.29)

1. 화장실은 일반적으로 문화적 민감성과 경제적 이유로 외진 곳에 배치된다.
2. 공공화장실은 불법, 부정행위의 현장이 되기 쉽다.
3. 많은 어린이들이 학교 화장실 쓰기를 두려워한다.
4. 상가나 쇼핑센터에서는 화장실이 수입에 도움이 되지 않는 행위를 하는 장소이므로 사용빈도를 줄일 목적으로 화장실을 숨기려는 경향

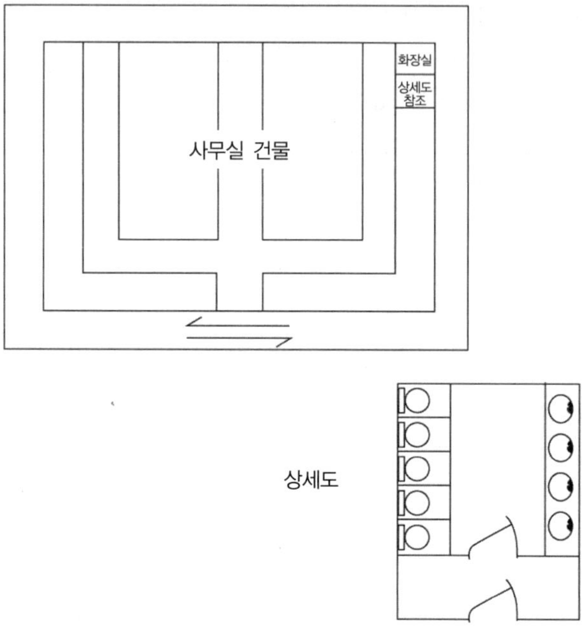

그림 8.29

을 보인다.

5. 사용이 불편하거나 청결하지 않은 화장실이 있는 상점이나 사업체는 사람들이 방문을 회피하게 되므로 수입이 줄어드는 결과를 낳는다.
6. 화장실의 고립된 위치와 이중문 출입구는 일반 사용자들에게는 불안전, 비정상 사용자들에게는 안전한 신호로 받아들여진다.
7. 이중문은 여닫는 소리의 발생으로 인해 화장실 내부의 비정상 사용자가 행동을 준비할 시간적 여유를 갖게 도와준다.
8. 일반 사용자나 경비원은 두 번째 문이 열려야만 내부에서 일어나는 일을 파악할 수 있다.

좋은 디자인(그림 8.30)

1. 화장실은 사용빈도와 안전감을 높이기 위해 가장 편리한 위치에 배치해야 한다.

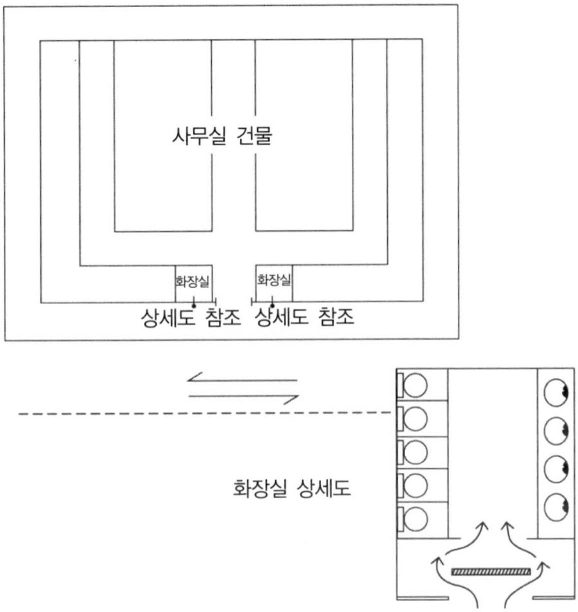

그림 8.30

2. 고정개방(locked-open) 배치의 미로형태 출입 시스템이나 출입구는 편의성과 안전을 증진한다.
3. 일반 사용자는 화장실 칸막이벽이나 스크린을 대충 훑어보고 화장실에 누가 있는지 여부를 알아챈다.
4. 비정상 사용자는 감시에 노출된 압박감을 강하게 받는다.
5. 고객(혹은 학생) 만족도와 안전은 화장실의 목적 달성을 가늠하는 잣대이다.

비공식 모임 장소

좋지 않은 디자인(그림 8.31)

1. 학교나 사무실, 상가, 아파트 건물의 복도나 코너 공간은 작은 그룹의 비정상 사용자들이 공간을 점유하고 문제를 일으키는 공간이 된다.

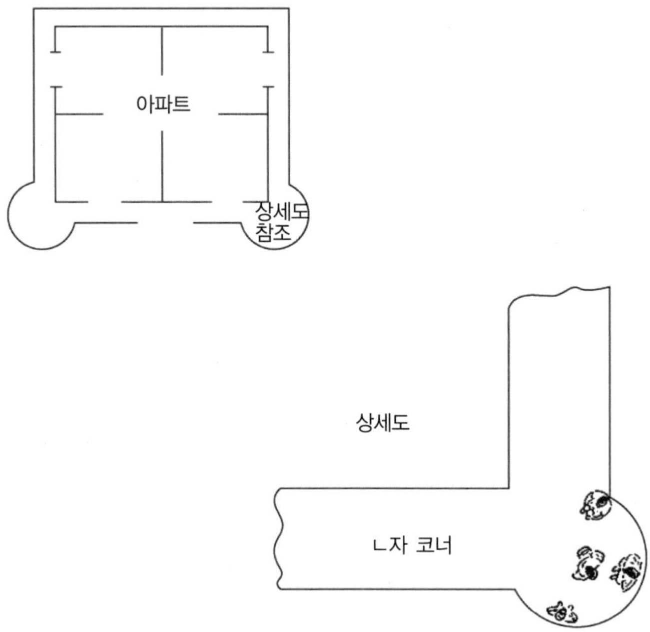

그림 8.31

2. 일반 사용자는 위험이 감지되는 이런 구역을 회피한다.
3. 이 장소를 회피하려는 일반 사용자들의 행태에 의해 다른 위치에서 혼잡이 일어나기도 한다.
4. 회피행위는 일반 사용자의 안전을 도모하기 위함이지만 비정상 사용자의 영역을 강화하는 역할도 한다.

좋은 디자인(그림 8.32)

1. 이와 같은 위험한 장소에서 안전한 활동을 유도함으로써 안전하지 않은 행위를 축출할 수 있다.
2. 안전한 활동은 일반 사용자들을 끌어들이는 매체가 된다.
3. 안전한 활동과 일반 사용자의 행태는 비정상 사용자의 불안감을 불러일으킨다.
4. 대부분 경우 공간 활용도와 생산성이 높아진다.

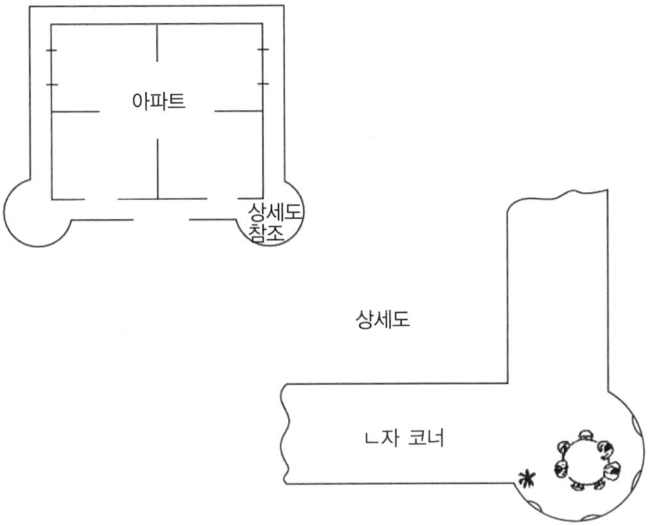

그림 8.32

상가와 쇼핑센터

쇼핑상가 주차장

좋지 않은 디자인(그림 8.33)

1. 구분 없이 360°로 둘러싼 주차장
2. 모든 주차면으로의 통제 없는 접근이 가능해 언제나 안전이 위협 받고 있다.
3. 야간에 바람직하지 않은 행위의 발생이 가능하다.
4. 공적공간에서 사적공간으로의 전환에 확실한 경계가 없다.

좋은 디자인(그림 8.34)

1. 쇼핑센터 입구와 연계된 주차장 구획
2. 차량의 주차장 측면 진입이 엄격히 금지됨.
3. 미관상 좋지 않은 주차장을 시각적으로 차단함으로써 미적 디자인이 가능하다.

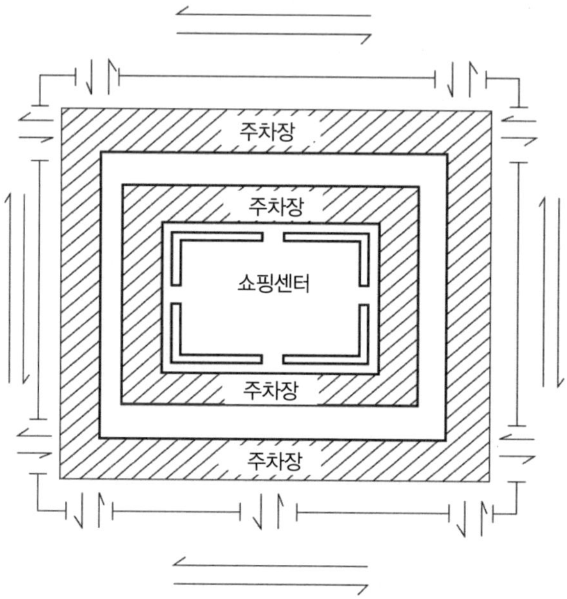

그림 8.33

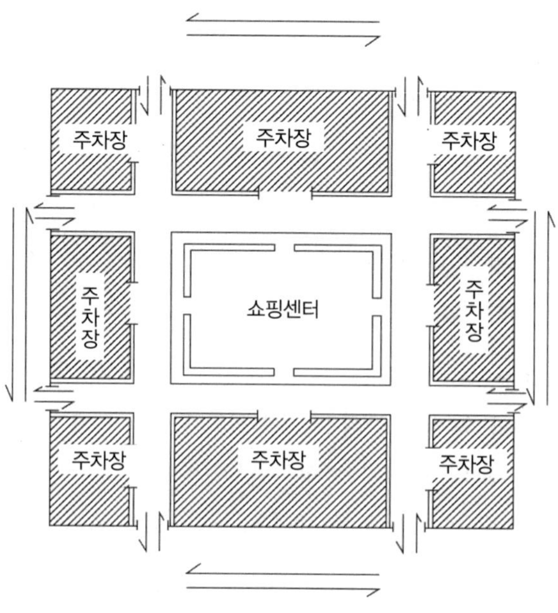

그림 8.34

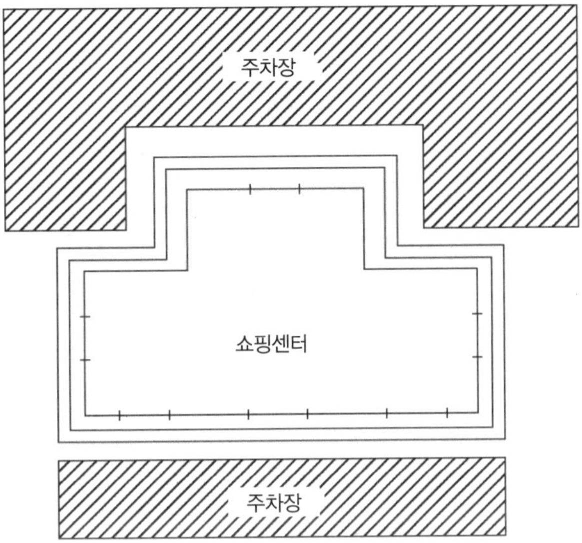

그림 8.35

4. 구역 간의 경계가 명확히 규정되므로 이탈할 경우가 줄어든다.
5. 하루 중 필요에 따라 다양하게 구역 차단이 가능하다.

쇼핑센터 디자인

좋지 않은 디자인(그림 8.35)

1. 쇼핑센터는 뒷면에 주차장이 배치되는 요새와 같은 일반적인 형식으로 설계된다.
2. 거의 쓰이지 않는 측면이나 뒷면에 위치한 벽들은 상품 광고와 자연감시의 기회를 축소한다.
3. 건축가들은 설계대상 지역의 느낌을 자신의 설계에 반영하려는 경향을 보인다. 외진 곳에 지어진 건물은 성과 같은 형태를 띠게 된다. 꽉 막힌 벽은 건물의 안과 밖으로부터의 자연감시의 기회를 빼앗고 내부의 사람들과 주차장 사이에는 두꺼운 벽이 가로막아 단절시킨다.

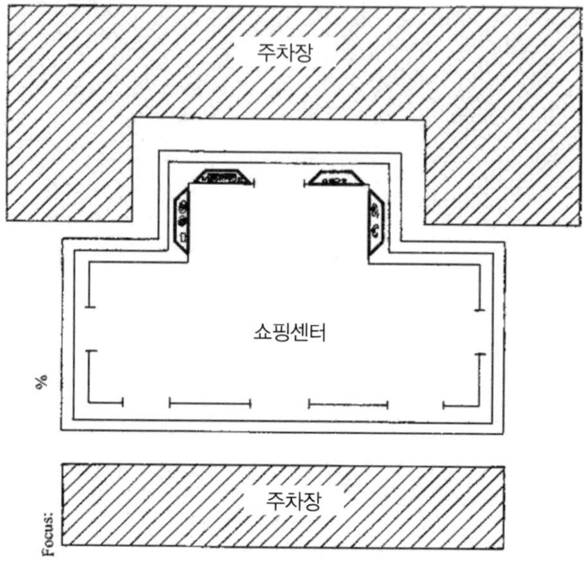

그림 8.36

좋은 디자인(그림 8.36)

1. 막힌 벽면에 쇼윈도를 설치하여 요새와 같은 디자인의 약점을 보완한다.
2. 조명과 마네킹을 이용한 적극적인 쇼윈도는 주의를 끌어 자연감시의 효과를 창출한다.
3. 가짜 창문과 조명패널도 벽면 디자인의 무미건조함을 벗어나 자연감시의 느낌을 준다.

좋지 않은 디자인(그림 8.37)

1. 쇼핑센터 주차장은 놀이시설이라는 가장 어울리지 않는 행태에 인접해 있다.
2. 농구 골대는 청소년들이 주차장 근처에서 공을 쫓아 무리지어 다닐 근거를 마련해주고 있다.
3. 일반 사용자는 자신과 관련된 재산과 사람이 큰 위험에 놓여 있다고

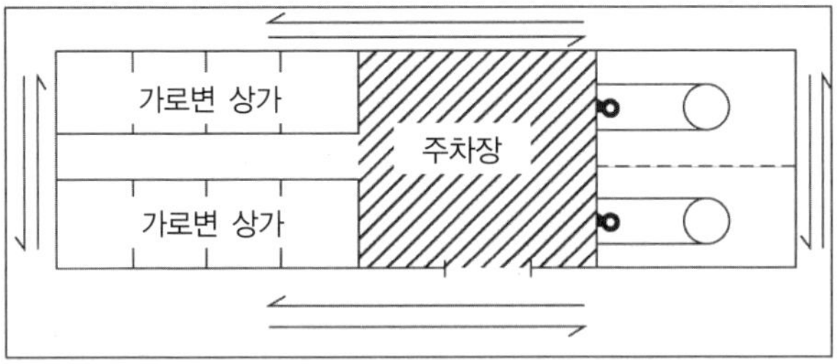

그림 8.37

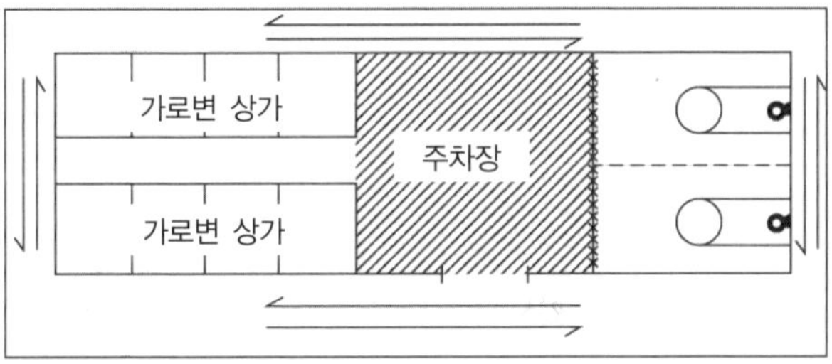

그림 8.38

느낀다.

4. 비정상 사용자들은 안전하다 느낀다.
5. 놀이공간의 정당한 사용마저도 다른 사람들에겐 바람직하지 않게 느껴진다.

좋은 디자인(그림 8.38)

1. 서로 갈등의 여지가 있는 행태는 거리를 두어 배치한다.
2. 거리라는 자연스러운 장애물은 바람직하지 않은 장소에서 일어나는 잘못된 행태에 대한 변명의 여지를 줄여준다.
3. 비정상 사용자들은 세심한 감시와 탐지 등의 위험을 크게 느낀다.

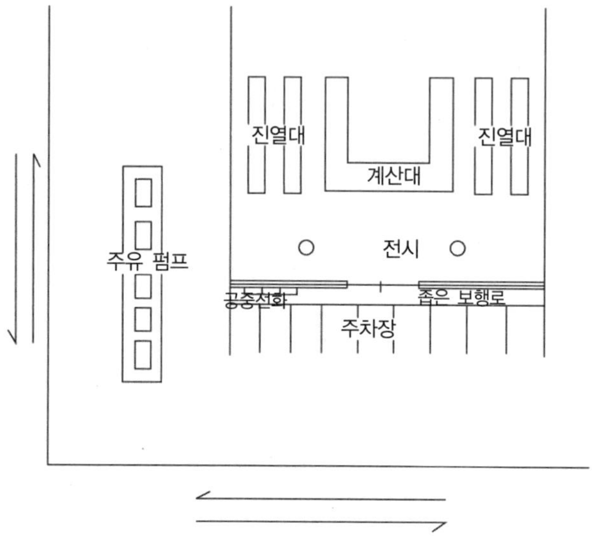

그림 8.39

편의점과 은행지점

편의점 : 일반적인 디자인

좋지 않은 디자인(그림 8.39)

1. 주유펌프는 초기의 편의점 배치계획이 완료된 이후 부가적으로 설치되었기 때문에 비어있는 가능한 자리에 설치되었다. 이런 경우 편의점 건물 내부 계산대에서 주유펌프가 보이지 않는 경우가 발생한다. 일부 점포에서는 창문이 계산대와 감시의 위치에 영향을 미친다.
2. 주차장은 보통 전면부에 위치하지만 보행로가 너무 좁아 고객들이 부근에 있는 젊은 사람들이나 건설노동자들과의 접촉을 피할 수 없게 된다.
3. 공중전화가 편의점과 지나치게 근접하게 설치되어 있다. 이 지역은 젊은이들뿐 아니라 바람직하지 않은 사람들도 배회하므로 정상사용자들을 쫓아내게 된다. 강도들은 공중전화를 이용하는 척하며 상점을 지켜본다.

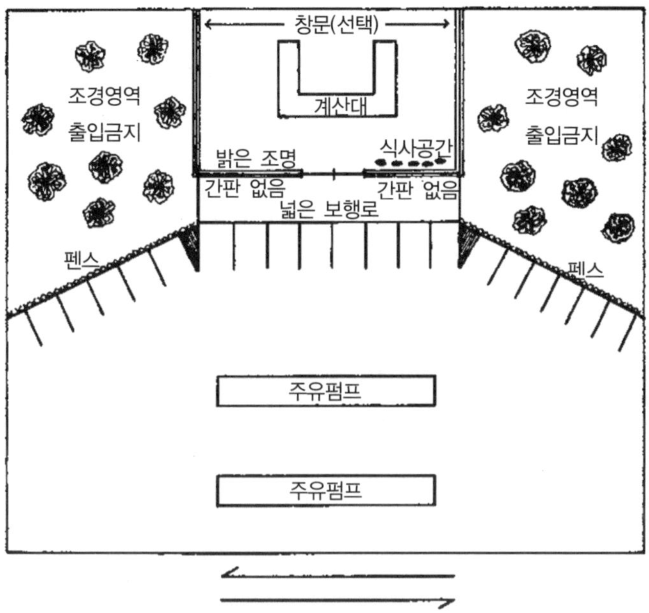

그림 8.40

4. 조사마다 의견이 같지는 않지만, 중앙에 위치한 계산대는 계산원이 혼자 일할 경우 고객들에게 등을 보이게 되므로 중앙계산대의 앞이나 뒤를 바라보는 계산원의 위치가 더 바람직하다.
5. 흔히 상점들은 전면 유리창에 광고지를 부착하여 창을 가리고 상품 진열대를 유리창과 직각으로 배치한다. 광고지는 바깥에서 경찰이나 소비자들이 상점 내부를 볼 수 없게 만든다. 진열대나 선반의 잘못된 배치는 계산대의 직원이 손님을 관찰할 수 없게 만든다. 마찬가지로 상점 내부의 비정상 사용자는 자연감시를 차단하는 진열대나 선반 뒤에서 안전함을 느낀다.

좋은 디자인(그림 8.40)

1. 건물 앞 주차는 언제나 편리하고 안전하다.
2. 상점들은 전면부에 충분한 조명을 설치하여 자연감시나 감시의 인지가 일어나게 한다.

편의점 : 밀집 상업지역 혹은 주거지역 인근 위치

1. 이러한 지역에 위치한 편의점은 뒷문으로 침입해 앞문으로 나가는 강도를 경험하는 경우가 많다. 상점 뒤편의 밀집한 상업지역이나 주택단지로 잠입할 수 있어 탈출이 용이하다.
2. 손님들은 주변에 거주하는 품행이 좋지 않은 젊은이들이나 마약을 판매하는 사람들이 부근을 배회하는 이런 상점들을 꺼린다.
3. 범죄자들의 흔한 수법은 뒷문으로 들어와 앞쪽 계산대의 점원에게서 금품을 강탈해가는 것이다. 잠복 중인 경찰들마저 이들을 잡기 쉽지 않은 것은, 강도들이 인근의 건물로 잠입해버리기 때문이다.
4. 건물 모퉁이에서 대지경계의 모퉁이까지 대각선으로 설치한 펜스는 뒤에서 앞으로 침입하는 강도를 방지한다. 펜스는 비록 대지경계 전체를 보호하지는 못한다 해도 침입자의 노출에 대한 두려움을 키운다.

편의점 : 6각형

좋지 않은 디자인

1. 이중출입 시스템은 손님들을 불편하게 한다.
2. 음식 먹는 공간은 어슬렁거리는 사람들을 불러 모은다.
3. 이런 형태는 모퉁이에 위치한 대지에만 적당하다.

좋은 디자인(그림 8.41)

1. 공중전화의 위치와 실내공간 관리를 통해 청소년 혹은 건설노동자들과 성인 고객 사이의 충돌 가능성을 감소시킨다.
2. 조명이 밝게 비추는 주유펌프 부근의 충분한 조도가 사람들을 모은다.
3. 상점 앞쪽의 음식을 먹을 수 있는 공간은 차에서 음식을 먹는 것이 불편하다고 생각하는 성인 고객을 끌어들일 수 있다. 작은 테이블과 의자가 오랫동안 머무르지는 못하도록 불편하게 만든다.
4. 마케팅 연구에 따르면, 충동 구매자들은 상점에 손님들이 있는 상황을 선호한다고 한다. 이는 외부에서 상점 내부의 손님들을 볼 수 있

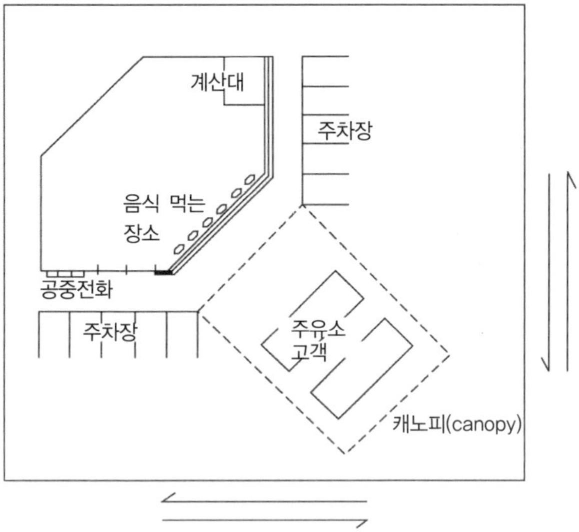

그림 8.41

어야 한다는 것을 의미한다.

5. 6각형 평면의 상점 디자인은 고객을 분리하기가 용이하며, 따라서 손님들 간에 발생 가능한 문제를 감소시킬 수 있다.

편의점 : 부채꼴 형

좋지 않은 디자인

1. 일부 상점은 벽면에 연속되는 유리창이 없다.
2. 부채꼴 상점은 도시블록의 중간에 위치하면 효과가 떨어진다.

좋은 디자인(그림 8.42)

1. 계산대의 직원이 주차장과 주유펌프의 모든 부분을 관찰할 시야가 확보된다.
2. 도시블록의 코너부분에 위치한 부채꼴 상점은 차량출입이 효과적이고 감시와 통제에 효율적이다.
3. 상점이나 계산대를 높게 배치하면 통제능력이 향상되고 손님들은

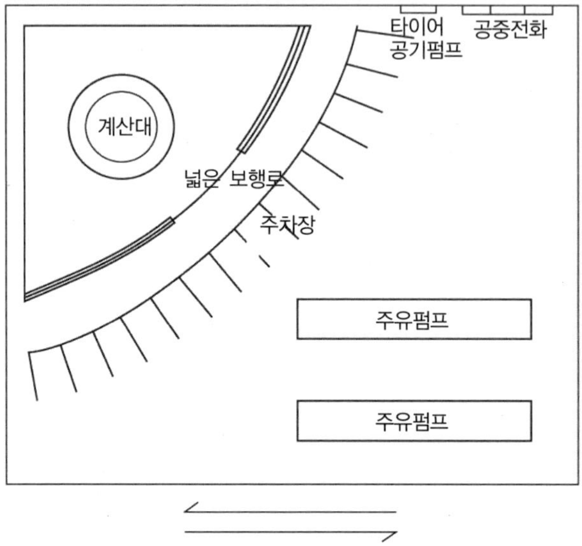

그림 8.42

안전감을 느낀다.

4. 비용 편익의 관점에서 대지의 효율이 높다.

편의점 : 키오스크(kiosk)형

좋은 디자인(그림 8.43)

1. 상점이 주유펌프를 바라보도록 배치되었다.
2. 계산대의 점원은 360° 감시가 가능하다.
3. 심야 강도를 방지하기 위한 은행창구와 같은 통제용 창호가 사용되었다.
4. 높은 조도의 조명과 밝은 색상을 이용하여 환영하는 분위기를 조성한다.
5. 최근에는 세차장을 뒤편이 아닌 옆쪽에 배치하는 경향이 있다.
6. 보안절차에 따른 직원관리는 키오스크형 상점을 가장 안전하고 방어에 뛰어난 형태로 자리 잡게 했다.

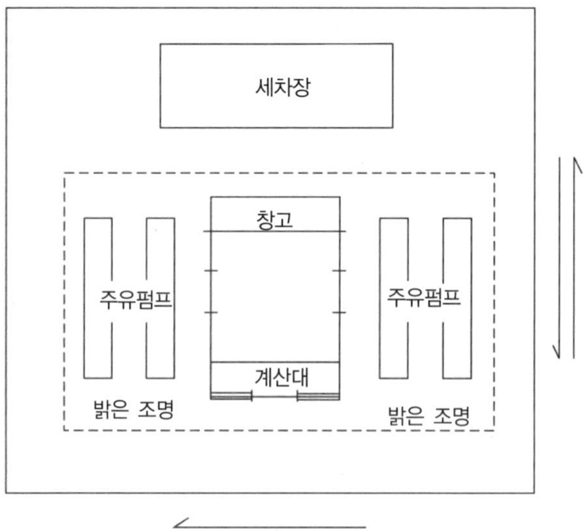

그림 8.43

은행 지점

좋지 않은 디자인(그림 8.44)

1. 대부분의 은행 지점들은 작은 요새처럼 설계되는데, 이는 그런 형태여야 사람들이 저축한 돈이 안전하다고 느낄 것이라는 건축가의 생각 때문이다.
2. 고객이 대지의 측면과 배면으로 차를 탄 채 진출입하는 데에는 코너에 위치한 부지가 가장 유리하다. 진입 차량들이 감속하는 것을 도로에서 관찰이 가능한 이러한 방법이 사고발생의 위험을 줄일 수 있기 때문에, 엔지니어들은 그림과 같은 배치를 가장 선호한다. 계획가들은 주차된 차량을 숨기기 위해 주차장을 대지의 측면 혹은 배면에 배치하기 원한다. 1950년대 중반에서 후반의 계획가들은 자동차는 보기 흉하고 아스팔트로 덮인 주차장은 더 흉해하다 판단했다. 따라서 건물을 전면으로 배치하여 주차장을 뒤로 숨기도록 건축조례를 개정하도록 노력했었다.

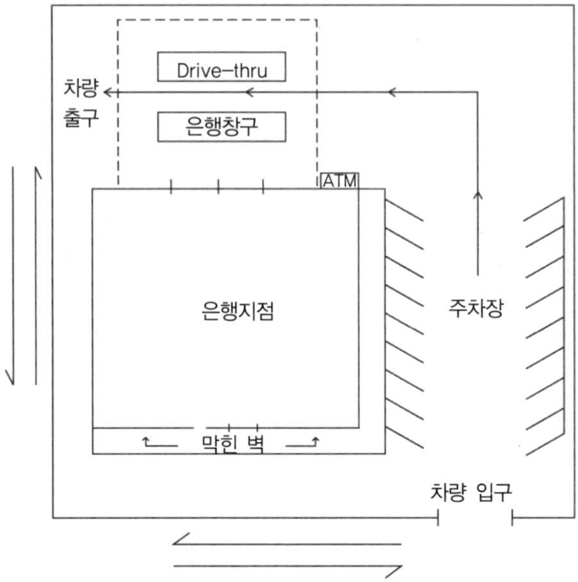

그림 8.44

3. 자동현금인출기(ATM : Automatic Teller Machine)는 원래 편리한 사용과 관리를 위해 안전한 출납계원 근처에 배치되었다. 하지만 이러한 설계와 동선계획은 안전한 출납계원의 위치를 은행건물의 뒤편으로 이동시켰고, 따라서 ATM은 자연감시가 거의 힘든 위치에 가게 되었다.
4. 고객은 은행의 측면이나 배면에 주차를 하고 내려서 은행 측면이나 정문으로 걸어서 들어가야 한다. 이는 고객의 입장에서 귀찮기도 하거니와 강도에게 노출되는 위험을 느끼게 한다.
5. 연구에 의하면, 외부의 감시에 덜 노출된다는 이유로 강도들이 요새 같은 형태의 은행건물을 범행 장소로 선호한다고 한다. 그러나 안전하다는 추측 하에 요새와 같은 형태의 은행 설계는 지난 30여 년간 변함없이 사용되어 왔다.

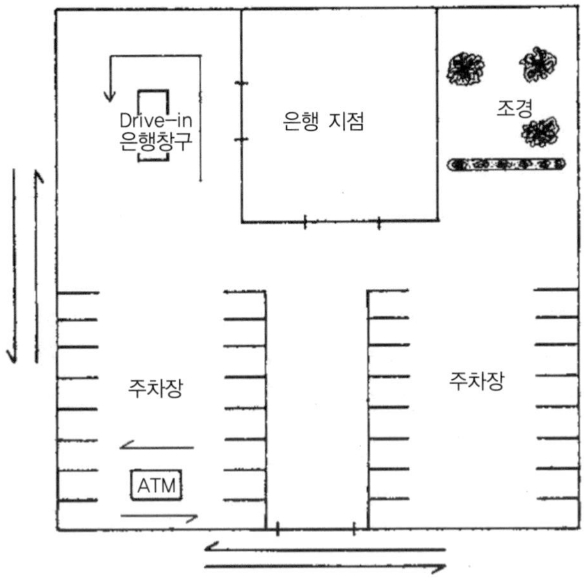

그림 8.45

좋은 디자인(그림 8.45)

1. 부지의 후면부에 배치된 은행은 고객이 정면에서 진입, 주차할 수 있다.
2. ATM은 건물에서 가장 자연감시가 원활하고 독립적인 위치에 배치되었다. 고객들은 운전해서 ATM으로 다가가 안전하고 편리하게 차의 바로 옆이나 차 안에서 업무를 보기를 원한다.
3. 주차장은 시야가 가장 잘 확보되는 전면부에 위치해야 한다. 경계석으로 주차장을 구획해서 고객들을 대지 깊숙이 유도한 뒤에 각 주차장에서 분산되도록 주차장을 구성한다. 이로써 주차장에서 나가는 차량의 가속으로 일어날 수 있는 사고를 미연에 방지한다.
4. 경계석으로 표시된 차량동선의 흐름은 운전자들에게 공공영역에서 반공공영역을 거쳐 사적영역으로의 진입을 자각하게 하는 전이과정으로 작용한다.

5. 건물은 최대한 유리창을 많이 도입하여 자연감시와 건물 내외부의 개방감을 높이도록 설계한다.
6. 개선된 자연감시와 출입동선은 비정상 사용자들을 불안하게 만든다.

주거환경의 목표

1. **출입통제** : 건물부지, 건물, 건물 내부로 승인 없는 출입이 이루어지지 않도록 안전한 외곽경계를 확보한다.
2. **물리적 디자인을 통한 감시** : 침입자 검색을 강화하고 잠재적 범행 목표의 회피행위를 가능하게 하며, 경찰의 개입을 용이하게 하는 물리적 디자인 메커니즘에 의한 감시의 기회를 향상시킨다.
3. **기계적 감시 기구** : 주민들에게 불법침입을 감지하고 신호하는 보안장비를 제공한다.
4. **설계 및 건설** : 안전과 품질 향상을 위해 주거시설과 관련 대지를 설계, 건설, 수리한다.
5. **대지 용도** : 부정적 영향을 미칠 대지와 건물의 용도를 방지하는 방침을 정한다.
6. **주민행위** : 범죄로부터 가정을 안전하게 지키기 위해 주민 스스로 경비역할을 하도록 권장한다.
7. **사회적 교류** : 사회적 결속과 통제를 위해서 주민들의 사회적 결속을 권장한다.
8. **민간경비업체** : 거주지의 안전을 보장하기 위해 적절한 비용의 민간경비업체나 자경단을 고용한다.
9. **경찰 지원** : 경찰 지원을 효과적이고 효율성 있게 향상시킨다.
10. **민경 관계** : 경찰과 지역사회의 관계를 개선하여 시민들의 범죄예방과 범죄신고를 장려한다.
11. **주민의식** : 주거지역에서 범죄와 맞서기 위해 주민의식을 고취한다.
12. **영역 정체성** : 잠재적 침입자를 방지하기 위해 사적영역을 공공영역으로부터 차별화한다.

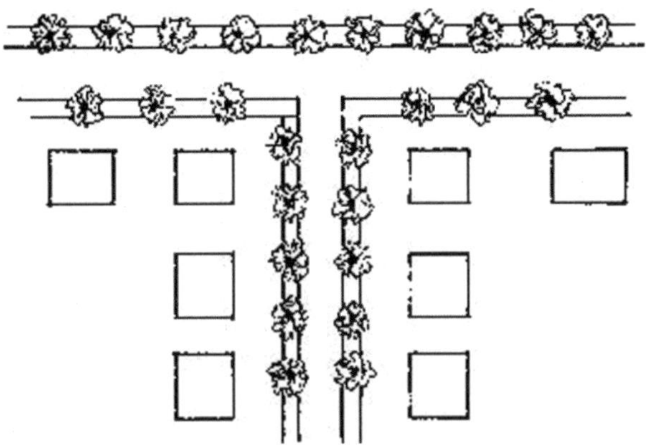

그림 8.46

13. 동네 이미지 : 주민과 투자자에게 확신을 주고 지역경제를 활성화하기 위해서 긍정적인 동네 이미지를 조성한다.

주거지역 가로

그림 8.46

1. 가로는 조용하고 통과차량이 적다.
2. 주민들은 이웃의 차량을 인지하고 있어서 낯선 차량이 지나가거나 멈추면 주시한다.
3. 확장된 영역으로 인식되는 앞마당과 배수로는 잘 관리되고 깨끗하게 유지된다. 집 앞 현관에는 가구 등이 놓여 사용 중임을 알린다.

그림 8.47

1. 대지용도 변경이 근린 학교 건설이라는, 사회적으로 바람직해 보이는 결과를 가져왔다.
2. 학교는 보행량과 차량 통행을 증가시켰다. 거주자들의 공간으로 당연시되던 집 앞에 비거주자들의 차가 주차된다.

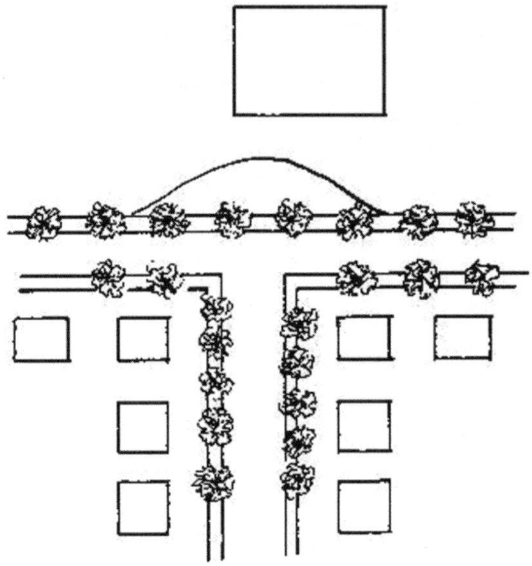

그림 8.47

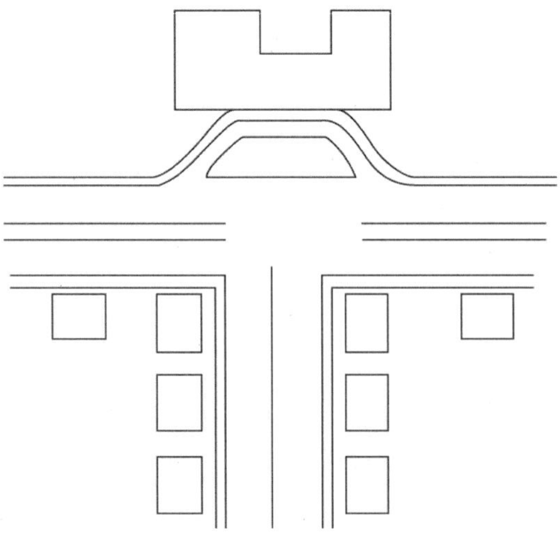

그림 8.48

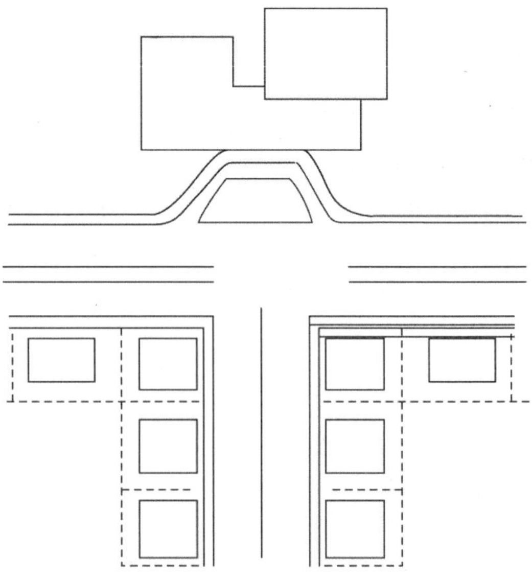

그림 8.49

3. 부동산 가격 상승이 하향곡선을 그리게 된다. 주민들은 무의식적으로 도로를 등지고 살며 땅의 사용 패턴이 바뀌어간다.
4. 주민들의 낯선 사람에 대한 도전적 행동(주시나 경고)이 점차 줄어든다.

그림 8.48

1. 근린 학교는 대형학교로 규모가 커지면서 마을의 정체성을 잃는다. 학교를 사용하는 사람들도 마을에 대한 애착이나 관심이 없어진다.
2. 교통량이 증가하여 인근에 주차된 차들도 증가한다. 부동산 가격은 하락하고 오래된 원주민들은 동네를 떠난다.
3. 새로운 주민들은 변화된 상황을 받아들이고 확장된 영역의 정체성과 관심을 보이는 안내문 등을 세운다.

그림 8.49

1. 규모가 커진 학교는 더 발전해 지역규모의 학교가 된다.
2. 도로는 주거지역 도로에서 이미 한 단계 교통량이 상승했다. 도로의 교통량이 많아지면서 노상주차가 증가하고 가로수를 제거하기에까지 이르렀다. 주거지의 보도와 앞마당은 주택 가까운 쪽으로 이동해간다.
3. 이 동네는 이미 저소득 공공지원 주택지로 조닝 변경 안이 요청되거나 임시 주택촌으로 개발될 가능성이 크다.
4. 중대한 대지용도 변경은 더 많은 공공서비스에 대한 요구, 주택시장 유동성 증가, 범죄율 증가로 이어진다.

그림 8.50

1. 영세한 사업체나 임시주거가 잠식한 지역은 대지의 원래 용도가 쇠퇴했을 때 유일하게 자립 가능한 고밀도 상업지역이나 산업지역으로 변하게 된다.

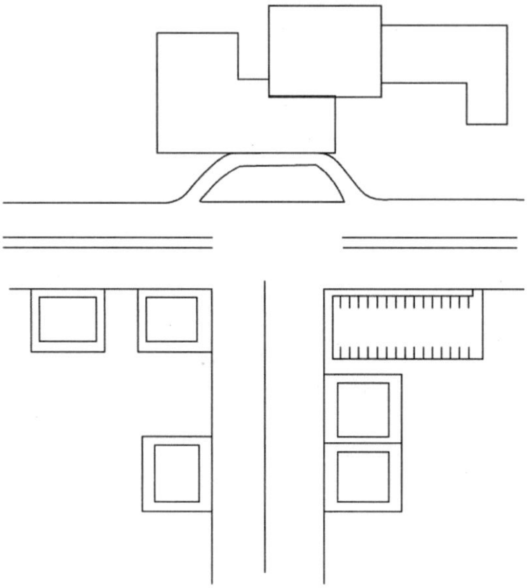

그림 8.50

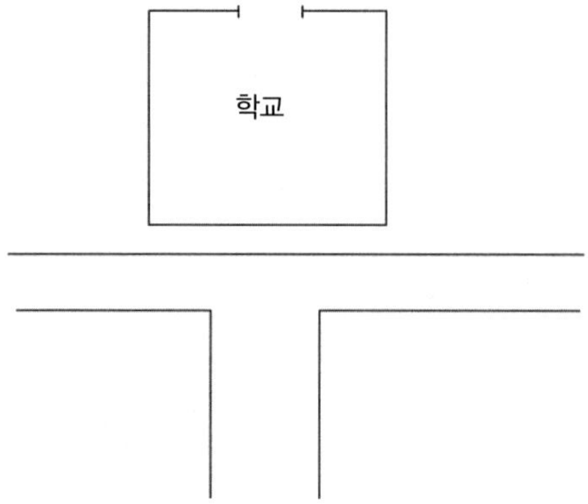

그림 8.51

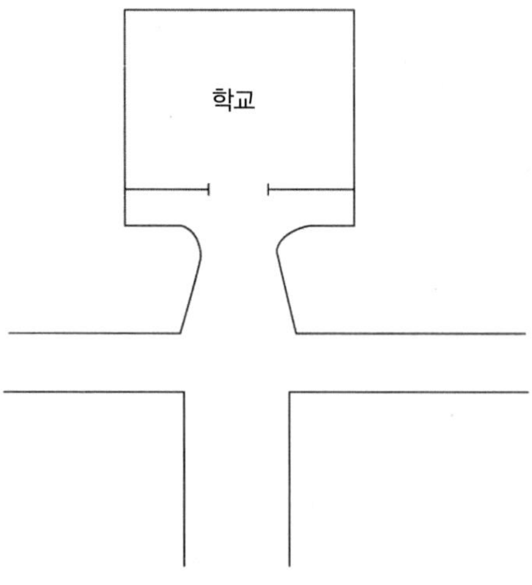

그림 8.52

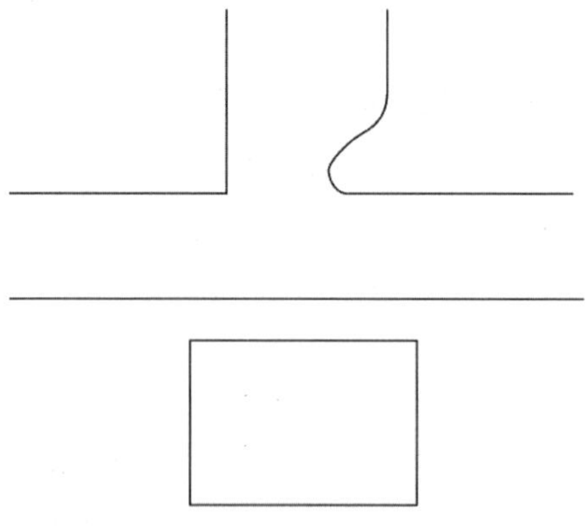

그림 8.53

2. 사용되지 않는 공지는 무허가 주차공간이나 놀이공간 혹은 마약거래 장소로 일시적으로 사용될 수 있다. 따라서 주거지역 내에서는 바람직하지 않은 위험한 느낌을 준다. 일반 사용자들에게는 회피하는 장소가 될 것이고 비정상 사용자들에게는 적발이나 간섭의 위험성이 낮은 공간이 된다.
3. 일부 비양심적인 개발업자들은 이러한 과정을 임시주택이나 영세 상업지역에 대한 단기투자를 통해 장기개발계획의 자금을 조달함으로써 대규모 부동산지의 장기적 개발에 이용한다.

그림 8.51

1. 신설 학교로 통하는 접근로는 인근 주택지로부터 단절되어 있는 경우도 있다. 학교의 차도는 기존의 대형 상업용 혹은 산업용 도로에 연결되어 있을 수 있다.
2. 주거지역을 통과하는 보행량은 여전히 증가하겠지만 차량교통이나 주차는 우회하게 된다.

그림 8.52

1. 신설 학교 때문에 발생하는 문제는 학교를 뒤로 후퇴시킴으로써 학생들을 태우기 위해 기다리는 버스나 부모들의 차량이 기다릴 대기공간이나 전이공간을 확보하는 대안으로 해결할 수 있다.
2. 주거단지에서 나오는 차량을 안내하고 우회하기 위해 교통통제 장치나 절차가 필요할 수도 있다.

그림 8.53

1. 교통의 영향권에 있는 인근지역에서의 우회전 차량을 제어하기 위해 작은 "병목지점"을 만들 수 있다.

그림 8.54

1. 학교 관련 교통량에 의해 영향을 받는 도로는 쿨데삭(cul-de-sac)이나 T자형 전환로 등을 설치하고 도로를 완전히 차단하는 방법을

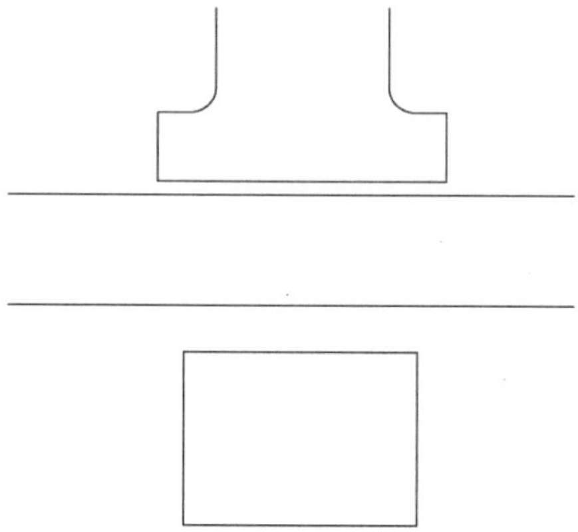

그림 8.54

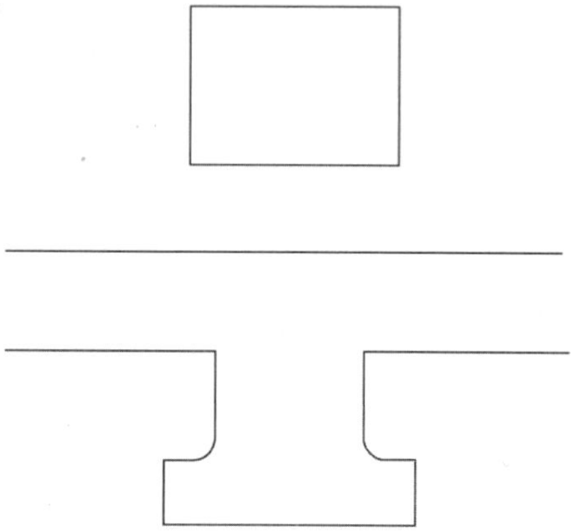

그림 8.55

고려할 수 있다.

2. 비상차량은 도로를 차단한 식물이나 문을 부수고 지나가는 방법으로 진입이 가능하다. 잘 굽어지는 연한 철재 핀이나 고리를 이용하여 잠금장치나 체인을 제작하여 비상차량이 밀고 나가기 쉽게 만든다.

그림 8.55

1. 학교 관련 교통량에 영향을 받는 도로는 중앙을 차단하여 막다른 길을 만들어준다. 차단된 도로는 비상차량이나 공공 차량의 출입을 허용허기 위해 원형 회전로나 T자형으로 만들어준다.

그림 8.56

1. 학교 관련 교통량에 의해 영향을 받는 도로는 입구를 좁히는 기구를 이용하여 병목지점을 만들어준다.
2. 입구성을 나타내는 방법은 물리적이거나 상징적일 수 있다. 도로 입구에 "병목"을 조성하는 것이 지나친 안전상의 위험을 초래하거나 지역 조례 등에 저촉되는 등의 상황이 발생할 경우, 도로를 점거하지 않고도 기둥이나 문주의 설치가 가능하다.

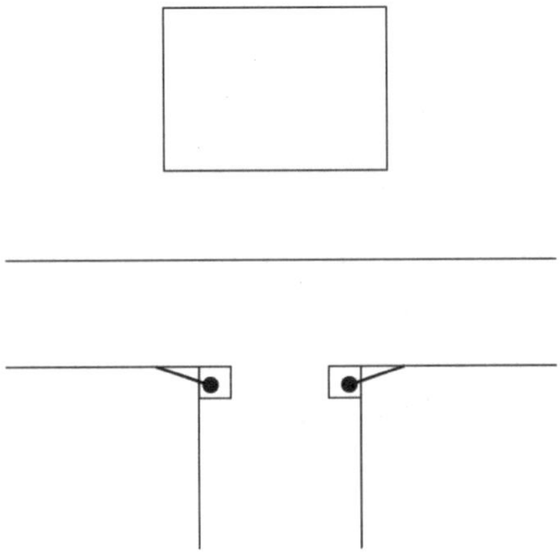

그림 8.56

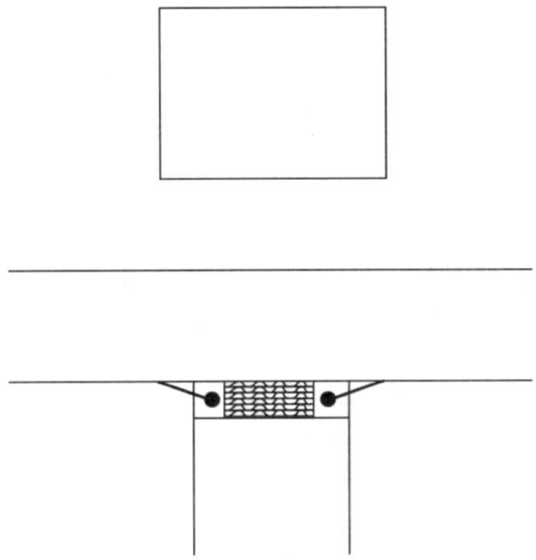

그림 8.57

그림 8.57

1. 학교 관련 교통량에 의해 영향을 받는 도로는 입구를 나타내는 기구를 이용해 병목을 형성할 수 있다.
2. 보행로에 보도블록을 설치하거나 횡단보도를 8cm 정도 높여 과속방지턱을 만들어줌으로써 운전자들이 사적영역으로 들어간다는 인지를 하도록 한다.

주거개발 : 곡선형 가로

그림 8.58

1. 기존의 곡선형 주거지계획은 영역적 우려를 자아내는 미할당된 부지를 최소화 한다.
2. 주민들이 어린이들을 더 잘 관찰하고 돌볼 수 있는 환경이 된다.
3. 북서 측에 있는 주 교차로를 피하기 위한 차량들로 인해 통과교통이 발생한다.

그림 8.59

1. 개발업자들이 녹지나 어메니티(amenities)를 이용한 활발한 마케팅

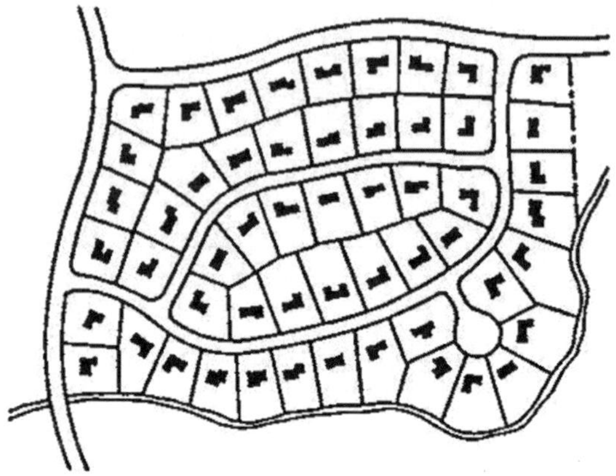

그림 8.58

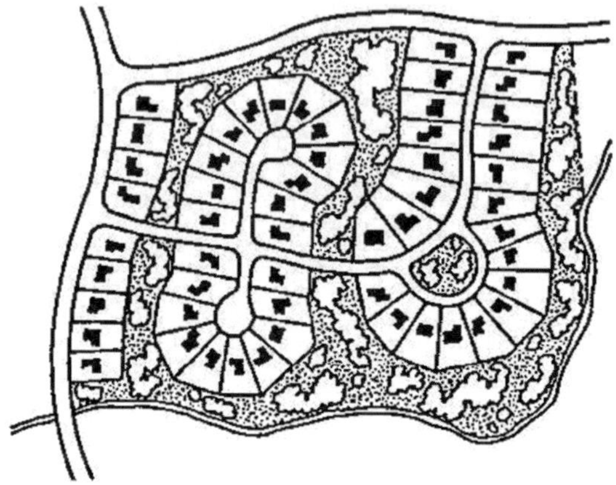

그림 8.59

을 펼치고 있어 클러스터(cluster)를 형성하는 곡선형 가로가 많은 관심을 끌고 있다. 많은 지역 조례에서 주택지 개발 시 이런 형태를 요구하고 있다.

2. 미할당 부지의 증가는 이 영역에 대한 주민들의 소속감 감소로 이어질 수 있다. 미할당 영역이 미관상으로는 좋아보일지 몰라도 주민들이 애착을 갖지 못하고 그곳에서 일어나는 행태들에 대해 심리적으로 등을 돌릴 수 있다.
3. 단지에서 정한 행위제한 규약은 주민들이 오픈스페이스에서 할 수 있는 행위를 매우 엄격히 제한하는 것이 일반적이기 때문에 주민들이 자신의 집에 대한 영역감을 더욱 느끼기 힘들게 만들 수 있다.
4. 젊은 사람들은 공지나 녹지에서 제멋대로 행동하는 경우가 많다. 공공주택이나 클러스터형으로 계획된 주택단지 중 적절하게 분화되지 않은 환경에서 성장한 어린이들은 소유권을 존중할 줄 모른다는 연구결과가 있다. 이는 그들의 가치관과 행동에 좋지 않은 영향을 미친다.
5. CPTED에 의하면 오픈스페이스는 인근에 클러스터를 이룬 주택들이 책임을 맡는 것이 합당하다. 조경이나 기타 물리적 변화를 줌으로써 영역성을 강화해야 한다.

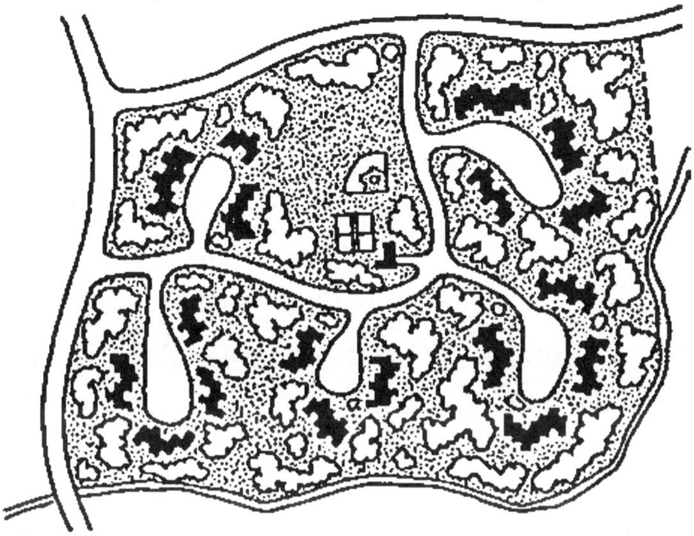

그림 8.60

6. 공지나 녹지를 유지관리하기 위한 주민들의 노력을 위해 물질적인 보상이나 유인책을 써야 한다. 이런 참여는 이전에는 할당되지 않았던 땅에 대한 소속감을 증가시킨다.

그림 8.60

1. 타운하우스의 클러스터형 설계는 경제적으로 채산성이 있다. 소비자는 오픈스페이스나 어메니티에 매력을 느낀다.
2. 이러한 형태의 타운하우스 개발은 많은 미할당지들을 생산해내는데, 이는 단지의 행위제한 규약에 의거해 보호받는다.
3. 소속감이 감소하면 비정상 사용자들이 공지에 마음대로 들어가고 젊은 사람들도 이런 장소에서 그다지 간섭을 받지 않게 된다.
4. 축구장이나 테니스 코트에는 주민이 아닌 사람들을 끌어들일 수 있다. 이런 상황은 갈등을 야기하고 주민들에 의한 통제행위를 감소시키게 된다. 외부인의 단지 내부시설 사용은 외부인의 존재를 정당한 것처럼 만들고, 이는 비정상 사용자들에게 적발이나 간섭이 없을 것

이라고 안심하게 만든다. 일반 사용자들은 이런 상황에 위협을 느끼고 회피행태를 보이게 되고 이는 또 다른 일반 사용자들에게 영향을 미친다. 비정상 사용자들은 이러한 상태를 누구도 그 땅에 대한 소유를 주장하지 않고, 잘못된 사용에 대해 지적하지 않을 것이라는 신호로 받아들인다. 일반 사용자들이 모두 이 땅을 이용하지 않게 되는 이런 상황은 공공주택과 공원의 문제가 되어 왔다.

5. CPTED에 의하면 오픈스페이스는 인근에 클러스터를 이룬 건물들이 책임을 맡는 것이 합당하다. 조경이나 기타 물리적 변화를 줌으로써 영역성을 강화해야 한다.
6. 공지나 녹지를 유지관리하기 위한 주민들의 노력을 위해 물질적인 보상이나 어떤 유인책을 써야 한다. 이런 참여는 이전에는 할당되지 않았던 땅에 대한 소속감을 증가시킨다.
7. CPTED 전문가는 북쪽면의 개발에 한두 채의 건물을 추가하여 잠재적인 갈등에 대한 자연스러운 방책으로 삼으라고 조언할 것이다. 이 의견은 개발업자에게 안전감의 보강을 가져다주는 충분히 흥미 있는 제안일 것이다. CPTED 전문가는 내부 도로의 중앙이나 한쪽 끝을 차단하여 통과교통을 차단할 것을 조언할 수도 있다. 이는 차량을 이용해서 이루어지는 불법행위를 방지할 수도 있다.

주거지역 도로 : 사적 용도의 선택

그림 8.61

1. 블록의 양 끝을 좁게 만들었다. 한쪽 끝은 들어오는 차량을 제어하기 위해 사용되고 다른 쪽 끝은 나가는 차량을 제어한다.
2. 이전의 공공영역에 활발한 활동이 일어나서 시각적, 물리적 주목을 받도록 어린이놀이터를 설치했다.
3. 일반주차와 평행주차를 병행했다.

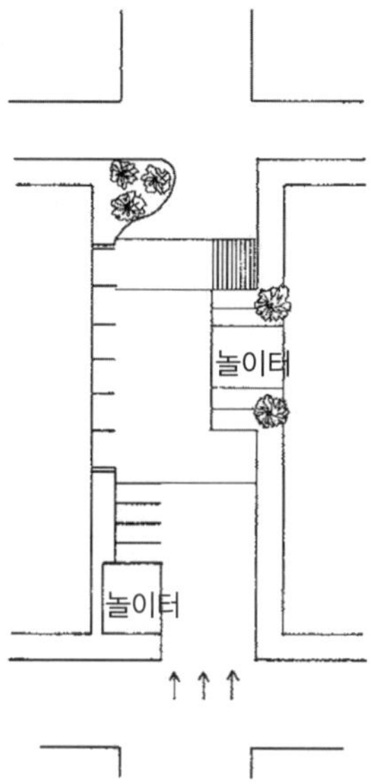

그림 8.61

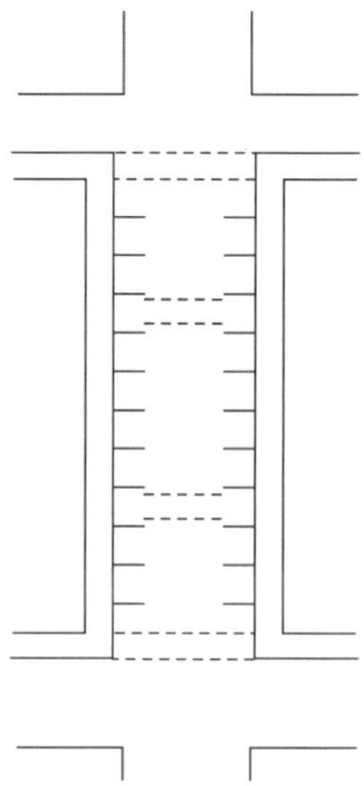

그림 8.62

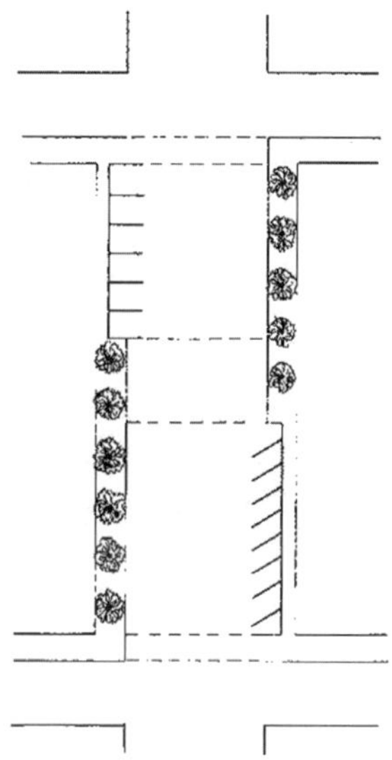

그림 8.63

그림 8.62

1. 건널목을 추가하여 도로를 여러 면으로 나누었다. 이로써 도로에서 보행공간의 의미를 강조한다.
2. 건널목은 지역조례상 보행권을 보장하는 공간으로 규정되어 있어야 한다.
3. 건널목은 도로보다 5~8cm 높게 조성해서 운전자들에게 전이공간으로 인식하게 한다.

그림 8.63

1. 일반주차와 평행주차를 혼용하는 주차장 구성 시 더 많은 조경 도입이 가능하다. 조경과 주차의 혼용 구성은 차량 출입구를 좁혀준다.
2. 건널목은 공간 전이가 인식되도록 업그레이드되어야 한다.
3. 도로의 중간영역은 때때로 발생하는 흐름의 차단을 위해 바닥 재료에 변화를 주어야 한다. 입구는 주민 잔치 등의 특정 기능이 요구될 때에 한해 병목지점을 마련하거나 바리케이드로 차단한다.

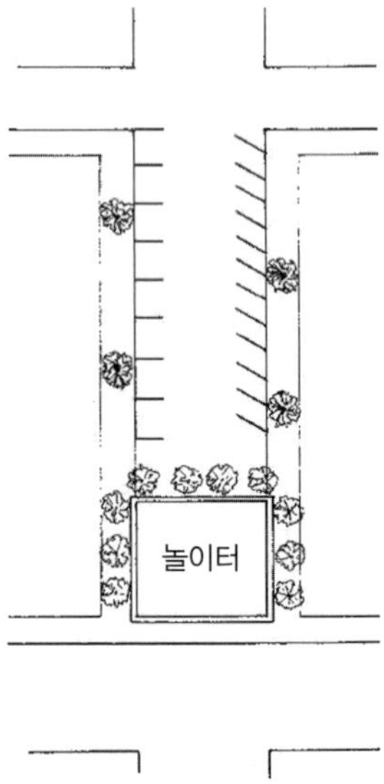

그림 8.64

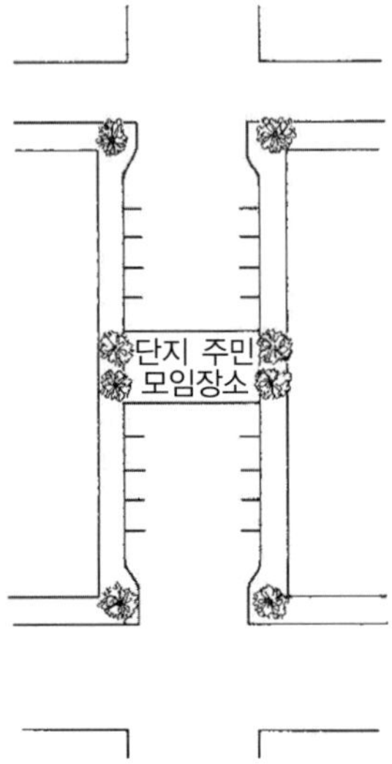

그림 8.65

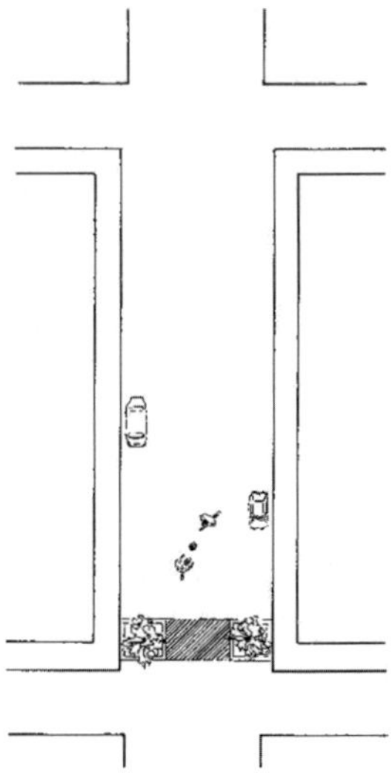

그림 8.66

그림 8.64

1. 도로의 한쪽 끝은 안전장벽을 둔 어린이놀이터를 설치하여 차단한다.
2. 주차는 대각선주차나 평행주차 등을 적절히 사용하여 주차수를 늘리고 도로를 좁힌다.

그림 8.65

1. 도로의 입구는 병목지점으로 구성하여 차량의 감속을 유도한다.
2. 파티 행사 등의 특정 기능을 고려하여 단지 주민을 위한 모임장소를 배치하면 단지를 더욱 사적인 공간으로 인식하게 해준다.

그림 8.66

1. 단순한 도로의 차단도 쿨데삭과 같은 통과교통 방지효과를 제공한다.
2. 화단의 중앙을 낮게 조성하여 비상차량이 넘어갈 수 있는 드라이브오버(drive-over)를 만든다. 교체 가능한 화초류를 드라이브오버 위에 두면 폐쇄감을 증가시킬 수 있다. 쓰러뜨리고 지날 수 있는 볼라드(bollard)의 사용도 가능하다.

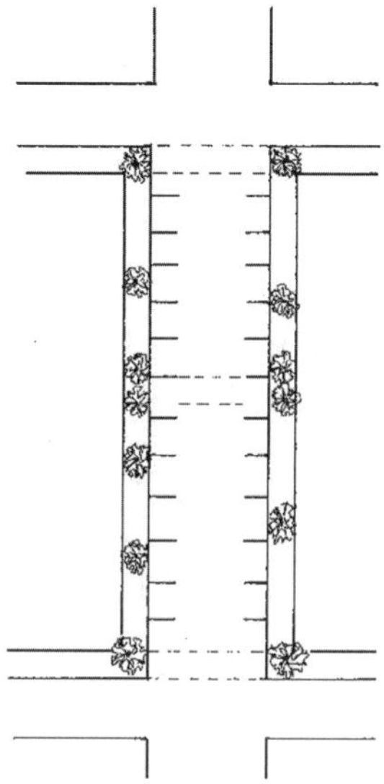

그림 8.67

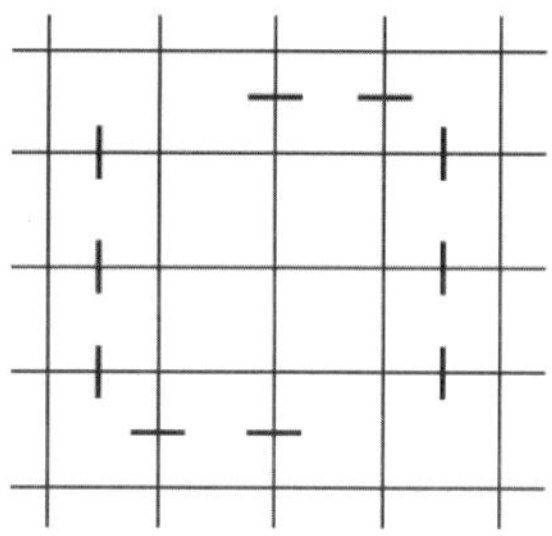

그림 8.68

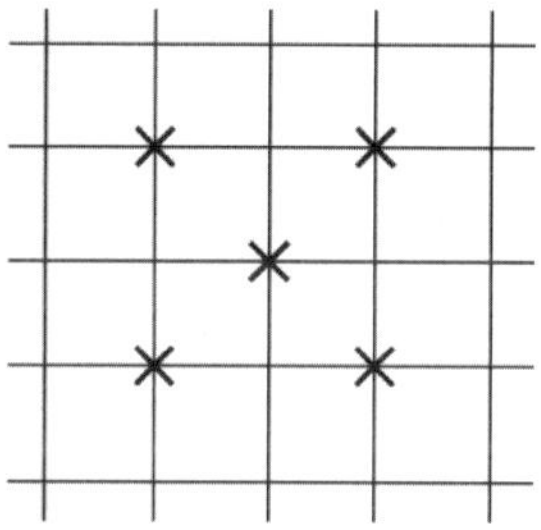

그림 8.69

그림 8.67

1. 조경을 개선하여 보행활동하기 좋은 도로를 만든다.
2. 보행 친화적 환경을 조성하고 차량 감속을 유도하기 위해 건널목을 추가한다.
3. 건널목은 지방조례상 보행권을 보장하는 공간으로 규정되어 있어야 하고, 도로보다 5~8cm 높게 조성해서 운전자들에게 전이공간으로 인식하게 한다.

주거지역 도로 : 그리드 시스템의 회복

그림 8.68

1. 대부분의 진입차로 중앙을 쿨데삭으로 형성하여 경계 제어를 확실히 한다.
2. 내부도로와 연결된 진입은 두 지점으로 제한한다.

그림 8.69

1. 대각선 우회장치로 차량 출입을 루프로 형성하여 내부 차량동선 제

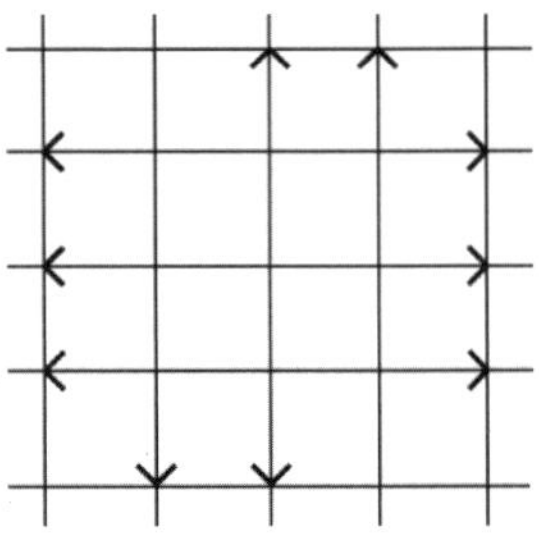

그림 8.70

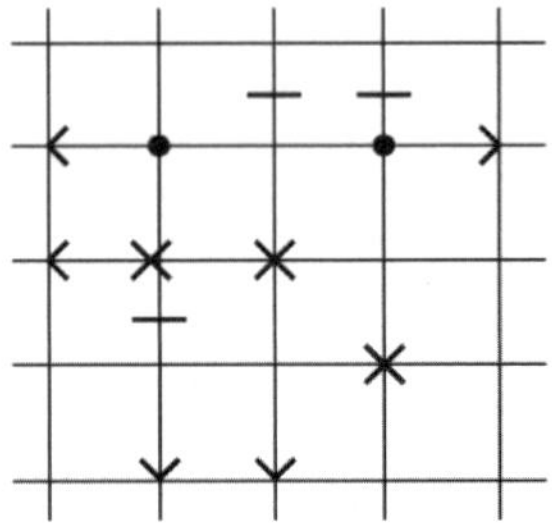

그림 8.71

어를 확립한다.

2. 통과 차량은 금지된다. 우회장치의 각도는 주민 의견과 차량동선의 필요에 따라 결정한다.

그림 8.70

1. 통과 차량을 줄이기 위해 일방통행을 실시한다.
2. 일방통행에서 발생할 수 있는 차량 가속으로 인한 보차충돌 문제를 해소하기 위해 차량 속도를 제한한다.
3. 주차와 조경의 교차배치 등을 포함한 교차주차장을 설치한다.

그림 8.71

1. 쿨데삭, 사선 우회장치, 일방통행 등의 방법을 사정에 따라 임시적으로 사용함으로써 도로를 사적인 공간으로 인식하게 한다.
2. 이러한 접근방법은 장기 계획 수립에 다소의 여유를 제공한다.

번역 | 박준휘(Ph.D. 한국형사정책연구원)

9

CPTED 집행과 프로그램 기획

장의 구성

기획이란 어려운 선택에 직면하여 우선순위를 정하기 위한 자기진단의 과정(process of self-examination)이다. 기획은 다음과 같은 질문을 다루게 된다.[1)]

- 현재 우리는 어디에 있는가?
- 우리는 어디로 가길 원하는가?
- 그곳에 어떻게 도달할 것인가?
- 개선을 어떻게 측정할 것인가?

과거 지역사회 활동과 프로그램이 실패한 이유는, 활동과 프로그램이 실행조차 되지 않았거나 실행되는 데 너무나 많은 시간이 소요되었기

1) 역자주 : 행정학에서 planning과 plan을 구분하는 경우, 전자는 '기획' 후자는 '계획'으로 번역된다. 일반적으로 기획은 과정을 의미하고, 계획은 결과를 의미한다고 해석된다. 그러나 본 장에서 이러한 용어의 사용이 엄격히 구분·사용되었는지는 다소 의구심이 든다. 그러나 원저자의 용어 사용을 존중하여 planning은 기획으로, plan은 계획으로 번역하였다.

때문이다. 이는 지나치게 단순한 결론일 수도 있으나, 새로운 사회적·지역사회에 기반을 둔 개념을 실행하기 위한 시도들이 조정과 기획의 관점에서 실패했음을 보여주는 상당수의 문헌들이 존재한다. 대부분의 이들 활동들이 많은 지역 자원과 시간을 소비했지만, 특정한 서비스를 제공하고 특정 목표를 달성하는 데 실패했다. 이러한 실패에 대한 변명으로 "예산에 반영되어 있지 않네요.", "입찰을 하고나서 예산에 반영될 것입니다" 등이 있다.

새로운 활동이나 프로그램은 많은 기대와 흥분 속에 출발한다. 그러나 이러한 출발은 '우려(concern)'라는 두 번째 단계로 급속히 이동한다. 상황은 애초에 기획된 대로 이행되지 않는다. 궁극적으로 계획은 좌절되고 당혹감만이 남는다는 점만이 명확해진다. 새로운 활동으로 서비스를 받을 것으로 기대되었던 지역사회나 사람들로부터의 비난을 피하기 위해 누군가의 책임을 묻는 (마녀)사냥이 즉각적으로 실행에 옮겨진다. 심지어 계획 실패에 대한 핵심 행위자나 의사결정자로서 누군가의 잘못이 확인되더라도 죄 없는 사람까지 처벌하는 경향까지 존재한다. 이러한 과정이 종료되는 것은 프로그램 혹은 개념이 현실타당성이 없었거나 서비스 수혜자들이 자신의 권리를 남용하였다는 점이 선언되어서야 가능하다. 결국 서비스는 모든 사람들에게서 부정된다.

새로운 프로그램이나 서비스가 집행되지 않는 이유는 다음과 같다.

- **부적절한 문제 평가** : 모든 사람들은 무엇이 문제인지 알고 있다고 생각하기 때문에 이러한 단계를 거치지 않는 경향이 있다.
- **진단되지 않은 조직의 필요와 능력** : 참여하는 조직과 개인이 새로운 활동을 위한 기술과 자원을 보유했다는 가정이 존재한다.
- **문제에 적합하지 않은 해결책** : 문제를 다루기 위해 추구되는 해결책이 기존에 시도되지 않았거나, 유행을 타거나, 특별히 어느 한 수단만이 선호되는 경향이 있다.

이들 문제를 극복하기 위한 최선책은 분석과정에서 수집된 정보들을 최대한 체계적으로 통합시키는 지역사회 자체평가(community self-assessment)를 수행하는 것이다. 이러한 자체평가 과정에는 서비스와 활동을 조정하기 위해 필수적으로 요구되는 지역사회, 공공 분야 정책결정자, 공·사기관의 핵심직원들을 반드시 참여시켜야 한다. 지역사회 자체평가의 목표는 다음과 같다.

- 범죄와 안전문제 대응에 있어 현재의 지역사회 강점과 약점 확인
- 지역사회의 자원목록 수집
- 개발 혹은 강화시켜야 할 조직능력 확인

프로그램 혹은 활동에 대한 계획을 만들기에 앞서 자체평가 과정을 거쳐야 하는 몇 가지 중요한 이유가 있다.

- 권위(authority) : 자체평가는 기관 간 위원회 조사결과와 활동에 따른 권장사항에 대한 신뢰성과 객관성을 부여한다. 자체평가는 정치적 혹은 사회적으로 민감한 이슈나 문제에 대한 믿음(belief)을 사실(fact)로 대체시킨다. 지역사회 및 조직의 구성원이 공적으로 범죄와 안전문제에 대한 강점·약점 및 대응의 필요성을 확인하였을 때, 이러한 진행과정을 누가 비판할 수 있겠는가?
- 책임성(liability) : 일반적으로 어떤 이유에서든 고소를 당할 수 있다. 어젯밤 당신의 재산이 도둑맞았다고 가정하자. 바로 다음날, 변호사들과 전문적 증인들은 당신의 관리회사 직원들이 수풀과 나뭇가지들을 자르는 모습을 보며 사진을 찍는다. 또한 당신은 컨설턴트 또는 경찰관을 불러 당신의 재산에 대한 조사를 하게 했으며, 당신은 범행 다음날까지 아무것도 하지 않았다.
- 예산(budget) : 지금껏 그 성공 여부가 증명되지 못하였거나 보장받지 못한 상황하에서 기존 예산을 증액하거나 새로운 프로그램에 대한 예산을 만드는 것은 매우 어렵다. 그러나 새로운 프로그램이나 활동에 대해 압도적인 수요와 공적 지지가 있다면 재정자원은 쉽게 마련될 수 있다. 자체평가는 지역사회의 필요성을 확인하기 위해 매우 큰 노

력을 투입하여 객관적으로 평가되었음을 보여줌으로써 예산상의 필요성을 증명하는 데 도움을 준다.

- **활동의 범위** : 자체평가는 계획에 대한 신뢰성을 증가시킴으로써 향후 수행될 활동범위의 제약을 제거해줄 수 있다. 실패에 대한 두려움이 자칫 신중함으로 포장됨으로써 관련 활동을 약화시키거나 비효과적으로 만드는 결과를 야기할 수 있다. 프로그램이 실패하는 이유는 그것의 가치를 증명할 만큼 충분히 실행되지 않기 때문이다.
- **발견(discovery)** : '모든 돌(즉, 권한)을 넘겨주는(turning over all of the stones)' 체계적이고 공정한 접근은 지역사회 내에 이미 존재하는 자산과 능력을 놀라울 정도로 발현시킨다. 기관 간의 조정위원회를 통해 필요 자원 이상의 많은 자원을 발견하는 것은 어렵지 않은 일이며, 진짜 문제는 지역 자원의 배분에 대한 조정의 불충분이다. 더욱이 지역사회의 선출직 공무원이나 자칭 지역 유지의 자원보다도 더 많이 발견되는 것이 일반적이다.

한편, 자체평가 과정은 병을 확인하고 해결책을 제시하는 의료모델(medical model)에 비유될 수 있다. 이는 진단(diagnosis), 예상(prognosis), 처방(prescriptive)활동의 과정이다.

- **진단(Dx)** : 이 과정은 지역사회와 조직의 필요기관 활동 및 결과 등에 대한 일련의 관찰과 측정의 과정이다. 관찰은 CPTED 개념의 구성요소의 관점에서 수행된다.
- **예상(Px)** : 범죄 및 안전과 관련된 문제 및 현재 대응의 관점에서 지역사회와 조직의 건강, 힘, 결핍 등에 대한 전반적인 이해를 증진시킨다.
- **처방(Rx)** : 설정된 목적과 목표를 달성할 수 있는 특별한 행동이 자체평가와 기획이라는 전 단계(즉, 예상과정)에서 성립된다.

의료모델은 CPTED 프로그램이 왜 실패하는지에 대한 통찰을 던져준다. 즉, 지역사회와 사회적 프로그램의 경우 해결책이라는 언어 속에서 문제가 정의되는 상황이 너무나 자주 발생하고 있다. 대중적 해결책이 특정 문제에 항상 적합할 수 없다. 대중적 프로그램은 증상을 야기하는 문제를 제거하기보다는 증상 자체만을 다루는 데 그치고 있다. 의료 분야에서 사회 프로그램에 응용될 수 있는 또 다른 비유는 '수술은 성공했으나 환자는 사망했다'는 말이다. 자체평가 과정은 개별 행동이 합리적이고 적절할 수 있도록 해주는 매우 확실한 수단이다.

의료모델은 기획이 완결되기 위한 세 가지 기본단계가 있음을 보여준다.

- **규범적**(normative) : "우리가 무엇을 왜 하는지?"에 대한 물음에 대해 그 과정은 대답을 하고 있는가? 진단단계에서 분석된 정보가 이러한 물음에 답하기 위해 사용된다. 명백한 발견의 기회를 놓치지 않기 위해 해결책에 대한 토론을 미루어두는 것이 중요하다.
- **전략적**(strategic) : "우리가 무엇을 어떻게 할 수 있는지?"에 대한 물음에 대해 그 과정은 대답을 하는 것과 연결되어 있는가? 이러한 질문은 대안을 조사하는 데 도움을 주며, 최종 결정이 양질의 예상 정보에 기초할 수 있도록 해준다.
- **운영적**(operational) : "우리가 무엇을 언제 할 것인지?"에 대한 질문에 대해 그 과정은 대답을 해주고 있는가? 앞선 2개의 단계에서의 질문에 대답하기 위해, 처방적 단계는 수행될 특정한 행동에 대해 윤곽을 그려준다.

기획을 완성하기 위한 가장 중요한 업무는 다음과 같다.

- 현재의 조건에 대한 자료를 모으고 조사하라.(Dx)
- 자료를 분석하고 모든 기회와 한계를 확인하라.(Dx)
- 목적과 목표를 공식화하여라.(Px)
- 대안적 개념을 생성하라.(Px)
- 개별적 개념을 작동가능한 해결책으로 발전시켜라.(Px)
- 대안적 해결책을 평가하라.(Px)
- 해결책을 정책, 계획, 가이드라인, 프로그램 등으로 전환하라.(Rx)

실행(Implementation)

CPTED 태스크 포스(Task Force)

사업 수행을 위해 자체평가를 수행하고 관련 계획을 발전시킬 조직 간 혹은 조직 내 조정위원회(Interagency or Organizational Steering Committee)는 향후 리더십을 발휘하고 집행과정을 감시해야 한다. 위원회는 핵심부서의 책임자, 지역사회 대표자, 각 부서의 대표들로 구성되어야 한다. 하위조직 수준의 위원회도 동일한 구성이 요구된다. 기관 간의 조직은 정책급(policy level)과 실무자급(staff level)의 최소 2개 그룹으로 나누는 것이 좋다.

정책 수준의 참여자들은 실무자들이 개발한 계획과 활동 등을 승인하기 위해 정례적으로 회의를 가져야 한다. 또한 정책그룹은 프로그램 실행에 요구되는 업무를 수행하기 위한 실무자들을 임명 혹은 배치할 수 있는 권한이 있어야 한다. 실무자들은 지속적인 기획, 조정, 평가업무 외에 개별 업무를 수행한다. 조정위원회의 가장 주요한 활동 내지 업무는 다음과 같다.

- 범죄문제에 대한 자기진단과 지역사회 혹은 조직의 수요를 정례적으로 수행 및 업데이트 한다.
- 개선을 위한 목적과 목표를 확인한다.
- 지역사회 혹은 조직에 대한 자체평가 보고서(self-assessment report)를 게시한다.
- 계획된 개선안의 집행에 대한 실무자 및 책임을 명확히 한다.
- 실행 활동을 감시하고 필요시 개선책(remedial action)을 개발한다.

프로그램 관리

CPTED 프로그램을 실행하기 위해 많은 활동과 업무가 발생한다. 특히 프로그램이 여러 조직에 걸쳐 있어 조정이 매우 어렵기 때문에 개별 프로그램 관리자나 위원회에서는 활동을 계속적으로 모니터링하고 조정할 수 있어야 한다. 능숙한 관리기술을 보유하고 주요 기관 내의 고위직에 있는 사람들은 실무그룹의 프로그램에도 참여해야 한다.

프로그램 관리기능(program management function)은 다음의 요소들을 포함한다.

- 시스템 디자인과 기획
- 조정
- 훈련
- 지원
- 모니터링
- 과정의 관리
- 위임되지 않은 복잡하고 독특한 업무의 처리

회의

회의는 정기적으로 개최되므로 참가자들이 회의 시간에 따라 자신의 일정을 계획할 수 있어야 한다. 회의 안건은 사전에 준비되어야 하며, 회의 결과를 통한 명확한 작업과 기대가 반영될 수 있어야 한다. 회의 참여 및 관심을 독려하기 위해 회의를 기획하고 진행할 책임이 있는 위원장의 순차화(rotating position) 전략도 고려될 수 있다. 다양한 타 기관 참가자들이 순차적으로 회의를 주재함으로써, 참가자 모두의 참여를 강화하고 조정의 중요성을 공유할 수 있다. 그리고 다음 회의에서 다루어질 진행내용을 문서화하는 것도 잊지 말아야 한다.

많은 사람이 변화를 싫어한다. 그러나 변화란 모든 곳에 존재하기 때문에 21세기를 향해 전진하는 우리는 많은 변화를 목도하고 있다. 보안사업과 법 집행 분야에서도 변화가 일어나고 있다. 모든 관리자가 비전을 갖고 있지는 않지만 소통과 권한이양을 통해 비전을 갖는 관리자가 만들어질 수 있다. 그러한 관리자는 하루아침에 만들어질 수 없다. 변화는 시간을 필요로 한다. 당신은 미래의 변화에 준비되어 있는가?

변화를 위한 기획에 있어 가장 중요한 것이 기대 통제(control expectation)의 필요성이다. 필요한 시점에 프로그램에 대한 지원을 확실히 할 필요가 있다. 행동에 대한 비현실적인 목표와 일정을 만드는 것을 경계해야 한다. 기관 간의 조정위원회가 합리적인 활동 일정표를 만들어 견지하는 것이 동일하게 중요하다.

변화를 위한 기획에 있어 또 다른 주의점은 "캔에 담긴 상품(canned goods)"이나 "즉석요리법(instant recipes)"의 추구를 피해야 한다는 것이다. 어떤 지역에 가서 다른 누군가의 프로그램을 복사하는 것은 쉬운 일이며, 아무것도 없는 상황에서 프로그램을 개발하는 고된 작업을 피할 수 있을 것이다. 그러나 이러한 외부 프로그램은 적용 가능성이 적기 때문에 재앙을 불러올 수 있다. 더욱이 "기성 프로그램(canned program)"의 채용은 참가자들로 하여금 프로그램 운영상의 세부사항이나 미묘한 차이를 거의 이해하지 못하게 한다. 이러한 지식은 문제를 해결해야 할 시점에서 매우 결정적이다.

프로그램 기획자는 사업과정을 지나치게 서두르거나 혹은 지나치게 천천히 하는 경향이 있다. 어떤 이들은 프로그램 혹은 서비스를 시행하기 위해 서둘러야 할 필요성을 느끼는데, 이 경우 잘못된 해결책이나 방법론이 채택되었음이 밝혀지기 때문에 당혹스러워하거나 실패를 야기할 수 있다. 반대로 좋은 기획을 위해 너무나 많은 시간을 투입하는 기획위원회는 일을 끝내지 못하거나, 그 과정에서 지역사회의 지지를 잃을 수 있다. 그러므로 초기 실험에 대한 신중한 접근과 새로운 개념이나 방법론의 실험에 있어 균형을 유지하는 개발전략을 채택할 필요가 있다. 최종 형태를 얻기 위해 서두르거나 아예 아무것도 얻지 못하는 대신에 프로그램이 개발과정에서 여전히 있음을 명확히 하고, 그 프로그램의 실행과정에서 학습과 수정을 진행해 나가는 것이 좋다. 이러한 전략이 새로운 서비스의 공급자 혹은 수요자 모두에게 필요한 조정과 협력을 개선시켜 줄 것이다.

마지막으로, 변화 기획의 중요한 장애 중 하나가 평가문제이다. 평가가 부실하게 진행되거나 비현실적인 결과와 연계된다면 평가가 함정에 빠질 수 있다. 외부인이 평가를 수행할 때 평가의 객관성은 높아지지만 외부인은 프로그램 기획자의 치유적 개선(remedial improvement)을 지원하기 어렵다. 프로그램 기획자는 사업의 활동과 서비스에 관한 외부 평가자를 교육하는 데 많은 시간을 잃는다. 내부인에 의한 평가는 기획자 및 행정가에게 직접적 피드백을 제공하며, 그에 따라 평가가 프로그램 기획과 모니터링의 도구가 된다. 사업성과가 측정되고, 그에 대한 객관성은 이해관계가 없는 외부인이 사업 자료에 대한 감사를 통해 평가될 수 있다.

강령, 목적 그리고 목표

강령은 프로그램 혹은 서비스에 대한 책임과 관심의 범위를 정의하는 데 사용된다. 강령은 프로그램의 입지와 영역을 강화하며, 모든 관계자에게 프로그램 목적(purpose)에 대한 형식적 암시(formal reminder)를 제공해준다. 목적(goals)은 강령이 좀 더 구체화된 문건으로 발전된 것으로, 프로그램 구성요소와 사업 수행의 의도된 영역을 확인한다. 목표(objectives)는 개별 목적을 달성하게 하는 각 단계 혹은 이정표가 된다. 이러한 용어의 사용은 계획자와 관리자가 프로그램 활동의 우선순위와 상호관계를 정립하는 데 있어 계층성(hierarchy)을 제공한다.

잘 정의된 목표는 아무리 강조해도 결코 지나치지 않을 것이다. 목표가 정립되지 않거나 그 정의가 명확하지 않으면 사업은 불완전한 기획, 불확실한 실행, 평가단계의 어려움으로 문제에 직면하게 된다. 다음은 목표 설정에 있어 유의할 사항이다.

- 측정 가능성 : 목표는 명확하고 측정 가능한 용어로 표현되어야 하며, 이를 통해 사업 달성의 성과가 입증되어야 한다.
- 시간 관련성 : 완전한 목표에 도달하는 것이 무엇인지를 이해하지 못한다면 목표 달성의 진행과정을 평가하는 데 어려움이 있다.

- 비용 관련성 : 목표는 사업비용 및 지출과 명확히 연계되어야 하며, 이를 통해 투자 대비 수익률의 관점에서 활동들이 평가되어야 한다.

지역사회의 요구와 필요성이 계속적으로 반영되고 있는지를 명확히 하기 위해 목적과 목표는 정기적으로 재평가되어야 한다. 정치환경과 자금상황 그리고 내부사업평가 등을 통해 프로그램의 강조점에 대해 변화를 요구할 수 있다. 그러나 이러한 상황에서도 본래의 강령과 불일치되는 변화에 대해서는 주의해야 한다.

시간과 업무기획

시간관리 및 업무기획을 위한 많은 훌륭한 도구들은 매뉴얼과 컴퓨터 프로그램을 통해 이용할 수 있다. 스프레드시트는 활동뿐만 아니라 비용을 계획하는 데 사용될 수 있고 프로그램 활동에 대한 이해를 증진시키는 데 각종 차트가 사용될 수 있으며, 이들 기술 중 일부는 작업의 기획과 우선순위 설정을 지원하는 종속 네트워크 및 주요 경로분석을 통합한다.

합의(Agreements)

사업의 입안·시행과정에서 기관 간 혹은 당사자 간의 지나치게 빠른 합의로 인해 합의 체결 후 애초 계획된 프로그램 모두가 변경되어야 하는 경우가 존재한다. 반대로 구체적으로 어떤 일을 할지에 대한 명확성 부족으로 합의가 계속 지연되는 경우도 있다. 최고의 접근법은 2개의 합의를 통합하겠다는 과정에 대해 약속하는 것이다. 참가자들과 기관들이 지역사회의 자체평가 과정을 각자 수행한다는 약속에 대해 합의한다는 합의(agreement to agree)가 그 첫 번째이다. 두 번째, 혹은 공식적인 기관 간 합의로 프로그램이 시행되고 긴 시간이 지난 후 서명을 하고 당사자들은 그들에게 부여된 부담이 무엇인지를 확실히 하는 것이다.

평가와 모니터링

평가란 어떤 것의 가치를 판단하는 과정으로 정의된다. 평가는 현재의 맥락에서 사업활동을 체계적으로 조사하고, 이러한 활동이 사업목표에 어떠한 영향을 주었는지를 보는 것이다. 평가 노력은 변화 혹은 개선의 정도를 문서화하는 것으로, 사업 실행으로 인한 효과가 어느 정도인지를 결정하는 것이다.

평가는 사업 효율성에 대한 피드백을 제공함으로써 관리자와 실무자들에게 도움을 주는데, 궁극적으로 사업의 의사결정에 대한 지침을 제공한다. 평가는 또한 사업에 성공적으로 사용된 기술들을 기록함으로써 기술이전에 대한 매개체로서의 기능을 한다.

실무자는 사업 운영에 대해 가장 정통한 사람들이기 때문에 평가과정에 참여하는 것이 중요하다. 대부분의 경우, 사업관리자는 평가 노력의 기획과 관리에 대해 책임이 있다.

평가단계 요약

다음은 평가과정에서 따라야 할 단계를 보여준다.

- 사업의 목적과 목표를 정의한다.
- 목적에 적합한 평가기준을 정의한다.
- 대상집단을 확인하고 정의한다.
- 중요한 사업의 변수를 확인한다(예를 들어 사업이 어떻게 작동하고, 무엇이 사업을 작동하게 하는가?).
- 적절한 평가 디자인(들)을 선택한다.
- 평가기준, 대상집단 및 설계에 적합한 데이터 자료 및 데이터 요소를 확인한다.
- 직원에게 데이터 내용 및 수집절차에 대해 자문한다.
- 데이터를 수집한다.
- 데이터를 분석한다.

• 결론을 공식화한다.
• 변화에 대한 제안을 제시한다.

평가유형

CPTED 프로그램과 관련된 여러 유형의 평가가 있다. 형성평가, 프로그램 모니터링평가, 과정평가, 영향평가, 집중평가 모두 프로그램에서 효과적으로 사용될 수 있다. 이들 접근법은 다음과 같이 요약될 수 있다.

• **형성평가(formative evaluation)** : 형성평가는 기획과정에서 개념들을 개발하고 개념들을 미리 시험해 볼 때 사용된다. 전체 프로그램에 포함될 수 있는 전략들을 구성하기 위해 메타평가(meta-evaluations)가 사용될 수 있다.
• **프로그램 모니터링 평가** : 이 평가의 초점은 변화를 측정하는 데에 있다. 평가 중 가장 낮은 비용이 드는 평가이지만, 각 사업의 진행에 있어서 중요한 정보들에 대한 의사결정을 제공할 수 있다.
• **과정평가** : 이 평가유형은 사업의 성공 유무를 설명하는 다양한 사업요소들의 시행과 관련이 있다. 비교적 간단한 평가과정을 통해서도 사업활동들, 사업 수혜자에 대한 세부사항, 시한(time period)에 대한 확인, 사업현장의 정의, 의도된 혹은 의도되지 않은 영향에 대한 토의에 대해 자세한 설명을 제공할 수 있다.
• **영향 혹은 집중평가** : 이 평가유형은 평가자로 하여금 사업활동들과 다양한 영향들에 대한 측정방법 간의 인과관계에 대한 결론들을 이끌어 낼 수 있게 한다. 영향평가는 평가자가 프로그램 활동의 존재 유무의 영향을 비교할 수 있도록 하는 연구설계를 필요로 한다.

평가설계

평가설계들은 사업의 영향이 사업의 운영과 통제에 대한 외적 요인들에서 얼마나 분리되어 있는지에 따라 다르다. 여기서는 네 가지의 평가설계를 서술했다. 이들 네 가지는 가능한 설계의 전형(typology)일 뿐이며 포괄적인 것이 아니다.

- **전후 비교 사전테스트/사후테스트** : 이 설계는 사업 시작 전에 평가기준을 통해 수집된 데이터와 사업 마지막에 수집된 데이터의 비교로 이루어져 있다. 이 설계는 가장 간단하며 가장 저렴하다. 그러나 이 설계는 관찰된 변화와 사업의 실행 간의 인과적 연결고리(casual linkages)를 밝혀내지는 못한다.(예 : 이 설계를 통해서는 외부요인이 변화에 영향을 주었을 가능성을 배제하지 못한다.)
- **비교집단을 갖는 사전테스트/사후테스트** : 이 설계는 비교집단을 통해 관찰된 변화가 외부인이 아닌 프로그램에 의해 생성되었다는 신뢰도를 높인다. 비교집단과 대상집단의 유사성은 평가결과에 있어 확실히 중요하다.
- **임의로 할당된 사용 가능한 인구의 대상 및 비교집단에 대한 통제실험** : 설계들 중 가장 정교하고 비용이 많이 든다. 이 설계는 사전에 표출된 유사 집단을 비교하는 것으로, 이들은 대상집단 내의 일부와 비교집단 내의 일부에서 제공되었다. 이 설계의 핵심은 프로그램 집행 전에 참가자를 무작위로 할당한다는 것이다.
- **시계열(time series)** : 이 설계는 사업 시행 후 수집된 자료를 과거에서부터 계속되어 온 경향 자료와 비교한다.

평가목표

평가와 관련된 마지막 이슈는 평가의 목표를 무엇에 두느냐 하는, 즉 평가의 초점에 관한 것이다. 외부인의 관점에서 제시된 목표는 프로그램 기획자에게 보수적 반응(conservative response)을 불러일으킨다. 외부 평가자는 주로 측정 가능한 목표에 우선순위를 둠으로써 실제 내부자가 중시하는 목표에 대해 간과하는 경향이 있다. 반면에 내부 주도로 진행되는 평가는 평가가 왜곡되었다는 비판에 직면하기 쉬운데, 이는 평가의 동기에 의존한다.

사업활동을 유도할 목적으로 목표를 정의했던 프로그램 기획가는 성과에 대한 외부 평가에서 사용되는 것보다 더 높게 기준을 설정할 것이다. 따라서 목표의 개발은 프로그램 기획자가 원하는 결과를 얻을 수 있는지 여부의 맥락에서 수행되어야 한다. 평가는 허용기준에 따라 전개되어야 하지만, 프로그램 전문가 고유의 관심사인 프로그램의 개발과 실행에 대한 구성요소가 우선적으로 반영되는 노력이 있어야 한다.

평가는 프로그램의 개발, 실행, 관리의 핵심요소이다. 평가는 의사소통 과정의 중심적 관리 도구이다. 프로그램 창조자나 실무자 모두 평가 과정에 반드시 참여해야 하며, 또한 평가방법은 프로그램과 그 과정에 적합해야 한다.

번역 | 박준휘(Ph.D. 한국형사정책연구원)

10

CPTED 훈련 개요

장의 구성
목적
학습목표

목적

CPTED 훈련 프로그램의 목적은 참가자 주변의 물리적 환경에 대한 인식(perception)을 변화시키고 확대하는 것이다. 물리적 환경에 대한 인식을 변화시킴으로써, 참가자들은 환경과 인간행태 그리고 환경과 범죄에 대한 직접적인 관계를 더 잘 이해할 수 있게 된다. 이러한 기본적 이해의 증진은 참가자 개인으로 하여금 자신의 주변환경에 대해 자신감 있게 의문을 제기하고 새로운 의사결정을 할 수 있도록 해준다. 그리고 이러한 의사결정은 참가자 자신은 물론 그의 가족과 지역사회의 안전(safety)에 직접적인 영향을 줄 수 있다.

환경과 인간행태 간의 직접적 관계, 특히 환경에 대한 디자인과 관리를 이해한다는 것은 범죄예방을 위한 시민들의 노력이 성공하는 데 필수 요건이다. 이러한 이해를 통해 시민들은 자신의 물리적 환경과 삶의 질을 보호·통제할 수 있는 힘을 얻을 수 있기 때문에 효과적인 지역사회 조직의 핵심이다. 그러나 CPTED가 지역사회가 갖고 있는 환경상의 사회적·문화적·관리적 장애물을 제거·감소하는 데 있어 절대적인 해답은 아니다.

학습목표

CPTED 학습에 있어서 폭넓은 기술적 배경이나 이해를 요구하지는 않는다. 그러나 효과적인 지역사회 전략이 되기 위해서는 CPTED에 대한 기본개념은 최대한 많은 사람에 의해 이해되어야만 하며, 특히 그러한 이해는 일상적인 용어(layperson's terms)로써 가능해야 한다. 만약 그렇지 않다면 CPTED 관련 공공정책은 기술관료나 정치인들의 손에서 벗어날 수 없게 된다.

이하의 학습목표들이 CPTED 훈련 프로그램의 성공적인 수행을 위해 절대 최소(absolute minimum)로 고려되어야 한다.

1. 참가자는 약자로 표시된 CPTED가 어떤 의미인지 기억할 수 있어야 한다.
2. 참가자는 CPTED의 기본전제를 인식하여 개념 정의에 내포된 두 가지의 강조점을 기억해야 한다. 즉, CPTED의 전제는 "건조환경에 대한 적절한 디자인과 효과적 활용을 통해 범죄발생 및 두려움을 감소시켜 삶의 질을 증진시킬 수 있다."는 것이다.
3. 참가자는 CPTED의 세 가지 기본전략, 즉 자연적 접근통제, 자연적 감시, 영역성 강화를 한 문장으로 간단히 정의하거나 예로써 인지하고 정의할 수 있어야 한다.
4. 참가자는 조직적 · 기계적 · 자연적 범죄예방 전략에 대한 분류를 (정의 혹은 예를 통해) 구분할 줄 알아야 한다.
5. 참가자는 공간평가에 대한 CPTED 접근의 준거점을 기억하고, 그 구성요소를 나열할 줄 알아야 한다.
   - 3-D 개념의 준거점
     - 구성요소의 지정
     - 정의
     - 디자인
   - 공간평가에 대한 3-D 접근은 공간이 어떻게 디자인되고 사용되는지를 결정하는 데 있어 유일한 가이드를 제공한다.

- 모든 개별 공간은 일정 수준의 지정된 목적을 가짐
- 모든 개별 공간은 바람직하며 수용 가능한 행태를 규정하는 사회적 · 문화적 · 법적 · 물리적 정의를 가짐
- 모든 개별 공간은 바람직한 행태를 지지하고 통제하기 위해 디자인됨

6. 참가자는 최소한 아래 제시된 공간 유형 중 하나에 대해 CPTED 관점에서 우수 사례와 잘못된 사례를 제시할 수 있어야 하며, 이를 통해 참가자 자신이 CPTED 개념에 대한 새로운 인식과 이해를 타인에게 보여줄 수 있어야 한다.
   - 주요 교차로 주변의 주거지역
   - 동네 공원
   - 동네 학교
   - 공용주차장
   - 공동주택단지
   - 산업 · 상업 중심지
7. 참가자는 아래에 제시된 정보들의 출처와 기능을 기술할 수 있어야 한다.
   - 범죄분석 자료와 법 집행 자료는 경찰보고서, 범죄 동향과 패턴, 범죄수법(modus operandi ; MO) 등을 제공
   - 인구사회학적 자료, 도시계획, 인구센서스 통계, 주거지 성격
   - 도시계획, 구획화에 따른 토지 사용 : 물리적 자원배분과 토지이용 기술
   - 관찰 : 동네로 나가 무엇이, 언제, 어디서, 어떻게, 왜, 누구에 의해 일어나고 있는지 살핌
   - 거주자 인터뷰, 일반인 인식, 보안평가와 감사의 실시
   - 경찰, 보안요원, 기획자, 건축가, 엔지니어 등과의 의사소통과 조율
8. 참가자는 법 집행기관과 보안회사가 CPTED를 어떻게 최선으로 활용할 수 있는지 알아야 한다.

- 법 집행기관은 동네 감시, 상업지역 감시, 지역사회 경찰활동, 보안조사 등을 통해 관할지역을 조직화
- 종교단체 외에 지역사회 및 상업지역의 조직화

9. 참가자는 CPTED를 최적화할 수 있어야 한다.
   - 의사소통과 사회매체
   - 보안전문가, 건축가, 기획자, 엔지니어, 지역사회
   - 사업평가와 관리
   - 최신의 프로그램 개발
   - 지역사회 내 부채감소와 삶의 질 개선
10. 참가자는 자신의 주거지 혹은 사업장 주변의 특징을 지도로 그릴 수 있어야 한다.
    - 도로 분포
    - 토지 사용
    - 범죄(혹은 범죄 두려움)문제가 있는 지역
    - 지리적, 인종적, 동네 특성별 현재의 경계

이 학습목표들은 CPTED 개념 이용에 있어 효율성과 관련 기술을 발전시키기 위해 최소한으로 알아야 할 사항들을 대표한다. 이러한 학습목표를 달성함으로써 환경과 인간행태(특히 범죄적 행태) 간의 관계를 인식할 수 있는 능력이 명확히 나타날 수 있다. 짧은 개괄적 강의로는 CPTED 개념을 개개인이 충분히 이해하기는 힘들다. 어느 정도의 기간을 둔 종합 세미나와 워크숍이 추천된다(특히 현장학습이 포함된). 그러나 상대적으로 짧은 강의식 수업만으로도 인간과 환경 간의 관계를 이해하는 데 있어 일정 수준의 변화가 나타날 수 있다. 마지막으로 참가자들은 학교와 주거지 재산에 대한 다양한 유형의 CPTED 전략을 이해할 수 있어야 한다.

11

번역 | 이경훈(Ph.D. 고려대학교 건축학과)

학교 환경을 위한 목적

장의 구성

개요

셉테드 개념은 학교 디자인에서 많이 사용되어 왔으며 현재에도 사용되고 있다. 또한 대학에서도 정부 지원에 의해 개발된 플로리다 주의 브로워드 카운티(Broward County) 학교 CPTED 프로그램의 CPTED 응용방법을 디자인에 활용하고 있다. 실제 적용할 수 있는 CPTED 응용방법은 현실적으로 무궁무진하며, 오히려 적용할 수 없는 것을 찾기가 어려울 정도이다. 그것은 다른 관점에서 환경을 바라보며, 모든 것에 의문을 제기하고, 커뮤니티에 관한 의사결정에 관여하는 다양한 전문가의 언어를 배우는 문제이다. 언어를 배운다는 것은 다른 사람과 의사소통할 수 있으며, 그들의 목표를 이해할 수 있다는 것이다. 이것이 바로 CPTED 계획가가 다른 사람과 개념을 공유하고, 다른 사람들이 잘하지 않는 질문을 하는 주된 이유이다. CPTED 계획가는 오직 보안과 범죄예방에만 초점을 맞추는 것에서 그들이 돕고자 하는 기관이나 조직의 목표에 초점을 맞추어서 사고하도록 훈련받는다. CPTED의 모토가 “당신이 무엇을 하려고 하며, 그것을 어떻게 더 잘할 수 있도록 도울 것인가?"라는 점을 명심해야 한다. 만일 당신의 목표를 충족시킬 수 있다면 범죄의 기회와 그로 인한 손실을 줄일 수 있을 것이다. 범죄와 손실은 제대로 작동하지 않는 인체기능 때문에 발생하는 부산물이다. 다음은 어떤 조합으로든 사용될 수 있는 11개의 주요 CPTED 전략이다.

1. **접근통제** : 다양한 보안카드, 보안카드 리더기 등을 사용하여 학교 운동장, 학교 교사, 혹은 실내공간으로의 허가받지 않은 진입을 막을 수 있도록 안전한 장벽(barrier)을 구축한다.
2. **물리적 디자인을 통한 감시** : 범죄자가 발각될 위험성을 증가시키는 물리적 디자인에 의해 감시 기회를 증대시킨다. CCTV는 버스에서뿐만 아니라 학교에서도 점점 더 많이 사용되는 방법이다.
3. **기계적 감시장치** : 학교에 허가받지 않은 진입 시도를 탐지하고 알려줄 수 있는 보안설비를 구축한다.
4. **혼잡 통제** : 학생들 간의 갈등상황을 야기할 수 있는 혼잡의 원인을 제거하거나 최소화시킨다.
5. **심리적 억제** : 절도와 반달리즘(vandalism)에 대한 심리적 억제책을 제공한다.
6. **사용자 모니터링** : 취약 지역과 공간에서 직원과 학생에 대한 보안대책을 실행한다.
7. **비상시 대처절차** : 교사들에게 제재절차(lock-down procedures)와 함께 비상상황을 통제할 수 있는 수단을 제공한다.
8. **사용자의 경각심** : 안전위협 요인과 이에 대한 보호책에 대한 학생들의 경각심을 높일 수 있는 프로그램을 운영한다.
9. **사용자의 동기 유발** : 다양한 과외활동 프로그램을 늘리고 편의시설을 제공하며 학교환경을 시각적으로 개선함으로써 학생 간의 사회적 교류, 사회적 유대감, 학교에 대한 자부심을 고양시킨다.
10. **영역적 정체성(territorial identity)** : 영역 정체성을 증대시키고 혼란을 줄일 수 있도록 학교 내 공간마다 기능적 독자성을 강조한다.

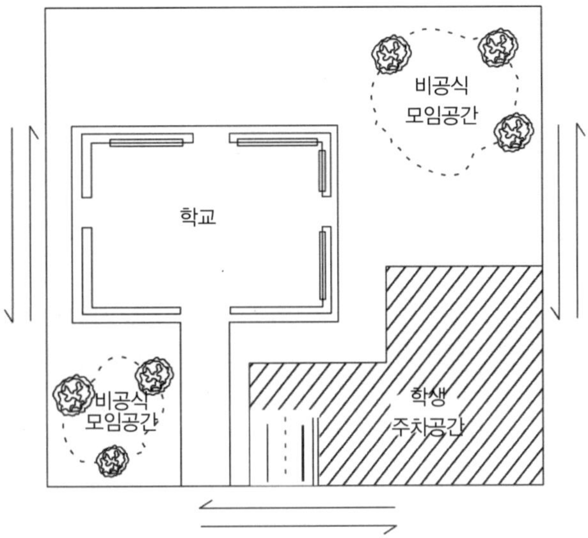

그림 11.1

11. 커뮤니티 참여 : 학교 교직원 및 학생의 목표달성과 활동 등에 대한 공공의식과 참여를 장려한다.

학교 캠퍼스의 통제

잘못된 디자인(그림 11.1)

1. 비공식 모임공간은 종종 갈등을 야기하는 학생들에 의해 점유된다.
2. 고립된 공간은 담배를 피우거나 불법행동, 일탈행위를 하려는 학생들에 의해 사용된다.
3. 침입자(interlopers)나 무단출입자(trespassers)들은 학생들에게 마약을 팔기 위해 접촉하거나 다른 부적절한 행위를 하기 위해 남들이 잘 볼 수 없는 시선의 사각지대를 찾는다.
4. 이런 공간은 모니터하고 통제하기가 매우 어렵다.
5. 대부분의 학교 당국은 학생들의 행동을 통제하기 위해 이런 공간에 대한 감시를 하려고 한다.

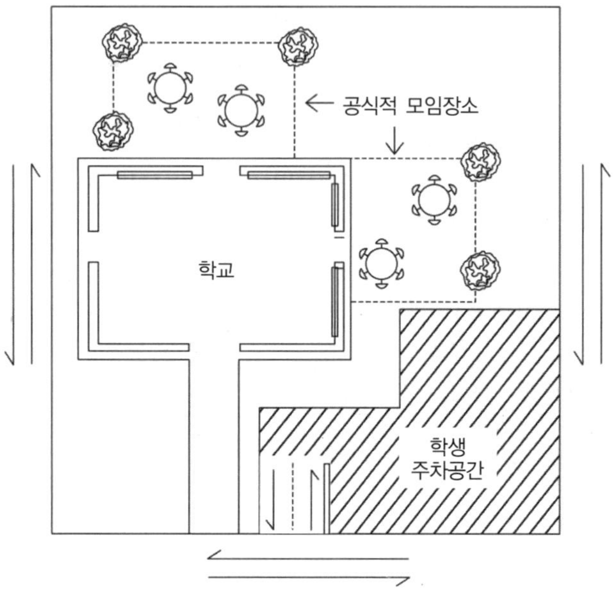

그림 11.2

잘된 디자인(그림 11.2)

1. 공식적 모임공간을 디자인함으로써 다른 모든 공간은 출입금지 공간이 된다.
2. 공식적 모임공간으로 지정되지 않은 공간에서 발견되는 사람은 누구나 자동적으로 조사를 받게 된다.
3. 비정상 사용자는 잘못된 장소에 있다는 것에 대해 더 큰 위험을 느끼게 되고 변명의 여지도 줄어들게 된다.
4. 교사와 관리자는 명확한 공간적 구분으로 인해 보다 큰 통제력을 갖게 된다.
5. 허가되지 않은 진입 시도를 탐지하고 알려줄 수 있는 기계적 감시장치를 구축한다.
6. 학생들 간의 갈등상황을 야기할 수 있는 혼잡원인을 제거하거나 최소화시킨다.

7. 절도와 반달리즘에 대한 심리적 억제책을 제공한다.
8. 취약 지역과 공간에서의 직원과 학생에 대한 안전 모니터링 방안을 실행한다.
9. 교사들에게 비상상황을 통제할 수 있는 수단을 제공한다.
10. 안전위협 요인과 이에 대한 보호책에 대한 학생들의 경각심을 높일 수 있는 프로그램을 운영한다.
11. 다양한 과외활동 프로그램을 늘리고 편의시설을 제공하며 학교환경을 시각적으로 개선함으로써 학생들 간의 사회적 교류, 사회적 유대감, 학교에 대한 자부심을 고양시킨다.
12. 영역 정체성을 증대시키고 혼란을 줄일 수 있도록 학교 내 공간마다 기능적 독자성을 강조한다.
13. 커뮤니티 참여 : 학교 교직원 및 학생의 목표달성과 활동 등에 대한 공공의식과 참여를 장려한다.

고등학교 주차공간

잘못된 디자인(그림 11.3)

1. 여러 개의 출입구는 주차공간이 공용이라는 인식을 증대시키고 잠재적 범죄자에게는 다양한 도주로를 제공한다.
2. 부지 경계부에 주차장이 위치하는 것은 공적공간에서 사적공간으로의 명확한 경계에 대한 인식을 약화시키며, 따라서 비정상 사용자들이 크게 위험을 느끼지 않게 된다.
3. 주차장의 개방성으로 부적절한 사용에 대한 변명의 여지가 많아진다.

잘된 디자인(그림 11.4)

1. 사용이 드문 시간에 감시되지 않는 출입구를 폐쇄하기 위해 장애물을 사용하는 것은 불필요한 진출입을 통제하고 주차공간이 사적공간이라는 인식을 강화해 준다.

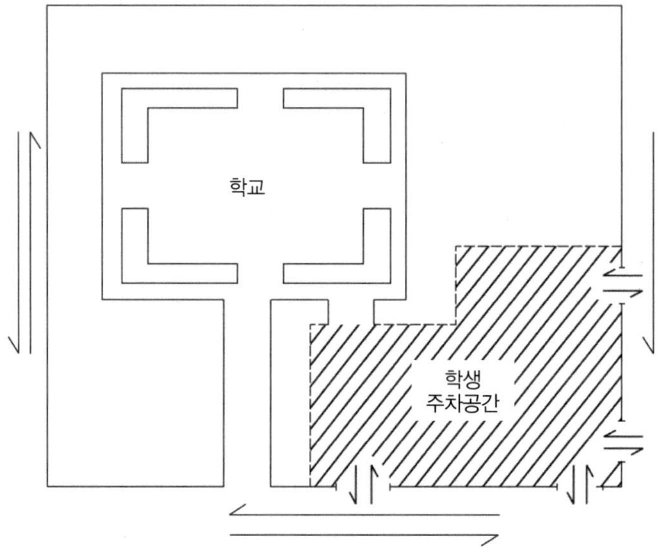

그림 11.3

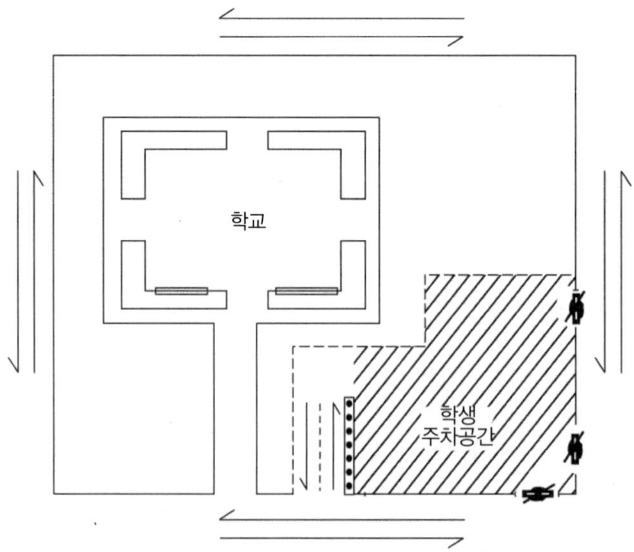

그림 11.4

2. 개방된 출입구의 도로경계석(curb lane)은 주차장으로의 급격한 방향전환으로 인해 사용자가 공적공간에서 반공적공간, 그리고 반공적공간에서 사적공간으로 전환하게 한다.
3. 상징적 고립(symbolic isolation)[1]은 도주로가 쉽게 차단될 수 있다는 인식을 갖게 한다.
4. 장애물이나 교통통제장치를 돌파하는 것은 사람들의 이목을 집중시키며, 그런 행동을 하는 비정상적 사용자를 저지할 충분한 구실을 제공한다.

학생 주차공간과 운전자 교육장 간의 관계

잘못된 디자인(그림 11.5)

1. 학생 주차는 안전하지 못한 행위이다.
2. 학교 캠퍼스의 경계부에 있는 학생 주차장은 안전하지 못한 위치이다.
3. 외딴 장소는 자연감시의 기회가 적다.
4. 명확하지 않은 영역구분은 비정상 사용자에게는 안도감을, 일반 사용자에게는 불안감을 주게 된다.

잘된 디자인(그림 11.6)

1. 책임감 있는 교사나 학생에 의해 감시되는 운전자 교육은 안전한 행위이다.
2. 기존의 학생 주차공간을 운전자교육장으로 변경하는 것은 위험한 장소에서 안전한 행위가 이루어지게 하는 자연스러운 기회를 제공해 준다.
3. 학생 주차를 위한 새로운 장소(본 사례에서)는 행정사무실에서 바로 내다볼 수 있는 곳이다.

1) 역자주 : 하나의 출입구로 진출입하게 디자인되어 다른 공간과 단절된 주차공간

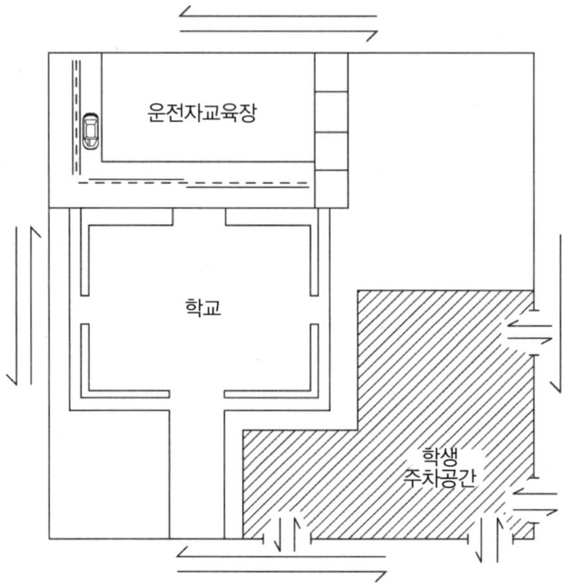

그림 11.5

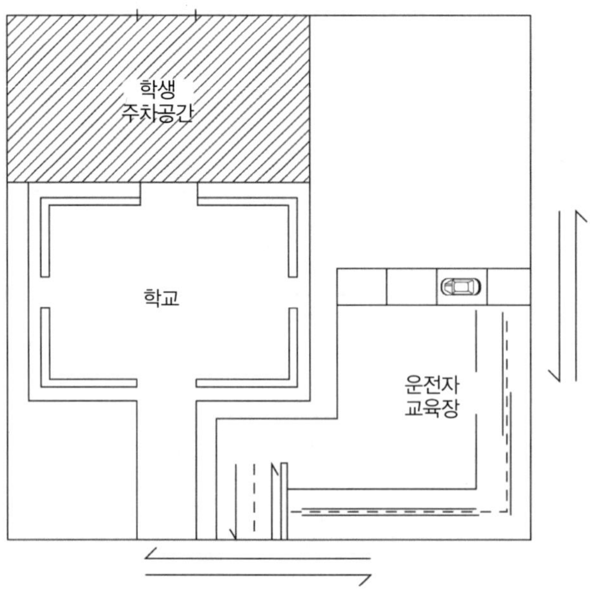

그림 11.6

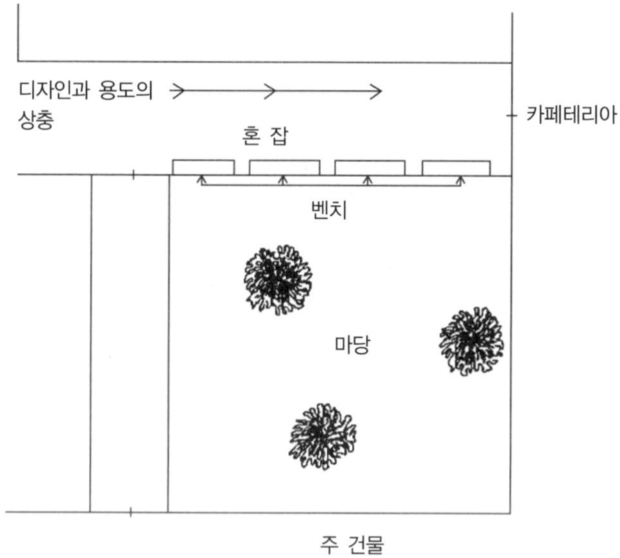

그림 11.7

마당(Courtyard)과 회랑(Corridor)

잘못된 디자인과 사용(그림 11.7)

1. 대부분의 단지 계획가나 공간 사용자들은 의도적으로 만든 마당의 목적과 용도를 적절하게 정의하지 못하고 있다.
2. 용도는 체육활동, 모임공간, 건물의 에너지 절약을 위한 용도일 수 있다. 각각의 용도는 서로 다른 요구조건과 공간관리계획 및 정책을 필요로 한다.
3. 회랑과 마당은 회랑을 따라 배치된 벤치나 다른 비품 등에 의해 혼란이 더욱 가중된다.
4. 잔디밭에 학생이나 보행자가 들어가는 것을 막겠다는 그릇된 아이디어로 벤치를 마당으로 진입하는 것을 막는 장애물로 사용하기도 한다.
5. 회랑과 마당의 혼동으로 종종 혼잡, 소음, 개인적인 갈등을 야기한다.

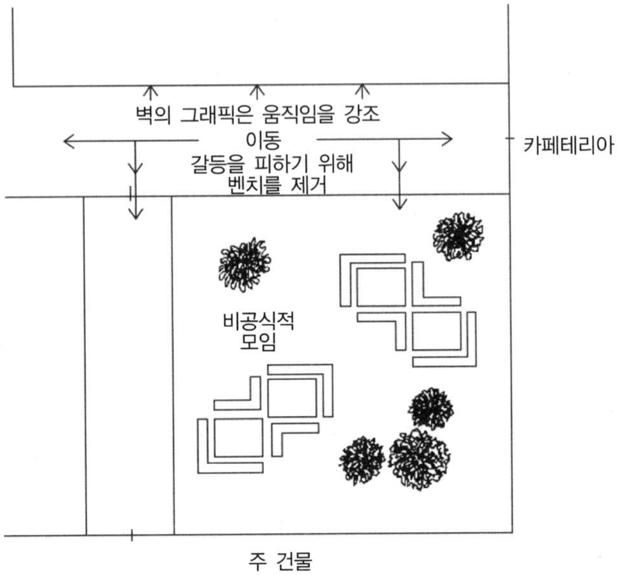

그림 11.8

6. 학생이나 무리지어 행동하는 이들이 때로는 이러한 장소를 점령해서 독점적으로 사용하면서 더 큰 갈등과 불안감을 야기하기도 한다.
7. 일반 사용자는 이러한 장소를 사용하는 것을 피할 것이고 비정상 사용자는 안도감을 느끼고 발각되거나 제재를 당할 위험성을 거의 느끼지 않을 것이다.

잘된 디자인과 사용(그림 11.8)

1. 마당, 그리고 마당과 연결된 회랑의 의도된 목적과 용도가 물리적인 디자인과 규정에 의해 명확히 정의되어 있다.
2. 모임활동을 위한 마당의 비품은 규모를 작게 디자인하거나 머무르는 시간을 줄이기 위해 다소 불편하게 디자인할 수 있다.
3. 의도된 사용패턴에 따라 다르지만 이동이 가능한 간이시설물은 영구적인 시설물보다 더 효과적으로 사용될 수 있다.
4. 일반적인 사용자는 이러한 공간을 이동하면서 안전하게 느끼겠지만

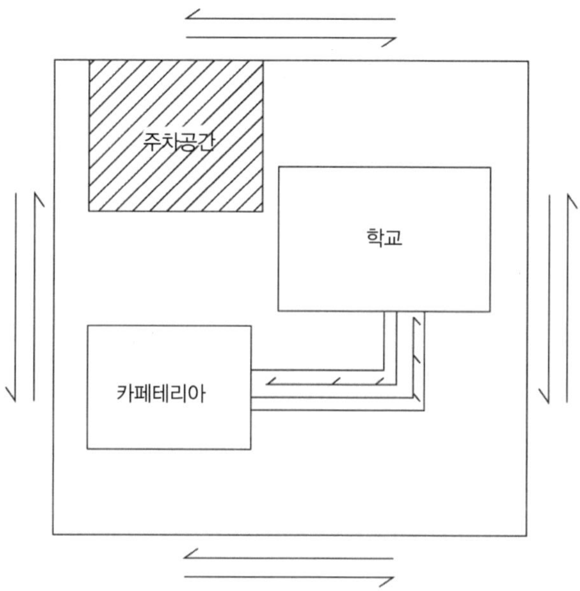

그림 11.9

비정상적인 사용자는 통제받는다는 느낌을 받게 되므로 이러한 공간을 독점하는 것에 대해 더 어렵게 느낄 것이다.

점심시간의 홀 사용

잘못된 디자인과 사용(그림 11.9)

1. 진입과 진출에 동일한 홀이 사용된다.
2. 단체로 식당을 들어가고 나오는 과정에서 서로 부딪치면서 갈등이 발생한다.
3. 첫 번째 집단의 도착과 두 번째 집단의 출발은 동시에 움직이는 다른 집단이 없기 때문에 가장 잘 통제된다. 모든 학생들은 동일한 방향으로 움직이도록 되어 있으므로 홀 감시자나 관리자는 보다 강력한 통제력을 발휘할 수 있다. 부적절한 행위에 대한 변명의 여지가 별로 없다.

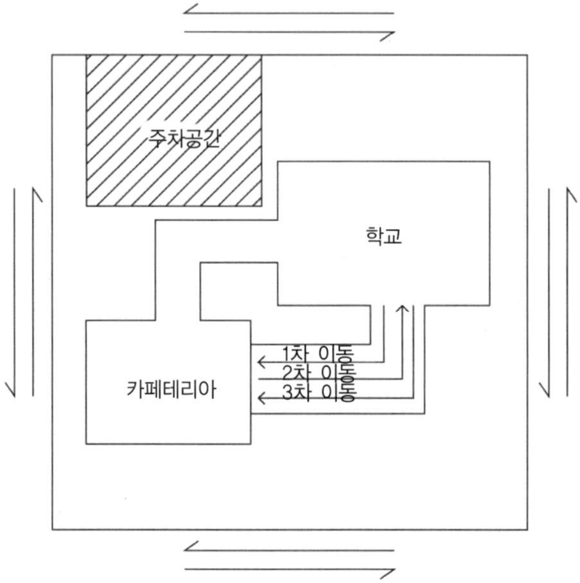

그림 11.10

4. 홀 감시자는 첫 번째 집단이 식사를 한 후 진출과 진입이 일어나기 때문에 통제력을 잃는다.
5. 갈등과 혼잡 때문에 두 번째 집단은 점심을 먹기 위해 오랜 시간을 기다리게 된다.
6. 대부분의 교실에서나 사물함에서의 절도는 점심시간에 발생한다.

잘된 디자인과 사용(그림 11.10)

1. 이동이 원활하도록 카페테리아로의 진입과 진출이 공간적, 시간적으로 분리될 수 있다.
2. 각 집단은 훨씬 빨리 식당에 도착할 것이며 낙오자도 적어질 것이다.
3. 비정상 사용자는 발각될 위험성을 더 크게 느낄 것이다.
4. 교실로부터, 그리고 교실로 향하는 동선의 시공간적 분리는 각 이동이 이루어질 때마다 최소한 5분의 추가시간을 요구할 것이다. 각 집

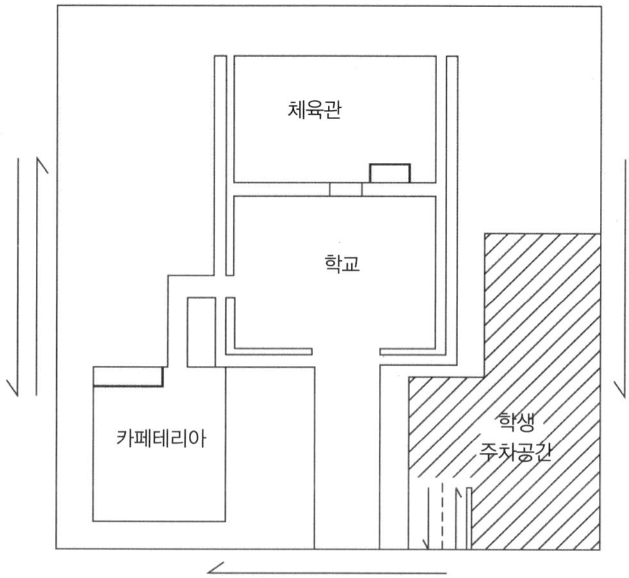

그림 11.11

단이 더 빨리 도착하여 식사를 마칠 수 있기 때문에 추가적인 5분은 식사에 할당된 시간으로부터 충당될 수 있다.

안전하지 못한 장소에서의 안전한 행동

잘못된 디자인(그림 11.11)

1. 학교에서 대부분의 과외활동(일례로 군사 모집, 오리엔테이션, 그림이나 반지 판매, 클럽활동)은 사무실, 카페테리아 또는 체육관 등에서 일어난다.
2. 사무실, 카페테리아 또는 체육관 공간은 이러한 과외활동에 대해 적합하지 못한 디자인을 제공한다.
3. 이러한 과외활동은 기존 공간의 정상적인 기능을 저해하곤 한다.

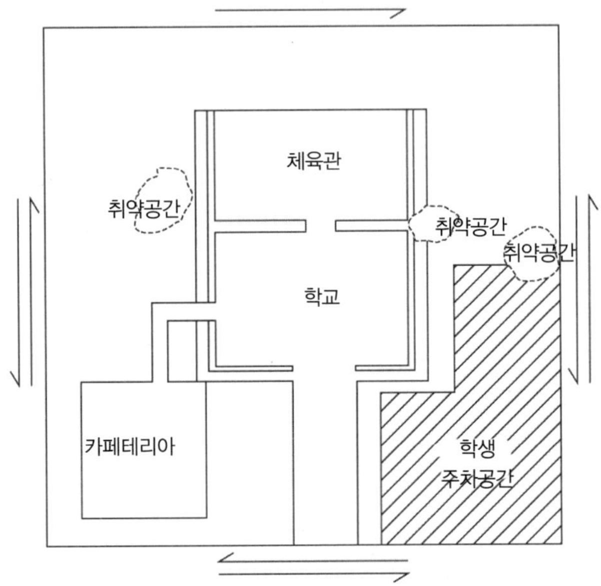

그림 11.12

잘된 디자인(그림 11.12)

1. 학교 캠퍼스에 있는 취약공간은 잘 알려져 있으며 지도에 표시하기 쉽다.
2. 취약공간은 변화하는 집단과 관리감독의 동향에 따라 바뀐다.

컨벤션 센터 및 경기장

컨벤션 센터

잘못된 디자인과 사용(그림 11.13)

1. 대부분의 컨벤션 센터는 재개발을 촉진하기 위해 의도적으로 열악한 지역에 배치된다. 일반 투자자는 위험부담을 감수하지 않기 때문에 이런 프로젝트는 대개 공공의 세금이나 공공 채권 등에 의해 재원이 조달된다.

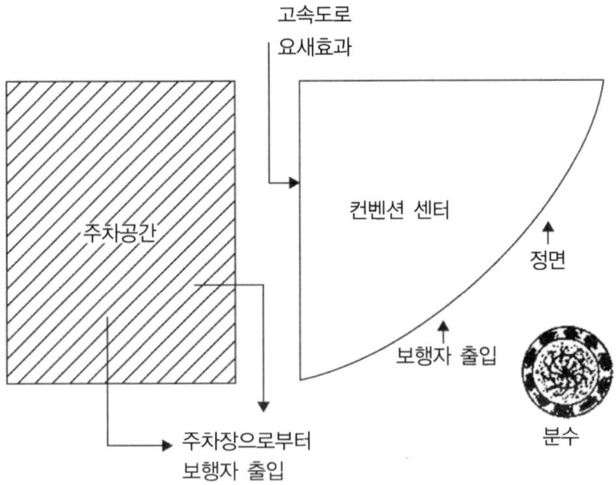

그림 11.13

2. 컨벤션 센터는 위치에 대한 디자이너의 부정적 인식과 컨벤션 특유의 요구조건을 반영하여 마치 요새처럼 디자인되는 경향을 보여 왔다.
3. 요새처럼 디자인되는 컨벤션 센터의 디자인 추세와 주변지역의 열악한 조건 등에 의해 차량과 보행자의 자유로운 진입이 방해를 받아 왔다.
4. 지역 조례는 흔히 주차공간을 구조물의 이면에 배치하고 조경에 의해 가려지도록 요구해 왔다.
5. 지역 조례는 일반적으로 플라자와 개방된 휴식공간(sitting area)을 요구한다. 개발업자는 개방된 외부공간의 경관을 개선시키기 위해 분수 등을 설치하여 왔으나 개방된 외부공간에 설치된 분수는 부랑자, 특히 상습적인 부랑자를 끌어들인다는 것을 경험적으로 보여준다.
6. 컨벤션 센터와 관련 주차구조물은 일반적으로 주중이나 주말에 사람을 끌어들이도록 다양한 보행자 중심의 행위가 일어나도록 계획되지 않는다.

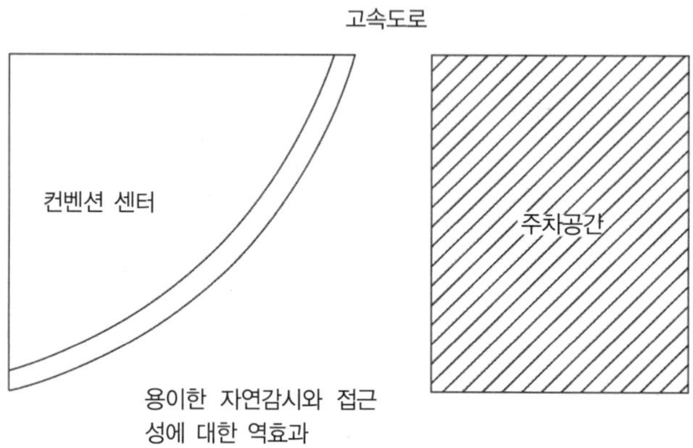

그림 11.14

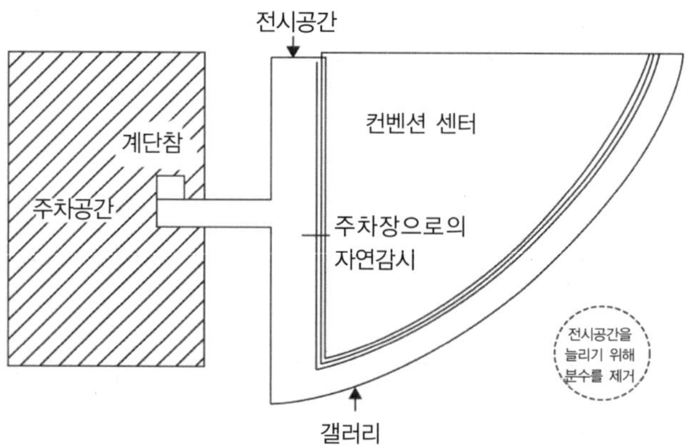

그림 11.15

잘된 디자인과 사용(그림 11.14, 15)

1. 상대적으로 안전한 컨벤션 센터의 전면에 주차공간을 허용하도록 지역 조례를 개정한다.
2. 목적을 가진 사용자들이 완전히 자리 잡을 때까지 영구적인 편의시설이나 분수 등의 설치를 미룬다.
3. 컨벤션 센터와 주차구조물을 지상층 위로 배치하고 지상층에는 연중

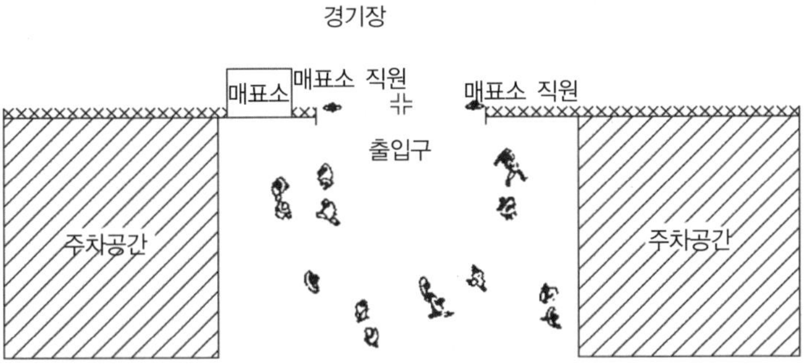

그림 11.16

그리고 저녁시간 대의 활동을 증대시키기 위해 영업소와 나이트클럽 등을 배치한다. 이는 영업소를 활성화시키고 안전하게 행동하는 일반적인 사용자를 증가시킨다.

4. 요새와 같은 느낌을 상쇄하고 실제 및 지각된 감시의 기회를 늘리기 위해 갤러리 등을 추가함으로써 기존의 부지 외관과 사용패턴의 변화를 고려한다. 갤러리는 전시 및 노점상을 위한 옥외활동을 증가시켜서 안전하지 못한 곳으로 인식되던 곳에 안전한 행위를 증대시켜 준다.

경기장 출입구와 매표소의 통제

잘못된 디자인과 사용(그림 11.16)

1. 기존의 디자인은 획일적인 주차공간과 일상적인 모임공간으로부터 출입구나 매표소 통제 기능으로의 전이를 제공하지 못한다.
2. 학생집단이나 다른 사람들은 출입구 정면에 모이게 되며, 이는 경기장에 들어가려는 사람들에게 불안감과 염려를 끼치게 된다.
3. 매표소 직원과 출입구를 지키는 사람은 행인들을 볼 수 없다.
4. 일반 사용자는 통제되지 않고 있다고 느끼게 되면 이러한 장소를 피하거나 빠르게 지나치므로 비정상적인 사용자들이 공간을 지배하도록 해준다.

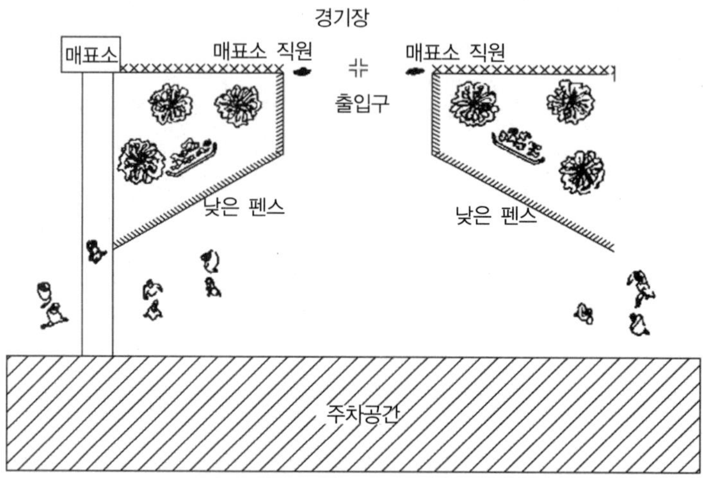

그림 11.17

잘된 디자인과 사용(그림 11.17)

1. 깔때기 모양의 디자인은 일시적인 모임이 주차공간 쪽에서 이루어지도록 유도한다.
2. 차량과 보행자의 충돌 가능성에 대한 인식 때문에 주차공간 깊숙한 곳에서의 모임행위는 더 어렵다.
3. 출입구를 지키는 사람은 주차장과 보행자 공간에 대한 시야를 더 많이 확보할 수 있다.
4. 사람들이 출입구로 접근하면 깔때기의 폭이 좁아지면서 다른 행위에 대한 변명의 여지도 줄어든다. 지키는 사람은 출입구를 찾아서 깔때기 안으로 접근하는 사람들에 대한 영향력을 넓힐 수 있다.
5. 일반 사용자는 깔때기 안쪽으로 이동하게 되어 출입구로 접근하면서 보다 안전하게 느낀다.

PART 2

번역 | 이창한(Ph.D. 동국대학교 경찰행정학과, p.272~290)
박지연(Ph.D. 충남대 · 경기대, p.291~312)
이유미(Ph.D. 상명대학교 소비자주거학과, p.313~331)

12

도시계획과 건축설계를 통한 범죄와 범죄의 두려움에 대한 대응방안

장의 구성

도시화와 범죄

세계의 큰 도시들은 농촌지역이나 해외에 거주하는 사람들에게 점점 더 매력적인 곳으로 되어가고 있다. 큰 도시는 재정적 능력, 경제적 기회, 문화공간 등과 더불어 직업적 기회도 다양하여 많은 사람들이 갈구해 오던 생활을 제공하기 때문이다(Burdett and Sudjic, 2010 and 2011; Florida, 2008; Landry, 2000 and 2006).

전 유엔 사무총장인 코피 아난(Kofi Annan)은 "세계는 신흥 대도시(Urban Millennium)로 진입했다."라는 말을 인용하였다. 그러나 이런 도시화는 새로운 시민 유입의 대처, 안락하고 질 좋은 많은 주택뿐만 아니라 스포츠, 미술, 레크리에이션과 같은 생활편의 시설과 같은 것을 제공해야 하는 근본적인 위험요인을 불러일으켰다. 이것은 지역당국에게 큰 부담을 주는 도전이었다. 만일 주요 도시들에서 신흥 대도시화 과정을 실패한다면, 이는 사회적 응집력과 공식·비공식적 사회적 네트워크가 부족했기 때문일 것이며, 결국에는 삶의 질을 감소시키는 결과를 초래하게 될 것이다. 마지막으로 가장 중요한 것은, 대도시들은 비합법적 활동을 추구하는 사람들에게 수많은 범죄의 기회를 제공할 것이다.

전 세계의 주요 도시에서 직면한 많은 문제들은 이제껏 우리가 언급한 정치적, 경제적, 사회적 변화와 함께 모두 발전과 연관되어 있다고 할 수 있다. 도시의 매력은 범죄율의 증가, 안전문제와 범죄의 두려움을 수반하였으며 결과적으로는 삶의 질의 감소와 도시의 불안감을 높일 것이다. 더욱이 9.11테러 발생 이후 테러리스트 활동 위험에 대해 인지하면서 불안감을 일으켰고, 특히 상징적 목표물이 될 만한 주요 대도시들의 불안감 또한 커져 갔다.

비록 지리적, 정치적 혹은 문화적 상이함을 고려하지 않은 세계 주요 큰 도시들을 각각 비교하는 것은 불가능하지만, 어떤 공통적 추세가 전 세계적으로 관찰된 것은 의심할 수 없는 사실이다.

빠른 성장

큰 도시에 대한 매력으로 농촌에서 도시로 이동하는 결과를 가져왔으며, 합법 · 비합법적 이민자들은 특히 경제적 가능성에서 많은 매력을 느꼈다. 정치적 및 행정적 관리능력은 그 속도에 대응해야 했고, 적절한 행정적 대처와 전략적 계획을 만들어내야 했다. 그렇지 않으면, 인구 과잉화, 무질서, 범죄율 상승과 통제할 수 없는 많은 지역적 문제를 야기할 수도 있을 것이다.

그런데 아이들과 청소년 집단은 특히 앞서 언급한 문제들로부터 잠재적으로 가장 많은 악영향을 받을 집단이기 때문에 가장 취약한 집단일 것이다.

통합

농촌지역에 비해 도시의 노동시장 환경은 훨씬 좋지만 일자리 창출이 수요를 따라오지 못해 높은 실업률로 이어지고, 그 결과 강제된 무기력함과 가난은 불법행동으로 이어질 수 있다. 젊은 남성들, 특히 취업하지 못한 젊은 남성이 일반적으로 높은 위험군이다. 2005년 11월 프랑스 폭동은 성공적이지 못한 통합은 도시사회를 불안정하게 만든다는 것을 보여주었다(Duclos, 2006; Maniere de Voir, 2006; check also the collective aclefeu). 통제되지 않은 유입은 이웃과의 관계를 침식시키고, 특히 젊은 남성이 포함된 절도, 강도, 알코올 남용과 같은 범죄율을 높이는 데 한 몫을 차지한다.

범죄기회

대도시에서는 범죄자나 경미한 범죄를 일으키게 하고, 기존에 조직화된 범죄집단과 경제범죄자들의 조직화를 만든다. 도시에는 수많은 범죄행동의 기회들이 잠재적으로 내재되어 있다(Felson, 2002). 그들은 도시를 범죄 현장과 범죄의 거처로 이용한다.

이러한 발전은 세계의 큰 도시에서 특히 많이 발견된다. 그들은 종종 사람들의 삶의 질을 저하시키고 범죄의 두려움, 불안정성을 유발하기도 한다. 두려움의 사실 여부와 상관없이, 이것들은 도시사회를 파괴할 것이고 문제의 행동으로 이어질 것이다. 도시에서 범죄, 안전, 삶의 질에 대한 쟁점과 불안정성, 범죄율, 근본적 문제 제거를 위한 방안으로서의 디자인적 도입은 결국 안전, 범죄예방과 사회정책을 고려해야 할 모든 기관의 주요 관심사가 될 것이다.

심각한 문제로의 안전 및 보안

심각한 범죄, 경미한 범죄, 방화를 불러일으키는 크고 작은 파괴들, 테러리즘 등과 같이 안전과 보안은 세계 대부분의 대도시에서도 심각한 문제이다. 이러한 점에서 범죄는 하나의 현상과 같은데 어떠한 점에서는 머리가 여러 개 달린 용과 비슷하다고 보면 된다. 그것은 범죄가 25개의 구별할 수 있는 유형으로 나뉜 것을 뜻하는 것과 같다(see also : European Sourcebook of Crime and Criminal Justice Statistics 2003, Appendix 1).

표 12.1 범죄의 종류

가정폭력	폭행	강도
공공장소에서 폭력 · 폭행	유괴	교통범죄
사기	낙서	자전거절도
상점절도	절도	성적 공격
빈집털이	살인	직장범죄
부패	차량절도	방화
반달리즘	소매치기	뇌물
마약 밀매	위협	환경범죄
소매치기	강탈	갈취
테러리즘	마약	강도

게다가 범죄 안에는 범죄의 두려움이 포함되는데, 이것은 또 다른 현상 중 하나이다.

이 장은 도시에서 발생하는 범죄와 범죄 기회를 제공하는 환경에 초점을 맞추어 다룰 것이다. 다시 말해 도시계획과 건축설계를 통해 범죄의 감소를 유도할 수 있음을 뜻한다.

범죄는 국가의 발전 및 경제적 복지와 더불어 사회적 구조의 심각한 부정적 결과라 볼 수 있다. 범죄는 두려움의 정도와 시민들의 행복에 영향을 주고, 그 나라 혹은 도시의 이미지를 훼손시킬 수도 있다. 다시 말해 범죄는 사회적 악이라 볼 수 있으며, 그러므로 경찰의 억압적 행동을 통해 범죄감소에 힘써야 할 것이다.

고전적 방식에서 새로운 접근형태로

범죄예방은 반드시 행해져야 하는 일이다. 유럽연합 도시헌장(European Urban Chracter)은 범죄, 비행, 공격으로부터의 최대한의 안전보장은 유럽 국민들의 기본적 권리라고 선언했다. 안전한 지역사회 구축을 위한 이 기본권은 유럽 전역에 걸쳐 전국적, 지역적 범죄감소 프로그램에 명시되었다 (see, e.g., DOE, 1994; DETR, 1999; and van Soomeren and woldendorp, 1996).

그러나 범죄문제와 범죄예방은 상당히 중요한 부분이기 때문에 전적으로 경찰활동에만 맡겨둘 수는 없다. 전 세계에 걸친 많은 연구들은 범죄예방에 있어 생체인증적 접근, CPTED, CCTV 등 보다 새롭고 정교한 범죄예방 기술과 사회적 접근뿐만 아니라 사후 대응적 접근의 통합적 시도의 중요성을 보여준다. 즉, 정교하게 조직되어 활동하는 사기업, 정부, 각 조직체들의 통합적 접근이 요구된다고 할 수 있다. 범죄는 더 이상 경찰만의 문제가 아니다. 새로운 범죄예방전략은 사기업뿐만 아니라 정부, 각종 유관기관과의 파트너십에 초점을 둔다(표 12.1 참고).

유럽 의회의 CLRAE(Congress of Local and Regional Authorities of Europe)에 의해 조직된 국제회의의 최종 결의문에서는 다음과 같이 말한다.

> *...범죄의 두려움과 불안은 유럽 도시지역 주민들에게 영향을 미치는 주된 문제이며(...)이러한 문제를 해결할 수 있는 충분한 해결책을 찾는 것은 시민안전과 만족을 위한 중요한 요소 중 한 가지이다.*

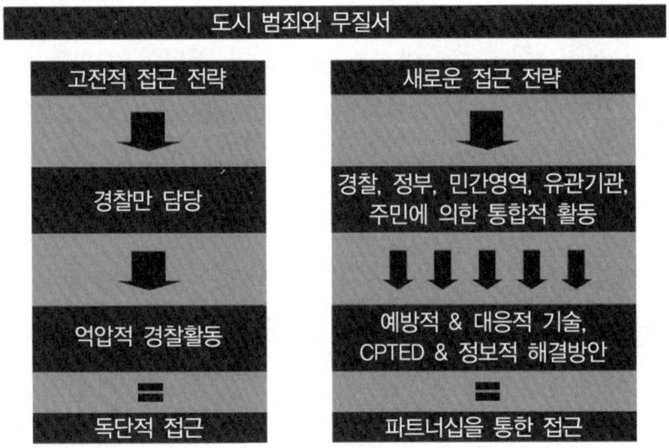

그림 12.1 도시 범죄에 대한 과거와 새로운 대응전략

이 회의에서의 첫 번째 권고사항 :

... 유럽의 지방 및 지역당국은 범죄감소를 지역의 책임에 포함하여 지속적인 시민 개입과 함께 통합적 범죄감소의 진행계획을 발전시켰다. 이 계획은 자연과 범죄의 유형을 정의하고, 행동을 위한 목표, 시간표, 제안서와 더불어 최신의 통계와 범죄 진단의 넓은 범위를 기본으로 하고 있다.

이와 관련하여 CLRAE는 "경찰과 전문적 디자이너의 협력 촉진과 범죄와 환경과의 관계에 대해 자문할 수 있도록 전문적으로 교육받은 경찰관 확보"를 강조했다.

범죄예방에 관한 UN의 가이드라인에서도(UN, 1995) 범죄와 범죄피해 예방을 위해 조직적으로 정비된 범죄예방 정책의 중요성을 언급하는 동시에 지역사회 안전 촉진과 국가의 지속가능한 발전에 대하여도 강조했다. 효과적이고 합리적인 범죄예방은 전 시민의 삶의 질을 높일 수 있다. 이와 더불어 공식적인 형사법 비용뿐만 아니라 범죄로 인해 발생하는 사회적 비용까지도 감소시키는 장기적인 이익도 기대된다. 범죄예방은 인도적 처우에 대한 기회와 범죄문제에 있어 비용효율적 접근을 제공하기도 한다.

예방적 전략은 지역적, 전국적 정책의 중요한 일부분으로써 대응적 전략까지도 내포해야 한다. 따라서 유관기관들은 효과적으로 활동하고 현재까지의 정보와 데이터에 관한 초석을 마련해야 한다. 지식기반적 접근, CCTV와 자동차번호판 자동인식기(ANPR)와 같은 현대적 감시기술은 안전에 대한 위협과 무질서에 대해 신속하고 충분히 대응하기 위해 도시 전역에 광범위하게 설치되어야 한다(Gill, 2003, 0n CCTV; Flight and Van Egmond, 2011, on ANPR). GPS, 추적과 투사, 지능적 설계 등 현대적 기술들도 사용되어야 한다. 또한 범죄예방을 위해서는 사회경제적 "기술"과 접근도 필요하다. 소셜 미디어는 향후 수십 년간 필수적인 역할을 할 것이라는 사실은 자명하다. 새로운 범죄패턴과 범죄유형은 "사회의 가상 현실화"로부터 발생하겠지만, 마찬가지로 전혀 상이한 형태의 범죄예방전략이 등장할 것이다.

그러므로 주요 도시에 대한 성공적인 안전확보전략은 복합적이고 다양한 유관기관과 오랜 기간에 걸쳐 범죄상황에 대해 연구하고, 필요로 하는 해결책을 찾으면서 적합한 정책을 실시해온 전문가들의 적절한 협력을 요한다고 할 수 있다. 도시지역 안전확보전략을 세우는 경우 세 가지의 기본적 원칙이 있다.

- 통합적 접근
- 품질관리
- 초기 개입과 계획

통합적 접근

경찰은 사후 대응적 차원과 잠재적인 예방적 차원에서 중요한 역할을 담당한다. 그러나 안전확보전략은 안전이라는 공통된 주제와 연결된 모든 사람들과 다양한 기관들에 대해 접근을 시도한다. 즉 도시, 사회·경제적 정책과 관련된 모든 기관들은 통합적 접근전략에 동참해야 한다는 것을 의미한다. 다시 말해서 교육, 건강, 도시계획과 건설, 경제발전, 고용센터, 이주자 담당, 가계를 비롯한 지역 관련 기관들은 통합적 전략 구축을 위해 협조해야 한다는 것이다. 이는 또한 지역 사업체, 이익단체, 비정부기구 등 민간영역의 협력을 내포하기도 한다.

품질관리

도시지역의 안전확보전략을 통한 모든 활동이 기대했던 효과를 달성하기 위해서는 정교하게 설계되어야 한다. 지속가능한 효과를 위해서는 단기적, 장기적 활동과 함께 모든 관계자들의 통합적인 노력 등의 복합적인 시도가 필요하다(Colquhoun, 2004). 안전확보전략의 실시 전, 실시하는 동안, 실시 후에 대한 적절한 평가는 정책의 성공여부 측정 및 이후 정책의 효과를 극대화하기 위한 정책의 수정을 가능하게 한다. 범죄예방 정책, 프로젝트, 제도를 도입함에 있어서는 도입 전 상황과 개입방안, 향후 예상되는 결과를 사전에 기술하는 것이 중요하다.

그림 12.2 범죄예방에 있어서의 품질관리(유럽 기준 ENV 14383-2)

파우슨(Pawson)과 틸리(Tilley)(1997)의 책 『Realistic Evaluation』에서는 CMO를 특정 상황과 관련된 전후 맥락, 메커니즘, 결과 또는 효과의 조합이라고 설명한다. 정책, 프로젝트, 제도에 대한 이러한 평가방식은 어떤 활동이 효과가 있었는지, 어떤 활동이 효과가 없었는지를 알고자 하는 경우 사용된다.

범죄와 관련된 근본적인 문제해결을 위한 전략들도 역동적이고 평가 가능하며 ISO 9000 같은 품질관리전략에서 수용된 "계획, 실행, 평가, 조정"이라는 기본적 정책 순환구조를 통해서 보다 더 수정과 발전이 가능하다. ENV 14383-2/TR 14383-2와 같은 UN 가이드라인과 유럽연합 표준도 품질관리 순환 메커니즘에 기초한다(그림 12.2).

초기개입과 계획

범죄예방과 안전관리는 초기단계부터 개입할수록 보다 효과적이고 성공적으로 실시할 수 있다. 따라서 유년, 청년층이 범죄예방 조치의 주된 대상이 되어야 한다. 청년층을 대상으로 하는 것은 성인층을 대상으로 하는 것보다 비교적 가능성 있는 전략이다. 이와 같은 원리를 대상의 공고화, CCTV, CPTED와 같은 기술적 예방방안에도 적용할 수 있다. 예방적 효과의 최대화는 도시설계 초기단계부터 통합적으로 이루어질 때 달성할 수 있다. 그러므로 예방정책은 정부와 민간영역의 모든 관계자들이 철저하게 협력해야 하며 도시의 모든 주요 발전계획에서부터 범죄예방을 고려해야 한다.

유럽의 CPTED/DOC : 정책과 개념

범죄와 범죄에 대한 두려움을 다루기 위해, 경찰과 형사사법제도에 주목해야 할 뿐만 아니라 도시계획(도시, 공공장소), 건축설계(빌딩, 거리), 그리고 건축요소와 제품·산업 디자인에 초점을 맞춘 새로운 접근으로 전환해야 한다. EU 내무사법이사회(The Justice and Home Affairs Council of the Europe Union-2001년 3월 회의)에서는 범죄예방을 위해 지식기반전략에 대한 EU 전문가 회의에서 정치적으로 동의한 것과 동일한 결론에 도달했다(Sundsval, Sweden, 2001).

범죄예방설계(Crime Prevention Through Environmental Design-CPTED), 또는 범죄예방디자인(Design Out Crime:DOC)은 범죄, 불안감을 예방하기 위한 통합적이고 다각적인 접근이 유용하고, 효과적이며, 매우 견고하고, 그리고 가능한 전략으로 증명되어왔다. CPTED/DOC에 대한 모범 사례는 투자자에게 수집되고, 평가되며, 그리고 접근 가능하여야 한다. 이러한 과정은 개념과 과정의 일반적인 틀을 활용해야 하며, 그리고 양도할 수 있는 원칙은 확인되어야 한다.

이 EU 총회에서는 또한 "범죄에 대한 두려움의 예방에 대해, 범죄에 대한 두려움은 사회적인 문제로서 다루어져야 한다."라고 강조하였다.

2011년, 브뤼셀에서 열린 EU 의회에서는

범죄예방설계(CPTED)이란 건축물 환경의 적절한 디자인과 효과적인 활용으로 범죄와 범죄에 대한 두려움은 물론 환경적으로 범죄발생 기회의 감소와 합법적인 장소 사용자에 의한 긍정적인 상호작용 촉진을 통해 지역사회의 삶의 질 향상을 이끌 수 있다는 이론을 바탕으로 하는 사전범죄예방 이념이다.

EU 의회에서 고려하고 있는 것은

CPTED 발전에는 지식의 부족, 변화에의 저항, 만능해결책, 비용의 인식, 법적 근거, 그리고 실질적 지원, 경제적 영향력의 부족 등과 같은 장애요소가 있는 반면에 CPTED를 소개함으로써 얻을 수 있는 장점들 역시 많이 존재한다. 예를 들어 범죄와 범죄에 대한 두려움의 감소, 지역사회의 삶의 질 향상, 범죄성, 범죄에 대한 두려움, 반사회적 행위 등의 문제에 대해 한 가지 해결책을 적용하는 것은 불가능하지만, CTED의 원리를 받아들이는 것은 행동방향에서 중요한 첫 번째 단계로서, 범죄와 범죄에 대한 두려움을 줄이는 책임은 경찰, 지방자치단체, 지역산업, 자원봉사의 분야와 그리고 지역사회가 분담해야 하며, CPTED 원리에 대한 교육훈련과 정보는 이 지역사회의 범죄예방과 불안감 감소와 관련하여 책임과 역할을 알리기 위해 도시계획 과정에 참여하는 모든 사람들에게 제공되어야 하는 것이라는 방향성의 중요한 단초이다.

또한 마지막으로 중요한 점은, 모든 EU 가입국이 참석한 EU 이사회에서

CPTED에 대해 지식과 경험을 쌓으며..... CPTED 원리에 대한 지식을 교육, 훈련, 그리고 지속적인 건축 디자인과 도시계획 과정의 전문성 발전 분야에 활용 가능하게 함...이라고 발표했다.

이러한 내용과 권고는 물리적 환경과 인간행동 사이의 상호연관성에 대한 가정을 기반으로 한다. 도시계획과 건축의 결과는 행위의 선택과 남녀노소, 잠재적 범죄자·피해자를 포함한 모든 사람의 활동에 영향을 미칠 수밖에 없음이 분명하다. 윈스턴 처칠의 담화를 인용하자면, 우리는 건물, 거리, 광장, 공공장소, 그리고 편의시설의 설치를 계획하고, 그 이후에는 우리가 그 형태를 다시 지정한다.

따라서 도시계획, 건축, 그리고 디자인도 경찰과 같은 공식적인 보호자와 생활환경을 감시할 수 있는 거주자와 같은 비공식적인 보호자를 통해 범죄자나 잠재적 피해자의 행위와 태도에 영향을 줌으로써 범죄와 범죄에 대한 두려움에 영향을 준다.

사례들

수많은 실험결과, 건축환경이 범죄의 기회를 조절하고 범죄 전이현상 없이 특정한 유형의 범죄는 감소시킬 수 있다는 점이 밝혀졌다(Hessling, 1994).

폐점시간 이후 멀리 떨어져 있는 빈 상점에서 취객들을 내보냄으로써 상점의 침입절도와 반달리즘(vandalism, 기물파손행위)의 발생 건수를 필연적으로 줄일 수 있다. 자연적 가시성 역시 그러하겠지만, 지하주차장의 접근통제는 범죄자의 적발과 체포의 기회를 증가시킬 것이고, 주차구역에서의 차량범죄와 폭행 건수가 줄어들 것이다. 성공적인 범죄기회의 제거 사례는 계속 조사되고 있다.

적절하지 못한 디자인으로 일반적인 부패와 도시의 쇠퇴 원인이 되는 주택계획 사례가 많이 발생한다. 잘못 디자인된 주택단지는 범죄의 기회를 줄이기 위한 고심 끝에 재건축되었다. 많은 거주자들이 안전에 대해 불안감을 느꼈고 그들은 재건축을 원하여 새로운 사유지와 주택계획이 디자인 단계에서 훌륭한 범죄예방과 통합 중이다. 또한 연구자들은 대규모 도시 주택단지에서의 디자인 변화를 통한 범죄의 감소를 사례를 들어 확인했다.

또 다른 좋은 계획으로 혜택을 받은 건물의 종류는 쇼핑센터이다. 쇼핑센터와 주차장, 그리고 대중교통시설의 위치는 훌륭한 디자인의 특성을 수용하기 위해 디자인 단계에서 고려된다. 그리고 슈퍼마켓 또한 상점 절도와 고객에 의해 발생하는 범죄를 줄이기 위해 범죄방지디자인을 채택하고 있다.

범죄에 대한 두려움은 건축환경과 명백히 관련이 있다. 예를 들어 보행자용 지하도와 감시가 부족한 상태, 그리고 조명의 밝기 정도와 어두운 거리 등은 범죄 두려움에 영향을 미친다. 반달리즘 역시 이와 유사한 것을 알 수 있다. 코니쉬와 클라크(Cornish and Clarke, 1986)의 연구에 따르면, 침입절도, 차량절도, 그리고 강간·폭행의 가해자와 피해자에게 질문한 결과 응답자의 전원이 환경적·디자인 요소를 언급하였

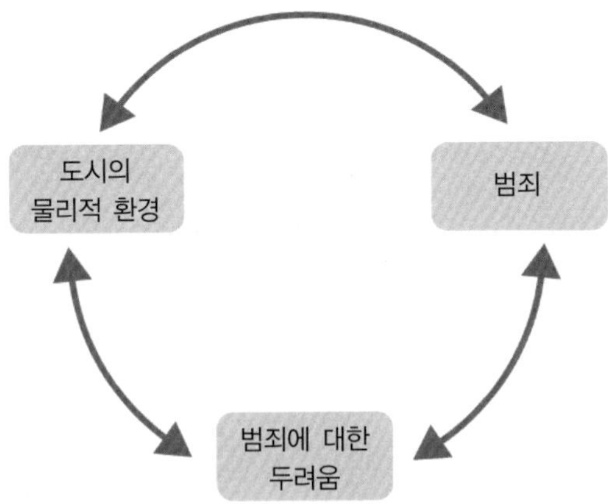

그림 12.3 CPTED의 세 가지 개념

다. 연구에 의하면 피해경험으로 인한 불안감은 가해자가 범죄를 저지르기에 매력적인 장소의 특징과 분명한 관련이 있다는 것을 보여준다. 의심의 여지없이 유럽의 더 많은 지방자치단체는 범죄예방을 고려한 도시계획과 건축디자인을 채택함으로써 범죄예방의 원리와 두려움의 감소를 증거로 보여주며 계획을 적용할 것을 주장한다. 유럽 기준 CPTED는 지방자치단체를 ENV-14383-2 또는 한국 산업표준 KSA 8800의 사례로 설계자와 건축가가 CPTED 기준을 적용하라고 주장한 점에서 서로 돕고 있을 지도 모른다. 더욱이 근래 CPTED 정보에 대한 활용 가능한 충분한 모든 지식 그 이상이며(Micheal, Saville, and Warren, 2012), 이론, 그리고 가능한 행동과 계획 역시 풍부하다(Cozens, 2005).

개념의 체계화

EU 전문가가 2001년에 요구한 것(Sündsvall, 스웨덴)과 같이 일반적인 개념의 체계를 구축하는 것은 CPTED와 DOC 이론 분야에서 이미 오랜 역사를 가지고 있다. 그림 12.3을 통해 세 가지의 개념을 구분할 것이다.

1. **물리적 환경** : 건물, 거리, 주택, 구성요소, 물건 등. 작은 의자에서 전체 도시의 디자인 포함
2. **범죄** : 침입절도, 반달리즘 행위, 강도 등 실제로 일어난 범죄행위
3. 일반적인 범죄에 대한 두려움 또는 불안감

이 세 가지 개념은 상호 관련되어 있으나, 두 가지 개념과 다른 한 개념은 명백하게 확실한 관계는 아니다. 예를 들어, 범죄와 불안감 또는 범죄에 대한 두려움의 관계가 그러하다.

연구는 이러한 관계를 역동적이고 세련된 방식으로 제공하였다. 범죄율이 높은 지역의 모든 거주자가 반드시 불안감을 느끼는 것은 아니며, 사람마다 다르다. 사람들은 연령, 생활양식, 성별, 지역사회 내에서 사회적으로 접촉하는 수준, 이웃을 부정적 또는 교화의 대상으로 인식, 사회경제적 또는 문화적 배경, 그리고 개인적 범죄피해 경험에 따라 두려움을 다르게 경험한다(Bourke, 2005).

우범지역이지만 대부분의 거주자가 여전히 안전하다고 느끼는 사례 또한 존재한다. 물론 범죄는 불안감을 구성하는 단 한 가지 요소이다. 그 영향력은 다른 요소로 인해 상쇄될 수 있다. 범죄를 예방하는 것 또는 범죄율을 낮추는 것이 반드시 불안감이 낮아지는 것임을 의미하지는 않는다. 이러한 점은 이 주제에 대해 더욱 깊은 논의가 이루어질 경우 반드시 명심해야 할 일종의 경고와 같은 것이다.

물리적 환경과 불안감 사이의 관계 역시 미묘하며, 어떤 환경은 안전한 것으로 인식되지만 사실은 전혀 안전하지 않다. 연구에 따르면 도심은 안전하지 못하다. 램지(Ramsay, 1982)에 따르면 폭력, 클라크 & 호프(Clarke and Hope, 1984), 피스(Pease, 1992)는 침입절도, 포이너(Poyner, 1981 and 1983)는 절도와 노상공격, 그리고 반 디크 & 순메런(Van Dijk and Soonmeren, 1980 and 1982)은 반달리즘이 도심에서 높게 나타나며 모든 범죄유형의 대부분이 높게 나타남을 알 수 있다.

하지만 보통 사람들은 붐비는 도심을 찾거나 안전한 쇼핑센터를 찾는다. 하지만 상당히 안전하고 위해가 없는 지역 또는 이웃은 종종 안

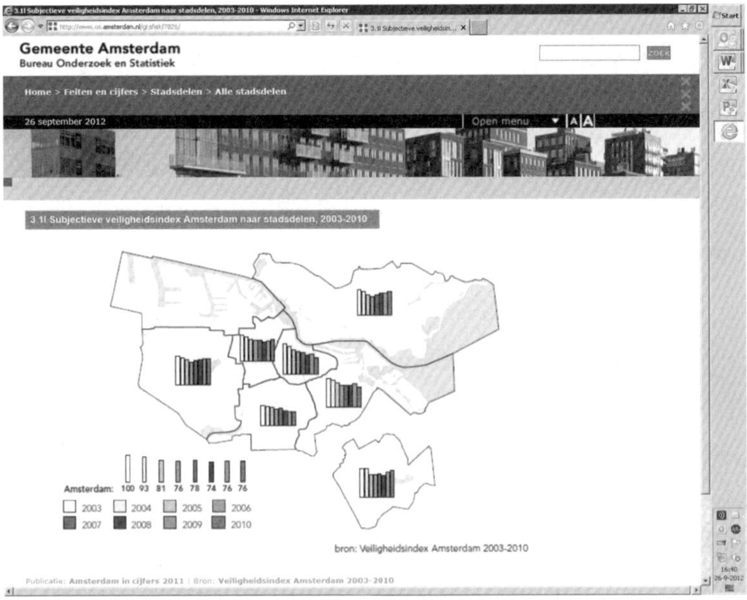

그림 12.4 암스테르담 범죄 지수, 2003~2010
출처 : 암스테르담 통계청(www.os.amsterdam.nl)

그림 12.5 암스테르담 범죄 두려움 지수, 2003~2010
출처 : 암스테르담 통계청(www.os.amsterdam.nl)

전하지 않은 것으로 인식되곤 한다. 사람들은 특정 신호를 오해할 수 있는데, 즐겁게 쇼핑을 하거나 상점에서 커피나 맥주를 마시는 사람으로 가득한 거리는 범죄자가 보이지 않는다는 이유로 안전하다고 잘못 인식할 수 있다. 범죄자는 군중 속에 숨어 있다. 쓰레기투성이에 기물들이 파손되어 있는 적막한 거리는 안전하지 않을 것이라고 생각할 수 있지만 모든 범죄자가 도심에서 술을 마시거나 교외에서 부유한 이웃에 대해 침입절도를 하고 있지는 않다. 이러한 점은 안전하다고 착각하고 있는 거리의 실상일지도 모른다.

한 마디로, 1961년 제인 제이콥(Jane Jacob)의 저서 『미국 대도시의 죽음과 삶*The Death and Life of Great American Cities*』의 관련 연구인 Elisabeth Wood(1961)에서 나타나는 과학적인 논쟁을 요약한 것이며, 다음 장에서는 이를 상세하게 설명할 것이다.

이론 : 가해자에서 상황으로, 대응에서 예방으로

본성 그리고 후천성

범죄에 대한 기존의 설명은 본성과 후천성 논쟁으로 구분된다. 본성과 관련한 이론 지지자들은 생물학과 유전형질의 중요성을 강조하며, 이것이야말로 사람이 범죄를 저지를 가능성을 보여준다고 주장한다. 인간은 식생활, 개인적인 체질, 그리고 철새가 남쪽으로 날아가거나 회귀성 어류가 태어난 강으로 돌아가듯 유전적 인자의 영향을 받으며, 이것은 잘못된 행동의 성향을 만드는 요소이기도 하다.

반면에 후천성과 관련한 이론에 따르면, 가정교육과 소양은 우리의 행동에 결정적 작용을 하므로 가족이나 친구들이 범죄를 저지르는 데 영향을 주기도 한다. 우리의 부모님은 여전히 나쁜 행동을 배우거나 나쁜 친구와 어울리는 것을 나무란다. 부모에게 학대받고 부모를 가해하는 아이들이 있는데, 이러한 것들은 후천성과 관련한 이론의 이야기들이다.

본성 그리고 후천성에 대한 설명은 여전히 존재한다. 후천성에 대한 설명은 인성이론이며, 본성에 대한 설명은 환경이론으로 불린다. 세 번째 접근은 이 두 가지를 혼합한 범죄를 예방하고 설명하기 위해 생겨난 사고의 주된 흐름을 구성하는 기회이론이다. 하지만 정책입안자는 범죄에 대한 과학적인 설명이 아니라 범죄를 더 쉽게 다루는 수단이 필요했으며 여전히 필요하다. 정책입안자가 범죄학자로 하여금 범죄와 범죄자와 관련한 인성, 환경이론의 대체수단으로 활용 가능한 이론을 개발하도록 요구했고 그 결과 1960년대와 70년대에 기회이론이 등장하게 되었다.[1)]

기회이론은 가해자－상황－피해자－보호자라는 네 가지의 중요한 요소를 강조한다. 이 이론은 범죄행위는 가해자－상황－피해자라는 세 가지 요소는 충족하지만, 마지막 요소인 보호자가 존재하지 않는 경우에만 발생할 것이라는 것이다. 그러므로 기회이론적 접근은 가해자가 맞닥뜨리거나 또는 보호되지 않는 피해대상(폭행을 가할 개인, 적절한 은행, 침입할 만한 가정)의 상황에 초점을 맞춘다. 이러한 접근은 범죄발생 이후 취하는 행동에 반응하는 관점으로부터 범죄발생 이전에 취하는 행동과 그 결과 범행을 예방하는 더욱 사전적인 태도에까지 초점이 이동하였다.

범죄예방설계, 범죄방지디자인, 그리고 범죄예방 디자인

기회이론적 접근법에서 그 가치를 가장 잘 입증한 생산적인 분야 중 하나는 도시계획과 건물 디자인이다. 캐나다와 미국에서는 범죄예방디자인(Design Out Crime : DOC)로 알려졌고, 유럽에서는 범죄방지디자인(DOC)으로(Clarke and Mayhew, 1980), 또는 범죄방지설계(Design Against Crime : DAC)로 불린다(Davey, 2005).

---

1) 기회의 개념은 19세기의 범죄학 간행물에 이미 등장했음을 첨언해야 하지만, 20세기 중반까지 범죄학과 관련 있는 것으로 다루어지지 않았다. 범죄예방을 위한 유용한 개념으로서의 기회의 개념은 1920년경 시카고학파에 의해 자세히 설명되었다.

C.레이 제프리(C. Ray Jeffery)와 기타 요소(건강, 화재, 그리고 교통)

CPTED 용어는 1971년, 사회학자와 범죄학자가 범죄의 사회적 원인에 대해 과장했고 생물학적 요인과 환경적 결정요인을 무시한다는 논쟁을 다룬 책을 저술한 레이 제프리에 의해 만들어졌다. 제프리는 범죄예방은 범죄의 생물학적, 특히 범죄를 위한 환경적 기회를 감소하는 것과 관련한 요소에 초점을 맞추어야 한다고 주장했다.

클라크(2001)에 따르면 제프리의 저서에서는

> *...특히 생물학 논쟁에 의해 감정이 상한 범죄학자의 상당한 적대심 또는 무관심을 볼 수 있다. 기회를 감소하는 처방전은 거의 없었지만, 그의 후학인 팀 크로(Tim Crowe, 1991)는 현재 건조물 환경에서 범죄의 기회를 줄이는 경찰, 도시계획자, 그리고 건축학자를 위한 심도 있는 가이드라인을 발전시켰다. 이러한 가이드라인은 미국 전역에서 크로와 타인에 의해 이뤄지는 훈련과정을 통해 널리 보급되었다.*

1990년대 후반부터 이 개념은 언급할 만큼 가치가 있었고, 그 가이드라인은 유럽에서도 출간되었다. 도시계획과 건축물 디자인과 이 기준을 따르는 규범 및 기술적인 가이드라인으로서 범죄예방과 범죄에 대한 두려움에 대한 유럽표준 ENV 14383-2는 유럽표준위원회(CEN)와 기술위원회(TC325)에서 발행한 유럽표준의 한 사례이다. 어떻게 이 표준이 사회, 문화, 그리고 범죄학적으로 다양한 유럽에서 출현하게 되었는지 그 과정은 Bebbouzil(2011)에 의해 해석되고 설명되었다. 예를 들어 "주택", "매장", "사무실"에 대한 표준은 존재하고, "학교", "대중교통", "자동차 절도"에 대한 표준은 현재 개발 중이다. 영국의 'Secured by Design', 네덜란드의 'the Dutch Police Label Safe/Secure Housing and the Safety and Security Effect Assessment', 덴마크의 'Danish guidelines(DS 470)' 등 국가적 가이드라인은 역시 유용하다.

CPTED 이론은 범죄란 물리적 환경에 의해 제공된 기회의 부분적인 결과라는 간단한 생각을 기초로 한다(Kube, 1982; 유럽CPTED협회 E-doca). 만약 이 경우 그렇게 된다면, 물리적 환경의 변화를 통해 범죄

발생이 줄어드는 것이 가능해야 한다.

이 아이디어는 **헬스케어**의 역사에 대한 관점과 유사하다. 지난 한 세기 동안 서유럽 국가에서 기대수명과 건강상태의 현저한 변화와 함께 환경개선의 중요성이 강조되었다. 인간의 건강상태의 비약적인 발전은 부분적으로 더 나은 의료산업이 번창한 결과이다. 공학자에 의한 깨끗한 물, 하수시설의 정비와 기술자들, 도시정비 기관, 건축가, 그리고 도시계획가에 의해 가능했던 것이다.

CPTED의 배경이 된 아이디어 역시 큰 피해를 유발하는 치명적인 잠재적 **화재**를 예방하는 접근법과 유사하다. 이러한 아이디어는 16세기 이후부터의 기술로써 (소방대와 화재진압 도구의 전문성 증가에 대한) 도시계획, 건축, 그리고 토목공사이다.

교통안전은 또 다른 사례이다. 교통 관련 사고에 의한 사망자와 부상자 수가 감소하는 것은 주로 에어백, 더욱 안전한 차량 등 기술적인 해결책, 도시계획, 토목공사/교통흐름, 로터리, 과속방지턱, 도로폐쇄, 그리고 공용부지의 개념 등 도로 디자인의 결과이다.

CPTED와 DOC의 근원에 대해 더 학습하기 위해서는, 이 이론의 기초를 구축한 학자에게 주목할 필요가 있다.

제인 제이콥스

제인 제이콥스(1961)는 범죄가 발생하는 장소와 이러한 장소의 물리적 특성에 주목하였다. 제이콥스 이론의 근본적인 요소 간단하다. 도시의 거리는 황폐화되었기 때문에 안전하지 않다고 주장하였고, 이 문제점은 거리에 세 가지 주된 특성을 부여함으로써 해결이 가능하다.

- 공공장소와 사적장소의 분명한 경계를 설정할 것
- 거리의 거주자는 물론 행인의 감시가 필요함
- 건물은 거리를 향하게 건축될 것

감시인원을 늘려 효과적으로 대응하고 건물 내의 사람들이 거리를

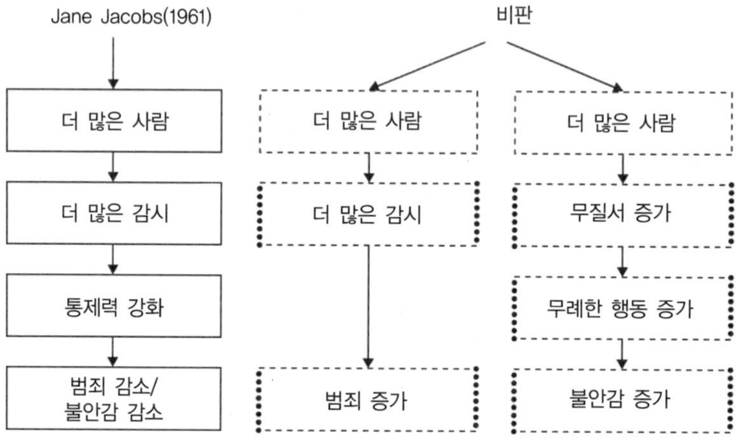

그림 12.6 Jane Jacobs(1961)와 비판논리

관찰할 수 있도록 지속적으로 활용되어야 한다. 제이콥스는 범죄예방과 자연적 감시는 비교적 유사한 개념으로 보았으며, 상점, 식당, 주점 등 여러 가게에 기대감이 높았던 이유이다. 이러한 편의시설은 사람을 거리로 나오게 하며, 거주자는 사람들로 붐비는 거리를 관찰하는 것을 즐겨하고, 비공식적 통제인 자연적 감시가 가능하게 됨으로써 그 결과 범죄의 기회는 줄어들게 된다.

이러한 관점에서 제이콥스의 이론은 범죄예방의 관점에서는 실패했다고 할 수 있다. 몇 가지 연구결과에 따르면 주점과 야간의 식당은 특히 문제를 일으킬 만한 상황이 자주 발생하는 곳이다(Ramsay, 1982). 앞서 언급한 것과 같이, 번잡한 도심에서도 같은 상황이 발생한다. 제이콥스의 논리는, 다른 두 가지 논리를 명백하게 간과했다는 것을 알 수 있다(그림 12.4, Mawby, 1977; Skogan and Maxfield, 1981).

게다가, 제이콥스는 가해자에 대한 자연적 감시의 효과를 과대평가했을 뿐만 아니라 인간의 행동에 영향을 미치는 물리적 환경의 영향 역시 과대평가했다. 자연적 감시나 비공식적 통제를 위한 더 나은 기회를 제공하는 것이 실제로 효과적인 통제로 자연적으로 이어지지는 않았다.

오스카 뉴먼

CPTED에 대한 두 번째 접근법은 건축가인 오스카 뉴먼의 방어적 공간이론이다(그림 12.7). 뉴먼은 방어적 공간에 대한 개념을 그의 저서를 통해 남겼으며, 이 개념은 같은 시기에 제프리의 저서(1972)에서도 소개된다.

제이콥스와 마찬가지로 뉴먼(1972)은 그의 저서 『방어공간*Defensible Space*』에서 주변환경에 대한 거주자의 비공식적 통제를 차단하는 주택 설계가 결과적으로 범죄의 증가를 야기한다는 견해를 취하고 있으며, 이는 1973년 뉴먼의 저서에서도 반복적으로 나타난다. 뉴먼의 주장에 따르면, 비공식적 통제는 주로 자연감시와 거주자의 내면에 깊게 자리 잡은 자신의 영역을 보호하려는 의식으로부터 발생한다. 이를테면, "거기서 무슨 일이 일어나는지 잘 지켜보다가...그 녀석들이 내 영역에 침범하지 못하게 해!" 와 같은 내면의 의지라고 할 수 있다.

뉴먼은 공동주택단지에서의 높은 범죄 발생률에 대한 원인을 단지 배치와 주택 디자인에 두었으며, 단독주택을 짓거나 주택단지를 조성할 때의 건축 및 도시계획적 특성들이 지역 범죄의 유형과 발생 정도에 직

그림 12.7 가시성에 의해 강화된 영역성

접적인 영향을 미친다는 입장을 보였다.

> *지난 2년 동안 도심 주거지역 내의 공간구조에 집중한 우리의 연구는 우리가 살아가는 환경에서의 고정된 요소의 형태는 본질적으로 범죄 발생률에 중요한 영향을 미치는 요인이 된다는 결과로 우리를 이끌었다(뉴먼, 1973).*

뉴먼(1972, 1973)의 방어적 공간은 영역성, 가시 및 감시(자연감시), 낙인화(이미지), 인접지역(환경) 등 서로 다른 디자인 요소들을 주된 개념으로 하며, 각 요소들은 개별적 또는 복합적으로 안전한 환경의 조성에 기여한다.

영역성(territorial definition)

영역성의 핵심은 관리가 어려운 공적공간을 비교적 관리가 용이한 사적공간으로 세분화하는 것이며, 실질적 또는 상징적 장애물을 설치함으로써 거주자들로 하여금 특정 주거환경을 관리하기 쉬운 범위로 구획할 수 있게 하고, "이 곳은 내 땅, 내 영역이다."라는 주인의식을 취하도록 자극할 수 있다.

가시 및 감시(visibility/surveillance)

가시 및 감시는 영역성의 조건들 중 하나로써, 거주자들은 주택 내·외부의 공동지역 또는 그 주변에서 무슨 일들이 발생하는지를 살필 수 있어야 한다.

낙인화(stigmatization)

적절한 자재의 사용 및 잘된 건축설계와 더불어 적절한 구조계획은 단독주택 또는 주택단지의 거주자들이 취약해 보이거나 취약한 대상으로 낙인찍히는 것을 막아줌으로써 거주자들로 하여금 이에 따른 고립감을 느끼지 않도록 한다.

인접 지역(adjacent areas)

뉴먼은 서로 인접한 영역에서의 범죄의 안전은 "주로 활용되는 공용 공간의 전략적인 위치"에 의해 결정된다는 이론을 주장하며, 두 가지 방법으로 그의 이론을 입증한다.

먼저, 그는 뉴욕시 경찰청(New York City Housing Authority Police Department)에서 제시하는 수치를 활용하여 뉴욕 내의 133개의 공동주택단지에서 범죄 분석을 수행한다. 분석에 사용되는 다수의 범죄에 대한 이 수치들은 주택단지 내부와 그 주변에서 발생한 범죄의 정확한 위치를 나타낸다.

범죄 분석을 수행한 결과, 승강기가 건물 내에서 가장 위험한 장소로 입증되었고, 다소 차이는 있지만 현관과 로비가 그 뒤를 잇고 있으며, 주로 화재발생 시 탈출을 위해 건물 뒤쪽에 설치한 계단이 네 번째로 위험한 장소로 분석되었다.

다음으로, 뉴먼은 분석범위를 두 개의 인접 주택단지로 한정하고 두 지역을 비교한다. 뉴먼의 분석에 활용된 지역들 중 한 곳은 다수의 방어적 공간 특성을 가지고 있는 반면, 다른 한 곳은 방어적 공간 특성이 적게 나타나는 지역이다. 결과적으로 범죄는 "다수의 방어적 공간 특성을 가진" 단지에서 적게 발생하고, "방어적 공간 특성이 부족한" 단지에서 많이 발생한다. 즉, 뉴먼은 서로 상반된 두 개의 단지에 거주하는 주민들에 따른 특성에 차이가 있기 때문에 이러한 차이는 가치가 있다고 말하고 있으며, 이러한 주장은 1975년 뉴먼의 저서 및 1980년 뉴먼과 프랭크의 저서에서 동일하게 나타난다.

뉴먼의 주장은 방법론적 입장에서 비공식적 통제의 사회적 기원과 범죄의 근원에 대한 고려가 배제되었다는 점으로 인해 맹렬하게 비판받았다. 그러나 이러한 비판에도 불구하고 뉴먼의 이론은 미국에서 큰 호응을 얻었다. 이로 인해 방어적 공간을 추종하는 모든 사람들이 부각되기 시작하였으며, 몇몇 CPTED 프로젝트가 1970년대에 시행되고 평가되었다. 이 프로젝트들에 대한 논의, 비판, 실험 및 오류, 그리고 새로운 조사와 연구(대표적인 예로 1980년에 뉴먼과 프랭크가 한 연구가 있음)는 결과적으로 방어적 공간이론의 재설정을 야기했다. 1979년에 발표한 뉴먼의 새로운 방어적 공간이론에서 그는 사회적 원동력의 중요성을 강조했다. 뉴먼은 특히 "이해관계집단(community of interest)"이라고 명명한 거의 동일한 라이프스타일, 나이, 가족생활주기 등을 가진 소규모의 주민집단에 중요성을 두었다. 뉴먼의 말에 의하면, 주택 또는 아파트의 건축 및 계획은 특정 집단의 이해관계를 반영하게 되고, 이에 따라 도시계획은 사회적 결합을 이룩할 수 있다.

이에 대하여, 2001년 클라크는 다음과 같이 주장했다.

> *...뉴먼과 리처드 가드너(1978)와 같은 몇몇 다른 진보된 건축가들은 이러한 조건들을 변화시키고 주택의 안전을 도모하기 위한 세분화된 디자인을 매우 다양하게 제시하였다. 뉴먼이 제안한 것의 목적은 주민들에게 그들의 사유지 주변의 공적공간에 대한 감시를 가능하게 함으로써 그들의 자발적인 세력권을 주장하거나 보호행동을 조장하는 것이다. 그의 논리들은 그의 "환경 결정론"과 동물들의 세력권 보호행동을 인간의 행동특성으로 단순 추정한 것에 대해 이의를 제기하는 범죄학자들과 그 밖의 사회과학자들로부터 무자비한 비판의 대상이 되었다. 그럼에도 불구하고 뉴먼은 세계 곳곳의 공동주택 디자인 영역에 어마어마한 영향력을 행사했다. 공동주택 중 아파트의 수가 대량 줄어든 것은 아파트가 범죄를 야기하는 잠재력을 지니고 있다는 그의 주장 덕분이다. 최근, 미국 연방정부는 뉴먼에 대해 다시 한 번 재조명하고, 그의 관점에서의 방어적 공간에 대한 이론을 다시 출판할 것을 의뢰하고 있다.*

제이콥스와 뉴먼의 이론은 모두 매우 중요하며, 새로운 한계에 대한 논의를 불러일으킨다. 하지만 제이콥스와 뉴먼의 이론은 그저 이상에 가까운 자연감시이론 또는 비공식적 통제이론으로 구성된 유사(quicksand, 流沙) 위에 지어진 것과 같다. 이들의 이론적 구조들은 비공식적 통제를 위한 보다 나은 물리적 가능성의 구축에 중점을 둔다. 하지만 이러한 물리적 가능성들을 구축하는 것은 효과적인 통제를 발휘함에 있어 실질적인 영향을 주지 못한다. 왜냐하면 실질적인 영향력을 발휘하기 위해서는 주민들은 보통 그들이 원하지도 않는 물리적 가능성을 이용해야만 하고, 범죄자들은 물리적 가능성에 의한 비공식적 통제를 반드시 인지함은 물론, 어딘가에 몸을 숨김으로써 비공식적 통제를 회피하려는 행동을 하지 않는다는 전제가 성립되어야 하기 때문이다.

즉, 제이콥스와 뉴먼은 손바닥도 마주쳐야 소리가 나는 것처럼, 단순히 주민의 생활이나 감시, 통제뿐만 아니라 변화하는 범죄자들의 행동 특성도 고려했었어야 하는데 이를 간과하였다. 제이콥스와 뉴먼의 이론은 주민의 관점에서 범죄의 불안감 및 두려움을 감소시키는 데 유용하게 사용될 수 있다. 하지만 만약 누군가가 실제 범죄발생을 예방하기 위해 가장 중요한 퍼즐의 한 부분인 범죄자의 관점은 여전히 놓치고 있다는 것이다(그림 12.8).

범죄자들과 그들이 거주하고 활동하는 물리적 환경 사이의 관계에 대한 이론들은 오래된 역사를 가지고 있으며, 시카고학파의 연구와 함께 시작되었다.

시카고학파(The Chicago School)

쇼와 맥케이(Shaw, 1929; Shaw and McKay, 1931, and 1969)는 시카고와 그 밖에 미국의 몇몇 도시들에서 알려진 청소년 범죄자들의 주거지들을 지도로 만들었다. 그들은 버제스(Burgess)와 파크(Park)에 의해 시작된 도시형태의 조직적 모델을 차용해 분석하였으며, 범죄자의 주거지 비율이 중심 상업지구와 인접한 동심원 지대에서 가장 높다는 것을 밝혀냈다. 이러한 범죄자 주거지의 비율은 중심에서 밖으로 그 거리가 멀어질수록 감소했다.

시카고학파에서 주장하는 또 다른 이론을 인용하여, 쇼와 맥케이는 범위 내 범죄자의 수에 따라 범죄율이 높은 특정한 "자연발생 지역(natural areas)"은 가난, 결손가정, 질병 등과 같은 사회문제를 동반하고 있다고 밝혔다. 1969년 쇼와 맥케이의 저서에 따르면, 이러한 높은 청소년 비행 발생률은 1960년대 중반까지 지속됐다. 이 시대의 빈민가(도시 발전과정에서 확장 및 소멸될 수 있는 추이지대)에 존재하는 기존의 조직과 기관들(학교, 교회, 가정 등)은 사람들에게 범죄자가 되지

그림 12.8 범죄자를 절대 잊지 말 것

않는 올바른 행동을 가르치는 역할을 상실했으며, 이에 따라 사회적 통제는 감소하고 사회적 혼란은 팽배해졌다.

빈민가에 사는 아이들은 그들보다 나이가 많은 이웃의 청소년들로부터 범죄를 배우게 되고, 이는 세대를 거쳐 지속적으로 범죄자들을 배출하였다. 시카고학파에서는 범죄자들에 초점을 두고 범죄발생에 대한 연구를 하였으나, 그들 중 쇼와 맥케이와 같은 사람들은 범죄자들에 대한 연구에서 더 나아가 지역 수준에 관심을 두고 연구를 하였다.

지리 공간적 학파(The Geographical or Spatial School)

1970년대의 범죄자 기초 연구에서는 범죄자의 합리적, 공간적, 환경적 선택에 초점을 두기 시작하였다. 폴과 패트리시아 브랜팅햄은 절도범죄의 공간적 패턴을 연구하여 이를 기반으로 재산범죄에 유용하게 쓰이는 공간선택 이론(spatial choice theory)을 발표하였다(1975, 1980, 1981). 그들이 주장한 범죄자들의 두드러진 특징들 중 하나는 대부분의 범죄자들이 주로 평범한 사람들처럼 행동한다는 점이다. 또한 1981년 로즈와 콘리가 밝힌 바와 같이 범죄자들은 그들이 사는 지역을 거점으

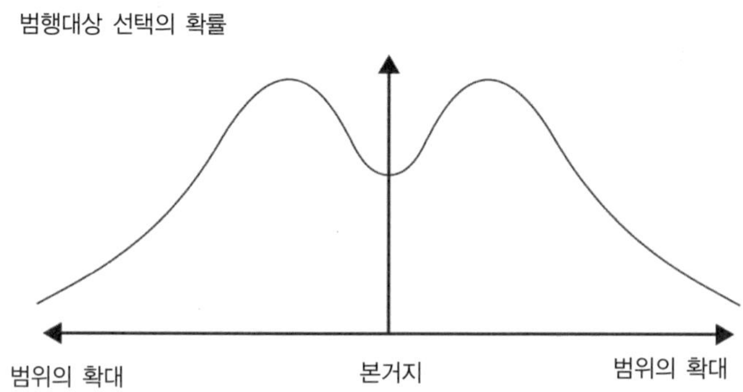

그림 12.9 단독범죄자의 장소 물색(단면 뷰)

로 그 주변에서 범죄를 저지르는 경향이 있다.

범죄자들은 지역주민들이 자신을 알아보는 것이 두려워 자신이 거주하는 지역과 너무 가까운 장소는 기피한다. 그림 12.9는 이러한 범죄자들의 선호도에 대한 결과를 보여준다. 하지만 범죄자들은 대부분의 사람들과 마찬가지로 계속 자유롭게 이동한다. 그림 12.10과 12.11에서와 같이 그들은 학교, 직장, 쇼핑몰, 문화 및 오락시설 등을 오고간다. 범죄자들은 자신이 알고 있는 지역의 정보를 기반으로 심상지도(mental map) 혹은 '공간인식(awareness space)'을 형성하고, 이러한 공간을 범죄행동 공간으로 발전시키는데, 이는 카터와 힐의 연구(1979) 및 체니와 래트클리프의 연구(2005)에서도 나타난다. 학자들, 도시계획가들, 건축가들은 이러한 범죄자들의 공간선택 선호도를 활용하여 미시적인 건축적 관점에서부터 거시적인 도시계획 및 교통 관점의 모델들을 개발할 수 있다.

이러한 지리적 모델은 추후 지리정보 시스템(GIS)을 사용하여 정교한 컴퓨터 모델로 개발되었는데, 체니와 래트클리프(2005) 및 래트클리프(2012) 등의 GIS 및 범죄지도에 관련된 책에서도 찾을 수 있다.

또한 브랜팅햄은 범죄자들은 범행을 저지르기 전에 "내가 여기에 침입할 수 있을까? 여기 침입하는 것이 얼마나 위험할까? 도둑질을 하는

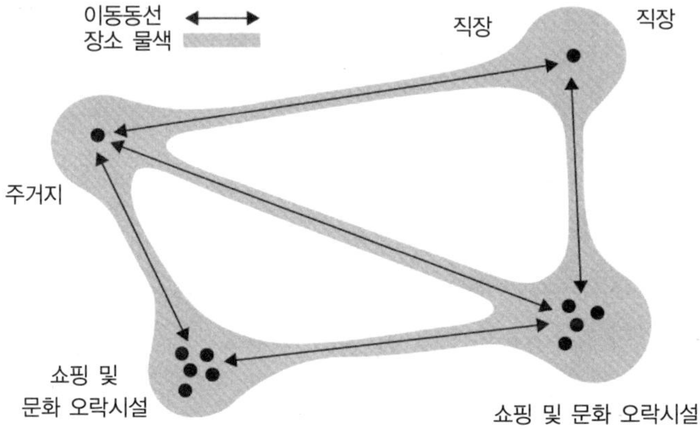

그림 12.10 단독범죄자의 복합적 장소 물색

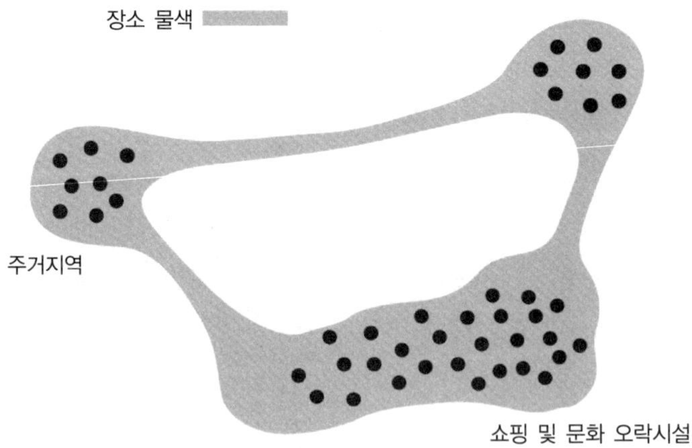

그림 12.11 범죄자 무리의 복합적 장소 물색

동안 혹시 들키진 않을까?"와 같이 단계별로 판단과정을 거치는 매우 이성적이고 합리적인 사람들이라고 주장하였다.

바바라 브라운과 어윈 알트만은 1981년에 이러한 개념을 기반으로 개념적 모델을 구축했다. 절도범죄자의 선택 및 결정과정은 환경이 주는 암시들에 의거한 단계적인 판단으로 구성되어 있다. 브라운과 알트만의 주장에 따라 이러한 암시들을 4개의 서로 다른 수준(neighborhood, street, site, and house)으로 요약하면 표 12.2와 같다.

보는 바와 같이, 몇몇 암시들은 물리적인 것들이고 이러한 것들은 기술자들, 건축가들, 계획가들에 의해 좋은 방향으로든 나쁜 방향으로든 디자인될 수 있다. 예를 들어 패인터(1996), 패링턴과 웨일스(2002)는 가로등이 범죄예방과 범죄에 대한 두려움을 감소시키는 데 중요한 관계가 있음을 입증했으며 배치, 디자인, 밀도, 단독주택과 그 주변 공간의 자재 등에서의 개선점들도 도출하였다. 이러한 범죄발생 암시에 대한 주제는 EU Project COPS(COPS, BRE, 2005 참조)에서 논의되었으며, 표 12.2에서 나타내는 범죄발생에 영향을 주는 요소 중 상당수는 사회적 특성을 가지고 있다.

범죄자의 행동특성이 범죄자의 합리적인 선택과 결정에 의한 것이라는 관점은 범죄의 기회를 감소시킬 목적으로 하는 범죄억제 활동에 굉장

표 12.2 동네, 도로, 집 주변, 집과 관련된 절도범의 취약인자

요소	동네	도로	집 주변	집
감지성	시각 : 도로	계획 : • 굴곡진 vs. 좁은 • 집까지의 거리 • 창호를 통한 빛	• 절도범을 가로막는 수풀, 나무, 벽 및 펜스 • 집안 엿보기(창호 위치) • 청각적 신호(개 짖는 소리)	• 동네 주민 등에 의한 가시성 • 집 안에서 밖을 볼 수 있는 창호 위치
실질적 장애물	강, 수로, 철도	• 잠긴 문, 펜스, 경비	• 잠긴 문, 울타리, 경비 그리고 물건을 운반할 정도로 공간이 충분한지	• 잠금장치, 알람 그리고 물건을 운반할 정도로 공간이 충분한지
상징적 장애물	공원, 수풀, 나무, 도로(경로)	• 환영표지판 • 방범대표지판 • 거리의 독특한 식물	• 마당의 독특한 물건 : 우편함, 꽃밭, 진입표지판	• 문패, 문에 부착된 표지판(방범대)
흔적	쓰레기, 낙서 등 통제되지 않은 흔적	• 주차된 차 • 박스 또는 도로에 있는 우편물 및 신문	• 활동이 중단된 것을 나타내는 기기 : 잔디 깎는 기계, 장난감 • 살수장치 • 적정한 조명	• TV, 라디오, 목소리, 전화소리 • 조명 • 요리냄새
사회 환경	시각 : 도로	주변인들의 반응 : 시선, 질문, 묵살	시각 : 도로	시각 : 도로

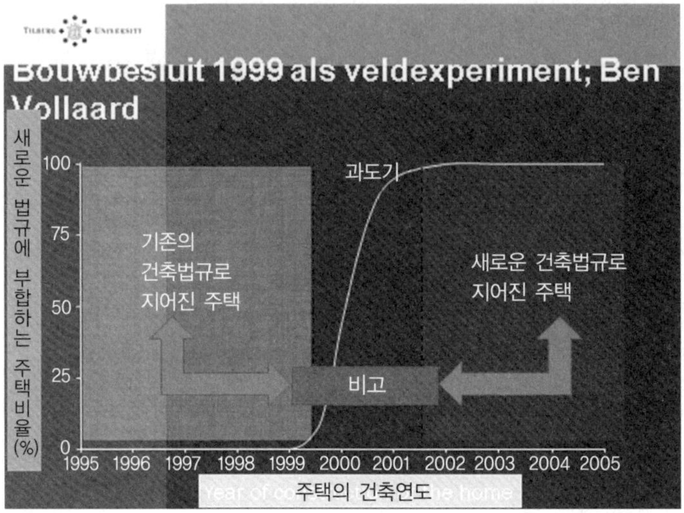

그림 12.12

히 효과적이다(Clarke & Cornish, 1985). 이러한 관점은 이전에 언급한 기존의 시카고학파의 폴과 패트리시아 브랜팅햄의 저서들에 의해 발전되었다. 더 나아가, 이러한 관점은 상황적 범죄예방(situational crime prevention)을 주제로 한 클라크와 메이휴(1980) 및 힐과 레이콕(1986) 등의 저자들에 의해서 유용한 범죄억제 정책으로 변하였다. 상황적 범죄예방은 1970년대 중반 영국 정부의 범죄학 연구기관에 의해 발전되었다(Mayhew et al., 1976; Clarke & Mayhew, 1980; Clarke, 1997). 상황적 접근은 건축 디자인이나 공간환경과의 관계를 중시하거나 강도 또는 절도와 같은 약탈적 범죄들에 치우친 것이 아닌, 어떤 상황설정 내에서의 범죄발생의 기회를 감소시키기 위한 좀 더 일반적인 접근방식이다. 상황적 접근법은 구체적인 범죄예방계획 수립의 중요성을 강조하고 있으며, 이를 위해 기물파손, 절도, 폭력, 기타 범죄 등과 같이 다양한 유형의 범죄를 분석한다. 이러한 유형의 범죄는 상황적 접근법을 사용하는 범죄 전문가들에 의해 분석되어야 하며, 이를 위해 전문가들은, 예를 들어 절도범죄를 절도범죄자와 절도범죄를 사회의 한 부분으로 연구하고, 범죄자

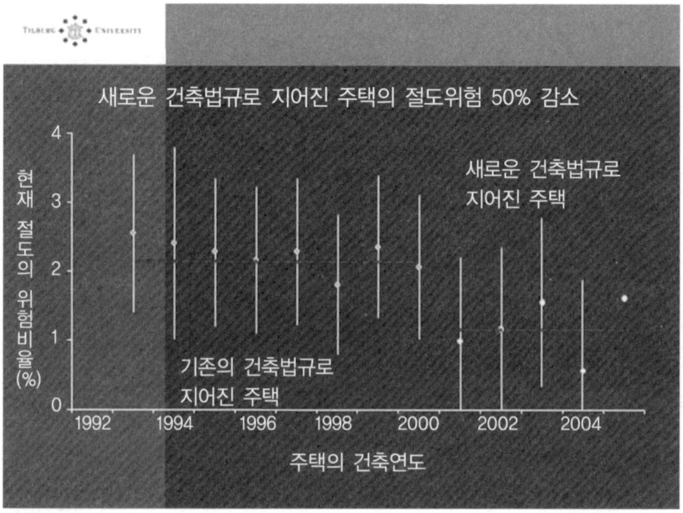

그림 12.13

의 절도행위를 막을 수 있을지도 모르는 사회적 · 물리적 조건들에 관하여 습득해야 한다. 전문가들에 의해 분석된 범죄기회의 감소를 위한 조건들은 도시계획가들, 건축가들, 사회복지사들 또는 지방자치단체가 시행하도록 할 수 있으며, 건축규정 및 법규로 지정하도록 할 수 있다.

최근의 경제 범죄학적 연구들은 이러한 장기적 전략이 성과가 있음을 보이고 있다. 벤 볼라드와 얀 반 아워는 그들의 연구에서 2000년경 시행된 네덜란드 건축법규의 변경에 따른 효과를 입증했다(Vollaard and Van Ours, 2011). 변경된 법규는 주거건물 신축 시 침입절도방지 문과 창문의 사용을 의무화하였는데, 시행하고 몇 년 후에 확인된 범죄예방 효과는 인상적이었다.

그림 12.12와 그림 12.13은 2011년 로테르담에서 얀 반 디크 교수에 의해 발표된 결과를 보여주고 있는데, 여기서 흥미로운 것은, 국제범죄 피해자 조사 자료를 활용하여 건축법규를 개혁하고 절도범죄예방에 투자한 네덜란드와 그와 반대로 법규를 개정하지 않고 절도범죄예방에 많은 노력을 투자하지 않은 덴마크를 비교할 수 있다는 점이다. 네덜란드의 경

우 전반적인 절도범죄 피해자의 비율이 현재 1% 미만(0.8%=2004년과 2010년 사이에 0.5% 감소)인 반면에, 덴마크의 경우에는 3.6%(2004년과 2010 사이에 0.9% 증가)를 보이고 있다.

교훈

범죄예방의 성과 중 일부는 인상적이지만 이 섹션에서 이야기된 아이디어 및 이론은 주거환경 디자인이 어떻게 범죄 혹은 불안감을 방지할 수 있는지에 대한 명확한 답변을 주지는 못한다.

두 가지의 관점이 명확하게 구분될 수 있는데, 그 첫 번째는 주민, 주거환경적 영향에 따른 주민들의 범죄에 대한 두려움, 그리고 주거환경에 대한 주민들의 제어능력 등에 중점을 둔 제이콥스와 뉴먼의 이론이다. 이 개념의 가장 적절한 적용대상은 범죄 그 자체가 아닌 사회적 응집(social cohesion) 및 범죄에 대한 두려움 등의 불안감이다. 이 관점은 범죄자들의 판단 및 선택과정 분석을 뒷받침하는 범죄자 기반의 이론에 의해 보완된다.

두 번째 관점의 주요 개념은 컨테이너 개념(그림 12.14 참조)이다. **범죄**라고 명명된 컨테이너는 여러 종류의 위법행위들이 담겨 있는 박스와도 같은데, 그 각각의 행위는 특정한 접근법을 필요로 한다.

물리적 도시환경 또한 "컨테이너 개념"에 포함된다. 물리적 도시환경은 수천 명의 주민, 직원, 경찰 및 범죄자로 채워진 사회적 환경과 주택, 도로 및 공공건물은 물론 휴대폰, 노트북 컴퓨터, 승용차, 자전거 등으로 채워져 있는 물리적 환경을 담고 있다.

범죄에 대한 두려움 혹은 불안감도 컨테이너 개념을 구성하는 중요한 박스 중의 하나이다. 이 상자에는 나이, 성별, 라이프스타일 그룹 등의 눈에 띄는 차이가 담겨 있다(Vanderveen, 2006).

이를 통해, 실질적인 도시환경만을 바꾸어 범죄 혹은 범죄에 대한 두려움을 줄인다는 보편적인 해결책은 쉽게 통하지 않을 것이라는 중요한 교훈을 얻을 수 있다. 건축법규 및 표준화가 아마도 여기에서 유일한

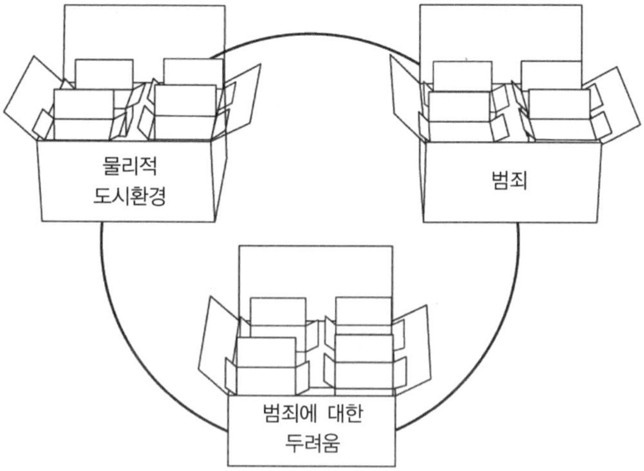

그림 12.14 컨테이너 개념

예외가 될 것이다.

무엇보다 먼저 필요한 것은 특정한 환경(상황)에서 일어나는 범죄와 연관된 다양한 문제들을 분석하고, 그 문제들을 해결하기 위한 장치 및 간섭요소들을 적용하여 그에 대한 반응들을 다시 분석하는 것이다. 이러한 분석은 분석대상이 보편적이거나 광범위하지 않아야 하며 특정한 지역 또는 범죄의 종류에 집중하여 진행되어야 한다. 범죄예방은 기본적인 전략들의 집합이 아닌 여러 요소들이 복합적으로 만들어내는 과정으로 보아야 하는데, 이는 좀 더 실질적인 연구 및 구현문제를 제공한다.

연구 및 구현문제

연구

물리적 환경이 범죄 및 범죄에 대한 두려움 혹은 불안감 형성에 영향을 끼치는 것은 확실하다. 하지만 그 영향력이 모든 환경에서 동일하다고 볼 수는 없다. 제이콥스의 연구에서 우리는 다음과 같은 딜레마에 직면하게 된다. 즉 술집, 레스토랑 및 야간매장은 사회생활을 촉진시키고 불안감을 줄이는 요소들로 볼 수도 있지만, 많은 경우 이러한 시설

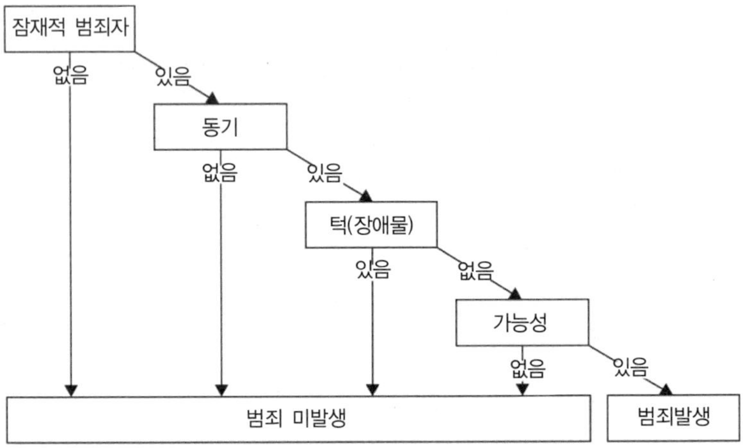

그림 12.15

들은 지역의 범죄 수치를 높이는 요인이 되기도 한다. 이를 통해, 범죄자 기반의 이론들과 주민/제어 기반의 이론들이 서로 호환되지 않는다는 것과 연구원의 관점에 따라 그 대답이 영향을 받는다는 것을 알 수 있다. 가장 좋은 방법은 이론과 모든 관점을 포함하는 것인데, 또 다른 문제점은 연구가 신뢰할 수 없는 범죄 혹은 범죄자 데이터를 기준으로 진행된다는 점이다. 하지만 범죄는 건물이 아닌 인간에 의해 범해진다. 잠재적인 범죄자에게 동기가 생기고 물리적으로 범행을 저지를 수 있는 상황에서 사회적인 구속이나 보호자의 저지가 없어야만 범죄는 일어난다(그림 12.15 참조).

물리적 환경은 대부분 보조역할을 한다. 물리적 환경은 최적의 비공식적 통제(자연 감시)를 위한 전제조건이거나 범죄자의 동네, 주택단지, 건물, 복도, 또는 아파트 침입방지를 위한 물리적 또는 상징적 도움을 주는 정도이다.

구현

범죄의 해결책을 구현(具現)하는 것은 자주 간과되는 부분이다. 기관의 비협조, 요식체계, 소통 및 조직화의 부족, 지식의 부족 등 여러 가지 문제가 생길 수 있는데, 이는 효과적인 범죄의 해결책도 좀처럼 구현되지 못하는 결과를 초래한다. 해결책을 구현하는 과정을 조정하는 것은 아마도 범죄예방 방안을 찾는 것보다 어려울 것이다. 이러한 문제를 극복하기 위한 최선의 방법은 소통체계, 조직화 방안, 지식의 전파 과정을 개선하기 위해 노력하는 것이다. 실용적인 기구, 건축법규, 규정, 기준 및 디자인 보안(Secured by Design), 네덜란드 경찰 인증 'Safe and Secure Housing', 유럽규격(CEN, TC325, ENV 14383-2) 등의 제도들은 구현의 문제점을 극복하는 것을 돕고 있다. 실무자, 연구자 및 전문가 간의 지식과 경험의 교환 또한 중요하다. 국제 CPTED협회 및 유럽 범죄예방디자인협회(Designing Out Crime Association)(www.e-doca.eu) 등의 특별 네트워크는 중요한 지식 교환 및 전파의 수단이다. 전 세계에 제공되고 있는 CPTED 교육 및 과정들도 같은 역할을 한다.

범죄에 대한 두려움

범죄에 대한 두려움이라는 표현은 보통 개인적으로 특정 유형의 범죄에 피해자가 되는 두려움을 의미한다. 예를 들어, 피해자 조사에서 응답자에게 내년에 도둑이 들 가능성이 얼마나 크다고 생각되는지 또는 무엇을 도둑맞을지 물어보는 것과 같다. 거리범죄에 대한 취약성 및 도시환경과 관련된 불안감 등을 측정하기 위해 피해자 조사에서 사용하는 또 다른 종류의 질문은 다음과 같다. 당신은 저녁에 집 주변을 걸을 때 얼마나 안전하다고 느껴지나요? 그 안전함의 정도가 어느 정도인가요(매우 안전, 약간 안전, 조금 불안전 또는 매우 불안전)? (참조 : 국제범죄피해자조사 설문). 일반적으로 이 질문에 대한 답변은 다른 질문들, 예를 들어 위험에 대한 인식에 관한 질문(Vanderveen, 2006)의 답변과는 다른 범죄에 대한 두려움의 모습을 보인다. 거리의 안전에 대한 질문에 대한 답변에서 여성과 노인이 보통 가장 두려워하는 것으로 나타났으며, 이는 어떤 이들에게는 저녁시간에 바깥에 있는 것이 범죄뿐만 아니라 교통사고 등의 사고들에 대한 불안감을 불러일으키기 때문인 것으로 생각된다.

사람들은 왜 공공 및 반공공의 공간에 있는 것을 불안해할까? 두려움의 정도와 두려워하는 범죄의 종류는 개인의 성별과 나이에 따라 크게 다르다. 여성, 노인 그리고 장애인은 범죄를 두려워할 가능성이 더 높은데, 그들은 개인의 안전에 대해 두려워하며 거리의 폭력, 특히 성폭행을 무서워한다. 사람의 진실성과 존엄성을 위협하는 강간과 같은 범죄를 직면하는 것은 물질적인 손실보다 더욱 무서운데, 이러한 이유에서 보통 여성이 남성보다 이 감정에 더욱 영향을 받는다.

무섭거나 두려움을 일으키는 장소가 꼭 실제 범죄가 발생하는 장소는 아니다. 그렇지만 두려움은 사람들이 공공장소에서 행동하는 방식에 영향을 끼친다. 특히 여성과 노인들은 문제가 될 수 있는 장소나 상황을 피하려는 회피전략(avoidance strategy)을 사용할 가능성이 높다. 그들은 범죄에 대한 두려움 때문에 활동을 제한하는 경향이 있으며, 그들의 행동은 지역 자체에 영향을 주어 경제적 쇠퇴까지 가져올 수 있다.

성폭행이 일어난 공공장소에 대한 연구에서, 희미한 조명 혹은 은폐장소의 존재 등 두려운 장소의 종류와 특징이 범죄의 발생과 연관 있음을 보여준다.

네덜란드에서 시작하여(RPD, 1985; Hajonides, 1987) 오스트리아에 이어서 캐나다까지(Wekerle & Whitzman, 1992) “두려움을 일으키는” 경험을 한 장소들의 목록을 만드는 조금은 독특한 연구가 계속 진행됐다. 이 연구는 여성운동에 의해 시작되었는데 ‘시각적 및 실제 안전의 개선’이라는 실용적인 목적을 가졌다.

이 연구는 매우 실용적인 방법으로 이루어진다. 여성으로 이루어진 그룹이 도시 또는 지역의 여러 장소를 확인하게 되는데 보통 한 장소에 낮과 저녁에 두 번 방문한다. 근래에는 장소를 방문할 경우 몇몇의 정치인, 경찰, 조명전문가, 도시계획가, 도시정비전문가를 대동하기도 한다. 환경개선을 위한 계획은 때때로 그 자리에서 만들어지기도 하는데 연구, 조치 및 조정은 이러한 공개현장 방문 시 하나로 이어진다.

다음은 가장 많이 언급된 요인의 요약이다.

- 장소에 다른 **사람의 존재 여부**(행인, 사용자 또는 거주자)
- 사람들의 개입 여부를 결정하는 **장소의 상태 또는 기능**. 예를 들어 공공장소인지 아니면 구획되어 있는 커뮤니티 공간인지?
- **가시성** : 주민과 행인이 공공 및 반공공의 공간에서 무슨 일이 일어나고 있는지 볼 수 있는지?
- **조사가능성** : 사용자 자신이 제대로 공간을 조사할 수 있는지(조명, 장애물, 예상치 못한 코너 등의 존재 여부) 및 몸가짐을 제대로 할 수 있는지?
- **관리 및 유지보수** : 관리가 되지 않은 빈곤한 환경은 아무도 그 장소 및 그곳에서 일어나는 일에 대한 책임을 느끼지 못하는 것을 나타낸다.
- **다양성의 정도** : 대규모의 단일 기능을 가진 장소(산업단지, 사무실 단지)는 하루 중 낮 또는 밤에 오랜 기간 비우게 되므로 사회적 통제가 없어진다. 격리된 보조도로 또한 아무런 감시가 없다.

이러한 모든 요소들이 한꺼번에 존재할 필요는 없다.

Selm(1985)은 여성이 특정한 사람들의 존재 때문에 장소를 피하는 것을 발견했다. 일부 지역은 마약 사용자와 같이 두려움을 일으키는 사람들이 이용하고, 또 일부 지역은 성매매와 같이 두려움을 일으키는 기능을 가지고 있다. 후자는 많은 칭송을 받는 '사람들의 존재를 통한 안전보장이론'의 관점에서 본 것이다.

이 연구는 또한 여성들이 두려움을 일으킨다고 하는 장소들이 실제로 두려움을 일으키는 일들이 발생하는 장소인지 분석하여 여성들이 인식하는 것의 정당성도 검토한다. 그들이 작성한 설문지와 성범죄가 일어난 장소에 대한 경찰 데이터(Loef, 1985), 독일의 연구결과(Gensch & Zimmer, 1980), 그리고 네덜란드의 자료(Flight & van Soomeren, 2004)

를 비교한 결과 여성들이 두려움을 일으킨다고 지목한 장소의 유형과 강간 및 성폭행이 실제로 일어난 장소의 유형이 일치하는 것으로 나타났다.[2)]

"두려운" 장소의 특징이 되는 세 가지 요인

"안전하지 않거나 두려움을 주는 장소"는 공포생성 기능, 기물파손 및 불량 유지관리, 문제가 있는 도시계획이라는 특징적인 세 가지 주요 요인으로 구분될 수 있다.

공포 생성 기능

개인에 대한 범죄는 매춘 또는 약물남용과 같이 두려움을 생성하는 특성을 내포하고 있는 장소, 혹은 다른 이들에게 공포를 일으키는 사람들을 끌어들이는 특정 위락시설 또는 활동이 발생하는 장소에서 일어나기 쉽다.

도시계획 및 설계는 그러한 단일기능 영역의 발생방지를 목표로 해야 하는데, 이는 예컨대 주거, 위락시설 및 쇼핑을 혼합함으로써 달성될 수 있다. 사회적 통제는 이러한 방식으로 개선될 수 있고, "공포생성 요인(generators of fear)"의 힘을 줄일 수 있다. 만약 그런 "위험한" 장소가 이미 존재한다면 보행자를 위해 그곳에 사람들이 붐비고, 밝으며, 주위를 쉽기 살필 수 있는 대안의 길을 제공하는 것이 중요하다.

기물파손 및 불량 유지관리

정기적인 유지보수 및 청결의 중요성은 아무리 강조해도 지나치지

---

2) 독일의 연구결과에 따르면, 집 밖에서 일어난 강간은 30%밖에 되지 않는 반면 많은 경우(42%)에 피해자가 알고 있던 사람에 의해 강간을 당한 것으로 나타났다(Metz & Rijpkema, 1979). 이 자료는 여성이 집 밖의 낯선 사람보다 집에서 알고지내는 사람을 두려워해야 하는 것이 낫지 않을지 궁금해지게 한다.

않으며, 이를 위한 노력은 협조적으로 지속되어야 한다. 쓰레기와 낙서는 빨리 제거되어야 하고 수리 시에는 기존의 재료와 일치하는 재료를 사용해야 한다. 공공의 장소가 방치되어 그 장소만의 특성을 잃어 시민들과 방문자들에게 소외되고 이러한 사실이 잠재적 범죄자들을 격려시키는 상황을 만들지 않는 것이 매우 중요하다(Parker, 2000).

낙서하는 행위나 경범죄 및 무례한 행동 등이 더 질 나쁜 행동들을 촉진시킨다는 아이디어는 실험을 통해 테스트되었다. 네덜란드 흐로닝언 대학의 연구원들은 기물파손, 쓰레기 및 사소한 위법행위가 사람들의 행동양식을 변하게 할 수 있는지 알아내기 위해 의도적으로 그러한 환경을 만들어 일련의 제어된 실험을 진행했는데, 그 결과 쓰레기를 버리고 도둑질을 하는 사람의 수가 두 배로 늘어나는 등 극명한 행동양식의 변화를 찾을 수 있었다. 이 결과는 1982년에 발표된 윌슨과 켈링의 '깨진 유리창 이론(Broken Windows Theory)'이 옳았다는 것도 증명했다.

네덜란드 연구진은 몇몇 도심지를 고른 후 두 가지 다른 방식으로 설정하였다. "통제" 설정의 장소는 낙서, 쓰레기, 오물 등이 없는 잘 정돈되고 질서 있는 상태를 유지시켰고, 반면에 "실험" 설정의 장소는 동일한 환경에 깨진 유리창, 낙서, 쓰레기 등을 도입하여 아무도 지켜보지 않고 관심을 갖지 않는 것처럼 보이는 상태를 만들었다. 그 후 연구진은 무질서한 환경에서 과연 사람들이 다르게 행동하는지 관찰하기 위해 비밀리에 이 장소들을 지켜보았다. 결과는 이론을 지지했다. 사이언스 저널(Science)(Keizer et al., 2008)에 실린 그들의 결론은 다음과 같았다. "낙서나 쓰레기 투기와 같은 하나의 무질서가 실제로 절도와 같은 다른 무질서를 서로 자극할 수 있다."

첫 번째 실험은 자전거를 주차하는 데 자주 사용되는 골목에서 실시되었다. 그들이 진행한 다른 모든 실험과 마찬가지로 연구진은 질서와 무질서 두 가지의 설정을 만들었다. 골목의 벽은 전자의 경우 갓 페인트칠한, 후자의 경우 낙서로 뒤덮인 상태로 만들어졌는데, 두 가지 설정 모두에 자전거를 가지러 오는 사람이 그냥 지나칠 수 없는 커다란 낙서금지 표지판을 붙여놓았다. 그런 후에 연구진은 모든 자전거손잡이에 가상의 스포츠용품점 홍보전단지를 붙였다. 자전거 주인이 돌아왔을 때의 행동은 비밀리에 관찰되었다. 골목에 쓰레기통이 없기 때문에 그들에겐 세 가지 선택권이 있었다. (1)전단지를 가져간다. (2)다른 자전거에 붙여놓는다(연구진은 이를 쓰레기 투기로 집계했다). (3)바닥에 버린다. 낙서가 되어있는 골목의 경우 69%의 자전거 주인이 쓰레기를 투기한 반면에 벽이 깨끗한 경우 불과 33%만이 쓰레기를 투기했다.

다른 실험들도 유사한 방법으로 진행되었는데, 그중 좁은 틈만을 남겨두고 주차장으로 가는 지름길을 임시 펜스로 막아놓은 경우가 있었다. 통행을 금지하고 자전거를 펜스에 잠그는 것을 금지하는 두 개의 표지판이 세워졌다. 자전거 네 대가 주변에 있지만 펜스에 잠겨있지 않은 "질서적"인 설정에서는 27%의 사람이 표지판을 무시하고 틈을 이용하여 지나간 반면 자전거 네 대가 표지판을 무시하고 펜스에 잠겨있는 "무질서적"인 설정에서는 82%의 사람이 지름길을 사용했다.

가장 극적인 결과를 보인 것은 무질서한 상황에서 절도를 행하는 사람의 수가 두 배로 늘어나는 것을 보인 실험이었다. 이 실험에서는 주소창을 통해 €5($6)가 들어있는 것이 쉽게 보이는 봉투를 우편함 바깥으로 튀어나와 있도록 했다. 질서가 있는 설정의 경우 지나가는 사람들 중 13%만 봉투를 놔두거나 안으로 밀어 넣지 않고 가져갔다. 하지만 우편함이 낙서로 뒤덮인 경우 27%가 봉투를 가져갔고 우편함에 낙서의 흔적이 없지만 주변에 종이, 오렌지껍질, 담배꽁초, 빈 캔 등이 널려있는 경우 25%가 봉투를 가져갔다.

위와 같은 제어된 실험들을 종합해보면 주변 환경의 저하가 행동양식의 저하를 초래할 수 있다는 것을 알 수 있다. 장소의 청결성과 보수상태는 분명히 우리의 태도와 감정에 영향을 미친다. 그러나 방치되거나 유지 보수되지 않은 장소들 또한 위험하다는 인상을 주는데, 이는 장소의 사용부족 자체가 사회적으로 체계적이지 못한 지역을 나타낼 수 있기 때문이다. 소유감 또는 영역성은 특정 장소를 안전하다고 느끼게 만드는 데 중요한 요소로 고려된다. 주민들이 그들의 문 밖의 공간을 자신들의 것으로 생각하지 않으면, 외부공간에 대한 유지 보수의 책임감을 느끼지 못한다. 이 연구의 결과, 도시를 계획할 때 사람들의 영역성을 높일 수 있는 방법을 채택해야 한다.

문제가 있는 도시계획

문제가 있는 도시계획은 두려운 장소의 특징이 되는 세 번째 요인이다. 감시의 부족, 고립, 그리고 대안 경로의 부족 등의 문제가 공공장소 안에서의 범죄에 대한 두려움을 일으키거나 증가시킬 수 있다.

감시의 부족

희미한 조명 또는 몸을 숨기는 장소로 사용될 수 있는 모퉁이나 사각지대에 대한 감시부족 현상은 사람들을 불안하게 만든다. 이미 주어진 상황에서는 거의 제어하기 어려우므로 이러한 장소를 통과하는 것은 무서운 경험이 될 수 있다(Painter & Farrington, 1997).

서로 다른 대지주의 소유 영역을 분리하는 시각적 또는 실질적인 경계는 건물들과 공공장소 사이의 시선을 가로막는 장애물이 되어서는 안된다. 이러한 상황은 사회적 통제를 감소시켜 범죄 및 범죄에 대한 두려움을 증가시킬 수 있다. 주변 환경에 대한 인지와 일어나는 일들을 보고 이해할 수 있는 것은 어느 상황에서건 통제력을 잃지 않기 위해 중요하다(Parker, 1997a, 1997b; Poyner, 1997). 그러므로 범죄에 대한 두려움은 밝은 조명, 뚜렷한 시선확보, 그리고 범죄자들의 은신처 제거를 통해 줄어들 수 있다(ILE, 1999). 잠재적인 피해자인 개인의 안전을 개선하기 위해서는 잠재적인 범죄자의 얼굴이 적어도 4m 거리에서 식별 가능해야 한다.

고립 : 다른 사람에 의한 가시성의 부족

산업단지, 대형 사무실단지, 대중교통시설, 쇼핑센터 및 도심공원뿐만 아니라 주차 빌딩, 지하도 또는 주거 및 고층빌딩 블록 내의 반공공장소 등에서는 낮 또는 밤의 특정 시간에는 조용하고 고립되어 있다. 만약 이러한 장소들이 사용되거나 주민들이 지켜보기만 해도 상황은 개선될지도 모른다. 지역 내의 다양한 기능은 다른 사람들에 의한 가시성으로 인해 24시간이 불가능한 거대한 단일 기능적 및 고립된 장소를 피하는 데 있어 중요한 요소이다.

공공장소를 향하는 주택의 창문은 많은 사람들에게 강한 안도감을 주는데, 이는 필요시 도움을 청할 수 있는 접근요소로 느껴지기 때문이다. 그러므로 주택단지, 공공건물, 차량 등에서 주요 보행자도로는 물론 아파트단지의 입구 공간이 보여야 한다. 같은 이유로, 주거건물 내의 공공의 목적을 위해 사용되는 공간 및 기반시설은 건물의 지하 또는 고립된 부분에 위치해서는 안 된다.

사회적 통제를 도입하는 것이 불가능하다면 도심공원, 기차역, 보행자용 지하도, 자전거 주차공간 및 창고 등의 조용하고 반공공적인 성격을 띠는 장소들을 하루의 일정시간 폐쇄할 수도 있는데, 적어도 이러한 옵션은 제공되어야 한다. 이루고자 하는 개념은 이러한 길, 도로 및 공간들을 사람들이 채우고 잘 감시될 수 있도록 하는 것이다.

방향감각 상실과 대안 경로의 부족

자신이 어디 있는지, 어느 방향으로 가야 하는지 알고 있는 것은 보안 작동에 기여하는 것이며, 개인이 위험한 상황에서 가장 빠르고 짧은 탈출구를 찾는 것이 중요하다. 특히 시야확보가 어려운 장소에서 필요시 탈출로를 찾게 하여 사람들을 안심시킬 수 있는 적당한 표지판의 역할은 매우 중요하다. 인적이 드문 보행자도로나 두려움을 일으키는 장소를 통과하는 도로를 위해 잠재적인 함정을 피할 수 있는 경로의 대안이 제공되어야 한다.

도시계획과 건축설계로 범죄와 범죄의 두려움에 맞서기 : 사례와 방법

지금까지 알아본 바와 같이 유럽에서 CPTED와 같은 범죄예방 접근방법들은 상황이론(situational approach=상호작용론), 범죄방지 디자인(Designing-Out Crime, DOC)으로 알려져 있거나 도시의 유지관리, 도시계획과 건축디자인에 의한 범죄와 범죄에 대한 두려움을 감소시키는 접근법, 파트너십 이론에 의한 상황적 범죄 감소(Situational Crime Reduction In Partnership Theory, SCRIPT)와 같이 더욱 사회적이고 조직적인 측면을 강조하는 것으로 알려져 있다.

일반적으로 유럽 사람들이 사용하는 CPTED라는 명칭은 물리적 환경뿐 아니라 사회적이고 조직적인 문제도 중요시하고 있지만, 우리는 이 장에서 CPTED라는 명칭을 사용할 것이다.

이 부분에서 우리는 유럽에서 시행된 CPTED적 접근방법들의 사례를 아래와 같이 요약할 수 있다.

1. 고층지역에서 범죄와 범죄에 대한 두려움
2. 영국의 디자인에 의한 안전보장(Secured by Design)과 네덜란드(1998년)의 안전주택에 수여하는 경찰 인증(police label)과 같이 범죄예방을 수행하는 경찰 인증
3. 유럽의 표준

고층지역에서 범죄, 범죄에 대한 두려움, 반문화행위들(incivilities)

1960년대와 1970년대에 지어진 많은 고층 공동주택지들은 저렴한 가격에 구입·임차할 수 있는 공공지원 공동주택들이었다. 이러한 공공 공동주택들은 서구의 많은 나라(아시아는 다르다고 생각됨)에서 심각한 많은 문제들을 안고 있었다. 특히 범죄와 반문화행위들에 대한 두려움은 르 코르뷔지에((1887~1965 : 프랑스에서 활약한 스위스 태생의 세계적인 건축가)와 유사한 건축적 구조물들과 도시계획의 실현을 방해하기

시작했다.

이러한 공동주택단지들은 이상주의적인 건축가들에 의해 '가난한 사람들을 위한 유토피아'의 하나로 지어진 것들이었다. 이러한 공동주택단지들은 모든 유럽 국가들에서 찾아볼 수 있으며, 이러한 유토피아들의 대부분은 범죄에 시달리는 악몽을 꾸게 되었다(van Soomeren, 1995; in the UK, Hough and Mayhew, 1982).

1980년대와 1990년대 후반 이후, 이러한 많은 단지들은 완전히 철거되거나 재개발되었다. 잘못된 초기의 구조물들은 앨리스 콜만(Alice Coleman)이 지은 『재판을 받고 있는 유토피아*Utopia on trial*』라는 책에 그려진 그녀의 스케치를 통해 막연하게나마 확인할 수 있다. 그녀의 책에서 그녀는 전쟁 후에 지어진 아파트 건물들이 있는 블록(blocks)들에 대해 맹렬히 비난하였다. 그녀는 고발장, 증거 제출, 피고, 반대심문이 완벽한 (물론 허구적인) 법정 소송사건을 통해 전쟁 후 지어진 아파트 건물의 블록들에 대해 유죄판결을 내렸다. 그녀는 런던에 있는 도심지역 2개와 교외지역 1개에 대한 광범위한 연구를 근거로 아주 자세한 분석을 통해 10만 개 이상의 아파트 단위주택과 4,000세대 이상의 단독주택(single family dwellings)에 대해 연구하였다. 그녀는 아파트 건물 디자인과 전쟁 전에 무계획적으로 지어진 한 단독주택을 대상으로 6개의 지표－쓰레기 투기, 낙서, 공공기물 파손, 보호시설에 있는 아이들(!)(children in care), 소변, 배설물(그녀는 이것들을 반문화행위들이라 지칭했다)－로 비교하였다.

그녀는 유죄판결을 받은 건축물들은 건물들의 스케일(한 블록당 아파트 단위주택의 수, 건물들의 높이, 한 단지(complex)당 아파트 블록의 수)과 접근성(출입구당 아파트 단위주택의 수, 블록 내부들을 연결하는 통로의 수) 측면에서 특징을 가지고 있으며, 이 특징은 오스카 뉴먼(Oscar Newman)이 말한 특징들과 매우 유사하다. 그녀의 메시지는 '건물이 더 커지거나 건물로의 접근성이 더 우수할수록 반문화행위들이 증가한다.'는 것이다.

그녀는 여기서 멈추지 않았다. 그녀는 책에서 인구구조, 빈곤, 실업, 문제 가정의 밀집도, 선택 이주(selective migration), 공식적 통제의 유무와 같은 많은 사회적이면서 사회 인구학적인 변수들을 다루었다. 그러나 그녀는 "이러한 요인들이 사회적 불안감(malaise)을 충분히 설명하지는 못한다."고 결론지었다. 그러나 예외적으로 "활동적인 아이들의 밀도는 디자인의 효과를 감출 수 있다."는 글에서 아이들의 밀도는 조사된 단지 안에서 발생하는 사회적 불안감의 정도에 영향을 미치는 것으로 밝혔다.

그녀는 비판만 한 것이 아니라 올바른 해결책 또는 예방책을 제시하였다. 그녀의 메시지는 '작은 것이 아름답다'는 것이다. 즉, 큰 스케일의 건물 대신 작고 접근성이 좋지 않은 단독주택을 강조하였다. 그녀가 가장 좋아하는 것은 1920년대와 1930년대의 작은 단독주택이나 두 채 연립주택들이다. 이 주택들은 앞에 펜스와 작은 정원이 있으며, 뒤에 큰 정원이 있고 이웃의 뒷마당과 접하고 있다. 공간과 비용의 문제로 걱정하여 반대하면, 그녀는 이를 사람들의 근거 없는 믿음이라고 묵살하였다. 그녀는 거대한 고층아파트 건물들은 재정적으로나 공간적인 이유에서가 아니라 건축가나 도시계획가의 변덕 때문이라고 주장하였다.

수많은 악몽(A Multibillion nightmare)

오스카 뉴먼과 앨리스 콜만의 사상을 기반으로 아주 많은 주택과 단지들이 파괴되었다. 새로 건설된 아파트들은 과거에 비해 가격이 상대적으로 비쌌고 지금도 마찬가지이다. 몇몇 건축가, 도시계획가, 엔지니어들의 유토피아에 대한 꿈은 범죄에 시달리는 악몽으로 바뀌었다.

경찰의 시책(Police Initiatives) : 영국의 디자인에 의한 안전보장과 네덜란드 경찰의 안전주택 인증

영국의 디자인에 의한 안전보장(Secured by Design=SBD)

1989년에 영국의 경찰은 디자인에 의한 안전보장이라는 SBD를 소개하였다. 이 제도는 현재 잉글랜드와 웨일즈에 있는 경찰에 의해 운영되고 있다. 이 제도는 시작부터 크게 성공하였었다.

당시의 영국 경찰은 대부분 건축연락관(ALOs liaison officer)으로 알려진 전문가들의 교육을 받아왔으며, 그들은 런던에서 범죄예방 설계 어드바이저로(CPDAs) 알려져 있다. 그들의 역할과 기량은 내무성(Home Office, 1997)에 의해 발간된 매뉴얼을 통해 알 수 있을 것이다. 이 매뉴얼에서 경찰은 물리적 환경이 범죄자의 행동, 즉 범죄의 기회, 익명성, 접근의 용이성, 빠른 도주로에 중요한 영향을 미칠 수 있음을 인정하고 있다.

보안디자인에 의한 (영국의)안전보장제도 실행에 있어서 ALO 경찰들은 매우 중요한 부분을 차지하고 있다. 영국의 보안디자인에 의한 안전보장제도인 SBD는 발전된 안전보장방법의 적용을 적극적으로 권장한다. 경찰의 지침을 따르는 개발지들(developments)은 공식적으로 인증이나 로고를 영업용 인쇄물에 홍보하거나 인증을 사용하는 권한을 얻을 수 있다. 경찰은 범죄예방적 특성이나 두려움을 감소시키는 특성을 가지고 있는 새로운 주택이나 주거지에 SBD인증을 수여한다. 이 경찰의 인증서는 이러한 주택을 판매하거나 임대할 때 마케팅 측면에서 이익을 준다.

영국 SBD제도는 건물 연구원(Building Research Establishment, BRE)에 의해 평가된다. 팀 패스코(Tim Pascoe)는

> *"........몇몇 디자이너들과 같이, 창의적 계획 속(the creation of the scheme)에 더 많은 융통성이 되살아나고 있다. 이 연구와 다른 연구들은 범죄자들이 범죄 실행 여부를 결정하는 데 실마리가 되는 상황들을 밝혀 왔다. 현재 특정 건물의 유형, 위치, 설계에 따라 실제 주거침입의 위험성을 판단할 수 있는 위험 모형을 구축하는 것은 가능하다."*

라고 언급하였다.

팀 패스코는 SBD의 고정된 형식을 비판하고 범죄자 시각의 중요성을 강조하면서 네덜란드에서 실시되는 접근방법을 장려하였다.

네덜란드 경찰의 안전주택 인증

이 프로그램은 1996년에 전국적으로 소개된 것으로, 환경설계, 건축적 조처, 대상 강화를 통해 범죄의 불안감과 범죄를 감소시키는 것이 목적이다.

영국과 네덜란드 인증은 모두 클라이언트들(개인투자자와 집 소유자부터 주택조합까지)을 지원하고 활성화시키는 것을 목표로 하고 있다. 결국 클라이언트들은 건축가나 도시계획가들에게 안전을 위한 방책을 요구해야 하는 것이다. SBD와 네덜란드 인증은 이러한 클라이언트 요구를 실현할 수 있도록 도우며, 이런 측면에서 경찰의 인증은 클라이언트들과 건축가, 도시계획가들 간의 의사소통을 증진시키는 수단이라 할 수 있다.

네덜란드 프로그램은 알렉산더의 패턴 랭귀지(Alexander, Ishikawa, and Silverstein, pattern language, 1997)에서 차용한 것이며 도시계획과 경관에 더욱 집중하고 있다. 범죄자들의 시각은 이 제도의 또 다른 토대이다.

범죄예방과 범죄에 대한 두려움을 감소시키기 위해 건축적 언어에 의한 가이드라인들이 사용되었고, 이러한 것들은 기존 주택들과 새로운 주택들뿐 아니라 기존의 환경과 새로운 환경들을 위해 모든 공간적 차원과 지리적 차원(건물배치, 건물 디자인, 건물계획 요소, 지역계획)에서 발전시켰다.

결국 기존 지역과 새로운 지역을 위해 50개의 요구사항이 들어있는 2개의 매뉴얼이 만들어졌다. 50개의 요구사항들은 두 가지 점수(1점=ok, 0점=not ok)로 평가된다. 마지막에, 부여된 모든 점수들은 경찰의 인증을 충족시켰는지 판단하기 위해 합산된다. 매뉴얼에서 다루어진 모든 요구사항에 대한 내용은 정해진 양식에 따라 1페이지씩 다루어졌다.

네덜란드 경찰의 인증을 위한 광범위한 매뉴얼

안전주택 인증 매뉴얼에 명시할 가이드라인들을 만들기 위한 범죄의 불안감과 범죄를 감소시키는 효과가 있는 55개의 디자인 요소의 패턴은 알렉산더의 성과물로부터 파생되었다. 범죄와 범죄 불안감은 구별되는 행동과 감정이 아니다. 대신 그것들은 일련의 공간적 패턴들의 결과물인 어떤 과정들로 인식된다. 도시계획 과정과 유사하면서 알렉산더의 성과물을 따르기 위해 매뉴얼에 요약된 55개의 패턴을 큰 규모에서부터 작은 규모까지 다루었다. 매뉴얼에서 다룬 방식은 낙하산식 이동으로 비유될 수 있다. 처음에 지역 전체를 종합적인 관점에서 보고 그 후에 세부적인 것들을 살펴본다. 매뉴얼에서 패턴들은 다섯 가지 단계로 다루게 된다.

- 도시계획과 설계(지역의 규모, 밀도, 높이와 규모, 자동차나 자전거에 의한 지역으로의 접근성)
- 공공장소들(공공조명, 옥외주차장, 전용차고, 놀이시설, 터널과 지하철, 버스정류장, 후면 통로, 지역 정비 · 유지관리 · 감독 등을 포함)
- 배치(후면 정원, 뒷길 등)
- 건물(단지, 2호 연립주택, 테라스가 있는 단독주택 배치, 트랙으로 둘러싸인 경기장들, 담장이 있는 광장들 등)
- 주택들〈거실의 방향, 낮은 지붕들, 주 출입구, 대상물의 강화(예 : 자물쇠, 방범창) 등〉

ALO 경찰들은 낙하산으로 내려올 때, 그들의 낙하산을 가능한 낙하 초기에 작동시켜 안전주택 인증 매뉴얼을 자동적인 안전수단으로 사용할 수 있게 하고자 한다. 다섯 가지 레벨에서 55개의 패턴을 거치면서 각 패턴별로 점수를 합산하게 되는데, 이 과정에서 너무 늦게 행동을 하면－예를 들어 주택의 대상 강화 정도를 체크만 한다면－안전주택 인증을 받을 만큼의 충분한 점수를 받는 것은 불가능해진다. 매뉴얼에서 모든 패턴들은 매우 엄밀한 평가 양식을 따른다.

새로운 단지를 위한 경찰의 인증(police label)

안전주택 프로젝트 개발업자들과 주택조합들이 경찰의 안전주택 인증을 신청할 때, 그들의 건물 프로젝트와 그 프로젝트의 환경은 여러 요구사항들을 만족시켜야만 한다. 이 인증은 경찰들로부터 허가를 받은 것으로서 주택 프로젝트의 어느 한 부분만을 평가받는 것이 아니다.

ALO 경찰들이 디자이너는 아니다. 그들은 계획하는 것을 지원하지 않는다. 그러나 그들은 매뉴얼에 요약된 유형에 따라 주택을 점검해야 하며, 따라서 경찰들은 탄력적으로 생각할 수 있도록 훈련을 받는다. 그리고 매뉴얼의 엄격한 형태에서 한 걸음 물러나서 건축가나 도시계획가, 건설업자들과 협상을 할 수도 있다. 또한 그들은 매뉴얼에서 유연성을 찾아내기도 하는데 이러한 유연성에 의해 다음과 같은 것들이 만들어진다.

- 다소 포괄적인 용어로 이루어진 목적과 55개의 유형을 나타내는 구체적인 말들의 조합, 어떤 구체적인 말에 대해 의심이 들 때 목적으로 돌아가서 다른 해결책을 찾는 것도 가능하다.
- 기본 점수와 총점의 한계치에 도달할 수 있게 하는 보상점수 시스템
- 도시계획이나 프로젝트에서 단점을 보상할 수 있는 다른 방법들에 대한 접근 가능성을 보여주는 다른 유형들/사건들 간의 관계

기존 단지를 위한 경찰의 인증

기존 주택들과 지역들을 위한 두 번째 인증은 새로운 단지들에 대한 인증의 내용을 근거로 만들어졌다. 이 인증은 기존 주택, 주거지, 단지, 환경, 지역의 유지관리와 관련된 다양한 참여자들과 안전 및 보안에 대해 협상할 수 있게 한다.

왜냐하면, 기존 환경에서 이미 기득권을 가진 더 많은 참여자들이 범죄예방과 관련되어 있기 때문이고, 기존 주거지를 위한 인증은 세 가지의 다른 인증서(certificates, 레벨, 인증참여자 또는 이해당사자)로 구분된다.

- 주택 : 주택 소유자 또는 임대자
- 단지 : 주택조합, 소유자 그룹

• 환경/지역 : 지방자치단체

그래서 각 레벨에 따라서 가장 적절하고 적극적인 참여자에게 한 가지 인증에 응모할 기회가 주어진다. 경찰은 해당 지역(neighborhood)에서 전체 주택 중 60% 이상의 주택과 전체 단지(complexes) 중 60% 단지가 세 가지 인증을 가지고 있을 때 안전주택 인증을 수여한다.

새로운 시대와 비판적인 기록

네덜란드 경찰과 함께 경찰 인증의 지적 재산권을 가지고 있는 내무부에서 이 인증을 지방자치단체에서 사용할 수 있도록 최대한 발전시켰으며, 요구사항 중 일부는 꼭 지켜야 하는 건축법과 법규로(가택침입에 대비할 수 있는 문, 창문, 조명 등) 규정되었다.

중앙정부는 건축 관련 분야에서 지자체가 당연히 참여해야 하며 ALO 경찰들과 함께 일해야 한다고 결정했다. 그러나 이것이 적절한 결정인가? 이것은 네덜란드 경찰 안전주택 인증의 질을 발전시키는 적절한 방법일까? 이것이 네덜란드 경찰들로부터 중립적인 건축업자와 프로젝트

그림 12.16 자료 : Armondo Jongejan

개발업 분야의 참여의 기회를 빼앗았다는 주장에 대해서는 논란의 여지가 있다. 네덜란드에서 400개 이상의 지자체들은 새로운 단지를 발전시킬 책임을 가지고 있다. 안전한 환경 조성을 위해 접근성, 표준(standard), 개발의 질(developing quality)을 발전시키는 것은 네덜란드의 지자체들과 국가의 범죄예방/안전센터를 위한 큰 모험이다. 변화는 반드시 필요하다. 그 답은 몇 년 내에 명확해질 것이다.

영국 SBD와 네덜란드 경찰안전주택 인증에 대한 평가

영국과 네덜란드의 제도들은 지금까지는 평가가 좋은 편이다. 새로운 환경과 기존 환경에 이 제도가 시행된 이후에 빈집털이 비율은 가파르게 감소했으며, 도둑, 반달리즘(공공기물파손행위), 이러한 제도의 시행 이후 거리폭력과 같은 우발적인 범죄는 감소한 것으로 보인다. 게다가 범죄에 대한 두려움이 경찰 인증제도의 시행 이후에 감소한 것은 분명하다.

그러나 이러한 인증들의 좋은 결과는 이 인증들에게 가장 큰 위협이 되고 있다. 이러한 인증이 국가적으로 도입된 이후, 이 인증들에 의한 결과는 확실히 성공적이었고 효과가 있었다. 그러나 수십 년 후에는 도시계획, 건축, 건물의 변화는 물론 범죄자의 범죄유형, 의식, 수법 등의 변화 때문에 그 효과가 감소할 것이다. 이런 이유로, 영국 SBD와 네덜란드 경찰안전주택 인증과 같은 범죄예방계획들은 다른 평범한 상품들처럼 개발되고 사용되는 라이프사이클을 따르게 될 것이다.

이 계획의 효과가 최저수준까지 떨어졌을 때, 이 인증의 수명을 연장시키기 위해 계획의 재구성, 추가 요소의 제공, 혁신적인 개편과 같은 방법을 통해 관리하게 될 것이다. 네덜란드의 범죄예방과 안전을 위한 국가기관에서 앞과 같은 방법을 동원함은 물론 추가적으로 이 인증의 효과와 빈집털이범과의 인터뷰를 포함하여 빈집털이에 대한 새로운 연구를 요청했다.

그러나 인증과 매뉴얼을 최종 완제품으로 보는 대신, 과정의 출발점으로 정의하는 것이 더욱 현명한 것일 것이다. 기본적으로 이 과정은 범죄를 예방하고 두려움을 감소시키기 위해서 범죄예방 전문가들과 건축·도시계획가들 간에 세계 최고의 지식과 노력을 결합하려는 구조화된 협상들로 이루어진다. 이러한 측면에서 네덜란드 인증과 매뉴얼의 근원을 유념하는 것은 가치 있는 일이다.

- 범죄예방 환경에 대한 연구
- 부지 특성을 고려한 범죄분석과 건물유형을 고려한 범죄분석
- 범죄자 시각과 범죄방법의 혼합(경찰이 수행한 범죄자들과의 인터뷰; Burik, 1991)

범죄분석과 범죄자들과의 인터뷰는 SBD와 네덜란드 인증이 범죄환경을 변화시키는 최신 정보를 유지하게 해주는 중요한 작업이라고 생각된다. 이런 이유로 더 많은 인증을 판매하기보다는 범죄위험/범죄자의 인식과 범죄수법에 대한 경찰의 지식을 체계화하는 지속적인 연구를 진행하고, 그 연구결과를 경찰 인증제도에 적용하는 것이 유용한 작업이다. 이 체계적 연구의 한 부분은 경찰 인증의 유무에 따라 주택, 지역, 환경에서 직면하게 되는 범죄위험에 대해 조심스럽고 지속적으로 평가하는 것이다.

네덜란드인들이 잘하고 있느냐에 대해서는 논란의 여지가 많다. 경찰로부터 이 제도에 대한 권한을 빼앗음으로 인해 이 제도의 중요한 성공요인이 사라졌다고 하기도 한다. 네덜란드 지자체와 범죄예방과 안전센터가 이 시스템을 발전시키고 유지할 수 있는 충분한 에너지와 전문성을 가지고 있느냐에 대해서도 논란의 여지가 많다. 그러나 경찰이 가지고 있던 권한을 지자체에 주는 이러한 변화는 다음을 위해 가치 있는 하나의 시도가 될 것이다.

범죄방지 디자인을 위한 유럽 표준 (European Standard on Design Out Crime)

범죄 감소를 위한 도시계획과 건물 디자인에 대한 유럽의 표준은 흥미로운 계획이다.

왜 표준화인가?(Why Standardization?)

결과물이 무엇이고 과정이 어떤 것이냐에 대한 여러 나라와 기관들, 사람들 사이에서의 자발적인 동의는 중요하다. 이러한 목적을 위해 유럽 시장에서의 표준화는 중요한 요소이다. 표준화는 하나의 프로젝트를 수행하거나 하나의 과정을 수행하면서 다른 여러 참가자나 이해 그룹들 간의 소통을 가능하게 하므로, 여러 기관을 포함하는 하나의 그룹 내부에서 사용되는 방식이다. 그래서 표준화는 협동, 협력, 명료한 의사결정을 가능하게 한다. 그리고 기본적으로 '표준화의 준수는 강제적인 것은 아니다'라는 말처럼 사람들뿐 아니라 기관들의 자발성을 근간으로 한다.

1990년대 중반에 만들기로 합의한 일반적인 표준화 초안은 범죄와 범죄 불안감 감소를 위해 경찰, 보안업체, 보험업자, 거주자와 더불어 마을 또는 지자체, 도시계획가, 건축가, 건물 엔지니어에게 선택권이 주어져야만 한다.

범죄와 범죄 불안감 감소를 위해 도시계획과 건물 디자인에 의한 유럽의 표준(Standardization)

유럽표준위원회(CEN)는 새 표준의 개발을 감독하는 공공단체이다. 얼핏 보면, 표준을 만드는 과정은 다소 쉬워 보인다. 처음에 도시계획과 건물 디자인에 의해 범죄율과 범죄 불안감 감소시키는 방법과 이에 대한 설명을 20쪽 분량의 짧은 글로 만든다. 그러나 이 작업은 모든 유럽 국가들과 모든 유럽 이해 당사자인 조직들(경찰, 건축가, 도시계획가, 보험사, 경비업체 등)이 동의해야 하기 때문에 수년이 걸릴 수도 있다. 그래서 이미 언급했던 것처럼 표준은 자발적인 동의라고 말할 수 있다.

표준을 만들기 위한 공식적 위원회를 만드는 것에 대해 정치적 동의는 이루어졌다. 실제로 업무를 담당하는 것은 실무그룹이며, 1996년 1월에 유럽표준위원회(CEN)의 기술위원회 325가 덴마크에서 첫 번째 만남을 가졌다. 기술위원회 325의 업무 범위는

> *'안전과 편안함을 보장하고 폭력에 대한 두려움을 최소화하기 위해서 주택과 상업시설 등이 있는 기존의 또는 새로운 주거지에서 범죄예방을 목적으로 수행해야 할 요구사항들을 제공하기 위한 건물 디자인과 도시계획에 대한 유럽의 표준을 만들기 위한 준비이되, 단 건물과 보안기기에 대한 표준은 제외된다.'*

이다.

이후, 실무그룹이 만들어졌고, 이 실무그룹은 다음과 같은 표준을 만들었다,

- EN 14383-1 : 용어 정의
- ENV 14383-2 : 도시계획(후에 TR 14383-2로 개정됨)
- CEN-TS 14383-3 : 주택
- CEN-TS 14383-4 : 상점과 사무실
- CEN-TS 14383-5 : 주유소(작업 중)
- CEN-TS 14383-6 : 학교(작업 중)
- CEN-TS 14383-7 : 역, 버스정류장 등과 같은 공공교통시설(작업 중)
- CEN-TS 14383-8 : 자동차에 의한 불법침입을 방지하는 방법(작업 중)

도시계획과 범죄감소를 위한 표준

하나의 사례로, 우리는 CEN-TC 325의 WG2에 의해 만들어진 표준(프랑스에서 나타난 이것의 엄청난 효과에 대한 자세한 자료는 2011년 Bible Benbouzid를 참조)에 대해 알아보기로 한다.

WG2의 목적은 범죄예방 환경과 도시계획뿐 아니라 범죄위험과 범죄의 두려움을 최소화하려는 거주자와 지자체에게 조언, 지도, 체크리스트와 같은 효과적인 방안을 제시하는 것이다. 도시계획에 의한 범죄예

방 유럽 표준은 구체적인 상황—예를 들어 파리 외곽 지역의 새로운 건물계획, 암스테르담의 오래된 항구의 리모델링계획, 서울의 도심계획—에 대한 계획을 말한다.

서두의 질문 : 어디서, 무엇을, 누가?(Wh?)

비록 참여하는 사람들이 많았지만 접근방법에 대한 이론은 간단했다. 다음과 같은 세 가지 질문으로 시작했다.

- 어디서? 정확한 지역의 위치와 지역의 유형을 확인한다.
- 무엇을? 기존 지역에서 발생한 범죄문제들인지, 미래 새로운 지역에서 발생될 범죄문제인지를 확인한다.
- 누가? 이 문제와 관련된 이해당사자와 이 범죄와 관련하여 문제를 감소시키거나 막을 수 있는 수단들을 수행할 수 있는 이해당사자를 확인한다.

이 세 가지 질문에 대한 답을 만들면, 문제를 해결할 수 있는 세 가지 중요한 이슈가 나타난다.

- 좀 더 안전한 지역을 만들기 위해 필요한 CPTED전략, 수단, 행동으로 무슨 가이드라인이 주어질 수 있을까?
- 어떻게 이러한 CPTED전략, 수단, 행동을 수행할 수 있을까?
- 모든 이해당사자들이 참여할 수 있는 협력과정은 무엇일까?

과정

유럽 표준에 대한 중심 아이디어는 하나의 이해당사자 그룹(경찰, 계획가, 지자체, 개발업자, 거주자)이 예를 들어 런던, 마드리드, 암스테르담, 베를린에 있는 건물이나 개조에 대한 상세한 계획을 의무적으로 함께 검토해야 하는 것이다. 이러한 과정을 통해 이해당사자들은 범죄의 위험과 전략에 대해 논의하게 될 것이다. 프로젝트 팀, 실무 팀 또는 실무그룹은 이러한 논의를 위한 플랫폼이 될 것이며, 전략과 상세한 수단의 명확한 한 세트는 공간, 시간, 예산, 개인적 선호에 따라 선택될 것이다. 실무그룹은 명확한 수단들을 마지막 결정을 해야 하는 책임 있는 관계당국에게 추천할 것이다.

표준은 실행과 평가라는 효과적인 과정을 지원하는 단계적인 수단이다. 표준의 이러한 부분은 질적 운영과 관련된 국제 표준(ISO 9000시리즈, 그림 12.1 참조)에 근거하고 있다.

그림 12.1의 작업 흐름도에서는 책임 있는 당국에 의한 계획이나 프로젝트를 위해 요구되는 일반 강령 또는 목표를 만드는 것과 같은 필수적인 단계적 과정을 보여주고 있다. 앞에서 언급된 책임 있는 당국들은 기존의 환경이나 새로운 환경에서 범죄와 범죄의 두려움을 예방하는 것을 목표로 이러한 과정을 시작해야만 한다.

만일 실무그룹이 아직 만들어지지 않았다면, 디자인이나 도시계획 과정에 관련된 여러 분야의 이해당사자들을 대표하는 하나의 실무그룹이 만들어질 것이며, 이 실무그룹은 여섯 가지 단계로 정의된 하나의 과정을 따를 것이다.

1단계 : **분석**–강령에 명시된 환경에서 현재 또는 미래의 범죄를 예방하고 범죄 불안감을 감소시킨 성과를 분석하라.

2단계 : **목표**–실무그룹은 그들이 얻고자 하는 프로젝트 계획이나 중요한 사건들에 따라서 더욱 명확한 목표와 기간을 정의해야 할 것이다.

3단계 : **계획**–실무그룹은 다음과 같은 것들이 포함된 계획 초안을 만들어야 할 것이다. 즉, 만일 범죄나 범죄 두려움을 예방할 수 있는 수단이 없다면 가까운 미래에 무엇이 발생할 가능성이 있는지에 대한 제안; 2단계에서 작성된 안전 목표를 효과적으로 실행시킬 수 있는 전략들; 그리고 비용과 기대 효과를 포함한 수단들과 행동들로서, 실무그룹은 당국의 책임 있는 단체나 모든 이해당사자들에게 이러한 계획을 보여주어야 할 것이다.

4단계 : 당국에 의한 결정들

5단계 : 행동과 실행

6단계 : 검토와 개선 조치 – 받아들일 수 없는 수준의 범죄나 범죄 두려움과 관련된 문제들이 발생할 경우에 당국은 추가적인 범죄예방 조치들이나 지역의 개조(또는 정비)와 같은 개선조치를 취해야 할 것이다.

요약하면, 도시계획에 의해 범죄나 범죄의 두려움을 감소시키려는 이러한 표준은 사용자에게 다음과 같은 것을 제시한다.

- 도시계획에 의해 범죄를 예방하거나 범죄와 대적할 방법에 대한 아이디어들
- 가장 최선의 방법으로 CPTED 과정을 체계화시키는 개발 절차. 다시 말하자면, 표준은 법이 아니다. 표준을 꼭 준수해야 할 의무는 없다. 그러나 이해당사자들이나 지자체 기관들이 건물 프로젝트에 대한 책임을 지기 위해 그들은 이 표준을 사용하는 데 동의할 수 있다. 그 순간부터 표준은 이 프로젝트의 모든 이해당사자들이 따라야 하는 자발적인 법이 되는 것이다.

결론

범죄나 범죄의 두려움은 현대 사회에 있어서 심각한 문제이다. 범죄나 범죄 두려움을 감소시키려는 새로운 접근방법들은 최근 수십 년 동안 발전되어 왔다. 이러한 새로운 접근방법들 중의 하나는 범죄 두려움뿐 아니라 범죄들(빈집털이, 자동차범죄, 거리폭력, 반달리즘, 방화, 도둑)이 건조환경에서 범죄 시기의 변경에 의해 감소될 수 있다는 경험에 기반을 두고 있다. 이러한 접근방법들은 범죄예방 환경설계(CPTED)와 범죄방지 디자인(DOC-designing out crime)을 통해 범죄를 예방하려는 것이다.

범죄예방 환경설계와 범죄방지 디자인의 접근방법들은 초기의 심각한 문제들로 인해 어려움을 겪었다. 이러한 초기의 문제들로부터 세 가지 교훈을 배웠다.

- 첫 번째 교훈은 몇몇 초기의 참여자들은 인간이 사회적 존재라는 사

실을 잊어버렸다는 것이다. 이러한 참여자들은 범죄자와 피해자에 대해 잊어버리고 물리적 환경을 너무 강조하였다. 더 안전한 도시는 물리적 환경과 사회적 환경 모두에 의해 만들어지는 정책의 산물이다.

- 두 번째 교훈은 몇몇 전문가들은 모든 지역, 공공장소, 건물이 요구하는 좋은 유지관리에 대해 잊어버리고 도시계획과 건물 디자인에만 전념하였다는 것이다. 유지관리가 없다면 모든 계획과 디자인은 악화되고 결국 파괴될 것이다.
- 세 번째 교훈은 모든 범죄예방 전문가들은 초기에 그들의 전투에서 승리하기를 너무나 갈망하였다는 것이다. 범죄예방이 공공기관들, 정치가들, 민간 부문과 비영리 부문, 경찰, 거주자, 도시계획가들, 건축가들, 그리고 유지관리 부문 모두를 포함하는 여러 부문의 폭넓은 파트너십 형태의 공동책임이 되기까지는 오랜 시간이 걸렸다.

이러한 초기 문제가 극복된 이후를 범죄예방 환경설계의 2세대라고 불린다. 오늘날 범죄예방 환경설계와 범죄방지 디자인은 실제적, 효과적이며 성숙한 범죄예방 정책이다.

이 장에서 우리는 이러한 접근방법의 이론적 바탕을 살펴보았다. 또 우리는 범죄예방 환경설계의 이론과 실제를 모두 포함하는 정책을 만들려는 접근방법의 실례들을 살펴보았다. 이 정책들은 유럽 도시 헌장에 명시되어 있는 것처럼 "범죄, 비행, 권리침해를 가능한 멀리하는 안전한 도시"에서 모든 시민이 살 수 있도록 기본권을 추구하는 중앙정부와 지방 정부가 함께 만드는 것이다.

이 장에서 나온 사례들로부터 우리는 가치 있고 실제적인 교훈을 배울 수 있었다. 예를 들어 범죄, 범죄에 대한 두려움이 발생하는 초고층 단지에서의 범죄예방 환경설계의 결과 많은 유럽 고층주거지를 철거하거나 재건축하였다.

이러한 범죄 관련 문제들은 경찰, 지자체, 주택조합, 거주자, 건축가, 도시계획가 한 명이나 일부의 힘만으로 풀려지지 않는다. 파트너십을 동반한 접근방법은 효율적인 결과를 위해 꼭 필요한 방법이다.

범죄에 대한 두려움이나 불안한 감정을 감소시키기 위한 접근방법도 마찬가지이다. 범죄에 대한 두려움과 실제 범죄의 위험이 때론 일치하지 않을지라도 범죄에 대한 두려움은 도시에서의 삶의 질을 떨어뜨리기 때문에(예; 나가기 두려워하거나 어떤 특정 장소를 피하는 거주자들) 사회적 권리와 관련된 문제이다. 유럽의 접근방법에서 사람의 유무, 지역의 용도, 감시성, 다양성, 도시 정비와 유지관리와 같은 것들은 범죄 두려움에 영향을 미치는 중요한 요소로 간주된다. 물리적 수단과 기술적 수단은 큰 효과가 있으며, 이러한 측면에서 범죄에 대한 두려움은 경찰보다 건축가, 도시계획가, 도시 정비와 언론에게 중요하다고 말하는 것은 논란의 여지가 많다. 다시 한 번 파트너십을 중시하는 접근방법은 범죄의 불안감 수준을 낮추는 데 필수적이라 할 수 있다.

이러한 **파트너십을 중시하는 접근방법**은 안전 디자인 인증(영국), 안전 주택의 경찰 인증(네덜란드), 도시계획과 건물 디자인에 의한 유럽의 범죄와 범죄 두려움 감소(CEN TC325)와 같은 새로운 제도들에 포함되어 있다. 이러한 인증과 표준에 의한 접근방법은 간단히 대상 강화에 힘썼던 단순한 CPTED 이상의 접근방법이라고 할 수 있다. 유럽 경찰 인증과 유럽 표준은 범죄와 범죄 두려움 감소를 위해 기술적, 물리적, 사회적, 조직적 수단들을 모두 포함하는 완전한 상품이라고 할 수 있다. 이것이 우리가 나아갈 방향이라고 생각한다.

이러한 사례들을 통해 CPTED와 DOC가 범죄와 범죄 두려움 감소를 위해 성공적이고 효과적인 방법이라고 생각된다. 그러나 CPTED와 DOC는 주로 물리적 수단에 초점을 맞추고 있다. 범죄의 두려움과 초고층 주거단지의 사례에서 보듯이 유럽의 경험들은 물리적 방법과 사회적 방법의 연계성을 중시한다. 마지막으로 더욱 중요한 요소는 범죄의 두려움 감소를 위한 파트너십을 만들어가는 구조와 조직이라고 할 수 있다. 경찰 인증과 유럽 표준은 협상과 실행과정의 체계적인 구조화된 사례들을 보여준다.

이런 이유로, 다음과 같은 가장 효과적인 세 가지 방법이 있다.

- 물리적 방법 : CPTED와 DOC가 건축, 도시계획, 대상 강화 등을 통해 중시하는 물리적 방법
- 사회적 방법 : 피해자, 범죄자, 보호자(guardians), 도시 정비와 유지관리 등
- 조직적 방법 : 실행 수단으로서 체계적인 파트너십을 만들어가는 과정

우리는 앞에서 이러한 방법을 파트너십 이론에서의 상황별 범죄 감소(SCRIPT : Situational Crime Reduction In Partnership Theory)라고 말했었다.

그래서 이런 도전을 통해 CPTED와 DOC의 중요성을 중앙정부와 지방자치단체에 납득시킬 수 있었다. 범죄는 도시계획, 건축, 디자인, 유지관리에 의해 감소될 수 있다. 이러한 접근방법을 이용하기 위해서 당국은 중요 구성요소, 수단, 우수 사례를 중심으로 무엇을 해야 하는지 알아야 한다. 무엇보다 중요한 것은, 당국은 이러한 접근방법의 실행과 과정을 어떻게 해야 하는지 알아야 한다는 것이다.

우수 사례들, 지식, 경험들은 유럽과 전 세계에 있는 각 국에 퍼질 것이다. CPTED에 대해 전문화된 세계적인 기구(라틴아메리카와 같은 국가에 지부들을 가지고 있는 국제 CPTED기구, 영국 DOC협회, 유럽 DOC협회)와 네트워크는 이러한 정보교환을 위한 좋은 구조이다.

저자에 대해

폴(Paul van Soomeren)은 네덜란드 암스테르담에 본사가 있는 컨설턴트연구소인 DSP그룹의 전무이다. DSP그룹은 범죄예방, CPTED, 건강과 안전, 젊음, 복지, 문화와 같은 도시의 과제들을 전문적으로 다루고 있다.

수머렌(Mr. Soomeren)은 사회지리학을 공부한 후, 암스테르담 대학에서 도시계획과 지역계획을 공부하였다. 그는 1984년 DSP그룹을 설립하기 전 3년 동안 법무부와 내무부(국가적 범죄예방기구)에서 일했다.

DSP그룹은 최근 정부, 민간기관, 대학, 상업조직에서 일했던 66명이

일하고 있다. DSP그룹은 독립적인 연구와 컨설턴트 회사로서 도시계획, 도시설계, 범죄예방, 교육, 스포츠와 레저, 예술과 문화, 사회 유지관리 분야에서 전문화되어 있다. 지방정부와 중앙정부, 유럽 기관들, 비영리 조직들, 민간회사들을 위해 과제를 수행하고 있다.

수머렌(Mr. Soomeren)은 국제 CPTED 조직(ICA)위원회와 유럽 범죄 방지기관의 책임자이며 영국 살포드 아델피 연구원 대학(university of Salford's Adelfi research institute)의 방문교수이다.

참고문헌

Alexander, C., Ishikawa, S., Silverstein, M., 1977. A Pattern Language. Oxford University Press, New York, NY, USA.

Berry, G., Carter, M., 1992. Assessing Crime Prevention Initiatives: The First Steps. Home Office, Crime Prevention Unit, London, UK.

Benbouzid, B., 2011. La prevention situationelle (genese et developpement d'une science pratique 1965-2005), Thèse de doctorat de géographie, d'aménagement et d'urbanisme, Université Lumière Lyon 2, Ecole Nationale des Travaux Publics de l'Etat, Lyon, France.

Bottoms, A.E., Xantos, P., 1981. Housing policy and crime in the British public sector. In: Brantingham, P.J., Brantingham, P.L. (Eds.), Environmental Criminology. Sage, Beverly Hills, CA, USA.

Bottoms, A. E., 1987. Environmental criminology and its relevance for crime prevention. In: Junger-Tas, J., Rutting, A., Wilzing, J. (eds.) Crime Control in Local Communities in Europe (the Cranfield Conference 1987). Lochem, the Netherlands.

Bourke, J., 2005. Fear (A Cultural History). Virago Press, London, UK.

Brantingham, P.J., Brantingham, P.L. (Eds.), 1981. Environmental Criminology. Sage, Beverly Hills, CA, USA.

Brantingham, P. J., and Brantingham, P. L., 1980. Residential burglary and urban form. In: Criminology Review Yearbook, originally: Urban Studies, 12 (3), Oct. 1975, pp. 475-486.

Brantingham, P.J., Brantingham, P.L., 1975. The spatial patterning of Burglary. Harv. J. 14 (2).

Brown, B.B., Altman, I., 1981. Territoriality and residential crime: a conceptual framework. In: Brantingham, P.J., Brantingham, P.L. (Eds.), Environmental Criminology. Sage, Beverly Hills, CA, USA.

Burdett, R., Sudjic, D., 2010. The Endless City. Phaidon Press, London, UK.

Burdett, R., Sudjic, D., 2011. Living in the Endless City. Phaidon Press, London, UK.

Burik, A. van, van Overbeeke, R., van Soomeren, P., 1991. Modus operandi woninginbraak: eindrapportage daderonderzoek, Van Dijk, Van Soomeren en Partners/DSP- groep, Amsterdam, the Netherlands.

Colquhoun, I., 2004. Design Out Crime, Creating Safe and Sustainable Communities. University of Hull, Hull, UK.

Carter, R.L., Hill, K.Q., 1979. The Criminal's Image of the City. Pergamon Press, New York, NY, USA.

Chainey, S., Ratcliffe, J., 2005. GIS and Crime Mapping. Wiley, USA.
Cisneros, H.G., 1995. Defensible Space: Deterring Crime and Building Community. US Department of Housing and Urban Development, Washington, DC, USA.
Clarke, R.V.G. (Ed.), 1997. Situational Crime Prevention: Successful Case Studies, second ed. Harrow and Heston, Albany, NY, USA.
Clarke, R. V. G., 2001. Crime Prevention Through Environmental Design, paper presented at EU conference in Sündsvall, Sweden.
Clarke, R.V.G., Cornish, D.B., 1985. Modelling offenders' decisions: a framework for research and policy. In: Tonry, M. Morris, N. (Eds.), Crime and Justice, vol. 6. University of Chicago Press, Chicago, IL, USA.
Clarke, R., Hope, T. (Eds.), 1984. Coping with Burglary (Research Perspectives on Policy) Kluwer/Nijhoff, Dordrecht, the Netherlands.
Clarke, R.V.G., Mayhew, P., 1980. Designing Out Crime. HMSO Home Office, London, UK.
CLRAE, 1987. Conference of Local and Regional Authorities of Europe, Local Strategies for the Reduction of Urban Insecurity in Europe. Barcelona, Spain.
CLRAE, 1997. Conference of Local and Regional Authorities of Europe, Crime and Urban Insecurity in Europe: The Role and Responsibilities of Local and Regional Authorities, Erfurt, Germany.
Coleman, A., 1985. Utopia on Trial (Vision and Reality in Planned Housing). Hilary Shipman, London, UK.
COPS, 2005. Crime Opportunity Profiling of Streets (COPS); A Quick Crime Analysis—Rapid Implementation Approach. Building Research Establishment BRE, Garston, Watford, UK.
Cornish, D.B., Clarke, R.V.G., 1986. The Reasoning Criminal. Springer-Verlag, New York, NY, USA.
Cozens, P., 2005. Designing Out Crime, From Evidence to Action. Office of Crime Prevention, Department of Premier and Cabinet, Sydney, Western Australia.
Crowe, T.D., 1991. Crime Prevention Through Environmental Design: Applications of Architectural Design and Space Management Concepts. National Crime Prevention Institute, Butterworth-Heinemann, Boston, MA, USA.
Davey, C., Wootton, A.B., Cooper, R., Press, M., 2005. Design against crime: extending the reach of crime prevention through environmental design. Secur. J. 18, 39–51.
DOE, 1994. Planning Out Crime Circular 5/94. HMSO, London, UK.
DETR, 1999. Towards an Urban Renaissance, Final Report of the Urban Task Force.
ENV 14383-2, 2004. European Standard on Crime Prevention by Urban Planning and Building Design (also available in every national Standardization Institute), later converted to TR 14383-2, CEN, Brussels, Belgium.
European Sourcebook of Crime and Criminal Justice Statistics, 2003. ESC France, Home Office UK, WODC The Netherlands, Boom Juridische Uitgeverij Meppel, the Netherlands.
Duclos, D., 2006. Retour sur la grande Révolte des banlieues françaises, Le Monde Diplomatique.
Farrington, D. P., and Welsh, B. C., 2002. Effects of Improved Street Lighting on Crime: A Systematic Review, Home Office Research Study 252, Home Office, London, UK.
Felson, M., 2002. Crime and Everyday Life. Sage Publications, Thousand Oaks, CA, USA.
Flight, S., van Soomeren, P. Design Against Kerb-Crawling: Tippelzones (Vice Zones) - European Experiences in Displacement, paper presented at the 9th ICA Conference 2004, Brisbane, Australia.
Flight, S., van Egmond, P., 2011. Hits en hints: De mogelijke meerwaarde van ANPR voor de opsporing (with English summary). DSP-groep Amsterdam/Rotterdam, the Netherlands.

Florida, R., 2008. Who's Your City? How the Creative Economy Is Making the Place Where You Live the Most Important Decision of Your Life. Basic Books, New York, NY, USA.

Gardiner, R.A., 1978. Design for Safe Neighborhoods. National Institute of Law Enforcement and Criminal Justice, US Department of Justice, GPO, Washington, DC, USA.

Gensch, V., und B. Zimmer, 1980. Gewalt gegen Frauen in Kassel, Arbeitsbericht des Fachbereichs Stadt- und Landschaftsplannung, Gesamthochschule Kassel.

Gill, M. (Ed.), 2003. CCTV Perpetuity Press, Leichester, UK.

Hajonides, T., et al., 1987. Buiten gewoon veilig, Stichting Vrouwen, Bouwen Wonen, Goossens/Mets, Rotterdam, the Netherlands.

Handel, C. van den, van Soomeren, P., 2009. Hoe doen ze het toch? Modus operandi (MO) van woninginbraken. Ministry of Interior/DSP-groep, the Haag/Amsterdam, the Netherlands.

Heal, K., Laycock, G. (Eds.), 1986. Situational Crime Prevention: From Theory into Practice. HMSO, London, UK.

Hesseling, R., 1994. Displacement: a review of the empirical literature. In: Clarke, R.V.G. (Ed.), Crime Prevention Studies, vol. 3. Criminal Justice Press, Monsey, New York, NY, USA.

Home Office, 1997. Police Architectural Liaison Manual of Guidance. Crime Reduction College, York, UK.

Hough, M. en P. Mayhew, 1982. Crime and Public Houding (proceedings of a workshop held in September 1980). Research and Planning Unit Paper 6, Home Office, London.

ICVS, 2000. Kesteren, J. van, P. Mayhew, and P. Nieuwbeerta (2000). Criminal Victimization in Seventeen Industrialized Countries (key findings from the International Crime Victims Survey), WODC, Ministry of Justice, the Hague, the Netherlands.

ILE, 1999. Guide for Crime and Disorder Reduction Through a Public Lighting Strategy (Author: K. Painter), and Lighting and Crime (Author: K. Pease), Warwickshire, UK.

Jacobs, J., 1961. The Death and Life of Great American Cities. Random House, New York, NY, USA.

Jeffery, C.R., 1971. Crime Prevention Through Environmental Design. Sage, Beverly Hills, CA, USA.

Jongejan, A., 2007. Urban Planning in the Living Environment Using the Dutch "Police Label Secured Housing," Madrid, Spain.

Jongejan, J., and Woldendorp, T., 2012. (in press) A Successful CPTED Approach: The Dutch "Police Label Secure Housing," special edition *Journal of the Built Environment*, Rachel Armitage (ed.), International Perspectives of Planning for Crime.

Keizer, K., Lindenberg, S., Steg, L., 2008. The spreading of disorder. Science, 1681-1685.

Korthals Altes, H.J., van Soomeren, P., 1989. Modus operandi woninginbraken. Bureau Landelijk Coördinator Voorkoming Misdrijven, the Haag, the Netherlands.

Korthals Altes, H.J., Woldendorp, T., 1994. Handboek Politiekeurmerk Veilig Wonen. Stuurgroep Experimenten Volkshuisvesting, Rotterdam, the Netherlands.

Kube, E., 1982. Städtebau, Wohnhausarchitektur und Kriminalität: Prevention statt Reaction. Kriminalistik-verlag, Heidelberg, Germany.

Landry, C., 2000. The Creative City: A Toolkit for Urban Innovators. Comedia/ Earthscan, London/Sterling, VA, USA.

Landry, C., 2006. The Art of City-Making. Routledge, Earthscan.

Loef, C.J., 1985. Aanranding en verkrachting. Gemeente Amsterdam, Bestuursinformatie, afd. onderzoek en statistiek, Amsterdam, the Netherlands.

López, M.J.J., Veenstra, C., 2010. Een veilige wijk, een veilig gevoel. RCM-advies and Experian, the Haag, the Netherlands.

Manière de Voir, 2006. Banlieues, trente ans d'histoire et de révoltes. Manière de Voir, numéro 89, Oct.-Nov. 2006.

Mawby, R.I., 1977. Kiosk Vandalism: a sheffield study. Br. J. Criminol. 17 (1).

Mayhew, P., Clarke, R. V. G., Hough, M., Sturman, A., 1976. Crime as Opportunity, Home Office Research Study No. 34, HMSO, London, UK.

Metz, G., Rijpkema, H., 1979. Mythen en feiten over verkrachting. Groningen, the Netherlands.

Michael, S. E., Saville, G., Warren, J. W., 2012. A CPTED Bibliography: Publications Related to Urban Space, Planning, Architecture and Crime Prevention Through Environmental Design, 1975-2011, Safe Cascadia, Port Townsend, WA, USA.

Nauta, O., 2004. De effectiviteit van het Politie Keurmerk Veilig Wonen®. DSP-groep, Amsterdam, the Netherlands.

Newman, O., 1972. Defensible Space: Crime Prevention Through Urban Design. MacMillan, New York, NY, USA, (republished by Architectural Press, London, in 1973).

Newman, O., 1996. Creating Defensible Space. US Department of Housing and Urban Development, Office of Policy Development and Research, Washington, DC, USA.

Newman, O., 1973. Architectural Design for Crime Prevention. Law Enforcement Assistance Administration, US Department of Justice, GPO, Washington, DC, USA.

Newman, O., 1975. Design Guidelines for Creating Defensible Space. GPO, Washington, DC, USA.

Newman, O., 1979. Community of Interest. Doubleday, New York, NY, USA.

Newman, O., Franck, K., 1980. Factors Influencing Crime and Instability in Urban Housing Developments. National Institute of Justice, GPO, Washington DC, USA.

Painter, K.A., 1996. Street lighting, crime and fear of crime: a summary of research. In: Bennett, T.H. (Ed.), Preventing Crime and Disorder: Targeting Strategies and Responsibilities. Institute of Criminology, University of Cambridge, Cambridge, UK, pp. 313-351.

Painter, K., Farrington, D.P., 1997. The dudley experiment. In: Clarke, R.V.G. (Ed.), Situational Crime Prevention: Successful Case Studies, second ed. Harrow and Heston, Albany, NY, USA.

Pascoe, T., 1992. Secured by Design: A Crime Prevention Philosophy. Cranfield Institute of Technology, Cranfield, UK.

Pascoe, T., 1993a. Domestic Burglaries: The Burglars' View. Building Research Establishment (BRE Information paper 19/1993), Garston, Watford, UK.

Pascoe, T., 1993b. Domestic Burglaries: The Police View. Building Research Establishment (BRE Information paper 19/1993), Garston, Watford, UK.

Parker, J., 1997a. Safe Cities 3: Relationships between Crime, Urban Insecurity and the Built Environment. Council of Europe International Conference—Crime and Urban Insecurity in Europe: The Role and Responsibilities of Local and Regional Authorities, Erfurt, Germany.

Parker, J., 1997b. Urban Environment and Crime: Some Pointers Towards Policies and Action. Council of Europe, Congress of Local and Regional Authorities of Europe, Strasbourg, France.

Parker, J., 2000. Safer Spaces and Places: Reducing Crime by Urban Design. Council of Europe international conference on the relationship between the physical urban environment and crime patterns, Szczecin, Poland.

Ratcliffe, J., 2012. The Spatial Extent of Criminogenic Places on the Surrounding Environment: A Change-Point Regression of Violence Around Bars. Geographical Analysis.

Pawson, R., Tilley, N., 1997. Realistic Evaluation. Sage Publications, London, UK.

Pease, K., 1992. Preventing burglary on a British public housing estate. In: Clarke, R.V.G. (Ed.), Situational Crime Prevention: Successful Case Studies, first ed. Harrow and Heston, Albany, NY, USA.

Police Label Safe/Secure Housing, 1998. van Zwam, C., van Bakel, B., Jongejan, A., van de Kant, F., van der Nat, C., Reijnhoudt, P., Scherpenisse, R., van Soomeren, P., Vroombout, M. Police Label Secured Housing® New Estates, (Politiekeurmerk Veilig Wonen® Nieuwbouw Trans. from Dutch), Steering Group Experiments Public Housing (SEV), Rotterdam, the Netherlands.
Poyner, B., 1981. Crime prevention and the environment: street attacks in city centres, In: Police Research Bulletin, No. 37, London, UK, pp. 10-18.
Poyner, B., 1983. Design Against Crime (Beyond Defensible Space). Butterworth, London, UK.
Poyner, B., 1997. Situational crime prevention in two parking facilities. In: Clarke, R.V.G. (Ed.), Situational Crime Prevention: Successful Case Studies, first ed. Harrow and Heston, Albany, NY, USA.
RPD: Rijksplanologische Dienst, 1985. Maakt de gelegenheid de dader? Rijks Planologische Dienst, Ministerie van VROM, Staatsuitgeverij the Hague, the Netherlands.
Ramsay, M., 1982. City-Centre Crime: The Scope for Situational Prevention, Research and Planning Unit Paper 10, Home Office, London, UK.
Rhodes, W.M., Conly, C., 1981. Crime and mobility: an empirical study. In: Brantingham, P.J., Brantingham, P.L. (Eds.), Environmental Criminology. Sage, Beverly Hills, CA, USA.
Saville, G., Cleveland, G., 1998. 2nd Generation CPTED: An Antidote to the Social Y2K Virus of Urban Design. School of Criminology and Criminal Justice, Florida State University and Toronto District School Board.
Selm, E., van, A., Lodder, M., Buitenhuis, Arkenstein, M., 1985. Eng op straat. Wageningen, the Netherlands.
Shaw, C.R., 1929. Delinquency Areas. University of Chicago Press, Chicago, IL, USA.
Shaw, C.R., McKay, H.D., 1931. Social Factors in Juvenile Delinquency. Government Printing Office, Washington, DC, USA.
Shaw, C.R., McKay, H.D., 1969. Juvenile Delinquency and Urban Areas. University of Chicago Press, Chicago, IL, USA, 1942 (revised edition: 1969).
Skogan, W.G., Maxfield, M.G., 1981. Coping with Crime, Individual, and Neighbourhood Reactions. Sage, Beverly Hills, CA, USA.
United Nations, 1995. Economic and Social Council, Resolution 1995/9, 49th plenary meeting 24 July 1995, Guidelines for the Prevention of Urban Crime, Annex, Guidelines for Cooperation and technical Assistance in the field of Urban Crime Prevention.
van Dijk, A.G., van Soomeren, P., Walop, M., 1980. Vandalisme in Amsterdam. Universiteit van Amsterdam, Amsterdam, the Netherlands.
van Dijk, A.G., van Soomeren, P., Walop, M., 1982. Vandalism in Amsterdam: An Ecological Approach. International Colloquium on Vandalism, Sorbonne, Paris.
van Soomeren, P. (with P. de Savornin Lohman, H. Caron, L. de Savornin Lohman and B. van Dijk; 1987) Gebouwde Omgeving en Criminaliteit, Ministerie van Volkshuisvesting, Ruimtelijke Ordening en Milieubeheer, the Hague, the Netherlands.
van Soomeren, P., 1995. Dream, Nightmare and Awakening: Experiences at the Crossroads of Town Planning, Architecture, Security and Crime Prevention, Paper The International Forum on Promoting Safer Cities and Secure Housing, September 1995, Tokyo, Japan.
van Soomeren, P., 2001. Situational Crime Reduction in Partnership Theory, Proposal to EU Oisin program, Van Dijk van Soomeren en Partners, Amsterdam, the Netherlands.
van Soomeren, P., Woldendorp, T., 1996. Secured by Design in the Netherlands. Secur. J. 7, 185-195.

van Soomeren, P., Wever, J., 2005. Review of Costs and Benefits Analysis in Crime Prevention. European Crime Prevention Network (ECPN), European Commission, Brussels, Belgium.
Vanderveen, G., 2006. Interpreting Fear, Crime, Risk and Unsafety (Conceptualization and Measurement). Research School Safety and Security in Society, BJu Legal Publishers, The Netherlands.
Vollaard, B., van Ours, J.C., 2011. Does regulation of built-in security reduce crime? Evidence from a natural experiment. Econ. J. 121, 485–504.
Voordt, T. van der, Wegen, H. van, 1990. Sociaal Veilig Ontwerpen. Technische Universiteit Delft, Delft, The Netherlands.
Wekerle, G.R., Whitzman, C., 1992. Safe Cities: Guidelines for Planning, Design, and Management. American Planning Association Book Service.
Wood, E., 1961. Housing Design, A Social Theory. Citizens, Housing and Planning Council of New York, New York, NY, USA.

Important Websites:

European Designing Out Crime Association: www.e-doca.eu
Designing Out Crime Association UK: www.doca.org.uk
International CPTED Association (worldwide): www.cpted.net
CPTED Latin America: www.cpted.cl

번역 | 강 욱(Ph.D. 경찰대학교 행정학과)

13

환경설계를 통한 성공적인 범죄예방 프로그램을 위한 체크리스트

Susan Geason, Ph.D. and Paul W. Wilson, Ph.D.

장의 구성

성공적인 CPTED 프로그램의 특징
폭넓은 전략 수립하기

2013년 현재, 범죄예방 디자인(DOC)은 범죄를 예방하기 위한 방법으로서 호주 전역뿐만 아니라 전 세계적으로도 잘 알려져 있다. 그러나 범죄예방 디자인은 우리들이 바라는 만큼 많이 채택되어 시행되고 있다고 할 수는 없다. 그럼에도 불구하고, 우리가 수년 전에 초안을 잡았던 CPTED를 이용한 프로그램의 특징들은 그 당시와 마찬가지로 오늘날에도 적절하다고 할 수 있다.

성공적인 CPTED 프로그램의 특징

다음의 항목들은 CPTED 프로그램의 특징들이다. 당신의 이웃이나 주택 개발에서 이러한 항목들이 많이 지켜질수록 CPTED 프로그램은 더 성공적일 것이며, 당신이 절도나 폭행을 당할 확률도 줄어들 것이다.

- 주택과 아파트는 쉽게 눈에 띄는 곳에 위치한다.
- 출구와 입구는 거리에서 보이는 곳에 있다.
- 침입자를 저지하기 위한 충분한 조명이 있다.
- 모든 외부 출구는 솔리드코어(Solid-core : 속이 견고하게 찬) 소재로 만들어졌다.
- 모든 거주자들은 보안 자물쇠와 일방향 뷰어(one-way viewers)를 갖

추고 있다.

- 아이들의 놀이공간은 창문을 통해 쉽게 보여야 한다.
- 주거용 방은 외부를 감시할 수 있는 위치에 있어야 한다.
- 도로는 순찰하는 경찰이 훤히 볼 수 있을 정도로 넓고 직선이어야 한다.
- 주택과 아파트들의 번호가 명확하게 매겨져 있다.
- 거주자들은 노외주차장이 있고 그들의 집에서 이를 확인할 수 있다.
- 거주공간 안팎에 막다른 골목들이 있다.
- 차고는 담으로 완전히 둘러싸여져 있다.
- 사생활 펜스보다는 체인이 연결된 펜스를 사용하며, 높이가 7피트에 달한다.
- 조경은 침입자들이 관목 뒤에 숨을 수 없도록 설계되어 있다.
- 경찰 순찰차들이 건물의 모든 방향으로 쉽게 접근할 수 있다.
- 열쇠 또는 인터폰으로 건물의 출입을 관리한다.
- 아파트 건물 안에 충분한 보안경비원이 있으며 건물이 적절하게 유지되고 건물주는 공정한 퇴거정책을 가지고 있다.
- 세입자의 창고는 안전한 장소에 위치해 있다.
- 빌딩, 주택 또는 아파트는 방어 가능한 공간이라는 느낌을 주고 있다. 예를 들어,
  - 건물이 침입자의 출입을 저지할 수 있도록 사적인 공간을 만들면서 거리를 등지고 충분히 떨어져 있다.
  - 주택들은 밀집되어 있고, 빌딩들은 사회적인 응집력과 방어 가능한 공간을 만들기 충분할 정도로 소규모이다.
  - 공간의 의도된 사용이 명확하다.
  - 공간의 양립될 수 없는 사용은 피한다.
  - 건물주 및 도시계획자는 사회적인 응집력을 도모하기 위하여 복지시설을 충분히 제공한다.
- 복지공간은 철조망이 연결된 펜스로 둘러져 있다.

- 적절한 사회 서비스와 위기 및 조정 서비스가 제공된다.
- 세입자 연합과 같은 자립적인 활동이 충분하다.
- 안전 설문조사나 점검 프로그램이 충분히 수행되어야 한다.
- 적절한 범죄예방 프로그램이 존재한다.

폭넓은 전략 수립하기

많은 범죄학자들은 여러 방면에서 범죄예방설계에 대한 계획에 관심을 기울여왔다. 예를 들어 『범죄에 대항하는 설계 : 방어공간을 넘어서 *Design Against Crime : Beyond Defensible Space, 1983*』에서 배리 포이너(Barry Poyner)는 다음과 같이 제안하였다.

- 주택가의 도로를 사유화할 것
- 보행자의 접근을 제한할 것
- 거주 용도와 상업적 용도를 분리할 것
- 주택 후면의 접근을 제한할 것
- 노지로부터의 접근을 차단할 것
- 아파트의 문과 창문을 주의 깊게 정리할 것
- 거주하는 아이들의 밀도를 분산(allocate)시킬 것
- 보행자가 지하도보다는 육교로 다니도록 할 것
- 학교는 다른 건물들로부터 보이는 곳에 위치하도록 할 것
- 학교 건물들은 조밀하게 할 것
- 학교의 거주관리인을 장려할 것

1987년 마커스 펠슨(Marcus Felson)과의 인터뷰에서, 브랜팅햄(Brantingham)과 브랜팅햄 또한 범죄를 예방하기 위한 전략을 수립함에 있어 다음과 같은 사항을 설명하였다.

- 아이들이 야간 택시정류장에서 보이는 곳에서 놀도록 할 것
- 복지공간에 관리인이 거주하도록 할 것
- 설계 초기단계에서 건물에 범죄대응계획을 수립할 것

- 노인층을 위한 고층건물에서의 복지공간은 문에서 바로 보이는 1층에 위치할 것
- 패스트푸드점이나 전자오락실을 신중하게 배치함으로써 청소년들의 이동을 규제할 것

펠슨은 제임스 와이즈(James Wise)로부터 받은 다음과 같은 사항들을 발표하였다.

- 주차 건축물을 통한 차량의 동선을 보호하기 위해 장애물을 최소화하고 밝은 파스텔 페인트를 사용할 것
- 은행 강도를 막기 위해 은행 창구직원, 문, 손님의 동선을 주의 깊게 배치할 것
- 바(bar)와 술집(pub)들은 비공식적인 사회적 통제가 가능한 곳에 배치할 것
- 시설 관리자들에게 구체적인 범죄예방 훈련을 제공할 것

펠슨은 다음과 같은 다른 아이디어들도 제시하였다.

- 공원과 주차장은 보행자로부터의 가시성을 최대화할 수 있도록 길게 설계할 것
- 열린 캠퍼스 디자인(open-campus design)은 제외할 것
- 사무실의 규모를 줄이고 "분산된 현장(scattered site)" 사업의 관행을 개발하기 위해 전자통신과 컴퓨터를 사용할 것
- 성인의 감시를 최대화할 수 있도록 젊은 남성을 위한 시설들－예를 들어 고등학교－의 규모를 줄일 것

번역 | 이도선(Ph.D. 신라대학교 법경찰학부)

14

21세기 CPTED[1)]

Timothy D. Crowe, Ph.D. and Severin Sorensen, CPP

장의 구성

수년에 걸쳐 CPTED 개념이 조사, 연구, 그리고 정제(精製)되어 왔으며, CPTED는 이제 더욱 여러 장소의 유형에 적용되고 있다. CPTED 실

1) Originally from Crowe, T.(2000) *Crime Prevention Through Environmental Design in the Twenty-First Century*, Butterworth-Heinemann, Boston, MA, USA. Updated by Severin Sorensen CPP(2012) *The Handbook of Loss Prevention and Crime Prevention*(5th ed.). Elsevier, Amsterdam, the Netherlands.

무자는 그들의 전략을 지속적으로 업데이트해서 공간 사용에 영향을 미치는 새로운 기술, 규제, 표준 및 지침, 그리고 범죄문제에 적용시켜야 한다. 따라서 21세기의 CPTED는 과거에 했던 것 이상으로 건물 및 장소 사용에 더욱 많은 관심을 기울일 필요가 있다. 그러나 이러한 새로운 세기로 접어들면서 인간의 존재에 바람직하고 도움이 되는 행동을 촉진시키는 환경을 사용하는 데 있어서 진보된 기술 및 공간관리가 획기적으로 발전할 것으로 보인다.

친환경 인증제도(미국 그린빌딩위원회(USGBC)가 만든 자연친화적 빌딩 · 건축물에 부여하는 친환경 인증제도)

CPTED와 마찬가지로, 자연친화적 환경설계 방향(LEED-leadership in energy and environmental design) 개념은 안전문제를 보완하는 반면에, 기타 요인들은 물리적 안전 원칙과 충돌하고 있다. LEED 환경건축 평가 시스템은 "친-환경건물(green building)"을 조성하는 국가 표준을 제공하기 위한 노력을 나타내고 있다. LEED의 목적은 확립된 혁신적 관행과 표준, 그리고 기술을 사용해서 건물의 환경적 성능과 경제적 효과뿐만 아니라 주민들의 복지(well-being)를 향상시키는 것이다.

미래를 향한 CPTED 변화

CPTED는 상식적인 개념임에 분명하지만, 그 이면에는 범죄기회와 범죄공포를 감소시켜 큰 효과를 얻기 위해 CPTED를 적용할 수 있는 특별한 방법을 나타내는 수많은 과학이 존재한다. 1973년부터 CPTED에 대한 연구 및 평가는 CPTED가 가지고 있는 여러 가지 유용성을 입증하고 있다. 그러나 형사사법 연구는 일반적인 통념문제에 이의를 제기하고 있다. CPTED 개념은 그렇게 쉬운 청사진이 아니며, 맹목적으로 모든 요구조건을 충족해서는 안 된다. 오히려 공간의 특정 유형 및 사용에 적합한 특정 전략을 위한 지침이다. 한 가지 권장사항이 모든 상황에 맞는 것은 아니다.

CPTED가 널리 사용되는 데 있어 가장 큰 장애물은 기술적 방법을 무시하는 것과 단일성이 부족하다는 것이다. 이제 CPTED가 사용되기 시작한 지 거의 40년이 지났기 때문에 많은 사람들이 CPTED에 대해 들어 알고는 있지만, 그 원리는 모든 영역이나 지역에 지속적으로 적용되지 않고 있다. CPTED를 고려하는 많은 학교들은 단순한 것에서 다음과 같은 과학적인 분야로 진화하고 있다.

1. 오스카 뉴먼(Oscar Newman)(뉴먼학교)은 환경적 설계를 통해 범죄를 예방하고 방어할 수 있는 공간에 대한 공식적인 개념을 도입했다. 그의 초기 디자인 연구는 자연적인 "접근통제, 감시, 그리고 영역성" 사용에 초점을 맞추었다.
2. 팀 크로우(Tim Crowe)(크로우 학교)는 뉴먼보다 나중에 CPTED 개념을 도입해서 현재의 정설을 공식화했다. CPTED에 대한 크로우의 해석은 뉴먼의 초기 연구를 인용하여 자연, 물리, 절차적 수단을 포함시키기 위해 자연적인 접근통제, 감시 그리고 영역성으로 확장시켰다. 크로우는 또한 "이미지 유지 및 상황적 활동 지원"을 환경적 디자인에 도입했다.
3. 차세대 CPTED 실무자(플로리다 학교를 칭함)들은 CPTED를 특정 지역에 적용할 수 있는 새로운 방법을 발견했으며, 그들은 지침을 공식적으로 규정화해서 계획을 세우는 데 CPTED를 적용한 첫 실무자들에 속한다. CPTED 실무자들 중 일부는 자신들의 최근 연구를 기존 연구와 차별화시키기 위해 "제2세대 CPTED"라는 용어를 제시했다.
4. 영국 내무성과 럿거스(Rutgers)대학(론 클라크)에서 CPTED 학자들은 여러 가지를 기반으로 CPTED가 "상황적 범죄예방" 전략의 가장 중요한 요소 중 하나라는 사실을 인지했다. 호주, 캐나다, 영국, 그리고 미국에서 CPTED에 많은 기여를 했지만, 앞서 언급한 학교들

은 ASIS 인터내셔널, 물리적 시설물 보안대책, ASIS GDL FPSM 2009 Guideline 지침뿐만 아니라 오늘날 CPTED에 대한 개념의 주류를 대표한다.

이 장에서, 저자는 일반적으로 CPTED가 정설로 간주되거나 나중에 티모시 크로우(Timothy Crowe) 박사가 추진했던 학설(school of thought)로 간주된다는 점을 설명한다. 크로우 박사에 따르면, CPTED가 광범위하게 수용되어 사용되도록 전환되려면 다음과 같은 요인들이 반드시 필요하다.

- **교육 및 훈련** : CPTED는 전문 학술교육 및 훈련에 반드시 포함되어야 한다. 입법기관, 기획위원, 그리고 사회적 전문가들은 그들의 미래 결정이 CPTED 개념에 안건을 반영할 수 있도록 즉시 CPTED를 추구하도록 지향해야 한다.
- **규정** : 물리적 환경의 모든 면을 규제하는 현재 규정, 규제, 표준, 그리고 지침은 CPTED 개념을 포함하도록 개선되어야 한다.
- **디자인 리뷰** : CPTED 개념은 확장된 디자인 리뷰 개념에 포함되어야 한다. 이것은 환경적 디자인에 대한 보다 좋은 결정을 내리기 위해 기관 간, 여러 학문 분야 간의 접근방법을 강조한다.
- **규정 강요** : 일치하지 않는 기존의 규정을 준수하도록 강요하는 것은 우리 사회 분열의 주요 원인이다. 여러 학문 분야가 규정 강요에 상호 접근하는 방식은 부패를 방지하고 사회를 활성화시키는 수단으로 사용되어야 한다.
- **소송** : 법원은 사람들이 인적 공간에 대해 더 나은 결정을 내릴 수 있도록 신속하게 강제하는 수단이 되고 있다. 첫 번째 공간에서 옳은 일을 하기 위한 모든 선의의 이유를 살펴보고(예; 삶의 질, 이익, 미학, 회생 및 손실 감소), 종종 상당한 비용이 들더라도 변화를 기대하는 마음으로 민법을 기다리는 것이 인간의 본능이다.
- **문서화** : 성공적인 CPTED란 개념을 널리 보급하고 과거의 잘못을 반

복하는 것을 방지하기 위해 이러한 개념을 사용하는 방법을 영구적으로 기록하는 것을 보장할 수 있는 멀티미디어 프레젠테이션으로 문서화하는 것이다.

CPTED 정의

NCPI가 사용하는 CPTED의 정의는 다음과 같다.

…적절한 디자인으로 건축환경을 효과적으로 사용하면 범죄공포와 발생률을 감소시켜 삶의 질을 향상시킬 수 있다.

간단히 말해, CPTED는 특정 공간에서 범죄기회와 범죄공포를 감소시키기 위한 건축환경의 디자인 또는 재디자인이다. CPTED는 여러 학문 분야의 이해 관계자들에 의해 가장 호의적으로 구현되며, 그들은 특정 공간에서 범죄기회와 범죄공포를 감소시키는 데 초점을 맞추고 있다. CPTED의 부수적인 혜택은 범죄율을 낮추고 공동체 의식을 증대시키며, 건물을 더욱 아름답게 만들어 재산 가치를 높이는 것이다.

새천년(New Millennium)에 적합한 CPTED

범죄기회와 범죄공포를 줄이기 위한 공간에 대한 새로운 기술, 새로운 도전, 그리고 새로운 사용은 추가적인 CPTED전략이 필요할 것이다. 기술과 건물관리 시스템의 현대화로 건축환경 사용에서 획기적인 기술 및 공간관리 발전이 있을 것이다. 다음은 21세기 초에 지속적인 인간경험 개발의 일환이 될 수 있는 CPTED와 관련된 여러 가지 토픽 중 일부이다.

정보통신 기술

인터넷 출현, 컴퓨터 장비, 그리고 고속 네트워크 통신은 보안전문가에게 도전의식과 기회를 만들어 주었다. 공간의 보안을 위해 더 많은 정보와 방법들을 사용할 수 있다. 그러나 CPTED 개념을 사용하는 애플리케이션은 산업계에서 최상의 실무와 밀접하게 관련되어 있으며 매우 중요하다. CPTED 개념을 적용하는 분야는 다음과 같이 새로운 방법으로 범죄기회를 줄이는 것을 포함한다.

- 초고속 정보통신망을 보호해서 범죄를 감소시킨다.
- 이제 지리적으로 가변적인 이동장소와 환경을 보호하는 라디오, 전화, 스마트 폰, 그리고 텔레비전 기술의 합병을 통해 사용할 수 있다.
- 현재 소비자의 손에 들려 있는 약 3억6천5백만 애플5 모바일 기기와 6억5천만 안드로이드 기기(2012년 7월 12일자 USA Today)의 개인정보 및 금융정보 보호
- 청각장애인용 오디오 루프와 기타 ADA 하드웨어를 음성으로 입력하는 보안 시스템과 같은 보안 애플리케이션으로 통합
- 전자서명과 정보저장 및 검색을 위한 미세공간에 마이크로 칩 매립
- 액세스 통제 및 감시 기술이 진보된 IP 사용으로 더욱 진보된 '거리감시'
- 문자(SMS), 페이스 북, 트위터, 링크드인(Linkedln), 유튜브, 그리고 기타 쇼셜 네트워크는 개개인의 연결성을 증가시키지만 한편으로는 부가적인 보안위험이 발생할 수도 있으며, CPTED 개념으로 이것을 완화시킬 수 있다.

주택

- 도시의 높은 주택밀도
- 가상직업과 가상고용의 기회로 농촌과 리조트 지역의 수많은 주택을 사용할 수 있다.
- 확장된 가족의 제2, 제3세대의 요구를 변화시키기 위해 셔플 하우스(shuffle house)를 필요로 하는 주택 재사용 및 용도변경 문제
- 가족과 친척들의 정체성 유지 및 통제를 위한 공동주택
- 도시환경을 변화시키기 위한 분리형 주택

- 무인 보호 및 저장을 위한 접이식 주택
- 공간의 유용성을 높이기 위해 소형으로 크기 조절이 가능한 가변형 룸
- 창이 달린 이동식 야드(Movable yards-이동식 테이블)나 덤웨이터(dumbwaiter-이동식 운반기) 액세스
- 플로팅 커뮤니티(floating communities－별도의 커뮤니티 시설동이나 주거동 지하에 설치되던 커뮤니티 시설에서 벗어나 주동 중층부에 커뮤니티 시설을 위치시킨 형태)

수송

- 전기자동차, 하이브리드, 호버(hover) 자동차
- 서비스 · 개구(frontage-도로에 접한 면) 및 거주자 통과지점 도로
- 가변형 도로(adjustable streets)
- 인스턴트 쿨데삭(Instant cul-de-sacs, 막다른 길)
- 자동 속도 · 충돌 조절
- 로봇
- 핸즈프리 내비게이션을 위한 디지털카메라 자동제어장치
- 충돌방지를 위한 적외선 레이더
- 갤런(4리터)당 200마일까지 운행할 수 있는 연료 효율성을 위한 연료－전기혼합 자동차
- 차량과 탑승자의 안전운행을 지시하고 감시하기 위한 GPS와 안내 서비스(concierge service-고객의 요구에 맞추어 모든 것을 일괄적으로 처리해주는 가이드) 사용
- 인간과 교통의 입자빔 변환(particle-beam conversion)
- 쇼핑, 진료, 오락을 위한 가상현실 여행

제도

- 생물권(Biospheres－생물이 살 수 있는 지구 표면과 대기권)
- 휴일 학교 교정 잠금기능, 학생용 배지(badge－휘장), 폐쇄회로(CCTV)

- 행동공간 관리 · 디자인
- 원격 서비스 · 감시 · 치료
- 로봇화 · 생체공학

상업 · 소매 · 산업

일회용 비즈니스들

- 일회용 센터
- 원격 쇼핑
- 인스턴트 제품
- 정보 · 커뮤니케이션

사회적 인식 · 통제

- 새로운 쇼셜 네트워크
- 행동 인센티브
- 시각적 접근성
- 자산가치 · 권리
- 전설적인 건강물질 재발견(예; 칡)

재료 · 건축

- 사전 건조된 모듈형 건축방식
- 예전의 아날로그 또는 비디지털 방식의 하드웨어에 장비를 연결하는 IP
- 건축에 전자 임플란트 사용
- 내구성이 우수한 자재
- 가변형 벽체 및 창문
- 행동 지시형 제품 · 장비
- 행동 · 위협 지시형 스탠드 오프(stand-off/격리구조) 제어

위에 나열한 것들과 유사한 21세기 CPTED 프로젝트 과제는 사람들이 위험에 노출되는 것을 감소시키는 상당한 효과가 있을 것이다. 신기술 도입으로 예상치 못한 위험에 노출되는 것을 감소시킬 수 있는 가능성이 있다. 따라서 CPTED 기획자 및 전문가들은 이와 같은 신기술 애플리케이션 개발에 지속적으로 참여해야 할 것이다. 한 가지 방법이나 다른 방법으로 기술이 개발될 것이다. CPTED 개념은 신기술과 사회변화의 전반적인 가치를 향상시키는 데 도움이 될 수 있다.

도심 도로 및 보행자 구역

- 1950년부터 1990년대에 이르기까지 보행자를 능가하는 차량의 증가는 차량과 트럭에 편의를 제공하기 위한 노외주차, 일방통행거리, 동기화된 교통신호, 그리고 보도 축소와 같은 결과를 초래했다.
- 보행자 지향 계획은 실패하거나 외곽으로 쇼핑센터와 쇼핑몰을 이전시켜 구매자들을 외곽으로 분산시켰다. 업무센터들이 시가지로부터 이동해 가면서 시내 보행자들의 활동이 감소되었으며, 그로 인해 업무센터들이 외곽으로 이동해가는 현상이 가속되었다.
- 좁은 보행자 도로는 부랑자 및 기타 비정상 사용자와 일반 사용자들 사이의 갈등과 두려움을 증가시켰다. 일반 사용자들은 이러한 도로를 회피하게 되었으며, 그 결과 업무 및 정상적인 도심활동이 감소하는 현상이 가속화되었다.
- 도심의 거리는 밤과 주말에는 "사람이 없는 거리"로 변했다.
- 자동차 대신 사람 중심의 보행자 몰이 만들어졌지만 디자이너가 3차원적 미학을 추구하지 못했기 때문에 대부분이 실패했다.
- 조명과 CCTV 업그레이드

상업 및 소매점은 고객의 인식과 소비행동에 영향을 주기 위해 항상 물리적 환경을 사용했다. CPTED는 공간 디자인 및 관리에 이러한 요소들을 혼합해서 새로운 차원을 추가한다.

1. **자연적인 접근통제** : 당신의 공간은 사람들에게 허용되는 것과 허용되

지 않는 것에 대한 자연스러운 어떤 표시를 제공해야 한다. 잠금장치와 보안요원에 의존해서는 안 되며, 그 구역의 보안 분야를 확인해야 한다.

2. 자연감시 : 또한 훌륭한 조명시설과 같은 기존의 요인들이 중요하지만 전략적으로 배치된 창문이나 작업장 배치와 같은 자연적인 요인을 간과해서는 안 된다.
3. 영역성 강화 : 이것은 모든 자연적인 감시와 접근제어 원칙을 구현하는 포괄적인 개념이다. 이것은 소유권 강화를 강조한다. 조경 및 작은 관목 조경, 포장 표면 디자인, 출입문 강화, 그리고 펜스 설치와 같은 방법을 사용해서 공공구역과 개인구역을 식별하는 데 도움을 줄 뿐만 아니라 소유권 경계를 표시할 수 있다.

이러한 개념은 독자가 생각하고 있는 것보다 더 중요할 수 있다. 예를 들면 약 20년 동안 5개의 편의점을 소유하고 있는 사람이 있다고 생각해보자. 그는 항상 환경개념이 너무 엉망이라고 느꼈다. 그러나 지역의 변화와 붕괴로 그는 더 이상 편의점을 운영하지 못했다. 이제 너무 늦었지만, 그는 주변의 환경변화에 대처하기 위해 자신이 자신의 공간을 디자인해야 한다는 사실을 깨닫는다.

상업적 환경에 적용할 수 있는 많은 CPTED 애플리케이션이 있다. 아마도 배워야 할 가장 가치 있는 교훈은, 좋은 상점 설계와 머천다이징(merchandising-마케팅 목표를 달성하기 위한 특정 상품과 서비스를 가장 효과적인 장소, 시간, 가격, 그리고 수량으로 제공하는 계획과 관리)은 효과적인 보안과 호환되지 않는다는 사실이다. 이 두 가지 목표는 공간계획과 행동개념을 통해 강화되고 달성될 수 있다.

선호하는 디자인과 효과적인 건축환경 사용으로 범죄공포 및 범죄발생을 감소시켜 삶의 질을 향상시키는 것으로 간주되는 CPTED 개념은 여러 가지 실용적이고 유용한 애플리케이션에 적용된다.

환경적 디자인으로 범죄예방[2)]

범죄예방 실무자들은 범죄를 줄이는 데 있어 디자인과 물적 계획(physical planning－자연을 개발하여 효용성을 높이거나 공중(公衆)의 편익을 증진하기 위해 계획을 수립하는 일)을 고려해야 하는 중요성을 잘 알고 있다. 범죄예방 담당공무원은 설치계획위원회를 통해 시설 디자인에 영향을 미칠 수 있는 기회가 있다. 그러나 효과적으로 영향을 미치려면 CPTED 기획자가 건물의 물적 디자인과 범죄발생 사이의 연관성에 대한 여러 가지 개념을 이해해야 한다. 이러한 이해에는 영역성, 자연적인 감시, 그리고 방어공간 개념을 포함한다.

영역성

지금까지는 외진 곳의 단독주택은 이웃과 다소 떨어져 있더라도 전형적인 가족의 영역으로 간주되고 있다. 단독주택은 이웃과 지역의 경계에 있는 공공도로로부터 완충되는 거리에 위치하고 있어서 종종 상징적인 관목이나 펜스로 경계를 강화한다. 그 지역을 조망할 수 있는 창에서 나오는 조명의 위치도 경계를 강화하는 역할을 한다.

불행히도, 인구가 증가하고 주택에 대한 욕구가 커짐에 따라 연립주택, 아파트, 그리고 고층건물 개발에 의해 단독주택 개발 경향도 나타나고 있다. 건축물 개발에 참여하는 건축가, 기획자, 설계자들은 범죄제어 또는 개인이나 가족집단이 범죄에 영향을 미칠 수 있는 방법으로써 자신들의 주택을 식별하기 위한 필요성에 그렇게 주의를 기울이지 않고 있다. 따라서 아파트에 살고 있는 대부분의 가족들은 아파트 문 외부공간과 자신의 영역을 명확하게 구분한 공공공간으로 생각하고 있다. 실제로 그들은 아파트 경계 외부의 모든 활동에 대한 책임을 공공기관에게 미룬다. 문제는, 살고 있는 공공구역 외부를 세분화해서 더 많은 공공공간이 주민들의 영향력과 책임하에 속할 수 있도록 환경을

---

2) *Field Manual*, Department of the Army, Appendix B, FM3-19, 30; 1979, pp.18-22

고려한 디자인을 사용해서 이러한 개인영역의 경계를 확장할 수 있는지 여부이다.

주택이 효과적으로 기능을 할 수 있도록 개발하기 위한 광범위한 연구를 통해 디자인 과정에 사용하거나 구축 후 추가할 수 있는 여러 가지 메커니즘들이 확인되고 있다. 이러한 메커니즘들은 다세대주택 주민들이 자신들의 주거지역 주변 또는 구역을 식별해서 구역 보호에 대한 책임을 당연한 것으로 여기도록 조장한다. 아래에 제시되는 사항들은 이러한 여러 가지 메커니즘들을 간략하게 고찰한 것이다.

- 사이트 디자인 : 주변 지역의 약 4분의 1이 특정 건물로 직접 식별될 수 있고, 그 건물에 거주하는 사람들이 그 지역을 사용하거나 유지보수하는 데 개인적인 관심을 가지고 있다면, 그들은 그곳을 보호하는 역할을 할 수 있을 것이다. 적절한 부지 디자인을 통해 한 건물에 인접한 휴게공간에 어린이들을 위한 놀이기구와 어른들을 위한 의자를 제공해서 완충지대처럼 사용할 수도 있을 것이다. 그 지역에 어린이들이 놀고 있고 어른들이 앉아 쉬고 있다는 것은 주민들이 그곳에서 일어나는 활동에 관심을 가지게 만드는 역할을 한다. 낯선 사람은 바로 인식이 되며 그들의 이상한 행동을 즉시 관찰해서 질문을 할 수 있다.
- 거리 디자인 : 연구결과, 거리 및 교통의 배치, 펜스 또는 새 도로의 변경으로, 특정 구역의 특성을 변경시켜 범죄발생을 감소시킬 수 있다는 것을 보여주고 있다. 예를 들면 자동차를 통행시켜 거리의 일정 비율을 폐쇄시킬 수도 있으며, 놀이기구와 의자를 배치할 수도 있다. 이러한 방법들이 사용되는 여러 구역의 주민 대부분은 사람들이 그 지역을 왕래하는 것을 알고 있거나 최소한 인식은 하고 있으며, 그 거리에서 낯선 사람들을 식별하고 있는 것으로 밝혀졌다. 새 도로, 일방통행 사용 또는 도로를 차단하는 것과 유사한 방법들로 동일 구역의 범죄발생률을 감소시켰다.
- 상징적 장벽 : 기획자가 한 구역을 구획하는 데 사용할 수 있는 장벽

유형으로는 개방 출입문, 표준 조명, 낮은 벽, 그리고 교목이나 관목의 식재와 같은 조경들이 있다. 물질 및 상징적 장벽은 모두 공공구역에서 개인구역으로 통과하는 사람에게 알리는 동일한 목적을 제공한다. 주민들이 경계선으로 인식하는 상징적 장벽은 비교적 안전한 영역으로 정의하는 역할을 한다. 많은 장소들은 상징적인 장벽의 사용을 보장하며, 이러한 상징적 장벽으로는 공공도로와 건물의 반공공구역 사이의 교차지점, 건물 로비와 복도 사이 구역 또는 건물 특정 층의 복도 등이 있다.

- **내부 디자인** : 경제적인 문제를 고려해야 하지만 건물 내부는 아파트의 특정 구역과 공용 입구에 적합하게 디자인되어야 한다. 이러한 요인들은 그 아파트에 거주하는 주민들이 주변 공간에 대한 관심을 가지게 만드는 데 기여할 수 있을 것이다. 예를 들어 아파트 건물의 각 층마다 2~4세대가 공동통로구역을 공유할 필요가 있을 수도 있다. 아파트 문은 공공복도 주변에 그룹화되어 유리 파티션을 통해 엘리베이터나 계단 접근이 보여야 할 것이다. 그 층의 거주자가 그들이 거주하는 집단적 공간으로 사용할 수 있으므로 유지 및 사용에 관심을 증대시킬 수 있는 효과가 있다.
- **시설 및 생활을 편리하게 하는 것** : 특정 시설의 위치(놀이기구 및 의자 배치구역과 세탁물 시설)는 한 구역에서의 사용량을 높여주며 영역성 의식(territoriality) 개념을 지지하는 경향이 있을 수 있다. 다양한 활동(놀이터에서 놀이를 하는 어린이들과 의자에 앉아 대화를 나누는 사람들이나 다른 활동유형에 참여하는 사람들의 활동)에 참여하는 거주민들의 존재는 가족에 대한 관심과 잠재적인 침입자에 대한 일상적인 감시가 가능하다.

집합적으로 정의된 영역을 함께 공유하는 집단화된 아파트 단위의 숫자를 감소시키고 주택 프로젝트를 포함하는 건물의 숫자를 제한하는 것은 거주민들을 보호할 수 있는 환경을 만들기 위한 중요한 요인들이다. 연구결과에 의하면 소규모의 고층건물에 비해 저층(2~4층)으로 구성된 주택 프로젝트가 범죄발생률을 낮춘다는 사실을 입증하고 있다. 이러한 연구결과를 기반으로, 소규모의 고층건물 프로젝트의 공공공간에서 이동의 자유가 훨씬 더 적은 것이 분명하다고 주장한다. 건물 및 대규모 개발과 달리 소규모로 집단을 이루고 있는 모든 건물들은 일반적으로 공공도로에 직접 접근할 수 있는 출입구가 있다. 이러한 거주공간에는 중산층들이 많이 거주하고 있으며 개발이 더욱 가속화되어 점점 더 사유공간화 하는 것으로 보인다.

범죄예방을 담당하는 경찰관으로서, 당신은 이러한 기법들을 직접 사용할 수 있는 지위에 있지 않을 수도 있다. 그러나 범죄예방 과정에서 이러한 방법을 사용하는 데 익숙하고 이러한 방법의 사용 가치를 충분히 숙지하는 것은 대중들이 범죄를 줄이는 데 참여하게 만드는 수단으로써 중요한 요소이다. 특히 이러한 수단을 설명하는 목적은 당신을 디자이너로 만들려는 것이 아니라 그 프로젝트에 참여하는 사람들과 소통하도록 하는 것이다.

이러한 조건을 기반으로, 그 구역에서 발생하는 활동을 자연스럽게 감시하도록 조장하기 위해 아파트 단위구역 및 내부구역, 주택개발구역, 그리고 기타 주거구역을 디자인하는 데 있어 여러 가지 메커니즘이 사용될 수 있다는 사실을 확인할 수 있다. 계단, 복도 또는 외부구역과 관련이 있는 창을 통해 감시할 수 있는 기회를 제공함으로써 지속적인 자연적 감시를 유지해서 범죄를 방지할 수 있을 것이다. 이와 같은 단계를 채택할 경우, 범죄자가 범행을 저지르기 전에 관찰구역의 보안에 대해 여러 번 생각하게 함으로써 그 구역의 보안을 이해하게 만들 것이다.

이와 같은 자연적 감시활동을 증가시킬 수 있는 메커니즘의 첫 번째 기법은 거주자들과 관할 관청에 의한 감시가 용이하도록 서비스 구역의 위치와 아파트 건물로 이어지는 접근경로를 포함한다. 예를 들면 건물 출입구가 인접도로를 향해 가까이 위치하고 햇빛이 잘 드는 방향이 현관이나 로비로 이어지게 하며, 로비가 거리에서 잘 보이게 배치되도록 건물을 설계할 수도 있다. 그 밖의 관련된 단계는 전략적으로 창문, 화재대피 계단, 로비 조명, 그리고 우편함 배치에 초점을 맞추어 거리에서 그들이 쉽게 보일 수 있도록 하는 것이다. 각 층의 엘리베이터 대기구역도 거리에서 보일 수 있도록 디자인할 수 있다. 연구결과, 이러한 방법을 취할 경우 거주자들이 시설보호에 참여할 가능성이 높아지고, 순찰차가 무슨 일이 발생하는지 관찰하기 좋은 위치이며, 범죄자들이 그 장소를 고의적으로 파손하는 일이 줄어든다는 것을 입증하고 있다.

감시활동을 증가시킬 수 있는 두 번째 기법은 그 구역 내의 사람들이 일상적인 가사활동을 하는 동안 통상적으로 이용되는 통로, 출입구, 그리고 놀이시설 및 의자배치 구역을 자연스럽게 볼 수 있도록 시설을 설계하는 것이다. 이 개념 역시 창문, 조명, 그리고 개방구역을 전략적으로 배치하는 것에 초점을 맞추어 거주자들에 의한 자연적인 감시를 향상시키는 것이다.

그 밖의 메커니즘은 시각적 감시의 가능성을 향상시킬 수 있는 인식 및 식별이 가능한 구역에 주택구역의 감시를 포함시키는 것이다. 연구결과에 의하면, 이웃의 외부활동 감시가 가능한 주택을 개발할 경우 주민들이 모든 사람들이 왕래하는 것에 대해 매우 익숙해지는 것으로 관찰되었다는 것을 보여주었다. 전체적인 효과는 사회적 압력을 통해 집단적 정체성과 책임감을 증대시키는 것이었다.

방어공간

방어공간이란 지역주민들이 사회적 환경을 통제권 내에 들여온 보안대책 범위를 말한다. 방어공간은 거주민들이 자신들의 가족, 이웃, 그리고 친구들을 위한 보안을 제공하는 동시에 자신들의 생활을 강화하기 위해 사용할 수 있는 주거환경이다. 안전을 보장하고 유지기능(방어공간 개념의 일부)을 향상시키는 것을 시사하는 물리적 메커니즘은 스스로의 권리를 지키는 자기구제 수단이다. 이러한 점에서 디자인은 주민들이 모든 공식 기관에 대한 사회적 책임을 공유하도록 강요하기보다 그들의 자연스러운 보안 충동을 촉진시킨다.

연구결과는 기존의 주거지역을 더욱 안전하게 만들 수 있도록 개조하기 위하여 사용할 수 있는 조사기술을 보여주고 있다. 다음 방법들은 당신의 시설에서 특정 상황을 개조하거나 특정 상황에 적용하는 데 필요할 수도 있다.

- 주요 통행로 확장 및 색상이 있는 포장 사용
- 나지막한 상징적인 벽이 있는 공공통행로와 각 주거단위 밖의 소규모 사유구역(전면 잔디밭)의 차별화
- 사용자 간의 갈등을 없애기 위해 개인 주거구역에서 상당히 떨어져 있지만 주민들이 감시하기에 충분한 거리에 있는 공공통행로 중심구역에 공공휴게구역을 추가한다.
- 놀이공간을 개방공간의 중요한 부분으로 설계
- 야간에 다양한 통행로와 오락구역을 강조하기 위해 장식용 조명 추가 및 주민 감시의 가능성과 보안 느낌을 확대
- 넓은 중앙 안마당 영역이 존재하는 오락시설에 의자 및 통행로 네트워크 추가. 이것은 그 구역에 대한 관심과 유용성을 증대시킨다.
- 자연적인 감시기능이 존재하는 것처럼 건물을 집단화시키는 환상을 만들기 위해 건물 주변에 주차장 및 놀이시설 구역의 재설계
- 건물 정원으로 통하는 옥외통로를 만들고 로비 출입문을 열수 있는 전화 인터콤을 설치할 수 있도록 건물 출입구 현대화
- 공공 모니터 보안으로 공공구역과 중앙통행로에 대한 비디오 감시기능 제공
- 엘리베이터와 주거지역 출입구에 오디오 및 비디오 감시기능 설치

범죄예방 모델

범죄예방설계 모델은 범죄가 발생하기 전에 범죄에 대응하는 조치를 취해야 한다는 이론을 기반으로 한다. 이 모델에서 중요한 요소는 환경

공학을 구성하는 요소이다. 그것은 과학 · 기술과 다양한 도시계획 및 설계기술의 사용을 통해 범죄기회를 감소시키는 방법으로 범죄행위에 대한 직접 · 간접적인 통제를 제공한다. 범죄예방 모델은 환경공학이 무엇인지, 그리고 그것이 범죄예방을 지원하는 방법에 대해 설명한다. 당신은 이러한 정보를 이용해 도시설계 및 계획이 시설의 범죄요소에 영향을 미칠 수 있는 방법에 대한 질문과 고찰을 이해하고 그에 대한 해답을 찾을 수 있을 것이다.

환경이 범죄행동에 미치는 영향

환경적 설계를 통해 범죄예방을 지원하는 기본이론은 도시환경이 두 가지 방법으로 범죄행동에 영향을 미칠 수 있다는 것이다. 첫 번째 요소는 사람들이 살고 있는 물리적 환경이 각각의 범죄행동에 영향을 미치는 것이다. 이러한 물리적 환경으로는 소음, 오염, 인구 과밀, 그리고 감시되지 않고 널리 퍼져 있는 폐기물과 눈에 띄지 않는 쓰레기의 존재 등이 있다.

환경공학 식으로 다루어야 하는 두 번째 요소는 사람들에게 그들이 책임져야 하는 사회적 관계를 제공하는 공동체의 사회적 특징에 관한 것이다. 소외감, 고독, 불안, 그리고 비인간화와 같은 사회적 특징들은 범죄행동의 암시로 볼 수 있다.

저소득 및 공공주택정책을 위한 다음과 같은 CPTED 전략 사례는 자연적인 감시, 자연적인 접근통제, 그리고 세력권 강화와 같은 세 가지 주요 CPTED 개념으로 분류된다.

자연감시

- 외부인들의 공간 사용 증가에 따른 감시자에게 도움이 되는 장소 제공(예; 포치(현관), 마당 배분, 그리고 원예)
- 감시 사실을 인식할 수 있도록 전면개방 또는 부분적으로 개방할 수 있는 침실 창에 커튼과 블라인드를 설치해서 조명오염이 주민들에게

영향을 미치는 것을 줄인다.

- 사용하지 않는 건물 벽에 창문을 설치한다.
- 자동으로 조절되는 현관조명을 설치해서 사람들이 얼굴을 식별할 수 있도록 조명구역을 만들고 조명의 사용과 강도를 줄여 빛공해를 감소시킨다.
- 시선이 닿는 곳에 주차장을 배치한다. 또는 바로 전면에 배치하는 것이 더 바람직할 수도 있다.
- 중앙 HVAC(Heating, Ventilation, and Air Conditioning－난방, 환기, 공기조화)장치를 설치해서 자연적인 감시를 방해하는 창문 사용을 줄인다. 이것은 또한 삶의 질을 상당히 향상시킨다.
- 자연적인 감시에 방해가 되는 벽과 펜스를 제거하고 대형 쓰레기 수거함을 없애고 투명한 소재로 주변에 방벽을 설치한다.
- 관목 높이는 91cm 미만이어야 하며, 자연적인 통제와 감시가 용이하도록 나무의 가장 큰 가지는 지면에서 11.6m 미만이어야 한다.

자연적 접근통제

- 비거주민 접근을 감소시키기 위하여 차량통행을 통제하는데, 이것은 차단기, 일방통행 또는 기타 설계를 포함할 수 있다.
- 차량의 속도를 줄이고 보행자 안전을 향상시키기 위하여 차로 폭 좁힘 및 과속방지턱 설치
- 지역공동체의 정체성을 높이고 잠재적인 비정상 이용자에게 경고를 주는 의미에서 공공공간으로부터 사유공간으로 이동하는 것을 알리는 표지판 설치
- 비정상적으로 공간을 이용하는 사람들에게 주의를 주기 위하여 소수의 차량을 위한 소수 주차구역 표시 및 일방통행 출입을 하기 위한 부분주차구역(Segment parking)

영역성 강화

- 공동현관이나 계단 출입을 공유하는 사람들의 숫자 감소
- 공동 발코니 또는 갤러리를 공유하는 사람들의 숫자 감소
- 공동 녹지공간을 공유하는 사람들의 숫자 감소
- 공동 주차구역을 공유하는 사람들의 숫자 감소
- 구내 공간할당 및 적극적인 이용 증가
- 거주민들을 위한 방어 가능 공간을 더 많이 만들기 위해 보행자 간의 거리를 넓힐 수 있는 이중보도 설치
- 필요한 경우 부지면적의 재설계
- 심리적 장벽 설치

다음에 열거하는 9개의 주요 CPTED 전략은 어떤 것이든 상호 조합해서 사용할 수 있다.

1. **통제공간 경계에 대한 분명한 정의를 제공한다** : 재산권을 보존하기 위해 공간이 정의되어야 하는 것은 관습법의 요구조건이다. 경계는 물리적 또는 상징적으로 식별되어야 한다. 펜스, 관목 또는 표지판은 허용되는 경계를 정의한 것이다. "합리적인 사람"은 자신이 공공구역에서 사유구역으로 통과하고 있다는 것을 인식할 수 있어야 하는 것이 기본원칙이다. 가구 및 컬러 장식의 배열은 인테리어 공간을 식별하는 수단이다. 통로 벽에 설치된 장식 판과 그림은 소유권을 정의하는 데 도움이 되며, 소유주와 일반 사용자 및 비정상 사용자의 행동과 성향에 영향을 미치는 강력한 환경적 단서이다.
2. **전환지점에 대한 명확한 표시를 제공한다** : 공공구역에서 반공공구역으로, 반공공구역에서 사유구역으로 이동하는 전환지점을 명확하게 표시하는 것은 매우 중요하다. 전환구역의 정의가 증가하는 만큼, 부적절한 행동에 대한 변명의 범위가 감소한다. 이용자는 통제공간으로 이동하고 있다는 것을 인식해야 한다.
3. **모임구역 재배치** : 자연감시와 접근통제가 용이한 장소에 모임구역을

공식적으로 지정하는 것이 좋다. 사람들을 끌어들이는 자석효과나 그 장소에 대한 매력을 감소시키기 위해 비정상적인 이용자들을 볼 수 있는 장소에 캠퍼스의 모임구역을 배치할 수도 있다.

4. **안전하지 않은 장소에 안전활동 배치** : 합리적인 범위 내에서 이 방법을 사용하여 학교 교정, 공원, 사무실 또는 기관에서 발생하는 문제점을 극복할 수 있다. 안전활동들은 다른 일반적인 이용자들에게 문제나 통제되어야 하는 행동을 드러내는 비정상 사용자들을 골라내는 자석과 같은 역할을 한다. 어떠한 경고는 방어할 수 없는 불안한 위치에는 안전활동이 배치되지 않는다는 것을 보장하기 위해 사용해야 한다.
5. **안전한 장소에 불안한 활동 배치** : 안전한 공간 또는 엄격하게 통제되는 구역 내의 창문 가까이에 불안전한 활동을 배치하는 것은 위험을 극복하는 데 도움이 되며, 이 구역을 이용하는 사람들에 안전하다는 느낌을 줄 수 있다.
6. **자연적인 방벽을 제공할 수 있도록 공간 사용 재설계** : 거리, 자연지형 또는 다른 방법으로 공포를 조성하는 마찰을 회피할 수 있도록 마찰 활동을 분리시킨다. 예를 들면 농구코트에서 들려오는 소리가 노인들이나 유아들 또는 놀이터에 놀고 있는 아이들에게 안도감을 줄 수 있다. 위협이 정상 또는 이용을 원하는 사람들에게 현실적으로 위험한 생각을 가지게 만들 수 없다.
7. **공간 사용 일정 개선** : 일반적으로 효과적이고 생산적인 공간 사용은 일반 사용자들에게 실질적인 위험과 위험하다는 인식을 감소시키는 것으로 밝혀졌다. 반대로, 비정상 사용자들은 자신들의 활동이 상당한 감시를 받고 있다는 위험을 느낀다. 시간 및 공간 관계를 주도면밀하게 고려하면 이익과 생산성을 향상시키는 동시에 행동통제를 증대시킬 수 있다.
8. **자연적인 감시 인식을 증대시키기 위한 공간 재설계 또는 개조** : 자연적인 감시기능 인식은 현실보다 더욱 강력하다. 분명하게 노출되도록 장

착된 감시카메라는 숨겨진 카메라보다 범죄 억제력이 높다. 실제로 숨겨진 카메라는 일반적인 이용자들이 안전을 거의 느끼지 못한다. 따라서 이러한 장비가 존재한다는 것을 인식하지 못할 때의 행동은 더욱 불안하다. 카메라를 숨겨서 설치하는 경우도 있지만, 이러한 장비는 활동을 억제하기보다는 불법적인 행동을 잡아내기 위해 설치된다. 마찬가지로 비정상 사용자들은 감시의 가능성을 알아차리지 못할 경우 감지된다는 염려를 하지 않는다. 창문과 시야가 미치는 곳, 그리고 기타 자연적인 감시기법은 종종 기계적 또는 조직적 감시방법(보안요원)을 사용하는 것만큼 효과적이다.

9. **거리 및 고립 극복 :** 향상된 통신 및 디자인의 효용성은 자연감시 기능과 접근통제 인식을 증가시킨다. 학교 관리자는 휴대용 무전기를 사용한 빠른 출동으로 도움을 줄 수 있다는 인식뿐 아니라 자신들의 근무 생산성을 향상시킨다. 편의를 향상시키고 건설 및 유지비용을 감소시키도록 화장실 위치와 진입 설계를 계획할 수 있다.

결론

향후 모든 이론, 벨, 그리고 경보신호와 별도로 우리는 다음과 같이 진행해야 한다.

1. 경찰과 지역공동체가 지속적으로 협력해야 한다.
2. 범죄문제 해결을 지원하고 특정 범죄를 용납하지 않으며 범죄공포를 감소시키기 위해 지역중심 치안과 주변 감시 프로그램을 지속적으로 수립해야 한다.
3. 고용의 기회를 확대시켜 빈곤의 수준을 낮춘다. 또한 도시지역에서 CPTED 개념을 활용하기 위해 민간부문과 제휴하도록 법률을 강화할 뿐만 아니라 국토부, 보건복지부, 그리고 주택공사를 비롯한 관련 부서들이 제휴를 강화해야 한다. 요점은 단지 범죄와 범죄공포를 감소시키는 것이 아니라 전체적인 삶의 질을 향상시키는 것이다.

참고문헌

Crowe, T., 2000. Crime Prevention Through Environmental Design in the Twenty-First Century. Butterworth-Heinemann, Boston, MA, USA.

Fennelly, L., 2012. Handbook of Loss Prevention and Crime Prevention, fifth ed. Elsevier, Amsterdam, the Netherlands.

번역 | **강욱**(Ph.D. 경찰대학교 행정학과)

부록 A : 브로워드 카운티 스쿨 CPTED 매트릭스[1)]

(Broward County School CPTED Matrix)

표 A.1 브로워드 카운티 스쿨 CPTED 구조

범죄환경	범죄환경의 문제	CPTED 전략	CPTED 설계 지시사항
학교 운동장 : 폭행 자전거 절도 무단침입 공공기물 파손(Vandalism)	버스 타는 공간에서 선생님이 감시할 수 없고, 감독해야 하는 학생의 비율이 늘고 있으며, 보행자의 교통 흐름이 지연되고 교통체증을 유발하는 설계와 과정 대립, 절도, 공공기물 파손이 발생한다.	버스 타는 공간을 재설계하고, 자연스러운 감시를 위하여 감시공간을 늘리는 과정을 조정한다. 보행자의 흐름을 통제하고 감독해야 하는 학생의 비율을 줄인다.	한 감시공간 안에 학생들을 싣고 내리는 공간을 만들고 최대 4~5대의 버스가 이용할 수 있는 규모로 제한한다.
			버스기사에게 특정한 정류장에서만 학생들이 내리고 탈 수 있게 하도록 요구한다. 버스를 타는 곳에서 편리한, 줄서서 버스를 기다리는 공간을 만든다. 선생님들이 버스를 타는 공간에서 버스의 이동을 지시하고, 각 그룹의 학생들이 다른 그룹이 버스에 타거나 내리기 전에 흩어질 수 있도록 관리할 것을 요구한다.
	비공식적인 모임 장소(자연발생적이고 지정된)는 공간의 선점을 촉진하며, 교통의 흐름을 방해하며, 자연스러운 감시를 저해한다. 폭행이 발생한다.	비공식적인 모임 장소를 자연스러운 감시와 감독에서 가까운 공간으로 이동시킨다.	비공식적인 모임을 지원하는 벤치와 물리적인 오락시설들을 정의되지 않은 공간에서 운동장(courtyard)으로 이동시킨다.

1) 이 매트릭스는 Tim Crowe에 의해 고안되었으며, 이 책에는 현재의 CPTED 기술을 반영하여 업데이트되었다. 본래 플로리다 주 브로워드 카운티의 학교 시스템을 위해 설계된 것이나, 다른 어떤 초등학교 또는 대학 설계에도 적용될 수 있다.

표 A.1 브로워드 카운티 스쿨 CPTED 구조 (계속)

범죄환경	범죄환경의 문제	CPTED 전략	CPTED 설계 지시사항
			학생들의 흡연공간을 운동장 내부로 이동시킨다.
		비공식적인 모임 장소의 순차적인 흐름을 촉진하고 집단에 의한 공간의 선점을 저지할 수 있는 공간으로 재설계한다.	기존에 있던 피크닉 테이블과 벤치들을 없앤다.
			공간과 집단의 규모를 물리적으로 나눌 수 있는 새로운 테이블과 벤치들을 설치한다. 오락시설을 다각적인 접근과 통로를 만들 수 있는 곳에 둔다. 문제가 되는 장소에 티켓 부스를 설치한다.
	시설의 설계, 사용, 위치가 조사하기 어려운 격리되고 사각지대인 공간을 만들었다(설계 때문이거나 혹은 두려움, 기피로 인한 미사용으로 인하여). 폭행, 절도, 공공기물 파손이 발생한다.	미사용되거나 잘못 사용되고 있는 문제의 지역들에 기능적인 활동을 제공하여 자연스러운 감시를 증진하고 안전한 교통 흐름을 도모하고 다른 유형의 사용자들을 끌어들인다.	운동장에 작은 광장을 만든다.
			작은 광장의 활동을 설계하고 조정하는 것을 돕는 학생·교수진 위원회를 조직한다.
	캠퍼스의 설계와 경계 지정이 불분명한 점이지대를 만든다. 무단침입, 절도, 공공기물 파손이 발생한다.	통제와 감시가 이루어질 수 있도록 명확한 경계와 점이지대의 지정을 제공한다.	펜스, 화단 또는 장식용 펜스를 경계를 따라 설치한다.
			경계를 지정하는 활동을 설계하고 조정하는 것을 돕는 학생·교수진 위원회를 조직한다. 경찰의 "학교구역" 관할 사무소를 만든다.
	학교 체육시설의 장소와 배치가 지역주민들과 행인들로부터의 자연스러운 감시를 저해한다(휴식시간). 무단침입, 절도, 공공기물 파손이 발생한다(공공기물 파손의 절반은 파괴 및 침입과 함께 발생한다).	학교 캠퍼스에 기능적인 커뮤니티 활동을 제공하여(휴식시간) 시설의 효과적인 사용을 통한 감시를 증진시킨다.	절도 알람 오디오시스템을 설치한다.
		신속한 문제 대응(그리고 인지)과 보다 효과적인 감시를 위하여 의사소통을 개선함으로써 거리와 격리를 극복한다.	교장과 학교 교직원, 관리인들에게 휴대용 무전기를 제공한다.

표 A.1 브로워드 카운티 스쿨 CPTED 구조 (계속)

범죄환경	범죄환경의 문제	CPTED 전략	CPTED 설계 지시사항
	학교 운동장의 자전거 복합시설 또는 주차공간의 설계, 사용, 위치가 다양한 시간대에 학생들로 인하여 자연스러운 감시를 저해하고 적절한 사용을 제한한다. 자전거 절도가 발생한다.	자전거 주차공간을 재설계하여 다양한 시간대에 접근이 필요한 학생들에게 일관성 있는 보안을 제공한다.	펜스가 설치된 자전거 주차구역을 만든다(보안구역).
			자연스러운 감시가 잘 이루어지는 공간에 개방된 자전거 주차구역을 만든다(비보안구역). 시간표에 따라 학생들에게 보안 또는 비보안 자전거 주차구역을 배정한다. 각 자전거 주차구역의 지면에 잠금장치를 설치한다. 필요한 학생들에게 자전거 잠금케이블 또는 체인을 사용할 수 있도록 규칙을 만든다.
주차장 : 폭행, 절도, 무단침입, 공공기물 파손	제한경계 없이 버스 타는 공간 가까이에 있는 학생 주차구역의 위치와 설계는 보행자들이 무분별하게 주차공간을 사용하게 하고, 집단에 의한 공간 선점이 일어날 수 있고, 자연스러운 감시를 저해한다. 폭행, 무단침입, 절도, 공공기물 파손이 일어날 수 있다(버스 타는 과정에 의해 영향을 받는다).	보행자들의 주차장의 필요성을 감소시키고, 점이지대의 교통체증을 줄이며, 주차장 사용의 엄격한 지정을 돕기 위해 버스정류장과 주차장을 이동시키거나 재설계한다.	학생 주차장과 운전자의 교육범위 위치를 바꾼다.
			버스정류장을 피하여 학생 주차장으로 접근하는 길을 지정한다.
	주차장의 설계와 위치는 점이지대의 불명확한 지정을 초래하며 차량과 보행자, 학생, 그리고 학생이 아닌 사람들에게 무분별한 접근성을 제공한다. 무단침입, 절도, 공공기물 파손, 무단출입이 발생한다.	점이지대를 명확히 지정하고, 특정 기간 동안의 출입경로를 재설정하며, 자연스러운 감시를 제공하도록 하기 위해 자연적인 경계를 지정하고, 학생 주차장의 차량 접근을 제한한다.	주차장 주위에 펜스를 설치한다.
			차량이 접근하는 지점에 미적으로 보기 좋은 문을 설치한다. 학생 및 보행자의 주차장 사용에 제한을 둔다.

표 A.1 브로워드 카운티 스쿨 CPTED 구조 (계속)

범죄환경	범죄환경의 문제	CPTED 전략	CPTED 설계 지시사항
			수업시간에는 외부 차량이 접근하는 지점의 출입구를 차단하고, 내부 접근지점은 개방한다. 주차장의 경계를 지정하고 접근을 통제하는 활동을 설계하고 조정하는 것을 돕는 학생 · 교수진 위원회를 조직한다.
	주차장에 인접하고 공용 대로에서 보이는 개방된 복도에서의 흡연구역과 같이 비공식적인 모임 장소는 자연스러운 감시를 저해하고, 외부인을 끌어들이며, 수업시간 동안 학생들의 주차장 사용을 금지하는 정책에 방해가 된다. 무단침입, 절도, 공공기물 파손이 발생한다.	비공식적인 모임 장소를 자연스러운 감시가 가능한 공간으로 이동시켜 공용 대로에서 보이지 않고 비공식적인 모임 활동들을 지원할 수 있도록 한다.	작은 광장을 만든다.
			학생들의 흡연구역을 작은 광장으로 이동시킨다. 작은 광장의 활동을 설계하고 조정하는 것을 돕는 학생 · 교수진 위원회를 조직한다.
	학생 주차장의 격리(일부 장소)는 자연스러운 감시를 저해한다. 다양한 학생들의 시간대에 펜스와 문의 사용을 제한한다. 무단침입, 절도, 공공기물 파손이 발생한다.	모든(또는 일부) 학생 주차장을 자연스러운 감시가 가능한 곳으로 이동시키거나 안전한 활동들을 학생 주차장과 병렬 배치시켜 자연스러운 감시를 도모한다.	학생 주차장과 운전자 교육 범위의 위치를 바꾼다.
		학생들의 다양한 접근 필요성에 부합하는 보안을 제공할 수 있도록 주차장을 재설계한다.	학교에 있는 동안 잠겨 있는 펜스가 설치된 주차장(보안)을 만든다. 자연스러운 감시가 잘 이루어지는 장소에 개방된 주차장(비보안)을 만든다. 학생 시간표에 따라 보안 혹은 비보안 주차장을 할당한다. 주차장에 들어오기 전에 학교 주차장의 내부적인 부분을 통해 비보안 주차장으로 차량이 접근하는 경로를 조정한다. 학생들의 주차장 사용을 제한하는 정책을 만든다.

표 A.1 브로워드 카운티 스쿨 CPTED 구조 (계속)

범죄환경	범 환경의 문제	CPTED 전략	CPTED 설계 지시사항
라커룸 : 절도 무단침입	라커의 설계 및 사용은(다양한 곳에 할당함으로써) 학생들을 분산시키고, 감시를 저해하며, 선생님이 감독해야 하는 범위를 늘린다.	특정 구역에 대한 관심을 높이고, 공간의 지정된 목적을 증진하고, 감시가 요구되는 공간을 줄이기 위하여 공간의 사용을 다시 지정한다.	각 반마다 분리된 공간의 라커를 배정한다.
	유사한 디자인의 라커는 혼란을 발생시키고 점이지대의 정의를 불명확하게 함으로써 자연스러운 감시를 저해한다.	점이지대와 공간의 사용을 명확하게 정의하여 선의의 사용자들이 쉽게 인지할 수 있도록 한다.	각 반마다 특정 색깔의 라커를 배정한다.
	무단침입과 절도가 발생한다. 학급 학생들이 체육관이나 운동장에 있는 동안 분리된 라커 공간은 자연스러운 감시가 이루어지지 못하게 된다.	문제 구역에 기능적인 활동을 제공하여 자연스러운 감시를 증진시킨다.	교사들이 계획공간을 체육실로 이동한다.
	무단침입과 절도가 발생한다.		전 수업시간 동안 교사들을 계획공간에 할당한다.
복도 : 폭행	복도의 사용과 설계로 자연스러운 감시를 저해하는 사각지대와 격리된 공간이 발생한다. 폭행과 절도, 갈취가 발생한다.	사각지대 또는 격리된 구역에 기능적인 활동(또는 새로 지정된 사용)을 제공하여 자연스러운 감시(또는 그러한 인식)를 증진시킨다.	교사가 계획공간을 이동시킨다.
			사각지대가 동아리를 위한 공간 또는 학교 행정을 위한 공간을 제공할 수 있도록 재설계한다.
		자연스러운 감시(개방적인 인식 증진)를 위해 장애물을 제거한다.	문제가 되는 복도를 따라 벽에 창문을 설치한다. 외부 비상계단의 벽에 창문을 설치한다.
	수업시간표는 특정 구역에서 이동이 일어날 때 혼잡을 일으킴으로써 감시 가능성을 줄이고 불편을 초래한다. 폭행과 대립이 발생한다.	혼잡을 피하고 감독의 비율을 줄이며, 시간의 추이(time transition)를 규정짓기 위해 수업시간표와 관리 절차를 조정한다.	점심시간 사이에 3~5분간 이동시간을 제공한다.
	복도의 의자와 기타 편의시설의 위치는 공간 을 잘못 사용하게 되고 혼잡을 일으킨다. 복도의 위치는 그 설계로 인하여 자연스러운 감시가 불가능하다. 폭행이나 대립이 발생한다.	비공식적인 모임 구역을 그 활동을 지지하도록 지정된 자연스러운 감시가 가능한 공간으로 이동시킨다.	붐비는 복도의 의자와 다른 물리적인 편의시설들을 제거한다.

표 A.1 브로워드 카운티 스쿨 CPTED 구조 (계속)

범죄환경	범죄환경의 문제	CPTED 전략	CPTED 설계 지시사항
	복도의 위치 및 흡연구역과 같은 보행통로가 아닌 다른 기능으로서의 사용은 집단에 의한 공간의 선점을 초래하고 감시가 불가능한 잘못 사용되는 공간을 만든다. 이러한 잘못 사용된 공간은 흡연구역처럼 바깥 복도에 외부인들을 끌어들이게 만든다. 폭행, 대립, 그리고 다른 불법적인 행동들이 발생한다.	활동 및 기능이 잘못 사용되고 있는 공간으로부터 그러한 활동들을 지지하도록 지정되고 자연스러운 감시를 제공할 수 있는 공간으로 이동시킨다.	학생들의 흡연구역을 복도에서 작은 광장으로 이동시킨다.
			기존에 흡연구역으로 지정되었던 바깥 복도를 학생들이 사용하는 것을 제한하도록 학교 규칙을 개정한다. 체육관 스낵바에서 학생식당 음식을 제공한다. 스낵바에서 다방면에서 접근할 수 있도록 하고 줄 서는 공간을 만든다.
	복도의 설계와 정의가 그 공간의 지배적인 기능을 명확하게 규정하고 있지 않다(예; 통행). 불확실한 점이지대는 폭행과 대립으로 이어지기 쉬운 행동을 초래한다.	지배적인 기능을 명확하게 규정하고(공간의 의도된 사용), 영역의 영향력과 자연스러운 감시를 증진시키기 위해 점이지대를 명확하게 규정한다.	비상계단과 복도에 그래픽 디자인을 활용해 그 공간들의 의도된 기능을 규정한다.
			학교의 다양한 구역에 컬러 코드와 그래픽, 미술 디자인을 학교의 각 기능적 요소에 특별하게 사용한다. 기능적 요소에 그래픽 디자인과 컬러 코드 작업을 선별하고 조정하기 위한 학생·교수진 위원회를 조직한다.
화장실 : 폭행· 갈취	외부 출입구에 가까운 화장실의 위치는 일반적인 수업시간의 동선을 단절시키고 감시를 저해한다. 폭행이 발생한다.	접근통제 및 감시의 필요성을 줄이기 위해 특정한 시간에 격리된 공간으로의 접근을 제한한다.	문제가 되는 기간 동안 잠글 수 있도록 화장실 입구에 접이식 문을 설치한다.
	내부 설계에서 요구되는 사생활과의 분리는 일부 학생들과 관리하는 사람들로부터의 감시 가능성을 감소시키는 점이지대를 제공한다.	두려움을 감소시키고 사용을 증가시키며 발견의 위험성을 증가시키기 위해 자연스러운 감시의 장애물을 제거한다.	화장실 입구의 문을 제거한다.
			대기실 벽의 불필요한 부분들을 제거한다.

표 A.1 브로워드 카운티 스쿨 CPTED 구조 (계속)

범죄환경	범죄환경의 문제	CPTED 전략	CPTED 설계 지시사항
교실 : 폭행	교실 설계의 요건들은 개별교실을 격리시키며, 학생 대 교사의 비율을 높게 만들고 수업 중일 때 외부의 자연스러운 감시(실제 또는 인지된)가 줄어드는 결과를 초래한다. 폭행이 발생한다. 교실이 비어 있을 때 절도가 발생한다.	감지의 위험성을 증가시키고 격리되어 있다는 인식을 감소시키기 위해 자연스러운 감시를 저해하는 장애물들을 제거한다.	교실의 벽과 문에 창문을 설치한다.
		문제에 대한 빠른 대응, 빠른 대응의 인식, 그리고 더욱 효과적인 감시가 가능하도록 하는 의사소통을 개선함으로써 거리와 격리를 극복한다.	교장, 학교 교직원, 관리인들에게 휴대용 무전기를 제공한다.
			근무시간 외에 교실에서 문제가 일어났을 때 울리는 오디오 알람시스템을 설치한다.
	다양한 목적을 가진 교실의 위치와 설계 규정은 불명확한 전이지대를 만들고, 영역적인 영향을 감소시키며 자연스러운 감시를 저해한다. 절도가 발생한다.	주위 공간의 독자성을 다양한 목적의 공간으로 확대함으로써 영역의 영향과 자연스러운 감시를 증진시킨다.	다양한 목적을 가진 교실에 컬러 코드와 그래픽을 이용해 인접한 공간과 구별한다.
		문제가 되는 구역에 기능적인 활동을 제공하여 영역의 영향과 자연스러운 감시를 증진시킨다.	교사의 계획공간을 각 다목적 교실로 이동시킨다.
	점심시간에 교실을 옮기는 과정은 불명확한 시간의 변화와 그룹의 변화를 초래하며, 학생 대 교사의 비율을 높인다. 교실 내의 절도가 대부분 수업이탈 학생들에 의해 일어난다.	교실 이동시간을 규정하기 위해 교실 시간표를 조정하고 과정을 옮김으로써 수업이탈 학생을 감독하고 감시하는 것을 수월하게 한다.	점심시간 사이에 3~5분의 이동시간을 제공한다.

번역 | 강욱(Ph.D. 경찰대학교 행정학과)

부록 B : 학교 CPTED 조사

학교 보안 조사 · 평가

CPTED 평가는 특정 학교의 안전과 범죄 지수의 역량에 영향을 미치는 물리적인 시설의 설치 및 유지 요인들을 평가하고자 하는 시도이다. 이웃, 주택시설, 업소, 거리, 그리고 학교를 둘러싼 제도들의 유형과 같은 환경적 요소들이 학교의 운영에 영향을 미친다.

교실, 보안시스템, 조명과 색 디자인, 접근성, 유지 보수의 질과 같은 요소들은 모두 그것들이 학교의 기후, 자연스러운 감시, 방어적인 공간, 그리고 차별화된 공간에 미치는 영향을 알아내기 위해 평가된다. 조사 항목들은 만족(S), 불만족(U) 혹은 해당 없음(NA)의 등급으로 매겨진다.

검토를 위한 30가지 항목[2)]

1. 입구에서 장소가 잘 보이지 않는다.
2. 운동장에 차량의 접근이 용이하다.
3. 바깥 활동 발생
4. 학교와 이웃 간의 부적절한 거리
5. 은신처로의 접근 용이성
6. 관목에 의해 숨겨진 공간
7. 학교와 교통사고 위험과의 인접성
8. 구급차량이 건물에 접근하기 어려운 정도
9. 구석진 놀이공간
10. 초목이 건물의 일부를 가린다.
11. 장소가 거리로부터 보이지 않는다.
12. 주차장과 잔디밭 사이에 장벽이 없다.
13. 주차공간의 자갈
14. 위험한 차량 순환
15. 막힌 운동장이 공공기물 파손자를 숨길 수 있다.
16. 높은 난간이 공공기물 파손자를 숨긴다.
17. 가시성이 필요한 공간에 나무들이 위치한다.
18. 보행자 · 차량 대립

19. 입구에서 장소가 잘 보이지 않는다.
20. 건물의 벽이 튀는 공에 의해 영향을 받기 쉽다.
21. 버스정류소의 일부가 보이지 않는다.
22. 기계 장비와의 접근성
23. 쌓여있는 물건들과 배관이 지붕으로 올라갈 수 있게 만든다.
24. 오목한(recessed) 입구가 침입자를 알아보기 어렵게 만든다.
25. 건물의 일부가 차량공간으로부터 보이지 않는다.
26. 통로 지붕이 건물의 지붕에 접근하기 쉽게 만든다.
27. 구석진 곳이 공공기물 파손자를 숨길 수 있다.
28. 채광창이 접근을 쉽게 만든다.
29. 기계적로 작동되는 스크린이 공공기물 파손자를 숨길 수 있다.
30. 장비를 통한 접근성

레이 제프리(C. Ray Jeffrey)는 제프리가 뉴먼(Newman)과 다른 사람들의 작품을 알게 되기 전에 집필한 그의 기본적인 이론 책인 『범죄예방설계*Crime Prevention Through Environmental Design (1971)*』[3]에서 3중의 전략을 제안하였다. 이는 물리적인 설계뿐만 아니라 시민들의 참여 증가와 더욱 효과적인 경찰력 사용을 포함하고 있다. 그는 범죄를 예방하기 위한 방법은 전체적인 환경을 범죄의 기회가 감소하거나 제거될 수 있는 방식으로 설계하는 것이라고 주장하였다. 제프리는 도시지역의 물리적, 사회적 특징 모두가 범죄 양상에 영향을 미친다고 주장하였다. 더 나은 물리적 계획은 개선된 물리적 보안의 가능성 및 비공식적인 사회적 통제 개발의 가능성을 여는 열쇠이다. 그는 또한 범죄의 감소를 위한 물리적 계획에 앞서 분석단계의 수준 높은 정확도에 대하여 논하였다.

범죄율의 생태학적인 연구에서 가장 주요한 방법론적 결함 중 하나는 분석의 기초로서 큰 집단과 인구조사 데이터를 사용한다는 것이었다. 보통 집단은 시골–도시, 복잡성, 지역적 · 국가적 차이 등이다. 이러한 접근은 다양한 유형의

2) Timothy D. Crowe가 개발함.
3) Jeffrey, C. R, (1971) Crime Prevention Through Environmental Design, Sage, Beverly Hills, CA, USA.

범죄와 관련된 물리적 특징을 찾는 데 있어 지나치게 총체적이다. 우리는 각 건물 또는 건물의 각 방, 건물의 각 층의 측면에서 물리적인 환경을 살펴보아야 한다. 아주 작은 수준의 분석에서 범죄율이 조사될 때마다, 도시의 작은 지역에 범죄 대다수의 책임이 있음이 밝혀진다. 이 사실은 인구조사 데이터를 사용한 총체적인 통계적 상관관계 분석에 의해 밝혀졌으며, 범죄율에서 집과 집 혹은 건물과 건물 사이의 다양성을 무시하였다.
범죄를 예방하기 위해 우리는 도시의 아주 작은 한 구역에서 집중적으로 발생하는 살인 혹은 강도와 같이 우리에게 도시환경의 어떤 면이 범죄의 책임이 있는지를 말해주는 데이터가 필요하다[4].

위험 평가와 적용

이 단계에서는 조직의 활동, 자산, 운영, 기능과 주주(위험상황, 취약성 및 비판적인 분석)에 대해 직접적이거나 간접적인 결과의 가능성을 가지고 있는 의도적이거나 의도하지 않은 위험상황들로 인한 위험을 알아본다.

보안 유지 체크리스트

문과 창문이 얼마나 자주 확인되는가?

문과 잠금장치

1. 문이 메탈이나 솔리드 코어로 만들어졌는가?
2. 문의 경첩이 외부로부터 제거할 수 없게 되어 있는가?
3. 문 안에서 혹은 잠금장치로부터 40인치 내에 창문이 있는가?
4. 문에 보조 잠금장치가 있는가?
5. 문의 받이와 받이판(strikes and strikeplates)이 안전하게 매여져 있고 문이 꼭 맞는가?
6. 문 안에 창문이 없다면, 광각 뷰어장치 또는 음성 인터폰 장치가 있는가?

4) Jeffrey, C. R, (1975) Behavior Control Techniques and Criminology, Ecology Youth development Workshop, University of Hawall School of Social Work, Honolulu, HI, USA.

7. 잠금장치가 문의 우편물 투입구, 배달 포트(delivery port), 혹은 애완동물 출입구를 통해 손에 닿을 수 있는가?
8. 모든 외부 입구가 불이 켜져 있고 잘 작동하는가?
9. 입구가 거리나 공공장소로부터 관찰될 수 있는가?

출입증과 키 관리

키 관리

학교가 복잡한 물리적인 열쇠를 가지고 있든지 또는 접근통제를 하든지 간에, 키 관리 또는 출입증 관리는 CPTED 평가에서 굉장히 중요한 포함요소이다. 관리자가 고용자들로부터 그들의 일이 끝나고 열쇠나 전자키를 돌려받는 습관이 있는지 확인하고, 누가 그 키를 가지고 있는지에 대한 정확한 기록이 있는지를 확인하라. 짧은 시간 내에, 당신은 당신의 조사를 받고 있는 사람이 문제가 있는지를 파악해야 한다. 거의 모든 조직에서 일정한 종류의 마스터키 제도를 가지고 있는데, 이는 많은 사람들이 건물에 들어가기 위해 매일 24개짜리 키를 가지고 다녀야 하는 불편을 없애기 위해서이다.

마스터키는 관리부서는 물론이고 경영진, 중급 관리자, 그리고 보안부서에서도 필요하다. 30일 이내에 사용되지 않은 출입증은 시스템에서 삭제되어야 한다.

목적 : 출입증, 잠금장치와 키 프로그램의 통제가 오용을 방지하고 발견하기에 적합한가를 확인한다. 이러한 요건은 공간의 접근성을 제공하는 모든 키를 배타적으로 관리하고 있는 시설에만 적용 가능하다.

방법 : 잠금장치 및 키 관리와 관련된 보안 매뉴얼의 가장 최신 버전을 확인하라.

1. 마스터 수준의 키(예를 들어 보안 매뉴얼상에 정의된 바와 같이 그랜드 마스터키, 건물 마스터키, 층별 마스터키)가 적절히 관리되고 있으며 특정한 권한이 있는 사람만이 그들의 출입증에 마스터의 접근성을 보유할 수 있음을 검사하라.

a. 매일 또는 교대로(shift) 책임이 유지되고 있다.
b. 키는 제한되어 있으며 통제를 받는다.
c. 6개 이상의 마스터키가 사용 가능하다면, 보안 관리원은 12개월마다 그 승인을 문서화한다.
d. 마스터키에 대한 접근성을 관리하는 과정은 관리 혹은 화재나 응급상황 시 대응요원들이 들어올 수 있도록 외부로부터 안전하게 유지되어야 한다.

2. 만약 소방관이 건물에 접근하면 자물쇠 장비나 열쇠함 혹은 신분증을 통한 접근이 허용된다.
a. 보안통제센터 혹은 계속 직원이 있는 작업실에 경보장치를 작동하는지 확인하라.
b. 복제기기가 미사용 시에 보안되고 있는지 확인하라.
c. 복사되고, 기능이 없고, 발급되지 않은 키가 미사용 시 적절히 보안되고 있는지 관리하라.
d. 키 코드와 핀 조합(pinning combination)이 보안되어 있고 알아야 하는 상황에 이용 가능한지 확인하라.
e. 키 운영이 계약에 의한 것이라면, 그들이 요건들을 12개월마다 회계감사를 받고 있는지 확인하라.

접근 관리와 출입증 설계

목적 : 물리적인 접근성을 지원하는 처리과정과 기술이 효과적으로 운영되고 있는지를 확인하기 위함이다.

방법 : 접근성 관리와 출입증 설계와 관련된 보안 매뉴얼의 최신 버전을 검토하라.

1. 출입증이 매 요구 시에 발급되었는지 확인하라. 예를 들어
a. 회사직원이 아닌 자의 승인을 관리하는 문서가 출입증이 발급되기 전에 확보되었다.
b. 회사직원이 아닌 자에 대하여 출입증이 발급되기 전에 신분 증명

이 이루어졌다.

c. 일시적인 계약 출입증은 관리자, 구매자, 조정자 혹은 승인을 받은 지정된 계약 회사의 감독에 의하여 승인될 수 있다. 방문자의 신분(에스코트가 필요한)은 방문을 허가한 사람에 의하여 확인되어야 한다.

d. 출입증은 보안 매뉴얼의 요건을 지켜야 한다(예를 들어 봉인된 흰색 배경의 사진이 있어야 하고, 뒷면에는 우체국에서 인증을 받아(post-age-guaranteed) 돌려받을 수 있는 우체통 주소가 적혀 있어야 한다).

2. 모든 출입증이 데이터베이스상의 만료 날짜를 가지고 있는지 확인하라.

a. 반환 날짜에 반환되지 않은 출입증(예를 들어 일시적인 출입증 혹은 방문자의 출입증)이 정지되었는지 확인하라.

b. 분실되었다고 보고된 출입증에 대하여 즉각적인 조치가 행해졌는지, 그 프로필이 6개월 동안 데이터베이스에 저장되는지를 확인하라.

3. 모든 장치, 출입증 재고, 출입증 처리에 관한 다른 요소들이 미사용시에 안전한지를 확인하라.

4. 사용자 ID가 모든 직원들에게 배정되었으며 승인에 관한 검토가 매 6개월마다 행해지고 있는지 확인하라.

5. 직원의 접근성을 제거하기 위해 효과적인 처리과정이 제때에 적절하게 행해지는지 확인하라.

a. 카테고리 관리자 보고서가 90~95일마다 카테고리 관리자들에게 배포된다.

b. 30일마다 경비담당부서는 데이터베이스가 인사부서의 데이터베이스와 일치하는지 확인해야 한다.

c. 분실된 출입증 혹은 승인시간이 끝난 사람의 출입증을 정지시키는 처리과정이 24시간 내에 행해져야 한다.

창문

창문은 다양한 모양, 크기와 유형이 있으며 각각의 창문은 다양한 유형의 보안문제를 일으킬 수 있다. 창문은 소음이 다른 사람을 놀라게 할 수 있기 때문에 유리를 깨고 싶지 않아하는 절도범에게 유혹적인 출입구를 제공한다. 내리닫이 창틀 유형의 창문에 드릴로 아래쪽 창문의 맨 위 모퉁이와 위쪽 창문의 바닥을 통과하는 구멍을 뚫어라. 그 구멍에 단단한 핀을 넣어 창문이 열리는 것을 방지하도록 하라.

모든 1층의 창문들은 침입자의 접근 가능성에 따라 다음의 기준을 충족해야 한다.

1. 모든 창문들이 적절하게 꼭 맞고 잠금장치가 작동하는가?
2. 방범유리 또는 장식용 그릴로 창문 개방이 보호되고 있는가?
3. 깨진 창문이 방범유리로 교체되고 있는가?
4. 에어컨이 있는 창문 개방을 위한 추가적인 보안장치가 제공되는가?
5. 방범용 철격자로 지하 창문이 보호되고 있는가?
6. 모든 창문 주변의 나무나 관목이 손질되고 있는가?

외부 조명

1. 조명이 중요한 구역을 적절하게 밝히고 있는가(골목, 비상계단, 1층 창문)?
2. 1층 수평상에 얼마나 많은 피트 촉광(foot-candle)이 쓰이고 있는가?
3. 입구에 충분한 조명이 비추고 있는가?
4. 주변 지역에 경찰의 감시를 도울 수 있는 조명이 밝혀지고 있는가?
5. 보호용 조명과 작업용 조명시스템이 같은 선상에 있는가?
6. 검증된 보조시스템이 있는가?
7. 보호용 조명을 위한 보조 전력원이 있는가?
8. 필요할 때 자동으로 작동하도록 설계된 보조시스템이 있는가?
9. 보호용 조명이 타이머나 광전지를 이용해 자동으로 조절되는가, 혹은 수동으로 작동되는가?

10. 얼마나 오랜 시간 동안 조명이 사용되고 있는가?
11. 배전상자(switch box)를 사용하는가, 혹은 그것이 자동으로 시간을 확보하는가?
12. 보호용 조명이 쉽게 보완되는가(예를 들어 전구의 나사 풀기)?
13. 건물 주변에 어떤 종류의 조명이 설치되어 있는가?
14. 조명들이 효율적인 것인가?
15. 조명 기구들이 공공기물 파손자로부터 보호되는가?
16. 눈부신 조명이 있는가?
17. 조명이 고르게 분배되어 있는가?

디지털 폐쇄회로 텔레비전

디지털 폐쇄회로 텔레비전(CCTV)은 모든 학교 보안장치의 귀중한 자산이며, 디지털 비디오 레코더(DVR)에 접속한다면 더욱 귀중한 도구이다. 아날로그 비디오 레코더가 여전히 일부 장치에 사용되고 있으나 DVR과 IP 비디오 시스템의 장점은 아날로그 비디오 시스템보다 뛰어나다. CCTV는 "눈"의 추가적인 장치를 제공하는 감시 도구이다. 이 비디오 장치가 활발하게 감시되고 있는지 혹은 단순히 후속조치를 위해 기록되고 있는지는 그 사용과 보안을 위한 요건에 달려 있다. 만약 이 장치가 당신이 조사하고 있는 장소에 설치되어 있다면, 당신의 역할은 그 운영과 효과성을 다음과 같이 평가하는 것이다.

1. CCTV가 제대로 작동하는가? 비디오의 질이 개인을 식별하거나 화면상의 행동을 탐지할 수 있을 정도로 명확한가? 모든 카메라가 작동하는가? 장치가 지정된 사건들(예를 들어 작동, 문 열림)을 위해 설치되어 있는가? 펜 틸트 줌(pan-tilt-zoom) 카메라가 목적을 수행하고 있는가?(예를 들어 카메라의 초점이 중요한 지역에 맞춰져 있는가) 사생활 구역이 적절한 위치에 정해져 있는가?
2. 화면이 어떻게 감시되고 기록되는가, 또한 비디오 데이터가 적절한 기간 동안 저장되는가? 일반적으로 30일이 디지털 비디오 기록장치

의 표준이지만, 필요에 따라 비디오 저장소에 비디오가 영구적으로 저장될 수 있게 됨에 따라 90일 저장이 디지털 비디오 저장소의 표준이 되었다. 당신은 감사(auditor)가 최소한 90일 동안 저장이 가능할 것을 원한다는 것을 발견할 것이다.

3. 카메라의 가시범위가 가장 유용한 곳에 위치하고 있는가?
4. 비디오로 감시되고 있는 구역의 밝기 정도가 배경, 장소 및 활동이 감지되기에 충분한가?
5. 보안 레코딩 장치 시스템이 잠금장치가 있는 캐비닛 또는 밀폐된 공간에서 보안되어 있는가?

침입경보

당신이 조사하고 있는 장소가 이미 경보장치를 가지고 있다면, 그것을 완벽하게 확인하라. 그리고 모든 움직임 감지장치 사이를 걸어보라. 현재 사용하는 경보제품의 질과 무엇이 고객의 요구를 충족시킬 수 있는지에 대비하여 평가하라. 나는 최근에 5년밖에 지나지 않은 창고를 조사한 적이 있다. 그 창고는 두 가지 영역의 경보장치를 가지고 있다는 점이 흥미로웠다. 제어반은 앞문 오른쪽에 있었고, 이는 접수담당자로부터 4.6m 정도 떨어져 있었다.

두 개의 경보 키는 키 실린더 안에 있었고, 회사의 사장에 따라 “키는 장치가 설치된 이래로 계속 그곳에 있었다”. 요점은 1달러만 있으면 또 다른 키가 복사될 수 있고, 그 지역은 공격에 취약했다는 점이다. 다른 때에, 내가 뉴욕의 한 아트 갤러리를 조사하고 있는 동안, 안전책임자는 그가 2년간 그 경보장치의 서비스를 요청하는 전화를 받아본 적이 없다고 말했다. 그 후에 우리는 모든 움직임 감지장치와 전자접촉기를 직접 확인하였다. 당신은 그 책임자가 18개의 움직임 감지장치 중 12개가 작동하지 않음을 발견했을 때의 반응을 상상할 수 있을 것이다.

끝으로, 침입경보는 다양한 모양과 크기를 가지며 다양한 전자장비를 사용한다. 첨단 전자제품의 기술에 대한 충분한 이해로 효과적인 평가를 할 수 있기를 바란다. 당신의 장치들도 잘 작동하고 있는지 시험해 보는 것 또한 권한이다.

조경

조경에 관한 간단한 CPTED 가이드라인은 다음과 같다.

1. 모든 관목들은 5.5m~0.9m 사이여야 한다.
2. 첫 번째 나뭇가지는 땅으로부터 2.4m여야 한다.
3. 이 가이드라인들은 안전뿐만 아니라 미적으로도 만족스러운 조경을 보장한다. 당신의 조경을 신중하게 설계함으로써 당신은 시각적인 감시를 만들어낼 수 있다.

통로

최근에 나는 통로가 펜스와 잡초, 나무, 덩굴들로 무성한 한 학교의 평가를 수행하였다. 나는 사진을 찍어 보고서에 첨부하였으며(이렇게 잘하지 않는다), 이렇게 질문하였다, "이 덤불 뒤의 사람이 보이십니까?"

오락구역

장애물이 없는 시야가 당신에게 좋은 시각적 감시를 제공한다는 것을 기억하라. 체인이 연결된 펜스가 설치된 농구코트는 안전과 가시성을 제공한다.

자전거 고정대는 가시성이 높은 곳에 위치해야 한다.－낮은 펜스와 넓은 시야는 더욱 그러하다. 만약 자전거가 제대로 보안되지 않으면 자전거 하나를 만들기 위해 자전거 중 일부가 도난당할 수 있다.

학교 체육관

농구선수들은 그들의 경기를 사랑한다. 나는 온종일 농구를 할 사람들을 몇 명 알고 있다. 당신의 체육관이 마을에 단 하나뿐인 경기장이라고 가정해보자. 잠금장치가 고장나 있으며 자물쇠가 억지로 열려져 있고, 지금 선수들은 오고 있다. 만약 이러한 상황이라면, 새 솔리드 코어 재질의 문과 강력한 장치, 그리고 침입경보장치들을 고려해보라.

학교 또는 마을 도서관

최근 몇 년 동안 DVD 또는 CD가 증가하였고, 연구 책자와 일반적인 문서들 또한 증가하였다. 대부분의 도서관은 도서실 내에 특별한 수집물, 제한구역, turnstyles, 화재와 침입경보, 귀중한 미술작품이 있으며 도서관 직원이 근무하고 있다. 도서관의 쟁점사항은 다른 기관들과는 조금 다르지만, 물리적 안전에 대한 문제는 동일하다. 귀중한 도서의 절도는 새로운 것이 아니다. 나는 한 도서관이 9권의 책을 도난당한 것을 조사하는 것을 돕기 위해 불려간 적이 있었다. "9권", 나는 스스로에게 말했다; "내가 왜 책 9권에 시간을 낭비하고 있는 거지?" 그러고 나서 나는 그 책들의 제목들을 보고 혼자 중얼거렸다, "와우." 조사는 단순히 그 책들을 경찰 컴퓨터 목록에 올리는 것 이상으로 달라졌다.

컴퓨터실과 장비 및 음악실

모든 값비싼 장비들은 케이블과 볼트로 적절히 보안되어야 하며, 안전한 장소에 위치해야 함은 물론이고 침입경보장치에 의해 보호되어야 한다.

조명

개선된 조명은 또 다른 학교 또는 거주지역에 보안장치를 제공한다. 비록 일부 연구에서는 향상된 조명시스템이 설치되고 난 이후의 범죄의 감소를 기록하였지만, 이러한 연구들은 일반적으로 전이효과를 고려하지 않았다.

한 거주지에 사는 개인들이 더 나은 조명을 설치함으로써 절도의 가능성을 감소시켰다고 할지라도, 그들은 절도를 또 다른 조명이 덜 좋은 지역으로 옮겼을 뿐일지도 모른다.

의미상, 피트 촉광(foot-candle)은 한 표면에 떨어지는 조명이나 빛의 단위이다. 이는 표준촉광이 1피트의 거리에 있을 때의 조도의 수준을 말한다. 1피트 촉광은 1제곱피터당 1루멘에 해당한다. 시설들의 일부 유형에 대한 권장 조명의 정도는 다음과 같다.

–외부지역 주변 0.5fc
–제한된 지역 주변 0.4fc
–차량 입구 10fc
–보행자 입구 5fc
–도로 0.5~2fc
–실내의 민감한 구조물 10~20fc
–개방된 주차장 조명의 정도는 낮은 수준의 활동지역에서 최소 0.2fc 이며 높은 수준의 차량 활동지역에서는 2fc이다. 회수 부스가 있다면 조명 레벨은 최소 5fc
–짐 싣는 곳 : 15fc
–짐 싣는 곳 내부 : 15fc
–해상 운송 : 5fc
–보안경비실 : 25~30fc
–보안경비실 내부 : 30fc

보행자와 일반적인 CCTV 카메라를 위한 최소의 조명 정도는 다음과 같다.

–감지 : 0.5fc
–인식 : 1fc
–식별 : 2fc
–주차구조물 : 5fc
–주차장 또는 개방된 공간 : 2fc
–짐 싣는 곳 : 0.2~5fc
–짐 싣는 곳의 주차장 : 15~30fc

결론

주요 도시에서의 CPTED 적용은 다음과 같은 것들을 얻을 수 있다.

- 학교와 개방된 공간을 더 관찰하기 쉽게 만들고 이웃에서의 활동을 증가시킴으로써 범죄 기회 및 범죄에 대한 두려움을 감소시킨다.
- 이웃의 거주자, 사업가, 그리고 경찰이 범죄의 기회와 보상을 감소시키기 위해 더욱 효과적으로 함께 일할 수 있는 방법을 제공한다.
- 지역 정체성, 투자가들의 신념, 그리고 사회적인 응집력을 증진시킨다.
- 사업가들과 거주자들이 범죄로부터 그들 스스로를 지키는 것을 돕는 공공정보 프로그램을 제공한다.
- 교통 서비스를 향상시킴으로써 지역의 접근성을 더욱 용이하게 만든다.
- 정부 운영이 더욱 효과적이고 효율적으로 이루어지도록 개선한다.
- 시민들이 범죄를 보고하도록 장려한다. 이러한 목적을 달성하기 위한 단계는 다음과 같다.
  - 실외 조명, 보도, 조경의 개선
  - 감시 차단, 안전한 가정 및 이웃 정화
  - 사람들이 현금을 들고 다니지 않도록 하는 캠페인
  - 대중교통의 주요한 개선과 확장
  - 거리 조명 개선
  - 특별한 목적을 위해 구축한 대중교통 중심지

이러한 개선사항들은 삶의 질을 높이고 이 책에서 다루어진 각 공동체에 개선의 분위기를 제공하였다. 학교 설계에 있어서 CPTED의 적용은 지역 종사자 및 학군 인사들이 협력한 작업을 통하여 수많은 장소들에서 촉진되었다.

번역 | 강욱(Ph.D. 경찰대학교 행정학과)

부록 C : 기숙사와 학생 휴게실을 위한 CPTED 설계 지시사항

표 C.1 내부공간 구조

환경	환경 목표	CPTED 전략	CPTED 설계 지시사항
방	방 입구의 감시를 증가시킨다.	이웃과 방 입구의 자연스러운 관계를 도모한다.	복도의 끝 또는 계단의 시작점에 있는 개별적인 입구의 격리를 피한다.
복도	복도의 영역적인 영향력(territorial concern)을 강화한다.	적은 수의 실에 의해 공유되는, 명확하게 구별되는 공간을 제공한다.	공동복도를 공유하는 객실의 숫자를 줄인다. 계단실, 휴게실, 화장실에서 거주자의 방으로 이동하는 진로변경을 명확히 한다. 벽을 가장 가까운 거주자에게 할당하여 장식이나 영역적인 독자성을 갖도록 한다.
	복도의 자연스러운 감시를 증가시킨다.	비정상적인 사용자에 의한 위험 인지를 증가시키기 위한 자연스러운 감시를 도모한다.	복도의 끝에 있는 벽에 창문을 설치하여 자연스러운 조명과 가시성을 높인다. 실내 계단실에 창문을 설치한다. 휴게공간을 배치하여 복도까지 한눈에 보이도록 한다./벽의 창문을 활용한다. 복도의 벽에 조명을 설치하여 폭의 인식과 안전을 도모한다.
계단구조	계단에 대한 자연스러운 감시를 증가시킨다.	실내 계단에 대한 감시의 인지를 증진시킴으로써 비정상적인 사용자들이 철저한 조사와 도전을 받고 있다고 느끼도록 한다.	계단과 계단참(landing)에 연철 혹은 속이 비치는 나무 재질의 난간을 설계하여 가시성을 높인다. 계단참에 로비공간으로의 가시성을 제공한다. 모든 계단의 (외부) 계단참에 창문을 설치한다.

표 C.1 내부공간 구조(계속)

환경	환경 목표	CPTED 전략	CPTED 설계 지시사항
화장실	자연스러운 감시와 접근 통제를 강화한다.	접근의 편리성을 높인다.	화장실을 중심에 배치한다.
			공동화장실을 공유하는 거주자의 숫자를 줄인다.
		자연스러운 감시 및 접근통제의 인지를 증가시킨다.	
			계단 또는 외부 문 근처에 화장실을 배치 삼가
휴게실/공부 공간	기숙사 휴게실 공간의 영역적인 본질과 독자성을 강화한다.	그룹지어 있는 객실당 휴게실 공간의 배치를 정확히 할당한다.	공동휴게실을 공유하는 사람들의 수를 줄인다. 거주자들이 그들의 휴게실 공간을 꾸미고 장식하도록 한다.
	휴게실 및 인접한 복도에 대한 자연스러운 감시를 증가시킨다.	휴게실을 복도와 계단의 가시성을 확보할 수 있는 전략적인 위치에 배치한다.	휴게실 안팎의 벽에 창문을 설치한다.
			조명시스템을 설계하고 (개폐 블라인드를 바람직하게 제한하기 위해) 창문 덮개를 선별한다.
		장식, 편의시설과 환경적인 제도의 강화를 통해 세탁실 사용을 증가시킨다.	소음의 영향을 줄일 수 있도록 계단, 벽, 천장을 설치한다.
세탁실	세탁실 사용에 대한 자연스러운 감시와 접근통제의 효과를 높인다.	세탁실 위치의 편리성을 높인다.	세탁실을 주요한 활동구역과 가까운 중심부에 위치시킨다. 외딴 곳에 있는 세탁실이 분리되지 않도록 한다.
		감시의 인식을 높인다.	외부 벽의 유리 사용을 최대화한다. 강렬한 조명을 사용한다. 늦은 밤이나 근무 외 사용의 필요성을 줄이기 위해 기계의 수를 늘린다.
기숙사 조교 (assistant) 방 위치	비정상적인 사용자가 공간을 사용하는 것에 대한 자연스러운 감시와 접근통제의 인식을 증가시킨다.	문제가 발생할 수 있는 장소에 안전한 활동을 배치한다.	아파트를 전략적 위치에 배치시키고, 입구와 로비를 내다볼 수 있는 창문을 벽에 설치한다.
		관리인 · 기숙사 조교와 학생 사이의 접근성을 향상시킨다.	기숙사 조교의 방을 각 층 입구 지점에 위치시킨다. 아파트 전면에 관리인에게 뚜렷한 공간을 제공한다.

표 C.1 내부공간 구조(계속)

환경	환경 목표	CPTED 전략	CPTED 설계 지시사항
로비 · 현관	공용에서 준공용, 사적공간으로 이동하는 진로변경 부분을 명확하게 향상시킨다.	잠재적인 비정상적 사용자가 과도적 공간을 인식함으로써 과도 불편함과 철저한 감시 아래에 있음을 느끼도록 한다.	공용공간에서 로비로 쉽게 이동하는 것을 막기 위해 작은 장애물이나 통로 표시물을 만든다.
			비상계단이 평행한 통로에서 건물 근처로 이동한 것처럼 비상계단의 질감, 폭, 경계 규정을 바꾼다.
	자연스러운 접근통제를 향상시킨다.	일반적인 사용과 접근 지역에 대하여 거주자에 의해 소유적인 영향을 높인다.	로비의 벽과 현관을 기숙사 거주자들이 합리적으로 장식하고 꾸미도록 할당한다.
	자연스러운 감시를 증가시킨다.	건물로부터의 그리로 건물로의 가시성의 인식을 높인다.	유리와 벽에 고정된 조명의 사용을 최대화한다.
전화 · 전화실	공중전화 부스에서 일반적인 사용자들의 취약성을 높이고 비정상적인 사용자들의 배회하는 행동을 정당화하는 경향을 감소시킨다.	안전한 공간에 안전하지 않은 활동을 배치함으로써 자연스러운 감시를 연장한다(전화).	공용 전화기를 잘 사용되는 복도나 화장실로부터 멀리 떨어진, 통제되고 있는 구역에 위치시킨다.
		대립적인 행동을 막기 위한 자연스러운 장벽을 설치한다.	공용 전화를 건물 입구 또는 그 가까이에 배치하지 않는다.
아파트 가구	개별 방문과 화장실에 대한 자연스러운 감시를 강화한다.	거실과 주방공간에서의 직접적인 시야를 제공한다.	침실과 화장실 입구가 거실과 주방 주변에 집중되도록 설계한다.
	각각의 아파트로의 주 출입구로 자연스러운 접근통제를 증진시킨다.	입구가 활동이 많은 구역을 향하도록 한다.	입구 문을 향하고 있는 창문을 각 아파트에 설치한다.
	공용 외부 입구, 현관, 계단참, 공용복도의 영역적 독자성을 증가시킨다.	공동 외부 출입구를 공유하는 거주자들의 수를 줄인다.	적은 수의 아파트의 접근성을 강조하기 위한 외부 계단구조와 층계참 (landing)을 분리한다.

표 C.2 외부공간

환경	환경 목표	CPTED 전략	CPTED 설계 지시사항
입구	입구의 영역적 독자성을 강화한다.	공용에서 사적공간으로의 이동을 식별하는 주 출입구로의 접근성을 위해 진로변경 부분을 명확하게 제공한다.	건물과 평행하는 비상계단을 뒤쪽에 위치하게 하여 진로변경의 명확한 거리를 제공한다. 비상계단에 접근하기까지 타당한 거리를 보장한다.
	입구의 감시를 증가시킨다.	방 창문과 주변으로부터의 관찰이 가능하도록 한다.	입구 주변으로부터 시선이 향하는 길이를 증가시킨다. 입구를 내다볼 수 있는 창문을 설치한다. 문 입구와 인접한 패널에 유리 소재를 사용한다.
	입구의 자연스러운 접근통제를 증가시킨다.	공간관리 전략과 안전활동을 병치하여 건물의 접근성을 관리한다.	취약한 시간대 동안 하나의 입구로의 출입을 줄인다. 구조적으로 설계되고 선호되는 주 출입구 지점을 명확히 한다. 주 출입구 가까이에 업무기능과 다른 안전한 활동을 배치한다.
창문	창문으로부터의 자연스러운 감시의 인식을 증가시킨다.	창문 위치의 계획을 통해 우연한 감시의 기회를 높인다.	격리된 공간을 볼 수 있도록 벽에 창문을 설치한다.
		창문의 블라인드와 조명 관리를 통해 자연스러운 감시의 인식을 증가시킨다.	모든 외부 계단구조에 창문을 배치한다. 침실을 포함한 모든 창문에 조정 가능한 베니션 또는 미니 블라인드를 사용한다. 특히 침실에 창문에서 떨어진 곳에 외부 조명을 배치하여 창문의 커튼을 느슨하게 쳐두거나 블라인드를 일부 열어둔 거주자들이 아파트로부터 감시의 인식을 높일 수 있도록 한다.
발코니 · 복도	복도, 격리된 공간, 주차장에 대한 자연스러운 감시를 강화한다.	발코니, 파티오, 복도로부터의 감시의 인식을 증가시킨다. 1층과 인접한 건물에서 파티오 · 발코니에서 방 · 아파트로 가는 입구 지점에 대한 가시성을 높인다.	발코니를 설치하고 복도를 가능한 한 자주 개방한다. 벽을 설치하거나 지속적으로 나무 울타리를 배치하고, 가시성을 높이는 난간을 사용한다. 외부의 통로와 공간들을 바라볼 수 있도록 하는 방향으로 파티오와 발코니, 복도를 위치시킨다.

표 C.2 외부공간(계속)

환경	환경 목표	CPTED 전략	CPTED 설계 지시사항
실외 계단구조	자연스러운 감시의 인식을 증가시킨다.	개방적인 설계를 통해 계단과 계단참에 대한 가시성을 높인다.	연철 혹은 목재 난간을 사용하여 가시성을 높인다.
	자연스러운 접근통제를 증가시킨다.	계단 · 계단참의 방향을 사람들이 지나다니면서 감시할 수 있는 기회를 만들 수 있는 방향으로 배치한다.	창문이나 활동을 바로 볼 수 있는 위치에 계단을 배치한다.
적재 · 승객을 내려주는 구역	적재 및 승객을 내려주는 구역의 배치전략을 통해 영역적인 영향력과 자연스러운 감시를 강화한다.	건물 입구에서 적재구역에 대한 가시성을 증가시킨다.	각 건물의 특별한 적재구역을 명확히 한다.
			건물 입구로부터 적재구역까지 한눈에 볼 수 있도록 한다.
조명	효과적인 조명 사용을 통해 자연스러운 감시를 증가시킨다.	일반적인 사용자들이 안전함을 느끼고 비정상적인 사용자들이 큰 위험을 느낄 수 있도록 자연스러운 감시의 인식을 증가시킨다.	모든 길, 비상계단, 자전거주차장과 격리된 공간에 표준레벨의 조명을 제공한다.
	조명이 인간활동을 강화할 수 있게 하고 방해되지 않도록 한다.	효과적인 조명과 안전 인식의 측면에서 조명의 정도가 각 인간활동의 목적을 충족시키도록 설정한다.	침실과 거실의 창문에는 조명빛을 줄여서 주민들이 밤에 길이나 개방된 입구 및 주차장으로부터 그들의 창문에 대한 시야가 흐려지지 않도록 한다.

표 C.3 인접지

환경	환경 목표	CPTED 전략	CPTED 설계 지시사항
주거단지	주택공간의 영역적 독자성을 증가시킨다.	건물들이 뚜렷한 밀집을 이루도록 배치시킨다.	건물이 뜰을 바라보도록 하고 입구가 건물의 모든 방면에서 한눈에 보이도록 한다. / 공동의 뜰을 공유하는 빌딩의 수는 최소로 유지한다.
		통제되는 공간에 대하여 자연스러운 경계 규정을 제공한다.	조경과 지형학적 특징이 건물 밀집의 경계를 강화할 수 있도록 계획한다.
	자연스러운 감시를 향상시킴으로써 주거단지에 대한 격리를 극복한다.	주거단지/밀집의 주변 구역에 자연스러운 감시를 제공한다.	발코니와 창문들이 할당되지 않은 공간에 대해 효과적인 조망을 제공할 수 있도록 배치한다.
뜰	개별화된 뜰의 사용을 통해 주거단지의 영역적 독자성을 강화한다.	뜰이 건물로 접근하는 중심점으로서의 역할을 하도록 설계한다.	모든 보행자들이 뜰을 지나서 접근하도록 설계한다.
		뜰 설계를 통해 자연스러운 감시와 접근통제를 증가시킨다.	공용공간에서 준공용공간으로 이동했다는 신호를 알리는 의미로 뜰을 그 입구 지점으로써 활용한다.
비상계단	자연스러운 감시를 통해 비상계단의 안전을 도모한다.	비상계단 경로 설계와 조경 유지를 통해 자연스러운 감시의 현실성과 인식을 증가시킨다.	비상계단은 보도나 활동이 많이 이루어지는 구역에 인접하도록 배치한다. 비상계단의 가시성을 방해하는 조경을 줄인다. 덤불과 나뭇잎, 특히 모퉁이나 구부러진 곳에 있는 덤불과 나뭇잎을 솎아낸다.
	비상계단의 경로를 통해 영역적 영향력을 강화한다.	통제되는 공간 주변을 규정하기 위해 공용 비상계단을 사용한다.	주거단지와 평행하게 침실 창문 가까이에 보도를 배치하지 않는다.
조경	조경계획을 통해 영역적 독자성을 강화한다.	보행자가 조경에 접근하는 것을 규정한다.	사적공간의 경계를 명확히 하여 공용에서 사적공간으로 이동했음을 의미하는 조경을 설치한다.
	조경계획과 유지를 통해 자연스러운 감시를 증가시킨다.	나무와 관목들의 규칙적인 관리를 통해 가시성을 방해하는 것을 줄인다.	덤불과 관목은 최대한의 높이 규정을 따르고 나뭇잎은 가장 낮은 높이 규정을 따른다(낮은 수준).
자전거 보관소, 보관대, 기둥	자전거 보관 공간에 대한 자연스러운 감시 기회를 강화한다.	자전거 주차에 대하여 편리한 접근성을 제공한다.	주기적인 벌목 및 식물과 관목 또는 나무의 유효 수명 교체(replacement)를 통한 조경관리를 행한다.

표 C.3 인접지(계속)

환경	환경 목표	CPTED 전략	CPTED 설계 지시사항
		효과적인 배치와 설계를 통해 자전거 주차장의 자연스러운 감시를 증가시킨다.	자유로운 빛의 흐름을 강화하고 극대화하기 위해 조명계획과 조경 유지를 통합한다.
자전거 보관소, 보관대, 기둥	자전거 보관 공간에 대한 자연스러운 감시 기회를 강화한다.	자전거 주차에 대하여 편리한 접근성을 제공한다.	자전거 보관대와 기둥을 건물 입구 가까이에 설치한다.
		효과적인 배치와 설계를 통해 자전거 주차장의 자연스러운 감시를 증가시킨다.	기존의 자전거 보관소, 보관대, 기둥들을 진행 중인 활동들을 한 번에 볼 수 있는 곳으로 이동시킨다.
보행자 도로와 건물 주변의 조명	보행자 도로의 조명을 통해 자연스러운 감시와 안전을 강화한다.	모든 인도 및 인간적 척도에서의 건물 주변에 조명을 제공한다.	위층의 창문에 과도하게 조명을 비추지 말고 보행자도로의 조명을 늘린다.
		활동량이 많은 지역을 따라 보행자를 향해 조명을 설계한다.	인도 및 대학과 학생회관, 도서관 시설을 연결하는 보행자도로를 따라 조명을 설치한다.
	통제되는 공간에 대한 조명을 통해 영역적 독자성을 증가시킨다.	특정 구역이 "빛의 섬"이 될 수 있도록 계획한다.	더 낮은 건물 및 인접한 지역에 조명을 비추어 주변 지역들까지 빛이 확장되도록 한다.
커피숍	커피숍의 효과적인 위치, 설계와 관리를 통해 자연스러운 감시를 증가시킨다.	커피숍을 중심부에 배치하여 저녁활동을 유도하는 역할을 하게 한다.	창문과 유리 재질의 사용을 극대화하여 커피숍에 대한 가시성을 높인다. 학생들에게 "빛의 섬"을 제공할 수 있도록 커피숍에 인접한 지역에 조명을 비춘다.
쓰레기통 · 폐물처리장	쓰레기 처리 구역에 대한 자연스러운 감시를 증가시킨다.	쓰레기 처리 공간에 대한 접근성을 개선한다.	창문에서 보이고 많은 활동이 일어나는 두드러진 장소에 쓰레기통을 배치한다.
		쓰레기통의 가시성을 높인다.	물리적으로 모호하기보다는 심리적으로 가려질 수 있도록 쓰레기통 구역을 설계한다.
실외 편의시설	실외 피크닉이나 앉을 수 있는 공간에 대한 자연스러운 감시를 강화한다.	활동공간 가까이에 배치함으로써 실외의 앉을 수 있는 공간의 가시성을 확보한다. 많이 사용될 수 있도록 접근성과 피크닉 장소의 편리성을 증가시킨다.	창문에서 바로 보이도록 편의시설을 설치한다. 대학 운동장에 편의시설을 설치한다.
			자연스러운 감시를 방해하는 요소의 설계나 설치는 하지 않는다.

표 C.4 일반적인 공간

환경	환경 목표	CPTED 전략	CPTED 설계 지시사항
주차장	외진 주차장에 대한 자연스러운 감시를 증가시킨다.	자연스러운 감시의 기회가 드문 지역에 안전한 활동을 배치한다. 자연스러운 감시의 장애물을 제거한다.	관리부스를 입구 주변에서 외진 공간의 입구와의 교차지점으로 이동시킨다. 덤불과 지형학적 특징이 인접한 거리와 구조물에 대한 직접적인 가시성에 미치는 부정적인 영향을 줄일 수 있도록 조경계획을 재설계한다.
	건물 가까이에 위치한 주차장에 대한 자연스러운 접근통제를 증가시킨다.	공용 거리와 준공용 도로에서 사적인 주차공간으로 이동하였다는 경계 통제 및 진로변경을 명확히 제공한다.	취약한 시간대에 일부 출입지점을 닫아 비정상적인 사용자가 이용할 가능성을 줄일 수 있도록 주차장을 설계하고 관리한다.
	주차장의 비정상적인 사용자에 대하여 발견될 위험성과 철저한 감시의 인식을 증가시킨다.	가시성이 높은 지역에 위치하는 새로운 주차장을 계획한다.	주차장은 건물이나 창문의 앞쪽에 위치하도록 하고, 조경은 미관을 고려하여 최소한의 차단이 되도록 적정하게 한다.
교통 수준 · 방향	교통관리를 통해 자연스러운 접근통제를 증가시킨다.	밤 시간대에 통제되는 지점으로의 차량접근을 줄인다.	모든 차량이 관리부스를 지나도록 설계한다.
비상계단과 보행자도로	비상계단과 보행자도로를 따라 자연스러운 감시를 증가시킨다.	자연스러운 감시를 방해하는 장애물을 제거한다.	모든 나무가 우거지고 모호한 보행자도로가 가시성을 높일 수 있도록 진로변경 조경관리를 제공한다.
	도로를 따라 있는 비상계단의 접근 가능성과 편리성을 높인다.	보행자도로의 종합계획(master plan)을 개발한다.	모든 주요 도로를 따라 인간적 척도에서 집중적인 조명을 설치한다. 모든 도로를 따라 비상계단을 설치한다.

번역 | 이도선(Ph.D. 신라대학교 법경찰학부)

부록 D : 편의점 및 주유소 CPTED 평가 양식

날짜 : ______________________

검토자 : ______________________________

Natural Surveillance(NSU-자연감시)

Natural Access Control(NAC-자연적 접근통제)

Territorial Concern(TER-영역성 관심)

위험평가 26개항

1. 보안이 강화된 프로판가스 저장탱크
2. 적절한 조명 수준
3. 종사원 의무고용 숫자(최소 2명)
4. 영업시간
5. 상점 내부 거울
6. 디지털 CCTV 및 90일간 기록 유지
7. 양호한 현금 취급 정책
8. 습관적 안전 및 안전유형
9. 상시 당직보안요원
10. 상점 위치
11. 그 지역의 범죄 수준
12. 전경(조망)
13. 문, 잠금장치, 키 관리, 그리고 창문
14. 화장실 접근
15. 필요한 보호 수준
16. 낙서
17. 간판
18. 교통방향
19. 화재진압 시스템

20. 경찰호출 버턴
21. 침입 자동경보
22. 상점 내 계산대 위치
23. 종사원들이 받아야 할 교육
24. 지붕으로 접근 가능성
25. 펜스 및 경계
26. 범죄구역 데이터

이제 강도의 관점에서 이러한 상황을 살펴보자. 강도는 어떤 부분에 대해 우려하는가?

1. 위치 : 다른 상점들과 얼마나 가까운가?
2. 조명 및 시야, 주차장 출입구, 보도
3. 창문 : 판매정보로 창문이 가려져 있거나 당신이 내부를 볼 수 있는가?
4. 문 : 금전등록기와 그 위치를 분명하게 볼 수 있는가?
5. 경보
6. 종사원의 숫자와 그들의 경계 정도
7. 교대시간과 영업시간은?
8. 내부 및 외부 CCTV 설치 대수
9. 간판
10. 강도를 행할 수 있는 기회는 어떠한가?

강도의 대답은 "너무 좋지 않다"가 되어야 한다.

I. 인구통계학적 데이터
   A. 장소명
   B. 위치
   C. 관할구역
   D. 고객

유형/#	반복	비반복
거주자 :	________	________
비거주자 :	________	________
운전 :	________	________
도보 :	________	________
통근자 :	________	________
방문자 :	________	________

   E. 경찰 서비스 ____

F. 소방 서비스 ______________________________

G. 직원 연락처 ______________________________

H. 운영시간 ______________________________

Ⅰ. CPTED/보안

장점 : ______________________________

단점 : ______________________________

유의 : ______________________________

권장사항 : ______________________________

Ⅱ. 주변/구역

A. 거주율 : ______________________________

B. 상업 · 소매구역 ______________________________

C. 산업구역 ______________________________

D. 거리 유형 :

사유 : ______________ 거주자 : ______________

서비스 : ______________ Subcollector : ______________

Collector : ______________ 주요 collector : ______________

고속도로 : ______________ 접경도로 : ______________

E. 고속도로 인접 ______________________________

F. 유형별 도로에 접근 용이 ______________________________

G. 조명 ______________________________

H. 인구통계학적 데이터 ______________________________

I. 차량접근 ______________________________

J. 보행접근 ______________________________

K. 기타 ______________________________

L. CPTED/보안

장점 : ______________________________

단점 : ______________________________

유의 : ______________________________

권장사항 : ______________________________

Ⅲ. 사이트 계획

A. 경작지 면적 : ______________________________

B. 지형적 특징 : ______________________________

C. 녹지구역
    공공 : ______
    반공공 : ______
    사유지 : ______
D. 오락 : ______
E. 풍경 : ______
F. 인접 건물에 접근 : ______
G. 펜스 · 벽 · 자연방벽 : ______
H. 경계 정의 : ______
I. 조명(유형, 장착, 위치) : ______
J. 상점 유형 : ______
K. 주차 : ______
L. 펌프(pump) (시각적 접근) ______
M. CPTED/보안
    장점 : ______
    단점 : ______
    유의 : ______
    권장사항 : ______

Ⅳ. 건물/외관
A. 건물유형 : ______
B. 유형별 스테이션 : ______
C. 규모(건물, 크기, 체적) : ______
D. 이용패턴/이용자 : ______
E. 의자/모임 구역 : ______
F. 차량접근 : ______
G. 차량으로 내려줌 : ______
H. 보행접근 : ______
I. 전화 : ______
J. 조명－공공구역 : ______
K. 조명－서비스 구역 : ______
L. 문/입구/출구 : ______
M. 창문/개방 ______
N. 서비스 구역 : ______
O. 대중교통 환승 정류장 : ______

P. 다른 건물과 연결 : ____________________

Q. 생활안전 규정/이슈 ____________________

R. 쓰레기 수거함 ____________________

S. 자동차 세차(시각적 접근, 유리) ____________________

T. 기타 ____________________

U. CPTED/보안

장점 : ____________________

단점 : ____________________

유의 : ____________________

권장사항 : ____________________

V. 주차장 :

A. 유형 : ____________________

B. 특징

진입/진출 : ____________________

표면 : ____________________

엔클로저(enclosures)/구조 : ____________________

유형별 단위 : ____________________

공공구역 접근 : ____________________

시각적 접근 : ____________________

C. 포치 설계/규모 : ____________________

D. CPTED/보안

장점 : ____________________

단점 : ____________________

유의 : ____________________

권장사항 : ____________________

VI. 내부

A. 구획/유형 : ____________________

B. 규모 : ____________________

C. 대기/의자 : ____________________

D. 현금지급기 ____________________

E. 기타 업무 ____________________

F. 이동구역/복도 ____________________

G. 관측영역/관측 기회
  사무실 : ______
  창문 : ______
  발코니/테라스 : ______
  계단 : ______
  기타 : ______
H. 장식(분수, 조경, 조각) : ______
I. 곤돌라/선반/랙(rack) ______
J. 계산대 위치/근무구역(층계 뒤편, 방벽) ______
K. 식품 서비스-의자 : ______
L. 식품 서비스-이동구역 : ______
M. 화장실
  위치 : ______
  입구 설계 : ______
  구획/비품 : ______
N. 전화 ______
O. 조명 ______
P. 서비스/유지 보수 ______
Q. 운영 사무실(위치, 접근, 창호, 근접, 시각적 접근) ______
R. CPTED/보안
  장점 : ______
  단점 : ______
  유의 : ______
  권장사항 : ______

Ⅶ. 재료
A. 내부 ______
B. 외부 ______
C. 페인트 ______
D. 조명
  유형 : ______
  장착 : ______
  구성요소 : ______
E. 기타 ______

F. CPTED/보안 ________________
장점 : ________________
단점 : ________________
유의 : ________________
권장사항 : ________________

Ⅷ. 보안
A. 시스템(경보, 금고, 타이머, 거울, EAS) : ________________
B. 보안요원(직접고용, 보안업체 위탁 등) : ________________
C. 임차인/구내매점 : ________________
D. 경찰 : ________________
E. 주요통제 : ________________
F. 접근통제 : ________________
G. 현금관리 ________________
H. 교육 : ________________
I. CPTED/보안
장점 : ________________
단점 : ________________
유의 : ________________
권장사항 : ________________

Ⅸ. 범죄유형/보안사고(섹션 XII에 보고서/지도 첨부)
A. 범죄보고서 : ________________
B. 범죄지도(사건현장 지도) : ________________
C. 범죄공포구역 지도(공포위치 현장지도) : ________________
D. 대지사용 지도(지역) : ________________
E. 보행자 활동 지도 : ________________
F. 자동차 주차/이동 지도 : ________________
G. 기타 : ________________
H. CPTED/보안
장점 : ________________
단점 : ________________
유의 : ________________
권장사항 : ________________

X. 우선적인 권장사항

물리적 공간

A. 교체 : ____________________

B. 수리 : ____________________

C. 제거 : ____________________

D. 설치 : ____________________

E. 재할당 : ____________________

F. 기타 : ____________________

관리

A. 경찰 : ____________________

B. 절차 : ____________________

C. 인력 : ____________________

D. 주변 프로그램 : ____________________

E. 기타 : ____________________

XI. 보안계획

A. 이웃 보안 : ____________________

B. 주변 : ____________________

C. 지상 : ____________________

D. 주차장 : ____________________

E. 건물 접근 : ____________________

F. 건물 외부 : ____________________

G. 건물 내부 : ____________________

H. 고가치 구역 : ____________________

I. 인적 보호 : ____________________

J. 특별행사 : ____________________

K. 기타 : ____________________

XII. CPTED 기반 및 계획(이 양식에 첨부해서 이 장의 모든 권장사항을 제공한다) :

번역 | 이도선(Ph.D. 신라대학교 법경찰학부)

부록 E : 쇼핑몰 및 쇼핑센터 CPTED 평가 양식

Natural Surveillance (NSU－자연감시)
Natural Access Control(NAC－자연적 접근통제)
Territorial Concern(TER-영역성 관심)

Ⅰ. 인구 통계

A. 장소명 : ____________________

B. 위치 : ____________________

C. 관할구역 : ____________________

D. 유형 :

몰 : ________ 스트립 : ________ 주변 : ________ 중간물 : ________

지역 : ________ 재개발(시내) : ________ 도시마을 : ________

E. 고객/방문자

유형/*	반복	비반복
거주자 :	________	________
비거주자 :	________	________
운전 :	________	________
보행 :	________	________
통근자 :	________	________
방문객 :	________	________

F. 경찰 : ____________________

G. 소방서 : ____________________

H. 응급센터 : ____________________

I. 종사원 수 : ____________________

J. 운영시간 : ____________________

Ⅱ. 구역/주변

A. 거주율 : ____________________

B. 상업/소매구역 ____________________

C. 산업구역 ____________________

D. 거리 유형 :

사유 : __________ 거주자 : __________

서비스 : __________ Subcollector : __________

Collector : __________ 주요 Collector : __________

고속도로 : __________ 접경도로 __________

E. 고속도로 인접 ____________________

F. 유형별 도로에 접근 용이 ____________________

G. 조명 ____________________

H. 인구통계학적 데이터 ____________________

I. 차량접근 ____________________

J. 보행접근 ____________________

K. 기타 ____________________

Ⅲ. 사이트 계획

A. 경작지 면적 : ____________________

B. 지형적 특징 : ____________________

C. 사이트 계획 : ____________________

D. 영향이 미치는 지역 : ____________________

D. 녹지구역

공공 : ____________________

반공공 : ____________________

사유지 : ____________________

F. 오락 : ____________________

G. 풍경 : ____________________

H. 인접 건물에 접근 : ____________________

G. 펜스/벽/자연방벽 : ____________________

I. 경계 정의 : ____________________

J. 레저버 로드(Reservoir roads) : ____________________

K. 순환도로 : ____________________

L. 펜스/벽/자연방벽 ____________________

M. 경계 정의 ____________________

N. 조명(유형, 장착, 위치) : ______________________________

O. 주차 : ______________________________

P. 기타 : ______________________________

Ⅳ. 건물/외관 특징

유형별 : ______________________________

규모(건물의 크기, 체적) : ______________________________

사용유형/이용자 : ______________________________

의자/모임구역 : ______________________________

차량접근 : ______________________________

차량으로 내려줌 : ______________________________

보행접근 : ______________________________

전화 및 무선 인터넷 접속 : ______________________________

조명－공공구역 : ______________________________

조명－서비스 구역 : ______________________________

도어/입구/출구 : ______________________________

창문/개방 : ______________________________

서비스 구역 : ______________________________

대중교통 환승 정류장 : ______________________________

기타 건물 연결 : ______________________________

생환안전 규정/이슈 : ______________________________

쓰레기수거함 : ______________________________

기타 : ______________________________

Ⅴ. 주차

A. 유형 : ______________________________

B. 특징 : ______________________________

진입/진출 : ______________________________

표면 : ______________________________

엔클로저 : ______________________________

유형 : ______________________________

공공구역 접근 : ______________________________

합리적인 공공구역 접근 권리 : ______________________________

시각적 접근 : ______________________________

풍경 : ______________________________

보도 : ______________________________
C. 기타 : ______________________________

VI. 내부
A. 구획/유형 : ______________________________
B. 규모 : ______________________________
C. 대기/의자 : ______________________________
D. 현금지급기 : ______________________________
E. 아케이드 : ______________________________
F. 식품코너 : ______________________________
의자 : ______________________________
통로/이동구역 : ______________________________
서비스 구역 : ______________________________
화장실 : ______________________________
전화 : ______________________________
G. 극장 : ______________________________
H. 클럽/오락실 : ______________________________
I. 이동구역/통로(주 통로, 부 통로) ______________________________
J. 관찰구역/관찰기회
사무실 : ______________________________
창문 : ______________________________
발코니/테라스 : ______________________________
계단 : ______________________________
에스컬레이터 : ______________________________
엘리베이터 : ______________________________
기타 : ______________________________
K. 장식(분수, 조경, 조각) : ______________________________
L. 카트 : ______________________________
M. 특별행사 : ______________________________
N. 화장실
위치 : ______________________________
입구 디자인 : ______________________________
구획/비품 ______________________________
재료 : ______________________________
O. 전환(위치, 주변에 의자, 조경) ______________________________

P. 조명 : ____________________
Q. 서비스/유지보수 접근 : ____________________
R. 운영사무실(위치, 접근, 창호, 근접, 그리고 시각적 접근) ____________________
S. 기타 : ____________________

Ⅶ. 재료
A. 내부 : ____________________
B. 외부 : ____________________
C. 페인트 : ____________________
D. 조명 :
유형 : ____________________
장착 : ____________________
구성품 : ____________________
E. 기타 : ____________________

Ⅷ. 보안 및 범죄문제
A. 시스템(경보기, 금고, 타이머, 거울, EAS 등) ____________________
B. 보안요원(직접고용, 보안업체 위탁 등) ____________________
C. 임차인/구내매점 ____________________
D. 경찰/보안 ____________________
E. 주요통제 ____________________
F. 접근통제 ____________________
G. 현금관리 ____________________
H. 교육 ____________________
I. 기타 ____________________

Ⅸ. 범죄유형/보안사건(섹션 XII에 보고서/지도 첨부)
A. 범죄 보고서 : ____________________
B. 범죄 지도(사건현장 지도) : ____________________
C. 범죄공포 구역 지도(공포위치 현장 지도) : ____________________
D. 대지사용 지도(지역) : ____________________
E. 보행자 활동 지도 : ____________________
F. 자동차 주차/이동 지도 : ____________________
G. 기타 : ____________________

X. 우선순위 권장사항

물리적 공간

A. 교체 : ______________________________

B. 수리 : ______________________________

C. 제거 : ______________________________

D. 설치 : ______________________________

E. 재할당 : ______________________________

F. 기타 : ______________________________

관리

A. 경찰 : ______________________________

B. 절차 : ______________________________

C. 인적 관리 : ______________________________

D. 주변 프로그램 : ______________________________

E. 기타 : ______________________________

XI. 보안계획

A. 이웃 : ______________________________

B. 주변 : ______________________________

C. 지상 : ______________________________

D. 주차장 : ______________________________

E. 건물접근 : ______________________________

F. 건물 외부 : ______________________________

G. 건물 내부 : ______________________________

H. 고가구역 : ______________________________

I. 사람 보호 : ______________________________

J. 특별행사 : ______________________________

K. 기타 : ______________________________

번역 | 이도선(Ph.D. 신라대학교 법경찰학부)

부록 F : 아파트, 콘도, 공공주택 CPTED 평가 양식

날짜 : ____________________

검토자 : ____________________

Natural Surveillance(NSU－자연감시)
Natural Access Control(NAC－자연적 접근통제)
Territorial Concern(TER-영역성 관심)

Ⅰ. 인구통계학적 데이터

A. 장소명 : ____________________
B. 위치 : ____________________
C. 관할구역 : ____________________
D. 단위 : ____________________
E. 거주자 : ____________________
F. 연령 : 18세미만____ 18－25세____ 26－45세____ 45－65세____65세 이상____
G. 인종/성별/민족

	남	여
앵글로 :	______	______
히스패닉 :	______	______
아프리카 계 미국인 :	______	______
아시안 :	______	______

H. 경찰 서비스 : ____________________
I. 소방 서비스 : ____________________
J. CPTED/보안

장점 : ____________________

단점 : ____________________

유의 : ____________________

권장사항 : ______

Ⅱ. 이웃

A. 거주자 비율 : ______

B. 상업/소매 : ______

C. 산업 : ______

D. 거리유형 : ______

사유지 : ______ 거주자 : ______

서비스 : ______ Subcollector : ______

Collector : ______ Major Collector : ______

고속도로 : ______ 접경도로 : ______

E. 고속도로 인접 : ______

F. 유형별 환승역 접근 : ______

G. 조명 : ______

H. 인구통계학적 데이터 : ______

I. CPTED/보안

장점 : ______

단점 : ______

유의 : ______

권장사항 : ______

Ⅲ. 건물

A. 층 수/정원 : ______

B. 타운 하우스 : ______

C. 복층 : ______

D. 단독주택 : ______

E. 복층 또는 고층 ______

F. 계단 ______

G. 엘리베이터 ______

H. ADA(예, 램프/경사) ______

I. CPTED/보안 ______

장점 : ______

단점 : ______

유의 : ______

권장사항 : ______

Ⅳ. 지상

A. 경작면적 : ______

B. 지형적 특징 : ______

C. 야드

공공용지 : ______

반공공용지 : ______

사유지 : ______

D. 오락 : ______

E. 정원 : ______

F. 풍경 : ______

G. 인접 건물 접근 : ______

H. 울타리/벽/자연방벽 : ______

I. 경계정의 : ______

J. 조명(유형, 장착, 위치) : ______

K. 간판 : ______

L. CPTED/보안

장점 : ______

단점 : ______

유의 : ______

권장사항 : ______

Ⅴ. 내부 거리

A. 유형 : ______

B. 진입/진출 ______

C. 주차

진입/진출 : ______

거리 : ______

구내 : ______

클러스터 : ______

주차 대 : ______

엔클로저/지붕 : ______

충돌 : ______

단위 : ______

단위에 근접 : ______

공공구역 접근 : ______

D. CPTED/보안
장점 : ____________________
단점 : ____________________
유의 : ____________________
권장사항 : ____________________

Ⅵ. 구성부분
A. 층 수 계획 : ____________________
B. 사유공간-발코니/안뜰(patio)/현관 툇마루 : ____________________
C. 보행자 접근 : ____________________
D. 인도 및 근접 : ____________________
E. 창호
도어 및 프레임 : ____________________
창문 : ____________________
스크린 : ____________________
재료 : ____________________
코멘트 : ____________________
F. 잠금장치
문 : ____________________
창문 : ____________________
창고구역 : ____________________
기타 : ____________________
G. 재료
내부 : ____________________
외부 : ____________________
페인트 : ____________________
H. 조명
유형 : ____________________
장착 : ____________________
구성품 : ____________________
I. 시각적 접근성 ____________________
J. CPTED/보안
장점 : ____________________
단점 : ____________________
유의 : ____________________
권장사항 : ____________________

Ⅶ. 보안

A. 시스템 : ____________________

B. 보안요원 : ____________________

C. 이웃 감시 협회 : ____________________

D. 경찰/보안관 ____________________

E. 주요통제 또는 접근통제 ____________________

F. CCTV ____________________

G. CPTED/보안

장점 : ____________________

단점 : ____________________

유의 : ____________________

권장사항 : ____________________

Ⅷ. 일반건물

A. 사무실 : ____________________

B. 회의실 : ____________________

C. 오락실 : ____________________

D. 세탁실 : ____________________

E. 유지 보수 : ____________________

F. CPTED/보안

장점 : ____________________

단점 : ____________________

유의 : ____________________

권장사항 : ____________________

Ⅸ. 범죄유형/보안사건(섹션 XIII에 보고서/지도 첨부)

A. 범죄 보고서 : ____________________

B. 범죄 지도(사건현장 지도) : ____________________

C. 공포 지도(공포위치 지도) : ____________________

D. 대지이용 지도(지역) : ____________________

E. 보행자 활동 지도 : ____________________

F. 자동차 주차/이동 지도 : ____________________

G. 기타 : ____________________

H. CPTED/보안

장점 : ____________________

단점 : ______________________________
유의 : ______________________________
권장사항 : ______________________________

X. 우선순위 권장사항

물리적 공간

A. 교체 : ______________________________
B. 수리 : ______________________________
C. 제거 : ______________________________
D. 설치 : ______________________________
E. 재할당 : ______________________________
F. 기타 : ______________________________

관리

A. 경찰 : ______________________________
B. 절차 : ______________________________
C. 인력 : ______________________________
D. 주변 프로그램 : ______________________________
F. 기타 ______________________________

XI. 보안계획

A. 이웃 : ______________________________
B. 주변 : ______________________________
C. 지상 : ______________________________
D. 주차 : ______________________________
E. 건물접근 : ______________________________
F. 건물 외부 : ______________________________
G. 건물 내부 : ______________________________
H. 고가구역 : ______________________________
I. 사람 보호 : ______________________________
J. 특별행사 : ______________________________
K. 기타 : ______________________________

XII. CPTED 기반 및 계획(이 양식에 첨부해서 이 장의 모든 권장사항을 제공한다)

역자 (가나다순)

강 욱　경찰대학교 행정학과
강부성　서울과학기술대학교 건축학부
강석진　경상대학교 건축학과
박미랑　한남대학교 경찰행정학과
박준휘　한국형사정책연구원
박지연　충남대/경기대
서경욱　Northumbria University 건축학과
안준석　경기대학교 건축학과
이경훈　고려대학교 건축학과
이도선　신라대학교 법경찰학부
이민식　경기대학교 경찰행정학과
이유미　상명대학교 소비자주거학과
이창한　동국대학교 경찰행정학과
이형숙　가천대학교 조경학과
하미경　연세대학교 실내건축학과

셉테드 : 범죄예방설계

2016년 1월 20일　1판 1쇄 인쇄
2016년 1월 25일　1판 1쇄 발행

저자	Timothy D. Crowe Revised by Lawrence J. Fennelly
역자	안준석 외 14인
발행인	강해작
발행처	기문당
주소	서울시 성동구 무학봉 28길 4-1
전화	02)2295-6171(代)~5
팩스	02)2296-8188
출판등록	1976. 10. 7(1976-2)
홈페이지	http://기문당 http://www.kimoondang.com
ISBN	978-89-6225-702-1　93610
정가	25,000원

이 도서의 국립중앙도서관 출판시도서목록(CIP)은 서지정보유통지원시스템 홈페이지(http://seoji.nl.go.kr)와 국가자료공동목록시스템(http://www.nl.go.kr/ kolisnet)에서 이용하실 수 있습니다.
(CIP제어번호 :2016000333)